2014年教育部人文社会科学研究青年基金项目
"战后上海卷烟业政企关系研究（1945-1949）"
（项目号14YJC770034）资助

魏晓锴◎著

困境下的多重博弈

战后上海卷烟业政企关系研究

1945~1949

中国社会科学出版社

图书在版编目(CIP)数据

困境下的多重博弈：战后上海卷烟业政企关系研究：1945~1949 /
魏晓锴著 . —北京：中国社会科学出版社，2018.1
ISBN 978 - 7 - 5203 - 1220 - 2

Ⅰ.①困…　Ⅱ.①魏…　Ⅲ.①烟草企业—政企关系—研究—
上海—1945 - 1949　Ⅳ.①F426.89

中国版本图书馆 CIP 数据核字（2017）第 255447 号

出 版 人	赵剑英
责任编辑	吴丽平
责任校对	季　静
责任印制	李寡寡

出　　版	中国社会科学出版社
社　　址	北京鼓楼西大街甲 158 号
邮　　编	100720
网　　址	http://www.csspw.cn
发 行 部	010　84083685
门 市 部	010 - 84029450
经　　销	新华书店及其他书店

印　　刷	北京明恒达印务有限公司
装　　订	廊坊市广阳区广增装订厂
版　　次	2018 年 1 月第 1 版
印　　次	2018 年 1 月第 1 次印刷

开　　本	710 × 1000　1/16
印　　张	24.25
字　　数	358 千字
定　　价	79.00 元

凡购买中国社会科学出版社图书，如有质量问题请与本社营销中心联系调换
电话：010 - 84083683

前　　言

　　有史料的地方，便是史学工作者的天堂。我与上海结缘，是在2011年的春天。作为中国近代化的重要"窗口"，上海不仅是国内近代史研究的重镇，而且是近代史料典藏的重镇。坐落于外滩旁的上海档案馆，淮海中路的上海图书馆，交通便利，环境宜人，历史厚重。为完成本书，先后五赴上海，奔波于上海市档案馆、上海图书馆和上海社会科学院历史所、经济所等馆所，孜孜于档案文献的收集，问学于不同领域的专业学者，在这个过程中，我沉浸于"漉沙掏金"喜悦中，而没有太多的倦意。长期在上海查阅史料，也萌生诸多研究思路和学术命题，比如近代以来，曾经辉煌的山西商人在上海究竟经历了什么？相信不久的将来，还会有更多作品回馈读者。

　　战后中国史一直是我最感兴趣的研究领域，这一时期以往关注较为有限，实却相当关键，是解析中国长时段历史走向的关键时期之一，理应受到重视，加以细致研究。关于战后中国，学界已有不少成果出版，但主要集中于军事、政治等"显性"领域。就战后经济与社会而言，虽然关于国民政府金融改革、国民党"经济崩溃"等史实，早已不算新鲜，但相对而言，学术研究的跟进程度有限。选择战后上海卷烟业反映的多重博弈作为突破口，能够深入解析这一时期政经结构以及政企关系。数年来，笔者致力于战后上海卷烟业史料的整理与研究，所做的一系列个案，主要是希望从实证角度对战后的政企关系有更加具体深入的了解。

　　经济史研究中经常会遇到诸多理论和方法，然而，任何的理论和方法都不能代替具体的实证研究，企业史研究亦不例外。对中国企业史的研究，不能止步于就企业而谈企业的层面，还需要从不同的视角出发，尤其是根据行业的特点和实际情况来进行探讨。众所周知，关于中国近代卷烟企业的研究，以美国学者高家龙最为著名，他所著《中国的大企业：烟草工业中的中外竞争（1890～1930）》等书侧重于以企业为中心，进行叙事，展开分析。本书则以卷烟行业的专题研究为特色，试图突破产业经济学和传统企业史的研究维度，从政府、社团、工人互动视角来研究企业史和行业发展史。

本书并非进行笼统的考察，而是以上海市货物税局、卷烟业同业公会以及产业工会分别作为政府、企业与工人的主要代表，围绕卷烟税收、原料供应与工人年赏进行专题考察，相应展示围绕着卷烟企业生存发展而展开的政企博弈、行业博弈与劳资博弈。并通过中华烟草公司承购权纠纷的案例，透视战后"国营"企业"民营化"的艰难历程及其背后利益纠葛。本书将需要解决的诸多问题化解为围绕卷烟业的政企博弈、政企合作与政企互动，这种多重博弈，不是简单的你来我往，而是政治—经济—社会缠绕纠结、政府—企业—行业彼此影响、行会—工会—工人相互交错的立体再现。这种"动态博弈"的思路，构成研究的主要特色。本书不仅再现了各类博弈中的"矛盾"与"冲突"，而且分析了相关博弈中的"合作"与"互动"，从历史的纵向和行业的横向展示了政企、行业、劳资等博弈态势。中华烟草公司是战后全国首屈一指的国营卷烟企业，本书选择中华烟草公司承购权纠纷案进行典型案例分析，旨在反映战后卷烟业政企关系的"另类面相"，同时使读者对于战后"国退民进"的实际操作，以及"国营""民营"之争的复杂情境有更加深刻认识。

战后中国无论政治、经济还是社会，都呈现一种急遽变化的趋势，三者的复杂互动关系直接影响到企业与行业的发展状况。通过检视企业与行业发展，反过来又可对于政治与政府质量进行验证。本书通过对战后上海卷烟业政企关系的全面分析，指出战后中国处于一种"困境"，这是影响和制约各派力量博弈和行业发展的大环境。而在此"困境"之下，"弱政府"与"强社会"的趋势则越来越明显。总之，战后上海卷烟业政企关系内涵丰富，理应成为近代企业史、战后中国社会经济史研究不可或缺的重要组成部分。本书的写作，旨在从新的角度对其进行深入研究，同时也在于弄清楚一个问题：战后上海烟业界的焦点是什么？究竟发生了怎样的事情？带着这些问题去翻阅，相信不会让读者失望。

目　　录

绪　　论

一　选题缘起

1945—1949 年的中国虽然只有短短四年，却是一个承先启后、去旧迎新的时代。这一时期国内政局波云诡谲，国家政策变化很大，社会经济此起彼伏。近年来，中华民国史研究的各类成果不断涌现。然而，就整个民国史而言，特别是与国民党的"黄金十年"（1927—1937 年）相较，这一时段的研究是个明显的薄弱环节，资料汇编阙如，经典论著亦少。更重要的是，学界对它的研究往往受制于国共内战的大背景而忽略了对其他社会、经济问题的认识。正如法国著名中国问题研究专家白吉尔教授所说："1945 年到 1949 年期间的中国，从某种角度来讲，这是个学术界了解的不够深入的时期，因为这段历史曾被普遍地从政治和意识形态的角度去研究和思考，从而使历史本身受到某些先验论的干扰。"[①] 学者马军也指出该时段历史研究的重要性，"如果说'南京十年'（1927—1937 年）是理解中华民国史的重点和枢纽，那么 1945 至 1949 年的历史，对于考察 1840 年鸦片战争以来中国近代史的大走向、中华民族的大抉择，阐释其政治、社会和经济发展的基本特征和内在逻辑，具有更重大的意义"。[②] 战后政企关系史就是迄今为止研究较为薄弱的一个学术领域。

上海是中国开埠最早的城市，它不仅是长江的出海口，而且是中国面向太平洋最大的港口。19 世纪中期以来，上海从一个小县城发

---

① 王菊：《近代上海棉纺业的最后辉煌：1945—1949》序，上海社会科学院出版社 2004 年版，第 1 页。

② 马军：《国民党政权在沪粮政的演变及后果：1945 年 8 月至 1949 年 5 月》，上海古籍出版社 2006 年版，第 2 页。

展成为远东最大的都市，一度被称为"外国冒险家的乐园"，素有"魔都"之称。上海是近代中国民族工业的主要发源地，整个民国时期，它都是全国最为重要的产业、金融中心和对外贸易港口，是国内经济发展的领头羊。此外，由于租界林立，华洋杂处，人口、民族、宗教的多元性，更使这座城市具有了丰富性和复杂性。著名上海史研究专家熊月之先生指出："在古今中外城市史上，没有一个城市像近代上海那么内蕴丰富，情况复杂。"① 1945 年至 1949 年是中国历史上的多事之秋，日本战败投降，短暂的和平后便是内战贯穿始终，作为远东大都市的上海也频受波及，出现了空前的混乱：物价飞涨、民生凋敝、工商困顿、政局危殆。抗战胜利后，国民政府陆续颁布了一系列的经济政策和工商法令以稳定市场秩序，而这一时期的上海成为全国经济政策制定与实施的风向标。无论是经济紧急措施法案，还是后来的金圆券币制改革，都与上海紧密相关。因此笔者认为，研究战后的上海经济是认识战后中国经济与社会发展的一把钥匙。

本书主题的选择，也与资料检阅条件的改善有关。2010 年 9 月，中国第二历史档案馆开放了数字化的《民国时期烟草行业档案选编》。"选编"搜录了与卷烟有关的 2000 多个条目，涉及行政院、经济部、资源委员会、全国经济委员会、国税署、输出入管理委员会、海关总署等 20 多个档案卷宗，其中企业资料以国营中华烟草公司最为丰富。卷烟具有特殊性，医疗、心理、社会及经济功能使其成为一种应用广泛并且意涵丰富的日用物品。卷烟业是民国时期发展极为迅速的一个行业，其中活跃着不同规模、各种类型的卷烟企业，生产出上千种不同牌号的卷烟，将之输送到全国各地的消费者手中，并为政府提供了可观的财政收入。吸烟是亿万烟民文化生活中不可缺少的一部分，而卷烟工业是国民经济的重要部门，更是国家和地方财税的重要来源。卷烟工业作为国民经济的重要行业，从它诞生之日起就为政府所重视，在战后更是成为轻工业中仅次于纺织业和面粉业的第三大产业，其税收占到国家货物税收的一半以上，成为国民政府重要的财

---

① 熊月之：《异质文化交织下的上海都市生活》总序，上海辞书出版社 2008 年版，第 1 页。

政来源。说起卷烟,不能不提到上海,上海是近代中国卷烟工业的发源地,新中国成立前,全国60%以上的民族资本烟厂都集中于此。①作为生产和销售中心,卷烟也成为上海日常生活和都市景观不可或缺的一部分。所以,选择上海的卷烟业作为突破口,可以窥探战后中国卷烟工业生产和发展的全貌。抗战胜利后,卷烟已经成为大多数人生活中的一种必需品,卷烟工业及其产业链不仅关涉政府的财政税收,而且关系到成千上万工人的生计问题。然而,这一时期恶性的通货膨胀、动荡的国内政局、频繁的工人运动,加上不同利益集团的角逐,上海卷烟业发展面临多重困境。烟税的上涨、市场的波动、外汇的紧缺、工潮的起伏,几乎每个环节都涉及经济、政治、社会方面的问题。卷烟工业的主体是不同类型的企业,企业发展与政府密切相关。政府的作用不仅体现在税收管理中,在原料供应、工潮处理及国企民营等诸多层面亦扮演重要角色。总体上讲,卷烟行业牵涉面广,政企关系内涵丰富,因此笔者选择战后上海卷烟业政企关系作为研究对象,揭示在特殊时代下行业发展的总体特点及制约因素。

除中国第二历史档案馆外,上海市档案馆藏有南洋兄弟烟草公司、华成烟草公司、永泰和烟草公司、中华烟草公司等企业的档案全宗和上海市货物税局、上海商会、上海市参议会、上海市总工会、卷烟工业同业公会,烟叶、烟丝商业同业公会,造纸业同业公会等部门及团体档案。此外,上海图书馆、上海社会科学院企业史研究室也有大批英美烟公司、华成烟草公司等原始资料;《烟业日报》《烟草月刊》《英美烟公司月报》《商业月报》《经济周报》等民国期刊也为我们研究这一时期的卷烟业和社会群体与阶层提供了可能。国家图书馆、南京图书馆、南京大学图书馆、南京大学中华民国史研究中心等处也有不少国民政府烟业政策和税收管理等相关方面的文献资料。国外专门收录民国时期中国大型外资烟草企业英美烟公司档案的相关网站也可提供较为便捷的检索,这些都为下一步研究的开展提供了极大的方便。查阅文献和摸索资料同时,在阅读相关理论著作的基础上,

① 方宪堂主编:《上海近代民族卷烟工业》,上海社会科学院出版社1989年版,第3页。

笔者逐步确立了考察外资、民营和国营三种不同类型卷烟企业，以政府、社团、工人互动视角来探究战后（1945—1949）上海卷烟业政企关系的多重面相，揭示战后特殊历史环境下行业发展的研究思路。怀着这样的研究设想，笔者以"战后上海卷烟业政企关系研究（1945—1949）"为题申报教育部 2014 年度人文社会科学研究青年基金项目并有幸获得资助（编号：14YJC770034），为研究进一步开展提供了支持，也增加了深入钻研这一课题的信心。该选题的最终成果，将作为项目的结项成果。

二 学术史回顾

卷烟于清朝末年始传入中国，20 世纪初，中国的民族卷烟工业在上海兴起。作为一种嗜好品，一百多年来，它对中国的政治、经济、文化及科学技术都产生了深刻而持久的影响。国内有关卷烟的资料，从它传入中国起就已经出现了，其中以一些官员和学者的著述最为典型。光绪三十二年（1906）由英美烟草公司创刊的《北清日报》，在刊登当时国内外时政大事的同时，最早在中国大量刊登关于卷烟产品的广告，为开拓英美卷烟在华销售市场服务。民国初年，北洋政府实行烟酒公卖，财政部官员李恩藻写了一部《烟酒税法提纲》，比较全面地总结了清末民初的烟酒税收情况，成为政府实施这一制度和法规的培训教材。该书共五篇十章，对当时的税法情况以及公卖制度实施后征收公卖费用的必要性及相关政策都作了详细的论述，涉及全国各个省区，资料非常详尽。

南京国民政府成立后，在财政部内设立烟酒税处，负责整理全国烟酒税事宜，同时着手对北洋政府遗留的烟酒税进行整顿。1929 年 11 月，烟酒税处处长程叔度组织编写了《烟酒税史》上下两册，分《沿革》《区域》《税制》《公卖费》《烟酒税》《牌照税》《卷烟税》《洋酒类税》《收支概况》《整理概况》十章，记述了烟酒税的起源、管理机构的演变、各地烟酒税的制度、烟酒税的收支及整顿情况等。鉴于卷烟税收的重要地位，不久，卷烟统税处即整理出版了《卷烟统税史》，分《概论》《卷烟税之起源及其沿革》《改办统税》《施行规划》《实行加税》《扩充统税区域》《税收状况》《杂录》《结论》九章，对中央和各地方有关烟税的政治法规和征收情况作了详细的叙述，资料性强，是当时最完备的有关卷烟税收管理的专著。这两部著作具有开拓性，对民国以来的烟酒税和卷烟统税进行了较为全面的总结。1934 年 1 月，上海商业储蓄银行调查部调查编写了《烟与烟业》一书，从上海卷烟的工业和原料出发，汇集了全国各地区烟业相关情况，资料翔实可靠，反映了 20 世纪 30 年代以前国内的烟业发展概貌。1939 年，学者陈翰笙通过对河南、山东、安徽等省历时两年的乡村调查，写成了《帝国主义工业资本与中国农民》一书，它以英美烟公司为中心，对当时国内烟草种植业及卷烟工业状况进行了分析，揭示了美种烤烟在中国的发展以及中国烟农的命运。

卷烟税是战后国民政府货物统税当中的第一大税。1947 年，担任国民政府财政部货物税署署长的姜书阁通过组织调查，编写了《两年来之货物税》一书，总结了战后两年来货物税的地位、制度、人事、缉私及征收情况，其中对 1945 年、1946 年全国各地区的卷烟税分类及数目作了详细的统计和分析。1947 年 3 月，经济学家张一凡主编的《烟叶及卷烟业须知》由中华书局出版，它属于《现代经济研究所商品丛书》的一种，对国内烟叶的种类、产地、培植、市场及当时上海卷烟厂商和工业情况分别进行了论述，该书具有商品学指南的性质，有助于我们了解这一时期国内烟草业及上海卷烟工业概况。1948 年，农林部烟产改进处编写了《烟草产销》，全书以十万字左右的篇幅叙述了全国各产烟区的自然环境、产销分布、总产量以及贸易情况，并附有当时进口烟叶和纸烟的基本情况。上海市卷烟工业同业公会作为政府与上海卷烟企业的中间团体，根据会员烟厂发展情况，组织编写了 1946 年、1947 年、1948 年的工作报告，对各卷烟企业的生产量、纳税额等作了详细的统计，为我们了解战后上海卷烟工业发展状况提供了依据。

民国时期还出现了关于卷烟的专门性报纸和杂志。1928 年 10 月创刊的《卷烟月刊》，以提倡国货为宗旨。作为卷烟同业界的喉舌，它提供卷烟产销信息，刊登烟业管理和生产技术方面的文章，反映当时业内人士的呼声。1947 年 3 月，由张逸宾等烟草专家在武汉发起创刊的《烟草月刊》，主要反映当时卷烟工业面临的困难，以及政府卷烟税收制度的弊端，报道国内外烟业发展概况，为国内卷烟企业提供技术管理等信息。这一时期，还有专门报道烟业界新闻的《烟业日报》，该报于1947年7月1日创刊，由当时的上海卷烟商业同业公会编印，内容主要以卷烟销售商情为主。此外，从民国时期上海一些著名的报刊上还可以找到卷烟业的报道和专论，如《申报》《大公报》《商业月报》等报纸杂志，都曾经登载过当时卷烟企业经营的最新报道。同一时代专家学者相关著述，为我们了解当时中国的卷烟行业发展提供了依据。如冯肇樑在《钱业月报》1928年第8卷第2期上发表的《华洋卷烟税则平议》，杨华在1934年第14卷第11期发表的《我国之卷烟及世界烟草之度量》，生活书店1935年出版的《中国经济论文集》第1集上希超发表的《英美烟公司对于中国国民经济的侵蚀》，麦辛在《上海工商》1946年第4期发表的《抢救我国卷烟工业之途径》等，这些著述都从不同侧面向我们展示了各个阶段中国卷烟工业发展的内外环境和一般状况。

新中国成立后，人民政府对卷烟工业给予高度重视，烟草资料的整理工作随之展开。国营中华烟草公司于1950年2月编印了《上海卷烟工业概况》一书，对上海中华烟草公司的源流演变进行了梳理，并探讨了卷烟工业发展的前景及当下的困难等。关于原始资料，具有代表性的是中国科学院经济研究所与上海社会科学院经济研究所合编、上海人民出版社1960年出版的《南洋兄弟烟草公司史料》与上海社会科学院经济研究所编辑、中华书局1983年出版的《英美烟公司在华企业资料汇编》，这两部书详尽地收集了近代中国卷烟行业两大巨头经营斗争有关历程的大量丰富原始资料；由陈真等编的《中国近代工业史资料》和彭泽益编的《中国近代手工业史资料：1840—1949》，收录了诸多有关中国近代工业及手工业发展特点、资本、结构情况的史料，其中关于卷烟业的资料亦较丰富。三卷本《中国资本主义发展史》是在毛泽东、周恩来同志重要指示下，由著名经济学家许涤新担纲完成的一部填补空白的巨著，它以大量翔实的史料分析了旧中国工业发展状况，揭示了中国资本主义发生发展的真实历程，该书虽涉及卷烟方面的史料，但有关战后部分提及很少。另外，还有著作对新中国轻工业发展中卷烟生产技术和工艺进行了总结和传承，如

1956 年出版的由烟草专家王承翰等总结编写的《卷烟工艺学》，1977
年由上海卷烟厂调查编写的《卷烟生产基本知识》，等等。

　　新中国成立初期，国内卷烟业发展史研究的一个焦点是揭示垄断
资本和帝国主义的代表——大型跨国企业英美烟公司的对华经济侵
略。① 这些论著从另一个侧面有助于我们深刻理解外国卷烟企业在中
国兴起、发展、衰落的具体历史过程。20 世纪 80 年代以来，对英美
烟公司的研究越来越细化，研究更加客观和深入。张仲礼的《旧中国
外资企业发展的特点——关于英美烟公司资本的积累和超额利润》分
析了英美烟公司在旧中国发展过程的六个阶段，考察了外资企业对旧
中国经济发展所产生的影响；② 陈曾年的《英美烟公司在中国的销售
网》分析了英美烟公司在销售组织方面的发展过程，对其业务成功的
原因进行了探讨，指出行之有效的销售管理体系、仓库体系及大经理
经销体系均发挥了重要作用；③ 张洁的《市场内部化的历史启示——
从英美公司在近代中国的经销方式看现代企业制度》，以制度经济学
理论为依据，对具有典型现代企业制度特征的英美烟公司机构、资本
构成、运营模式进行深入的考察，阐明了制度这一因素对企业发展的
重要影响。④ 王强通过研究认为英美烟公司尊重并吸收了近代中国社
会文化和商业习惯的一些元素，与自身的企业制度和经营理念相结
合，降低了企业经营的社会成本，以文化适应为主要特征的本土化经
营策略是其获得商业成功的必经之路。⑤ 作为民族卷烟企业的典型代
表，学界对南洋兄弟烟草公司研究与英美烟公司难分伯仲。方宪堂先

　　① 相关论著有唐垂裕《从烟业看帝国主义对华的经济侵略》，《历史教学》1957 年第
12 期；阿英《帝国主义在旧中国的香烟市场之争》，《人民日报》1960 年 12 月 19 日；史济
今《英美烟公司在旧中国干了些什么？》，《解放日报》1963 年 5 月 3 日；陈子谦《英美烟
公司在旧中国的掠夺》，《光明日报》1963 年 10 月 29 日；汪熙《从英美烟公司看帝国主义
的经济侵略》，《历史研究》1976 年第 4 期等。
　　② 张仲礼：《旧中国外资企业发展的特点——关于英美烟公司资本的积累和超额利
润》，《社会科学》1980 年第 6 期。
　　③ 陈曾年：《英美烟公司在中国的销售网》，《学术月刊》1981 年第 1 期。
　　④ 张洁：《市场内部化的历史启示——从英美公司在近代中国的经销方式看现代企业
制度》，《南开经济研究》2001 年第 5 期。
　　⑤ 王强：《近代外国在华企业本土化研究——以英美烟公司为中心的考察》，博士学
位论文，复旦大学，2008 年。

生从爱国热情、原料来源、管理经验、设备更新、销售方法等多个层面对南洋兄弟烟草公司经营的成功经验进行了总结。① 李会龙对南洋兄弟烟草公司的产品销售作了细致考察，认为健全销售机构扩大销售范围，采用各种销售方法降低销售费用，是其销售额逐渐扩大的主要原因。② 李玉、熊秋良则从公司法角度切入，考察了南洋兄弟烟草公司的设立程序、公司章程、组织特征、运作过程、改组清算程序等，揭示出民初公司法对该公司的指导、保障和约束作用。③

由于上海是近代中国民族卷烟工业的发源地和工厂企业的聚集地，所以这一领域工人运动的研究主要围绕上海展开。具有代表性的是中共上海卷烟一厂委员会宣传部编写的《战斗的五十年：上海卷烟一厂工人斗争史话》和由中共中央党校出版的《上海卷烟厂工人运动史》两部著作。这两本书详述了在中国共产党的领导下，上海卷烟厂工人与英美、日本资本家展开斗争及反内战、反饥饿、反迫害和迎接解放等斗争史实，书中对当时卷烟厂工人的衣食住行等生活状况均有记述，反映了当时卷烟工人艰苦的工作环境和所受的剥削。此外，沈以行等主编的《上海工人运动史》、上海市总工会编的《解放战争时期上海工人运动史》、张祺等新中国成立前上海的革命同志编写的《上海工运纪事》等著作中均有关于卷烟行业工人运动情况的介绍。

对于卷烟工业发展史的研究，具有开拓性学术意义的是 1989 年上海社科院方宪堂研究员主编的《上海近代民族卷烟工业》。该书是在对卷烟工业史料进一步收集和整理的基础上，以南洋兄弟烟草公司和华成烟草公司为中心写成的，是中国近代卷烟工业史上第一部较为全面、系统的专著，同以前出版的《英美烟草公司在华企业资料汇编》和《南洋兄弟烟草公司史料》一起，构成了一部完整的、以上海为主的中国近代卷烟工业发展概史，具有较高的学术价值。1998年由上海社会科学院出版社出版的《上海烟草志》，以较为丰富的资料记述了上海卷烟工业的形成、演变及其发展过程，是中国卷烟工业

---

① 方宪堂：《试论南洋兄弟烟草公司的经营特色》，《上海经济研究》1988 年第 1 期。
② 李会龙：《南洋兄弟烟草公司产品销售略论》，《天中学刊》1998 年增刊。
③ 李玉、熊秋良：《论民国初年公司法规对公司经济发展的影响——以荣氏企业和南洋兄弟烟草公司为例》，《社会科学辑刊》1999 年第 6 期。

百年沧桑的一个缩影，为我们提供了许多值得借鉴的经验。1999年新中国成立50周年之际，由工商出版社出版了《中国烟草发展报告》，该书总结了50年来中国烟草行业奋斗与发展的历程，对这一行业50年来取得的成就及当前存在的问题和跨世纪的发展战略进行了探讨，弥足珍贵。

　　进入21世纪以来，关于卷烟及烟草领域的研究日趋广泛，首先是介绍国内烟草及卷烟业大型工具书及志书的出版。比较典型的有杨国安编著的《中国烟业史汇典》，该书不仅介绍了中国烟草发展史的沿革，而且对近代中国各地烟草企业的发展、原料采购、技术革新、销售战略等方面都作了详细的论述，同时对近代不同时期的政府烟草专卖资料也作了系统的整理，为我们了解和研究中国卷烟业的过去提供了许多有价值的信息；2006年中华书局出版的《中国烟草通志》，一共五册，记事时间上起烟草传入中国，下至2000年底，内容涉及烟叶、烟丝、手工卷烟、鼻烟、卷烟工业、卷烟市场与营销、烟草机械、烟草专卖、烟草税收等十五篇，是一部关于中国烟草和卷烟业发展史的大型百科全书；2010年出版的《上海烟草志1993—2003》是20世纪90年代完成的《上海烟草志》后的续志，全面、准确地记述了上海烟草行业改革发展的历史和现状。

　　除大型专业志书外，关于卷烟及烟草业发展史的专题研究方兴未艾。金源云在追溯中国卷烟统税源流的基础上，对南京国民政府卷烟统税的创办过程、推行情况、管理制度、实施影响等进行了细致的考察。[①] 王海虹从策略创意、商标、阵地、赠品等方面分析了近代中外卷烟业商家的广告竞争，指出它是近代工商业发展的必然产物，推动了卷烟业和近代广告业的发展。[②] 李国俊对抗战前的上海卷烟市场作了细致的考察，指出尽管存在外商卷烟垄断，但民族卷烟企业依然从外商手中争得一席之地，一定程度上打破了其对中国卷烟市场的垄断

---

① 金源云：《南京国民政府卷烟统税研究——1927—1937年》，硕士学位论文，河北师范大学，2003年。

② 王海虹：《近代中外卷烟业商家广告竞争述论》，《株洲师范高等专科学校学报》2004年第1期。

和控制。① 皇甫秋实以 1927—1937 年的中国卷烟市场为考察对象，从供应和消费两个方面探究了多重阻力下中国卷烟产销量居高不下的原因，其特点是将卷烟消费纳入整个卷烟市场体系进行研究，着重分析中国厂商和消费者对 20 世纪 30 年代经济危机的应对策略，并凸显出卷烟消费所承载的社会功能和文化意涵。② 刘文楠对近代中国的"不吸纸烟运动"作了全面深入的考察，从一个独特的视角解读了近代中国国家与民众关系的塑造和转变，其中对烟草业经济发展、政府税收管理等方面均有涉及。烟草史专家曲振明的一系列论著具有代表性，为我们展示了自烟草传入中国到当代卷烟业发展的曲折历程。③ 当代卷烟工业研究方面，郑伟在定量分析和研究卷烟工业市场结构现状的基础上，提出了目前中国卷烟工业组织结构调整的目标模式和实现途径。④ 冯华运用计量和统计方法，对当前中国卷烟市场的集中度、卷烟工业企业规模和绩效间的关系、企业规模经济性以及重点卷烟企业的综合实力进行了实证研究。⑤ 汪银生《中国烟草的历史现状与未来》一书主要探讨了烟草传入中国之后吸烟行为迅速普及的成因及背景，反烟运动及对烟草科技进步所产生的影响，烟草品牌及烟草科技发展战略等问题。⑥ 20 世纪 80 年代中国烟草专卖制度确立和实施以来，经济体制发生了深刻变化，烟草专卖如何与市场经济相结合，成为学界关注的主要问题。陶明的《专卖体制下的中国烟草业：理论、

① 李国俊：《中国民族卷烟工业的生存与发展——以抗战前的上海卷烟市场为中心》，《皖西学院学报》2004 年第 3 期。

② 皇甫秋实：《中国近代卷烟市场研究（1927—1937）：以企业发展、消费文化、经济危机为中心》，博士学位论文，复旦大学，2012 年。

③ 相关论文有：《我国试办烟草托拉斯的历史回顾》，《中国烟草学报》2005 年第 2 期；《烟草在中国的传入与传播》，《湖南烟草》2006 年第 4 期；《卷烟工业的形成与发展》，《湖南烟草》2007 年第 1 期；《烟草税收制度的形成》，《湖南烟草》2007 年第 2 期；《20 世纪 30 年代前后的中国烟草业》，《湖南烟草》2007 年第 3 期；《1949—1981 年烟草行业发展概况》，《湖南烟草》2007 年第 3 期；《卷烟销售史话》，《湖南烟草》2008 年第 1 期；《中国卷烟纸的生产、经营与专卖》，《湖南烟草》2008 年第 6 期等。

④ 郑伟：《中国卷烟工业组织结构调整研究》，博士学位论文，华中科技大学，2003 年。

⑤ 冯华：《中国卷烟工业市场结构优化研究》，硕士学位论文，山东大学，2006 年。

⑥ 汪银生：《中国烟草的历史现状与未来》，安徽大学出版社 2000 年版。

问题与制度变革》一书在对烟草工业在国民经济中地位分析的基础上，从制度经济学的角度探讨了中国烟草产业的政府管制和专卖制度的变革问题。万斌的《新中国烟草专卖制度成本收益研究》追溯了新中国实施烟草专卖制度的历程，论述了该制度为中国经济发展做出的重大贡献，在此基础上对新环境下这一制度的改革提出了建设性的对策和建议。

关于区域烟草及卷烟工业发展史的研究也取得了较大进展，各地有关烟草的专门志书层出不穷，[①] 国内各高等院校的学位论文亦多有体现。河南是近代中国烟叶种植的主要区域，也是民国烟业经济发展较快的地区。朱兰兰对20世纪初至30年代英美烟公司与河南烟草业的关系进行了分析，认为英美烟公司促进了河南的烟草品种改良，对该地卷烟工业的产生和发展起到了示范作用，促进了这一地区社会经济生活的近代化，但同时也使当地民族卷烟工业在夹缝中求生存，付出了惨痛代价。[②] 张红峰从烟草传入河南开始谈起，从种植、收购、运销等层面考察了1912年至1937年河南烟草种植业的发展状况，对这一时段当地烟草业发展的原因、影响及制约因素进行了综合分析。[③] 陈洪友以河南为中心，着重考察了该地手工卷烟业的产生条件、发展过程、生产建构、市场构成及政府和公会对手工卷烟业的管理，通过区域的个案的分析论述了当时以手工卷烟为代表的中国手工业发展及其困境，并阐述了当时手工卷烟业中的资本主义和近代化因素。[④] 陈曦则从农业、工业、商业三个领域论述了烟草种植业的发展对许昌地区社会生活各个方面带来的影响。[⑤] 山东是中国烤烟种植最早的省份之一，该地区烤烟业在民国具有十分重要的地位。马爱东在回顾山东

---

① 笔者所能见到的各类地方烟草史志统计达80部之多，参见《中国烟草通志》编纂委员会《中国烟草通志》，中华书局2006年版，第1862—1865页。

② 朱兰兰：《20世纪初至30年代英美烟公司与河南烟草业》，硕士学位论文，郑州大学，2004年。

③ 张红峰：《1912—1937年的河南烟草业》，硕士学位论文，河南大学，2007年。

④ 陈洪友：《民国时期河南手工卷烟研究（1912—1949）》，博士学位论文，南京大学，2012年。

⑤ 陈曦：《烟草种植与许昌地区的社会经济变迁（1915—1936）》，硕士学位论文，河南大学，2012年。

烟草历史的基础上，对英美烟公司在这一地区经营活动的状况、特点
及其对山东社会经济尤其是烟草业的影响进行综合研究，复原了民初
三十年山东烟草业发展的原貌，分析了该地烤烟种植区的成因，指出
民族企业和政府在这一过程中均发挥了重要作用。① 王海梅则对近代
以来山东烟草业的发展历程进行了深入细致的考察，并对这一地区烟
草业发展的原因、经济社会影响以及制约因素等作了分析。② 刘冬青
从民国时期四川农村经济的整体出发，考察了民国前中期该地区烟草
种植业与加工业的发展历程，并从政策、技术、经济三个层面阐述了
抗战时期四川烟草生产兴盛的原因。③ 杨新刚另辟蹊径，从历史地理
学的角度对清代民国时期四川的烟草产业地理进行了研究。④ 杨永芳
以清末民初为时间界限，对黑龙江地区烟草业的发展进行了考察，并
对中外烟草业在这一地区激烈的市场竞争作了分析。⑤ 任光辉追溯了
陕西卷烟产业形成与发展历程，在此基础上分四个阶段对民国后期
（1937—1948 年）当地卷烟政策、经销、利税及卷烟文化进行了系统
分析，其中涉及陕甘宁边区及各地卷烟手工作坊的研究。⑥ 周曦运用
大量有关烟税征收的原始材料，以时间为序，对清末、北洋时期、20
世纪二三十年代重庆地区烟草业税收制度的历史发展特点、实施状况
及其利弊得失进行了历史的客观的评价与分析，以这一地区为例向我
们展示了近代中国的烟税制度发展变迁的历史图景。⑦

　　中国台湾及香港地区学者对卷烟及烟草业发展史的研究成果较为
集中，以高等院校学位论文最具代表性。台湾学者何思眯专注于近代

----

① 马爱东：《英美烟公司的经营活动及其对山东的影响》，硕士学位论文，中国海洋
大学，2008 年。
② 王海梅：《近代山东烟草业研究》，硕士学位论文，安徽大学，2014 年。
③ 刘冬青：《民国时期四川烟草业发展研究》，硕士学位论文，南京农业大学，2009
年。
④ 杨新刚：《清代民国时期四川烟草产业地理研究》，硕士学位论文，西南大学，
2016 年。
⑤ 杨永芳：《清末民初黑龙江烟草业发展探析》，硕士学位论文，哈尔滨师范大学，
2013 年。
⑥ 任光辉：《民国后期陕西卷烟业研究》，硕士学位论文，西北大学，2009 年。
⑦ 周曦：《民国时期重庆地区烟草税收制度研究》，硕士学位论文，西南政法大学，
2009 年。

中国卷烟工业发展及专卖制度的研究，其专文《近代中国卷烟工业之发展（1912—1937）》以清末至抗战以前为时间断限，探讨了中国卷烟工业之兴起与发展、经营形态与产销结构，揭示了新式卷烟工业在中国的兴起、发展及其演变的过程。① 他的另一部著作《抗战时期的专卖事业（1941—1945）》考察了抗战时期中国专卖制度实施的背景及效果，按照行业分类对各项专卖事业作了详尽的介绍，其中对卷烟专卖及收益研究较为透彻。② 陈佳文的《我国烟酒专卖政策及专卖制度之研究》在考察历史时期政府烟酒专卖制度的基础上，对新时期台湾地区烟酒专卖政策的实施及利弊得失进行了综合研究。③ 王文裕从明清之际烟草传入中国开始谈起，以时间为序分明清之际、清朝入主中国至清中叶及晚清三个阶段考察了烟草的引进与传播、烟草与健康、烟草生产与消费、烟草与国家政策等一系列课题。④ 胡力人的《日治时期台湾烟草专卖制度下叶烟草产业设施发展历程之研究》为台湾近代烟草产业史结合建筑史导向性研究的典型。叶烟草泛指制烟前的原料，胡文着重分析了台湾叶烟草产业规划原因、产业设施构筑技术与产业功能等面向，揭示了日本侵占台湾时期叶烟草产业设施所代表的时代意涵以及在当下之文化价值。⑤ 香港关于卷烟及烟草史研究，据笔者所能见到的，20 世纪 80 年代以来出现了两篇相关的学位论文。吴玉英的《南洋兄弟烟草公司之史的研究》建立在大量史料基础上，对我国民族卷烟企业的典型代表南洋兄弟烟草公司组建、发展过程以及后期兴衰的原因进行了分析和探讨。⑥ 杨学元的《中国烟业史研究（1573—1937）》从烟草传入中国开始谈起，一直到抗日战

① 何思瞇：《近代中国卷烟工业的发展（1912—1937）》，载《国史馆馆刊》复刊第20 期，台北"国史馆"1996 年版。

② 何思瞇：《抗战时期的专卖事业（1941—1945）》，台北"国史馆"1997 年版。

③ 陈佳文：《我国烟酒专卖政策及专卖制度之研究》，硕士学位论文，台湾政治大学，1986 年。

④ 王文裕：《明清的烟草论》，博士学位论文，台湾师范大学，2001 年。

⑤ 胡力人：《日治时期台湾烟草专卖制度下叶烟草产业设施发展历程之研究》，硕士学位论文，台湾中原大学，2009 年。

⑥ 吴玉英：《南洋兄弟烟草公司之史的研究》，硕士学位论文，香港新亚研究所，1987 年。

争爆发，按时间顺序介绍了中国烟草行业发展的历史进程，其中对政府的烟业政策、卷烟工业的缘起与发展等都作了详尽的探讨。①

国外关于中国卷烟及烟草工业史的研究比较深入，以美国为典型，对卷烟企业的考察较为深入细致。1980 年，美国学者高家龙（Sherman Cochran）《中国的大企业：烟草工业中的中外竞争（1890—1930）》（Big Business in China：Sino-Foreign Rivalry in the Cigarette Industry，1890—1930）一书出版，这本书从英美烟公司和南洋兄弟烟草公司之间的竞争与合并展开论述，其间涉及英美烟公司自身经营策略较多。② 2000 年，高家龙又写成《大公司与关系网：中国境内的西方、日本和华商大企业（1880—1937）》（Encountering Chinese Networks：Western，Japanese，and Chinese corporations in China，1880—1937），该书建立在对企业发展史料剖析基础上，对美孚石油公司、英美烟公司以及日资三井物产株式会社等大公司的关系网络展开论述，对当时企业的战略结构变化、文化冲突的表象及决策成败的原因进行了研究。③ 关于卷烟工人运动方面，哈佛大学费正清研究中心裴宜理（Elizabeth J. Perry）教授的《上海罢工：中国工人政治研究》（Shanghai on Strike：The Politics of Chinese Laboar）对工人政治加以比较，以一种更普遍的眼光关注罢工、工会、政党等问题，探讨了工人的文化与生活状况。工人运动涉及各个领域，其中对卷烟行业颇费笔墨。④ 此外，记者、编辑出身的理查德·克鲁格（Richard Kluger）用六年半时间写成了《烟草的命运：美国烟草业百年争斗史》（Ashes to Ashes：America's Hunered-Year Cigaette War），该书追溯了美国烟草业的发迹史，对"皇室家族"——杜克家族和雷诺兹家族以及他们继承人的营销策略进行了考察，对烟草界不惜任何代价地推销香烟而美国

① 杨学元：《中国烟业史研究（1573—1937）》，博士学位论文，香港新亚研究所，1996 年。

② ［美］高家龙：《中国的大企业：烟草工业中的中外竞争（1890—1930）》，樊书华、程麟荪译，商务印书馆 2001 年版。

③ ［美］高家龙：《大公司与关系网：中国境内的西方、日本和华商大企业（1880—1937）》，程麟荪译，上海社会科学院出版社 2002 年版。

④ ［美］裴宜理：《上海罢工：中国工人政治研究》，刘平译，江苏人民出版社 2001 年版。

公众不顾一切忠告去购买香烟的复杂现象进行了反思。① 学者葛凯
(Karl Gerth) 的《制造中国：消费文化与民族国家的创建》(*China
Made：Consumer Culture and the Creation of the Nation*) 以中文、日文和
英文的档案、杂志、报纸及书籍为文献基础，考察了国货运动和反帝
抵货运动、商品展览会、爱国企业家形象的塑造等消费文化在 20 世
纪中国的变迁，探讨了民族主义与消费主义的关系，其中对卷烟市场
和卷烟消费文化的剖析较为深刻。② 班凯乐 (Carol Benedict) 的《金
丝烟：中国烟草史 (1550—2010)》为近年来中国烟业史研究的最新
力著，全书以全球史的眼光考察了晚明以来烟草传入中国的历史，对
500 年来烟草消费与中国传统文化之关系着力尤多，对近代烟业技术
发展亦有涉及。③

美国之外，世界各地专家学者也从不同角度和侧面对烟业发展史
进行了研究。1996 年，以色列学者谢艾伦 (ShaiAron)《被监押的帝
国主义：英法在华企业的命运 (1949—1954)》(*The Fate of British
and French Firms in China，1949—1954*) 的中译本出版。该书以 1949
年至 1954 年为跨度，以中英、中法关系中的经济与商务因素为着眼
点，论述新中国成立后英法企业的在华经历，其中提到英美烟公司退
出中国的情形。④ 2000 年，英国学者考克斯 (Howard Cox) 写了《世
界烟草：英美烟草的起源与演变 (1880—1945)》(*The Global Ciga-
rette：Origin，and Evolution of British American Tobacco，1880—1945*)，
该书把英美烟公司在全世界的经营状况展现给读者，其中也论述该公
司在中国的经营情况，但较为简略；⑤ 由桑德尔·吉尔曼 (Sander L.

① ［美］理查德·克鲁格：《烟草的命运：美国烟草业百年争斗史》，徐再荣等译，海
南出版社 2000 年版。
② ［美］葛凯：《制造中国：消费文化与民族国家的创建》，黄振萍译，北京大学出版
社 2007 年版。
③ Benedict，Carol，*Golden-Silk Smoke：A History of Tobacco in China，1550 – 2010*，
Berkeley，University of California Press，2011.
④ ［以］谢艾伦：《被监押的帝国主义：英法在华企业的命运》，张平等译，中国社会
科学出版社 2004 年版。
⑤ Howard，Cox，*The Global Cigarette：Origins and Evolution of British America Tobacco*，
1880 – 1945，Oxford：Oxford University Press，2000.

Gilman）等创作的《吸烟史：对吸烟的文化解读》（*Smoke：A Global History of Smoking*）一书描述了吸烟的起源、传播及其与历史文化、文学艺术、种族、性别等因素的互动过程，并就吸烟生理学等焦点问题进行了科学的分析，对人类吸烟的历史作了深刻的文化解读。① 此外，法国著名中国问题研究专家玛丽·格莱尔·白吉尔（Marie-Claire Bergère）教授专注于中国资产阶级与上海史的研究，她的两部作品《中国资产阶级的黄金时代：1911—1937 年》（*Marie-claire bergère lâge dor de la bourgeoisie Chinoise，1911—1937*）和《上海史：走向现代之路》（*Histoire De Shanghai*）以上海为中心，考察中国民族企业家群体的发展历程，其中论及上海的民族卷烟企业时，她还运用市民社会方法论对上海的社会团体展开论述。日本学者小浜正子的《近代上海的公共性与国家》一书对民国时期的民间社团与政府的关系进行深刻的剖析，考察政府与上海社会组织对公共领域的争夺，其中工商同业公会组织研究涉及卷烟行业，有助于理解该领域同业公会的历史作用。②

目前学界对于政企关系的研究，主要围绕管理学与经济学领域展开，在历史学研究领域，政企关系的论述散见于企业史研究成果中。企业史的专项研究比较典型的有李玉的《北洋政府时期企业制度结构史论》，在梳理企业制度建设的社会与法制外部环境与内在结构基础上对各种企业的制度结构与制约因素等进行了专论。③ 朱荫贵的《中国近代股份制企业研究》从中国近代股份制企业的类型、资金运行特点、"官商"和"政企"关系等六个方面系统地探究了中国近代股份制企业的发展。④ 张忠民的《艰难的变迁：近代中国公司制度研究》在梳理大量史料基础上，对近代中国公司制度的演进作了历史大跨度的宏观描述，并探讨公司制度变迁的社会环境。⑤ 卷烟业作为上海近

---

① ［英］桑德尔·吉尔曼：《吸烟史：对吸烟的文化解读》，汪方挺等译，九州出版社2008 年版。
② ［日］小浜正子：《近代上海的公共性与国家》，葛涛译，上海古籍出版社2003 年版。
③ 李玉：《北洋政府时期企业制度结构史论》，社会科学文献出版社2007 年版。
④ 朱荫贵：《中国近代股份制企业研究》，上海财经大学出版社2008 年版。
⑤ 张忠民：《艰难的变迁：近代中国公司制度研究》，上海社会科学院出版社2002 年版。

代工业的主要门类，方宪堂主编的《上海近代民族卷烟工业》在对相关史料进一步收集和整理基础上，详细介绍新中国成立前民族卷烟工业产生和发展的全过程，但关于政企关系论述很少。涉及上海企业与政府互动的专项历史著作有白华山的《上海政商互动研究（1927—1937）》借用历史学、政治学、社会学的相关理论和方法，从上海近代社会变迁的角度，对 1927—1937 年工商界、上海市政府、中国国民党上海市党部三者关系的演变进行了较为系统的研究，一定程度上揭示了这一时期政企关系特征。①

　　关于抗战胜利后的政企关系研究，最具代表性的是山东大学的赵兴胜教授，其着力点为战后国民政府国营企业的民营化。《战后国民政府国营事业民营化问题研究》一文对国民政府民营化问题的提出、有关民营化问题的争论及民营化方案的实施情况作了翔实的考察。②《1947—1949 年间国民党政府国营生产事业的民营化》则分酝酿、准备、实施、尾声四个阶段对 1947—1949 年国民党政府的民营化政策展开论述，认为政府在国营事业的资产出售范围、价格评估标准、出售方式等问题上长期争执不决，导致民营化工作无法全面展开。③ 在此基础上，赵教授于 2004 年完成《传统经验与现代理想：南京国民政府时期的国营工业研究》一书，对南京国民政府的工业政策的形成、政治体制的构建与企业的经营实践等问题进行了总结，对政企关系有一定反思。④ 左世元的《从汉冶萍公司的发展历程看近代中国的政企关系》以汉冶萍公司的发展历程为例，对近代中国的政企关系进行了探讨。⑤他和方巍巍的《抗战后"接收"过程中汉冶萍公司与国民政府之关系》一文则是以汉冶萍公司来考察战后政企关系的专论，认为国民政府以"接收"政策精神坚决处理各种关系收回公司，使

　　① 白华山：《上海政商互动研究（1927—1937）》，上海辞书出版社 2009 年版。
　　② 赵兴胜：《战后国民政府国营事业民营化问题研究》，《江海学刊》2002 年第 3 期。
　　③ 赵兴胜：《1947—1949 年间国民党政府国营生产事业的民营化》，《山东大学学报》（哲学社会科学版）2003 年第 3 期。
　　④ 赵兴胜：《传统经验与现代理想：南京国民政府时期的国营工业研究》，齐鲁书社 2004 年版。
　　⑤ 左世元：《从汉冶萍公司的发展历程看近代中国的政企关系》，《湖北理工学院学报》（人文社会科学版）2013 年第 6 期。

之成为国有钢铁公司之基础。① 关于战后上海的政企关系，集中体现在棉纺织业的企业史研究中。王菊以翔实的史料和详尽的数据展示了1945—1949年上海棉纺业的兴衰，从民营企业的繁荣、国营企业的性质、美援棉花的作用、中国棉业的复兴等层面展示了企业和国家间关系。② 金志焕则通过对棉业统制机关、中纺公司、民营纱厂三者的分析来研究战后国民政府的棉业统制政策，其中对棉业资本家与国民政府的关系进行了探讨。③ 具体到战后上海卷烟业的政企关系，则仅有英美烟公司的相关论述中有所涉及。如李道永、丁毅《英美烟公司在华企业公共关系探析》一文对英美烟公司在华企业的公共关系进行考察，如拓展企业活动空间、优化企业发展环境等方面均涉及与政府关系。④ 李冠杰的《英美烟公司在华后期经营状况之考察（1937—1949年)》则对该公司战后的经营状况进行了考察，尤其从战争、政府、公司本身等因素对经营之影响深入剖析。⑤

综上所述，我们可以看出，学界目前研究卷烟工业及烟草行业史的成果已经很多，不仅有资料集、行业及地方专志，还有不少专书和专论。研究既涉及烟草的传入与种植，也有卷烟制作与销售，还有卷烟企业和政府税收、烟业组织及工人运动等等，从农业史、工业史及广告学、营销学、管理学、社会学等角度对中国卷烟工业的缘起、发展以及民族卷烟与外商英美烟公司的竞争作了比较详尽的论述。历史学领域的政企关系则主要体现在企业史的研究中，而大多数企业史论著对政企关系只是将其作为一个层面，显得过于单薄。烟业史研究成果虽然已经很多，但关于政企关系只是有所提及，缺乏从新的视角进

---

① 左世元、方魏巍：《抗战后"接收"过程中汉冶萍公司与国民政府之关系》，《湖北理工学院学报》（人文社会科学版）2014年第4期。

② 王菊：《近代上海棉纺业的最后辉煌：1945—1949》，上海社会科学院出版社2004年版。

③ ［韩］金志焕：《中国纺织建设公司研究：1945—1950》，复旦大学出版社2006年版。

④ 李道永、丁毅：《英美烟公司在华企业公共关系探析》，《文教资料》2007年第1期。

⑤ 李冠杰：《英美烟公司在华后期经营状况之考察（1937—1949年)》，硕士学位论文，东华大学，2007年。

行研究之较有分量的专论。总体而言，目前中国卷烟工业史及政企关系史研究尚有许多薄弱与不足。

第一，研究视角有待于进一步的拓宽。新中国成立后一段时间内，革命史观和阶级斗争的视角在学界占据主导地位，因此国内卷烟工业史的研究主要围绕对帝国主义和官僚资本的批判展开。卷烟工人运动研究，主要集中于共产党领导的反对帝国主义和官僚资本的压迫和斗争方面。20世纪80年代以来，革命史的叙述框架逐渐打破，学理化的趋势日渐明显，学界对卷烟工业和企业从市场学、管理学、营销学、广告学等不同角度出发进行了考察。但卷烟工业及政企关系史的研究总体仍有深入拓展的余地，如缺乏从政府与行业互动的角度，即对政府与企业、社会的关系进而考察卷烟工业发展的研究成果尚不多见。对于卷烟工业的外围组织卷烟工业同业公会、商业同业公会及产业工会等社会团体的研究，对共产党领导之外的卷烟业工人运动及工会的研究，也有待于进一步加强。

第二，研究时段上的不平衡。上海是近代中国卷烟工业的发源地，也是整个民国时期卷烟企业最主要的集中地。关于中国近代卷烟工业史的研究成果虽已有很多，但就上海而言，与其历史重要性、内容丰富性与复杂性仍不匹配。无论是中国还是外国学者，对上海卷烟业发展史的研究，主要集中在20世纪初至30年代，对战后（1945—1949）卷烟工业研究显然十分薄弱，甚至可以说是一大空白。有关这一时期上海的卷烟工业，笔者比较系统地查阅有关目录、索引，尚未发现一篇（部）撰于1949年以后的专门性研究论文或著作，相关的文史资料虽略有提及，但远不足训。尽管若干研究当时恶性通货膨胀和经济崩溃的论著，对卷烟业有一定学理性的反映，但不过是间接的、支离的，不足以当作直接性的成果看待。相关专著仅有方宪堂先生《上海近代民族卷烟工业》有所涉及，抗战后的研究部分只占全书五分之一，属史料汇编性质。事实上，无论是全国整体还是各个区域卷烟工业发展，关于抗战后的研究成果都非常少。抗战胜利后不久又爆发内战，历史发展进入一个新的特殊时期，中国政治、经济和社会环境都发生了剧烈变化，上海作为全国的经济和金融中心，政局的波云诡谲使该地卷烟业发展及政企关系更具复杂性，值得我们去进一步探索。

第三，研究内容有待进一步的完善。一方面，政企关系史是卷烟工业发展史研究的重要组成部分。目前学界对卷烟企业的研究，主要集中于外资企业英美烟（颐中）公司和民族企业的典型南洋兄弟烟草公司，而关于其他民族企业如华成、利华、大东南烟草公司等，以及另外一种特殊类型企业即战后以接收为基础建立起来的上海唯一一家国营卷烟企业——中华烟草公司的研究均非常缺乏。另一方面，时代在不断发展变化，无论是晚清、北洋还是南京国民政府，不同阶段的卷烟工业发展都有它的脉络、特点及影响因素，其中既有共性，又有特殊性。即使南京国民政府统治的不同时段，行业发展的状况也各不相同。从已有成果看，研究缺乏由点到面的深入，除对卷烟企业生产、管理、营销的研究外，对行业发展的环境、特点及原料市场，对国民政府烟业政策及实施与民间团体互动的具体情况缺乏考察和分析；对上海卷烟业研究，没有将其从经济范畴上升至社会、政治范畴，进行全面、深入的研析；对新近开放的档案文献资料运用方面，亦存在着不足，这不能不影响研究者对卷烟业发展问题复杂性及其对历史时期政企关系的认识。

三 研究主题的界定与解析

研究时段：研究选取"战后"即1945—1949年为主要考察范围，确切地说是从1945年8月日本投降，到1949年5月上海解放。这一时段是南京国民政府在上海统治的最后阶段。尽管时间很短，但这一阶段上海的卷烟工业呈现出与以往不同的特点，围绕着企业的生存与发展，烟业界发生了一系列复杂事件。纵观这一时段，尽管面临诸多困难，但上海的卷烟业还是在曲折中发展，而且其所创税收在战后国家的主要税种货物税中占据最大比例，成为国民政府重要的财政来源。

研究区域：本书选取"上海"作为研究范围，因为上海是近代中国卷烟工业的发源地和企业的聚集地。抗战胜利后，国内主要的机制卷烟企业仍主要集中于该地，选题考察的地域主要是拥有机器设备企业集中的上海市区。从战后上海市烟厂分布的情况来看，沪东地区大型卷烟企业比较集中，而沪西中小型烟厂林立。从上海市卷烟工业同业公会的调查来看，1946年拥有会员厂单位78家，1947年106家，1948年达115家。截至1949年5月上海解放前，全市大小烟厂共有112家，其中仅有15家没有机器设备。

研究行业：选题选取"卷烟业"作为研究范畴，它是近代中国民族工业中兴起较早的门类之一。卷烟作为一种商品传入中国是在19世纪末，中国的民族卷烟工业产生于20世纪初的上海。关于卷烟，《辞海》解释为："卷烟，亦称'香烟'、'烟卷'、'纸烟'，烟草制品之一。将多种烟叶抽掉烟梗，按配方配合，切成烟丝，拌加各种配料后，用卷烟纸卷制而成。除普通卷烟外，尚有药烟。"①《当代汉语词典》中"卷烟"是"把烟丝加入香料后，用纸卷制成一定粗细长度的细柱状或喇叭状烟支。包括香烟、雪茄等"。②《中国大百科全书》"卷烟"指"用纸条将切细的烟丝包卷成圆柱状的烟制品，又称'纸烟'、'香烟'，它是最主要的烟制品，占世界烟草总耗用量的85％以上"。③从以上概念可以看出，卷烟只是烟草制品的一种，"卷烟业"不等同于"烟草业"，它属于烟草业的一个组成部分。除卷烟生产外，烟草业还包括烟叶生产、烟机及卷烟纸的制造等。卷烟一般可分为三类：一为机制卷烟，纯以电力及机器制造；一为半机制烟，以人力挥动机器制造；一为手工卷烟，以人力为主配以简单工具制造。烟厂规模亦参差有别，有的有卷烟机器数十台，有的仅有一两台，自己不从事生产而为他厂代卷，有的只是手工卷制的作坊。本书"卷烟业"仅限于现代意义上的机制卷烟工业，不包括规模简单粗陋、缺乏组织的家庭手工工厂。因此，对拥有现代机器设备的卷烟企业是考察的重点。这些企业既包括南洋、华成等民族企业，同时也涵盖了外商企业英美烟（颐中和花旗）等卷烟公司，还涉及战后国民政府的国营卷烟企业——中华烟草公司，它们都在法律上进行了登记和注册，战后都加入行业内最大的非政府团体——上海市卷烟工业同

① 《辞海》编辑委员会：《辞海》，上海辞书出版社2010年版，第2057页。
② 龚学胜主编：《当代汉语词典》（国际华语版），商务印书馆2008年版，第962页。
③ 《中国大百科全书》总编委会：《中国大百科全书》卷12，中国大百科全书出版社2009年版，第262页。

业公会，而且也曾同样面临发展机遇，还有面临税收、原料、工潮等困境。

研究对象：本书选取"政企关系"为研究对象。"政企关系"是指政府与企业的关系，其切入点主要围绕与卷烟工业密切相关的板块展开。除考察生产部门卷烟企业外，本书还将涉及卷烟工业的外围组织卷烟工业同业公会、企业的产业工会等。研究还重点分析政府的卷烟税收政策，卷烟工业主要原料包括熏烟叶、卷纸、钢精纸的供应情况，以及卷烟行业工人运动等。

需要说明的是，本书研究的政企关系，既属企业史，又是行业发展史，对卷烟业政企关系的考察，为行业发展脉络提供重要的论证支撑。战前上海卷烟工业发展特点主要以中外企业的市场竞争为主，战后虽然也存在竞争，但不论是民族企业还是外资企业，整个行业发展面临着共同的困难和问题，维持自身生存成为一种主要的集体行为，构成行业发展的主线。上海卷烟工业同业公会在战后规模和职能迅速扩大，成为卷烟企业集体利益的代言人，故研究选取其作为主要的考察对象。从深层次讲，战后上海卷烟工业同业公会的行为及影响非常之多，这里重点探讨其为行业争取利益及处理应对业内工潮方面。同样，战后上海卷烟业工人运动的内容及影响非常之多，本书主要探讨其工会组织及"年赏"工潮中的反应。

选取中华烟草公司作为考察对象也有其特殊性，它成立于国民政府烟草专卖制度取消后，是在战后接收基础上建立起来的上海唯一一家国营生产性事业单位，并且在国营事业民营化的浪潮中，陷入旷日持久的承购权纠纷，一直到国民党政权在上海统治的结束。中烟公司的成立、发展、兴盛、衰落贯穿于整个研究时段（1945—1949），纠纷最终不了了之，折射出战后"国营"企业发展的"另类困境"及政企互动。

影响企业发展主要有两大要素，一是政府，二是市场。战后上海卷烟业政企关系的影响因素较多，之所以选择税收、原料、工人三个对象，是因为企业外围的税收、原料问题，内部的劳资关系都受到政府政策的深刻影响，处于内战的大背景下，都与市场因素紧密相关。另外，从当时行业及媒体反映来看，税收增加引发的政企矛盾、原料紧缺引发的行业矛盾、工资年赏引发的劳资矛盾构成了制约战后上海卷烟业发展的主线。本书的"博弈"正是围绕制约战后上海卷烟业主要矛盾展开，它将作为考察卷烟业政企关系的一个切入点，并非侧重从经济学"博弈论"的角度深入探讨。

四　研究思路、方法与创新

本书研究避开以往政府史与企业史研究以政策或制度为重点的研究路径，尝试从政府、社团、工人互动的角度探讨战后上海卷烟业政企关系的发展演变，审视特殊背景下上海卷烟企业围绕生存发展的各类博弈及对社会经济的影响。战前上海卷烟业的政企关系是研究的起点，选题将1945—1949年上海卷烟业的政企关系放在战后时代大变局中加以考察，同时又将政府与外企、民企、国企三种不同类型企业关系加以对比研究，透视战后上海卷烟业领域政企关系的主要特性。首先，以大量第一手资料为基础，还原战后上海卷烟业发展及企业围绕生存发展努力的实态。其次，在重建史实基础上，从政府、社团、工人互动的角度分析政府与卷烟行业公会、产业工会、重点企业的关系。最后，以上海卷烟业政府与企业互动的特征为案例，对战后中国社会转型中所遭遇的困境和问题有一定认识和总结。

该书具有历史学、经济学、社会学等多学科交叉的特点，为了使叙述和论证更加富有说服力，该书将运用多学科学术理论，采用计量分析法、历史文献法、比较研究法等研究方法，分析在特殊历史情境下的政府、社团、工人的互动，尽可能还原1945—1949年上海卷烟业政企关系的历史全景，以启迪现实。首先，统计相关数据，分析战后上海卷烟企业、机器设备、从业人员的种类及数量和外企、民企与国企的资本与营销额等，力图对战后上海卷烟企业的发展作出整体性的阐释；其次，采用历史文献研究法，还原政府与卷烟行业公会、产业工会、重点企业互动的历史样貌，对战后上海卷烟业领域政府与企业关系中的典型个案进行详细探讨；最后，对政府与外资、民营、国营三种不同类型企业的关系进行比较，尤其对具体场景中政府与行业公会、产业工会的互动与博弈进行多方面比较等。

本书着眼于全面展示1945—1949年上海卷烟业领域政企关系的

基本脉络，从政府与企业关系的互动与转型角度认识近代社会经济变迁，不仅有助于加强企业史与政府史的研究，也有助于丰富中国近代社会历史面相。史料运用上，大量未刊史料的运用是研究的主要特色。中国第二历史档案馆开放的民国时期烟草行业数字化档案为研究开展提供了便利，上海市档案馆、上海社会科学院经济所企业史中心也藏有不少卷烟企业史料，上海社会科学院历史所有不少上海卷烟企业工人运动史料。此外，英美烟公司、烟草数字图书馆网络英文档案、台湾"中央研究院"近史所档案馆的经济部上海各烟草公司数字化档案作为重要补充，多重资料的印证，使论证更加科学，结论更加客观。本书突破以往从经济学与管理学角度研究企业与政府，而从政权、社团、工人互动视角来研究政企关系。同业公会作为企业集体利益的代言人，产业工会作为重要的企业工人组织，都是与政企关系密切相关的板块，本书不仅涉及企业与政府，而且涵盖这些非政府组织，既有企业整体研究，又有典型个案剖析，将综合考察政府、公会、工会等与企业发展密切相关的版块展开的多重互动，丰富和拓宽政企关系史研究的视域，推进和健全其学科体系。

第一章　上海卷烟工业发展概况

第一节　抗战胜利前之上海卷烟业

一　清末民初的源起

烟草传入中国，是在 16 世纪末至 17 世纪初。长期以来，国人主要吸用旱烟，也有鼻烟，后又有水烟和嚼烟。在开埠以前，上海的旱烟大多数在手工作坊中制作，加工方法简单，生产规模很小。卷烟，亦称"香烟""纸烟""烟卷"，是将多种烟叶抽掉烟梗，按配方配合，切成烟丝，拌加各种配料后，用卷纸卷制而成的一种烟草制品。据闻其源于埃及士兵在 1832 年一次战争中用包火药和子弹的纸将烟丝包起来吸用，之后逐渐传播，流行西方。19 世纪 70 年代后期，卷烟机的发明使西方卷烟业发生了一场革命。80 年代初期，美国、英国等西方国家开始大规模使用机器生产卷烟。卷烟作为一种商品传入中国，是在清朝末年。1938 年《现代中国实业志》载："卷烟之入吾国，系在光绪十四年间，迄今不过四十余年。最初输入者，为美商老晋隆洋行。"[1] 1888 年，上海美商老晋隆洋行开始输入美国烟草公司生产的"品海""小美女"等卷烟，广为赠送，极力从事宣传，以打开中国市场。"国人尝试之后，以其携带便利，香味浓厚，大为所惑，吸者与日俱增，不期年而销路已遍全国。"[2] 由于卷烟比旱烟、水烟携带方便，吸后提神壮气，又是招待宾客的佳品，所以自洋人买办到官员富商，再到普通民众，很快流行起来。这一时期，国内烟类进口

---

[1]　杨大金：《现代中国实业志》，商务印书馆 1938 年版，第 799 页。

[2]　成生：《我国卷烟业之概况》，《国光》第 2 卷第 1 期，1934 年 1 月。

以上海为中心，大幅度增长。上海一口输入的外国纸烟，1894 年为
120175（海关）两，到 1898 年增加到 458342 两。① 1895 年，全国烟
草进口 27.92 万（海关）两，经上海海关进口金额达 16.57 万两，占
全国总进口量 59.33%；1898 年，全国烟草进口 68.73 万两，上海达
57.29 万两，占全国总进口量 83.36%。②

　　1902 年，英美两国在伦敦成立国际性卷烟公司，是为英美烟公
司。是年，该公司在上海设厂，揭开了上海机器卷烟工业的序幕。史
载："清光绪二十八年，英美烟公司首先设厂于上海，是为吾国卷烟
产品之先河；光绪三十一二年间，香港有南洋烟草公司，天津有北洋
烟草公司之设立，是为国人自制卷烟之始。"③ 另则史料称："我国机
制卷烟，始于英美烟公司于 1902 年在华设厂……国人自制卷烟，尚
系 1904 年事。当时有三星公司及德隆烟厂两家先后成立，翌年广东
有南洋公司创立。"④ 英美烟公司是英、美两国六大烟草公司共同出
资组成的，中国是其扩展市场的一个主要对象。利用外商在华投资特
权，凭借雄厚的资金，先进的生产设备、技术及管理，驻华英美烟公
司迅速发展。英美烟公司 1902 年来华最初投资只有 21 万元，它所经
营的卷烟厂仅为上海浦东一个小厂，职工总数仅 170 余人，到 1906
年已有工人 2500 人；1914 年，英美烟公司在上海建立浦东二厂，到
1919 年其在华企业资本已经达到 12479 万元，较其最初投资增加 590
多倍。⑤ 由于卷烟有着广阔的市场前景，且制造过程简易，加上劳动
力廉价，生产周期较短，资本有机构成低，所以国内的民族资本家竞
相仿效。1903 年，人和、德隆等烟厂先后在上海建立。随着卷烟需
求量激增，三星、四民、中国纸烟等华商烟厂相继兴起。1904 年由
华工问题引发的抵制美货运动席卷全国，国人群起抵制美货、美烟，

　　① 汪敬虞编：《中国近代工业史资料》第二辑（上），中华书局 1962 年版，第 206
页。
　　② 《上海烟草志》编纂委员会：《上海烟草志》，上海社会科学院出版社 1998 年版，
第 44 页。
　　③ 刘大钧：《中国工业调查报告》（上），经济统计研究所，1937 年 2 月，第 106 页。
　　④ 张一凡主编：《烟叶及卷烟业须知》，中华书局 1948 年版，第 58 页。
　　⑤ 上海社会科学院经济研究所编：《英美烟公司在华企业资料汇编》，中华书局 1983
年版，第 3 页。

许多有识之士深感国货之重要，民族资本家在"不用美国货，不吸美国烟"的口号下，兴起了办厂热潮。1905 年前后，四民、大东、大通、泰东、大隆、自新等民族烟厂纷纷设立，出现了一批按现代企业制度建立的机制卷烟工厂，上海的民族卷烟工业初步形成。与跨国烟草托拉斯英美烟公司相比，华商烟厂创建时资金微薄，设备简陋，技术缺乏，不少因经营艰难先后倒闭。民国成立至"五四"运动期间，华侨爱国心大受鼓舞，国货畅销，一定程度上推动了民族经济的发展，上海卷烟工业得到了发展良机。南洋兄弟烟草公司（1905 年在香港创立，1916 年在上海设厂）1912 年获利 5.2 万元，1913 年获利增至 11.7 万元，1914 年为 17.5 万元；1916 年盈余达 115.2 万元；1918 年扩股至实收资本 320.2 万元，获利 119.4 余万元。[①] 利兴烟厂创办于 1912 年，进行加工代卷业务同时自行生产一些无牌号的卷烟，销路甚好；振胜烟厂于 1914 年创办，初期托安利泰烟厂代卷，1919 年"五四"运动后，该厂"黄包车、中国牌曾在市场上活跃一时"；创办于 1918 年的兴业烟厂出品泰山、良心、大吉等牌卷烟，"五四运动激发了人民的爱国热忱，该厂产品曾得到社会的称誉"。[②]

从卷烟开始使用输入的机器制造以后，短短数年之中，上海的卷烟工业就有了较快的发展。除最大规模的英美烟草公司之外，许多民族工业家纷纷向国外订购制烟机器，并在各地种植收购烟叶，于是全国各地的机制卷烟工业，呈现风起云涌之势。从总体上看，这一时期上海民族卷烟企业处于初创阶段，原料、技术、设备等严重依赖外国。"华商设厂除工人而外，烟叶之用国货也，仅占半数；其余如机器，如锡纸、蜡纸等，何一不来自异域？而况彼以极精巧之技术，挟巨大之资本，无苛细之税捐，而得廉价之工人。"[③] 除南洋、华成等少数规模较大者外，大多数中小烟厂在残酷的市场竞争面前，极容易走向破产。

---

① 中国科学院上海经济研究所、上海社会科学院经济研究所编：《南洋兄弟烟草公司史料》，上海人民出版社 1958 年版，第 37 页。

② 方宪堂主编：《上海近代民族卷烟工业》，上海社会科学院出版社 1989 年版，第 27—28 页。

③ 杨大金：《现代中国实业志》，商务印书馆 1938 年版，第 804 页。

二 20 世纪二三十年代的发展

20 世纪 20 年代，中国先后发生"五卅"运动、北伐战争，反帝爱国运动再次为上海民族资本烟厂的发展创造了有利条件。1925 年"五卅"惨案发生，全国范围内掀起了汹涌澎湃的抵制外货运动，上海的民族卷烟工业迎来了发展良机。"国产卷烟销路一日千里，本外埠烟店需货甚殷，原有烟厂出品供不应求，因此国人纷纷发起设立烟厂来供应需要。"① 首先表现为烟厂数量的增加。"上海五卅惨案发生，国人受外侮之刺激，各烟公司风起云涌，颇极一时之盛。"② 这一时期，上海新设烟厂有大达、美星、明记、华北、千祥、华昌等 20 余家，民族卷烟工业初具规模。至 1927 年，上海民族资本烟厂已由"五卅"运动前的 14 家，增加到 182 家，为原来的 12 倍。③ 南洋兄弟烟草公司和华成烟草公司成为民族卷烟企业的典型。1916 年香港南洋兄弟烟草有限公司趁第一次世界大战期间外烟进口减少之机，来上海设厂，产品迅速向中国中部和北部推销，成为国内民族资本经营规模最大、设备最完善的卷烟企业。新组建的华成烟草股份有限公司于 1924 年 4 月在上海设立，初创时资本额仅为 4 万元，成立后公司注重改进品质，相继推出金鼠、美丽等品牌，销路迅速打开。"五卅"之后，"华商卷烟公司纷纷设立，南洋、华成两公司均添设分厂，以应需求，蓬勃之象，至为可观"。④

设厂数量增加的同时，上海的民族卷烟企业在销售和盈利方面也获得了巨大成功。⑤ 南洋兄弟烟草公司产品供不应求，销量激增，其上海总公司的销售额由 1924 年的 1202 万元激增至 1925 年的 2020 万元，增长 68％。⑥ 盈利也成倍增长，1925 年盈利额达 122 万元，为上

① 《上海华成烟厂历史资料 1924—1957》，上海社会科学院经济研究所企业史资料室藏企业史、行业史资料 01，第 15 页。
② 上海特别市社会局编：《上海之工业》，上海中华书局 1930 年版，第 100 页。
③ 严中平等编：《中国近代经济史统计资料选辑》，科学出版社 1955 年版，第 163 页。
④ 杨大金：《现代中国实业志》，商务印书馆 1938 年版，第 804 页。
⑤ 上海社会科学院经济研究所编：《英美烟公司在华企业资料汇编》，中华书局 1983 年版，第 1350—1351 页。
⑥ 《南洋兄弟烟草公司史料》，第 220 页。

一年的 254%；1926 年盈利额上升到 230 万元，为 1924 年的 479%，
比上一年增长近一倍。① 南洋兄弟烟草公司趁势增设汉口、上海浦东
二厂，并在青岛、天津、济南、杭州、宁波、厦门、广州等地设立
18 处分公司。1925 年，华成烟草公司年销量达到 1.1 万箱，盈利较
上年猛增 73 倍。② 从 1925 年至 1933 年，在不到 10 年之内，资本由 4
万元跃进到 360 万元，提高 90 倍。据 1936 年底计算，资产总额已达
到 1239.8 万元。③ 销量方面，1926 年为 29270 箱，至 1927 年提高为
51284 箱，1930 年和 1936 年又分别上升到 82780 箱和 140692 箱，为
1926 年销量的 282.82% 和 357.68%。④ 除了上述两家，其他民族烟
厂亦如雨后春笋般的发展，从这一时期纸烟的输入和烟叶的进口也可
以看出。1923 年中国从美国、英国、香港等地输入纸烟 10116 百万
支，1924 年减至 9753 百万支，到 1926 年降为 7739 百万支；相反，
1923 年中国从美国、日本、中国香港等地进口烟叶总值计 1233 万
（海关）两，1924 年增至 2431 万两，到 1926 年达 2557 万两，其中

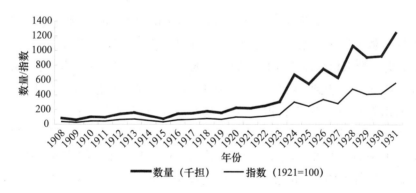

图 1 - 1 1908—1931 年中国烟叶进口数量变化

资料来源：《1908—1937 年我国烟叶的进口》，上海社会科学院经济研究所企业史资料
室藏英美烟公司抄档［72］14A1 "中国烟叶输入的历史情况 1868—1948 年"，第 28 页。

---

① 《南洋兄弟烟草公司史料》，第 264 页。
② 《上海烟草志》编纂委员会：《上海烟草志》，上海社会科学院出版社 1998 年版，
第 46 页。
③ 《上海华成烟厂历史资料 1924—1957》，第 50 页。
④ 同上书，第 13、33 页。

美国占到 2307 万两，占中国烟叶输入总额的 90% 以上。①

1939 年和 1940 年，各国输入中国的烟叶总量分别达到 7700 万磅
和 8700 万磅。② 纸烟输入的减少和烟叶输入的增加，表明中国国内机
烟投厂制造的迅速发展。1931 年各省通商口岸出口的数据也显示，
中国国内卷烟市场完全被外来的商品所占据的情形已与实际不吻合。
其中卷烟制品，外国进口为 13098662（平关）两，而国内生产则达
99061794 两，占据绝对优势。③ 这一时期，卷烟机器进口的逐年上升
也为上海卷烟工业的发展注入新的动力。

表 1-1　　　　1929—1934 年进口卷烟机器及其配件价值统计　　　　（单位：元）

年份	1929	1930	1931	1932	1933	1934
价值	433827	607532	580893	5998531	3766731	8190701

资料来源：王懿芳：《中国近年来机械进口之统计》，《实业统计》第 3 卷第 2 号，1935
年 4 月，第 46 页。

许涤新、吴承明先生的研究表明，1920—1936 年上海卷烟厂数、
卷烟机数及职工人数均有较快增长。1936 年比 1920 年卷烟厂数增加
2.1 倍，卷烟机数增 3.5 倍，职工人数增 1.9 倍。1936 年资产比 1930
年增 2.5 倍，达到 8400 万元。④ 1932 年《中国实业志》载："我国每
年所出卷烟量，江苏省占绝大多数，而江苏又以上海占其主数。"⑤
1935 年全国 57 家华商烟厂中上海有 44 家，约占 77.2%；约为 1991
万元的华商烟厂资本中，上海一地有 1899.2 万元，约占 95.4%。⑥
种种数据都说明 20 世纪二三十年代民族卷烟工业有了初步发展，上
海成为中国卷烟工业最主要的基地。

① 武堉干：《中国国际贸易概论》，商务印书馆 1930 年版，第 81—82 页。
② 《英美在华托拉斯调查报告书》（续），慕钟鼎译，《中国烟草月刊》第 3 卷第 2 期，
1950 年，第 541 页。
③ 任曙：《中国的工业》，生活书店 1934 年版，第 13 页。
④ 许涤新、吴承明主编：《中国资本主义发展史》（第三卷），社会科学文献出版社
2007 年版，第 581 页。
⑤ 何炳贤：《中国实业志·江苏》，实业部国际贸易局 1932 年版，第 430 页。
⑥ 申报馆编：《申报年鉴》（1935 年），台北文海出版社 1978 年影印本，第 131 页。

　　这一时期英美烟公司发展尽管受到国内反帝爱国运动打击，但是与民族资本烟厂相比，无论是资金、技术还是管理方面，依然占有很大优势。1928 年后该公司采取种种对策，利用降价、广告战等手段展开竞争，加上国民政府对国产卷烟不断增加税率等原因，国内提倡国货呼声虽未间断，但始终未能与外国资本形成强烈的竞争，这一时期仍然是英美烟公司一强独大的局面。1927—1937 年，驻华英美烟公司资本额从 17804 万元增加到 21554 万元，增长了约 21.1%。① 到抗日战争前夕，驻华英美烟公司资本已达到 21554 万元，职工总数 2.5 万人，比开办时增加了 140 多倍，在全国各地先后设有 11 个卷烟厂、6 个烤烟厂、6 个印刷厂、1 个包装材料厂和 1 个机械厂。② 该公司在上海的扩展尤为明显，以卷烟生产主要设备卷烟机为例，浦东老厂开工不久即扩大为 54 部卷烟机，1919 年浦东新厂建成，拥有卷烟机 74 部，1925 年通北路厂（大英烟公司）开工，当时有卷烟机 30 部，到 1935 年增加至 80 台。③ 销量方面，1902 年在华销售卷烟 1.2 万箱（5 万支箱），1919 年销量增加到 30 万箱，1924 年为 63.4 万箱，1930 年达到 87.7 万箱，约是 1902 年的 73 倍。④ 其实力之雄厚，为华商烟厂所望尘莫及。1934 年 9 月，通北路厂的大英烟公司改名为颐中烟草公司（Yee Tsoong Tobacco Co.）。颐中成立时拥有资本金 2.5 亿元，除上海外在汉口、天津等地均有设厂，卷烟机 375 部，年制造能力 10 万箱（每箱 5 万支）。⑤ 它继承了驻华英美烟公司，并将其原有业务进一步扩大。卷烟市场长期为英美烟公司等外商企业所垄断。1936 年，上海 4 家外资烟厂产量为 37.6 万箱，占中外烟厂总量的 49.5%。1937 年，英美烟公司年产量达到 87.2 万余箱，占全国总产量的三分之二。⑥ 高生产和销售率带来的自然是高纳税额，以 1936 年为例，全国

---

① 《英美烟公司在华企业资料汇编》，第 5 页。
② 同上书，第 2—3 页。
③ 同上书，第 162—163 页。
④ 同上书，第 512 页。
⑤ 《中国烟草大辞典》编委会：《中国烟草大辞典》，中国经济出版社 1992 年版，第 29 页。
⑥ 熊月之主编：《上海通史·第 8 卷》（民国经济），上海人民出版社 1999 年版，第 125—126 页。

统税收纳额 8584.3 万元，英美烟公司缴纳 5242.5 万元，占到了国民政府统税收纳额的 60% 以上，因此其发言极为有力。①

抗日战争以前，上海的民族资本卷烟企业获得很大发展。设厂数量增加的同时，从 1924 年到 1936 年，资本额、卷烟机数、产量及产值都有了较快的增长。"当时全国卷烟工厂共计 56 家，上海 48 家，占全国 86.4%，资本总额 19910252 元，占全国 95% 以上，故上海卷烟业之盛，实为全国之冠。"② 与清末民初相比，华商企业的组织方式也发生重大变化，新的经营理念如所有权与经营权分离、有限责任、资本市场受到重视，公司制在企业的组织形式中占据绝对优势。据调查，1932 年上海的 60 家卷烟企业中有 49 家采用了公司制，其中股份有限公司有 44 家，约占总数的 73.3%。③

表 1-2　　　　　　　1924 年与 1936 年上海卷烟工业状况统计

年份	资本（万元）		卷烟机（台）		产量（5万支装，箱）		产值（元）	
	民族	外国	民族	外国	民族	外国	民族	外国
1924	984	8881	113	176	73080	304660	984.2	4328.3
1936	1777	8108	474	185	384600	376303	5179.8	5346.1

资料来源：徐新吾、黄汉民主编：《上海近代工业史》，上海社会科学院出版社 1998 年版，第 323—325 页。

从表 1-2 可以看出，尽管华商卷烟业和外商还有较大的差距，但就华商企业本身来说，资本额 1924 年只有外商的 11%，到 1936 年已占外商的 21.9%，增加了近一倍多；产量已达到 384600 箱，比上海外商产品多出 8297 箱；产值为 51798 万元，仅比外商产值少 166.3 万元，几乎相当。而 1924 年华商烟厂产值比外商少 3344.1 万元，也就是说华商烟厂产值增加了 2010.55%，其增长是飞速的，和外商企

① 《英美在华托拉斯调查报告书》，慕钟鼎译，《中国烟草月刊》第 3 卷第 6 期，1950 年，第 667 页。
② 《战后工商各业之动态·卷烟工业》，《经济研究》第 2 卷第 4 期，1940 年 12 月 1 日。
③ 《上海华商卷烟工业之调查》，《工商半月刊》第 5 卷第 1 号，1933 年 1 月 1 日。

业的差距逐渐缩小。

抗战爆发前，上海作为全国卷烟工业"龙头老大"地位已经凸显。民族卷烟业势力逐步发展和扩张，但外商英美烟公司仍占有绝对优势。在市场竞争下，1932 年前后出现"国货卷烟工厂外受经济之压迫，内感运输之痛苦，营业一落千丈，萌芽方茁，遽受打击。华厂停工，十居八九，工人失业，数以万计"[①] 的状况。总体来看，20 世纪二三十年代上海卷烟工业发展特点是以市场竞争为主，外资企业英美烟公司一强独大，南洋、华成等民族资本烟厂在竞争中求生存，构成了这一时期上海卷烟业发展的主线。

三　抗战期间的畸形发展

20 世纪二三十年代，英美烟公司为首的外资企业极力拓展的同时，上海的民族卷烟工业亦在市场竞争中得到发展。从总的资本与产值来看，它与外商企业的差距正在缩小，假以时日，华商卷烟业当有与外商并驾齐驱之势，然而情势随着日本的侵略战争发生变化。1937 年七七事变发生，日本发动大规模的全面侵华战争，战火很快就蔓延到了上海。紧接着"八一三"事变爆发，日军对上海发动了大规模进攻，侵占了上海租界以外的地区。淞沪战后，上海遭受浩劫，金融停滞，工业凋敝，商业萧条，交通阻断，敌占区呈现出一派颓废衰败之象。战前未能内迁的南洋、华成、大东、华美、华菲等民族卷烟企业，在战争中遭到了严重的破坏，一部分烟厂毁于战火，一部分被日军以各种名义劫夺，还有少数迁入未被日军占领的租界。在战火中所受损失最为严重的是南洋兄弟烟草公司。1939 年 1 月上海《商业月报》载："虹口百老汇路兆丰路口南洋兄弟烟草公司总厂，当沪战剧烈时，曾被日方将内部重要机器间等焚毁，惟驱壳坚固，外表依然无恙。现该厂楼下，已被日军辟作野战邮便局。"[②] 战后上海工厂调查统计显示："上海各华商烟草厂之资本总额在一千二百万元以上、规

---

① 杨大金：《现代中国实业志》（上），商务印书馆 1938 年版，第 791 页。

② 《虹口区域内华商工厂近况调查》，《商业月报》第 19 卷第 1 期，1939 年 1 月 31 日，第 14 页。

模较大之十八家中有八家被毁，损失数额逾五百万元。百老汇路的南洋烟草公司厂屋为受损最严重之一，其次为汇山路之华成烟草公司，此两公司从前共用工人约六千名；公平路之大东烟草公司亦受重损，杨树浦之颐中烟公司厂屋曾为炮灰击毁数处。"①

在战火中南洋公司机器被毁，生产遭到破坏，只得遣散职工。华成公司由于全部物资均堆放在虹口仓库及厂内，几乎全部毁于战火。"当战事发生之前，全市开工之三十一家烟厂中，有十八家位在虹口一带，故受炮火毁坏，损失至巨，尤以南洋、华成两厂为最。南洋之厂屋机件率遭焚毁，此外如华美和兴中南亚洲新民华兴昆仑江南各厂，亦各有损失。"② 据不完全统计，上海 17 家民族资本烟厂所受的资本损失达 1812.5 万元，卷烟机损失数达 272 台。③

1941 年 12 月太平洋战争爆发前，租界内的民族烟厂及英美烟等外资企业由于得到英、美、法等国势力的庇护得以继续经营。1938 年至 1941 年太平洋战争爆发前夕，由于上海及周边战区人口纷纷迁入租界避难，人口的增加推动了对生活消费资料的进一步需求，这一时期上海曾出现过短暂的"孤岛繁荣"局面。卷烟业也不例外，由于商品供不应求，实力较为雄厚的南洋、华成等筹备在租界内建厂复工，租厂自制或请小厂代卷蔚为大观。南洋、华成、华美等烟厂都曾委托租界内小型烟厂代为卷制过。1940 年，有史料载："南洋厂于二十七年委托浙江德兴汇众各厂代卷；华成厂初由利兴代制，二十八年复托利兴代卷；华美初由鲁信代卷，继由大东及大东南两厂代制；华菲烟厂先由金沙代卷，本年则自行租用河南路厂屋复工。"④ 大量难民的涌入为卷烟工业提供了众多廉价劳动力，而许多官僚政客、富商大贾及地方豪绅进入则使租界内有了充足的资金来源，因此这一时期租界内新烟厂陆续开设。烟草专家张逸宾统计，"其后新设者计二十七（1938）年一家，二十九（1939）年五家（日商占三家），三十

① 《战后上海各工厂概况》，《银行周报》第 22 卷第 19 期，1938 年 5 月 17 日。
② 《战后上海之工商各业·卷烟业》，《经济研究》第 2 卷第 4 期，1940 年 12 月 1 日。
③ 方宪堂主编：《上海近代民族卷烟工业》，上海社会科学院出版社 1989 年版，第 165 页。
④ 《战后上海之工商各业·卷烟业》，《经济研究》第 2 卷第 4 期，1940 年 12 月 1 日。

（1940）年五家（日商占一家）"。① 许晚成 1940 年调查显示，全市大小烟厂多达 72 家。② 熊月之等主编《上海通史》统计，1940 年公共租界新设卷烟工厂 28 家，华商烟厂占 17 家。③ 据方宪堂先生的研究，1938 年上海新设民族烟厂有汇众、信远 2 家，1939 年增加至 4 家，1940 年至 1943 年增加 14 家，1944 年增加至 19 家。

表 1-3　　　　　　　抗战期间上海开设的民族烟厂

1938 年	1939 年	1940 年	1941 年	1942 年	1943 年	1944 年	1945 年
信远	汇达	粹华	友宁	扬子	国华	协昌	元华
汇众	远东	华明	德昌		乐华	仙乐	康乐
	东映		兴康		合众	大新	
	华利				裕华	福华	
					金蕾	复兴	
					安迪	华星	
					晋中	昌兴	
					民生	锦华	
						和成	
						华谊	
						章华	
						利华	
						大运隆	
						鲁信	
						中和	
						昌明	
						红余	

---

① 张逸宾：《抢救当前中国卷烟工业》，《经济周报》第 3 卷第 9 期，1946 年 8 月 29 日。

② 许晚成：《战后上海暨全国各大工厂调查录》，龙文书局 1940 年版，第 142—146 页。

③ 熊月之主编：《上海通史·第 8 卷》（民国经济），上海人民出版社 1999 年版，第 377 页。

续表

1938 年	1939 年	1940 年	1941 年	1942 年	1943 年	1944 年	1945 年
						民华	
						光华	

资料来源:《上海近代民族卷烟工业》, 第 171 页。

　　尽管研究与统计多有出入, 但设厂数量的增加显示了这一时期上海卷烟工业在数量和规模上的扩大。证券行情也说明了卷烟业的资金旺盛, 以 1938 年 6 月的交易价为准, 华成烟厂 20 元的票面涨至 30 元, 增长 50% 。[1] 从盈利来看, 南洋公司在 1937 年 8 月上海总厂被毁后另建新厂, 到 1940 年 "营业颇旺, 获利亦丰, 职员年底可得花红达十六个月之多"。[2]

　　上海的卷烟工业在 "八·一三" 事变之前, 基本只有华商和英美商人角逐, 事变后发生的一个显著变化是, 日商在沪东崛起, 日本侵略者走向对上海卷烟业的统制和垄断。租界外的卷烟工厂有的遭到严重破坏, 有的被日军强行劫收。"其在战区内幸获保全者, 仅有华品华菲华东新华等数厂, 但事后率被接管开工。"[3] 日本还利用伪税署对华商烟厂课以重税, "烟厂卷烟出厂, 因统税征收至重, 咸感不胜负荷之苦。盖卷烟价目, 每箱在 370 元以下, 须征税百元; 在 370 元以上者, 一律征收 200 元"。[4] 在这种情况下, 大小烟厂数十家 "因不堪负担, 均忍痛暂行停工, 以示抵制, 所有职工亦均暂时解散"。[5] 这一时期, 日商卷烟业规模迅速走向扩大。1940 年底, 有史料称 "日商卷烟厂迄今计有三家共八厂。属于东亚卷烟会社者, 计有华丰第一二厂, 即系华东华品之原址; 属于东洋卷烟会社者, 计有华生一

---

[1]　熊月之主编:《上海通史·第8卷》(民国经济), 上海人民出版社 1999 年版, 第367页。
[2]　《工商界消息》,《商情报告》特第 892 号, 1941 年 5 月 16 日。
[3]　《战后上海之工商各业·卷烟业》,《经济研究》第 2 卷第 4 期, 1940 年 12 月 1 日。
[4]　同上。
[5]　《经济简讯·本市卷烟厂被迫暂行停工》,《商业月报》第 20 卷第 11 期, 1940 年 11 月 30 日。

二烟厂，即系中原新华之原址；其第三工厂，则系正大橡胶厂之原址，其机件有一部分由华成南洋两厂所搬用。此外尚有共盛第一二三厂，规模亦大。"① 在此基础上日军组织当地日商成立了"上海日本烟草卷纸同业组合同业会"，控制原料，垄断生产。

表 1-4　　　　**上海日本烟草卷纸同业组合同业会会员名单**

会员	地址	会员	地址
东洋叶烟草株式会社	圆明园路 209 号	金海洋行	黄浦滩路 24 号
米星烟草株式会社	圆明园路 209 号	大得社	黄浦滩路 24 号
山东烟草株式会社	仁记路 119 号	永和洋行	广东路 86 号
日商株式会社	仁记路 24 号	国际商事株式会社	博物院路（今虎丘路）
东亚烟草株式会社	黄浦滩路 24 号	松尾洋行	乍浦路 321 号
冈政百货贸易公司	黄浦滩路 24 号	三益社	北四川路靶子路（今武进路）口
共盛烟公司	黄浦滩路 24 号		

资料来源：《上海近代民族卷烟工业》，第 180 页。

　　上述烟草机构，以东洋叶烟草公司（株式会社）、东亚烟草公司（株式会社）、共盛烟公司规模最大。"八一三"事变前它们在上海的规模和业务均微不足道，事变后迅速扩大。东洋叶烟草公司在上海最初只设一个办事处，1938 年 2 月拥有 3 个工厂，面积 5000 坪（一坪等于 6 平方尺），新式机器 50 余架，男女工人 2600 多名，年产香烟 70 亿支；东亚烟草公司过去在上海只有中和公司一个贩卖机关，事变后则拥有 2 个工厂，制造机器 36 架，年产量 5 亿支；共盛烟公司最初资金仅 5000 元，规模很小，事变后资本增加到 100 万元，拥有工厂 3 个，机器 11 架，年产香烟 800 万支左右。②

　　1941 年 12 月 8 日，太平洋战争爆发，日本侵略者进占上海租界，封锁货运交通，控制卷烟原料输入、生产和销售市场，英美的颐中、

---

① 《战后上海之工商各业·卷烟业》，《经济研究》第 2 卷第 4 期，1940 年 12 月 1 日。
② 《日本在华中的烟草公司》，《国民新闻周刊》第 5 期，1941 年 11 月。

花旗烟公司所属 3 个工厂及附属企业均被其接管。日方认为，"因大东亚战争勃发，向来在中国保有着强固势力的敌美英托拉斯已经全面的退去的今日，而要继承其后日侨业者之生产扩充也是势所必至的"。① 日军侵占上海期间，通过强购等暴力方式先后建立起中支叶烟草株式会社、华中卷烟配给组合、中华烟草株式会社、东亚烟草株式会社（后并入中华烟草株式会社）四个大型烟业组织，对上海的烟草市场和卷烟工业实行统制和垄断。"大东亚战前，既已谋适应战争体制，举凡一切烟草之收买，输统送等事宜，悉由华中烟草公司，一手加以统制。战后，关于配给贩卖事宜，并已设置华中烟草配给组合，作为统制机构。"②

以中华烟草株式会社为主体，采取统配、统购、统卖方式进行统制，中支那烟叶株式会社专事配给烟叶、纸圈等原材料。特别是 1943 年 3 月"华中卷烟配给组合"成立后，规定颐中烟公司及中日各厂商所有出品销行于华中之苏浙皖区者，悉须交由该组合实施配给，并公布各牌烟零售价之公定价格。③ 以 1943 年 12 月 30 日成立的华中烟草配给组合为例，其资本共 6000 万元，其资本构成中，日商占到了四分之三，华商资本只占到四分之一。

表 1-5　　　　　　　华中卷烟配给组合资本构成　　　　　（单位：万元）

英美烟公司	中华烟草公司	日商卷烟贩卖代理店	永泰和烟公司	久大公司	华商卷烟制造业	华商卷烟代理店
1680	900	720	960	240	780	720

资料来源：《华中卷烟配给组合宣告成立》，《银行周报》第 27 卷第 1—2 期，1943 年 1 月 15 日。

利用强大的统制机构，日本压迫非日资卷烟厂，减少配给原料，限制出品价格，霸占卷烟市场，致使上海各卷烟商业务一落千丈，大

---

① 《东亚烟草株式会社》，《大东亚经济》第 6 卷第 7 期，1943 年 7 月 1 日。
② 《上海卷烟制造业概况》，《建设月报》第 1 卷第 1 期，1944 年 9 月 20 日。
③ 《南洋兄弟烟草公司史料》，第 555 页。

批卷烟企业被迫倒闭。战前实力雄厚的颐中公司处于日本"军管理"之下，受生产统制，产品大部分供配给品之用。华资烟厂中少数几家如南洋、华成、福新、大东等勉强度日，大量私自制产的小型工厂，"观其规模，皆简单粗陋，缺乏组织，只可谓为家庭工厂耳"。① 而日本方面则拥有像中华烟草、大陆、合同、泰丰、新嘉、德昌、天华等大型制造工场，小型烟厂自由购入原料，各自制造贩卖，不受统制。据 1943 年统计，"华商生产量现仅有百分之七，敌占有百分之九十三云"。② 从总体上讲，这一时期上海的卷烟工业呈现出一种畸形的发展态势，战争初期遭到破坏，短暂的"孤岛"繁荣后是日本统制和垄断下的非常态发展。

第二节　战后上海卷烟业的际遇与挑战

一　战后初期上海卷烟业的发展际遇

上海作为全国卷烟工业的中心，战前有烟厂 48 家，占全国86.4%，资本总额 19910252 元，占全国 95% 以上。③ 卷烟税收方面，"战前全国的卷烟统税，上海区占了总额的一半以上"④，对国家财政起着不容忽视的作用。日军侵华战争使上海的卷烟工业遭受破坏，并走向日本统制下的畸形发展。1945 年 8 月 15 日，日本宣布无条件投降，对于被战争蹂躏、千疮百孔的国土，战后重建是一项艰巨的任务。战后上海亟待修复的各行业中，卷烟行业首当其要。卷烟业的恢复与发展，对于重振战后上海乃至全国的工商业有着不可忽视的作用。卷烟是一种特殊消费品，烟业经济是一种特殊的部门经济，卷烟虽不是日用必需食物，也不是昂贵奢侈品，但它们能满足一部分人的

---

① 《上海卷烟制造业概况》，《建设月报》第 1 卷第 1 期，1944 年 9 月 20 日。
② 《本籍近讯·上海：敌方霸占上海卷烟业》，《苏讯》第 51—52 期，1943 年 12 月 31 日。
③ 《战后工商各业之动态：卷烟工业》，《经济研究》第 2 卷第 4 期，1940 年 12 月 1 日。
④ 宋绩成、经叔平：《中国卷烟工业的过去现在和将来》，《烟草月刊》第 2 卷第 8 期，1949 年 12 月。

精神需要以及其他一些生活需要，是一种介于物质与精神之间的精神食粮。随着吸烟人数的增多，卷烟消费市场越来越大，这就使烟业经济在战后有了极大的发展潜力。

战后卷烟业面临的最大机遇就是，卷烟已经成为一种普通的日用消耗品，它不仅是一般烟民的日用舒适品，而且是交际上的惯用品。无论城市还是乡村，卷烟的消耗均与日俱增。1913 年至 1935 年二十多年间，雪茄烟消费量减少 37%，嚼烟减少 10%，斗烟略有减少，鼻烟减少 52%，而纸烟消费却增加 350 余倍，计占烟叶 39600 余万磅。① 日本占领期间，民众在物质上、心理上均受到压抑，遂把吸烟作为一种精神上的解脱，卷烟流入市场，商品销路扩大。战时由于工作之紧张与心情之烦躁，吸烟人数与个人吸烟量均呈激增态势，美国也不例外。据统计，1947 年美国吸烟人数约 6000 万，达全国人口总数之半。② 中国虽然没有确实统计，然消费之范围与数量，必极可观，当无疑义。"这次世界大战，纸烟也成为前线的必需品，美国的纸烟大量输往战区，导致国内烟草的买卖倒被统制了。"③ 专家曾分析战争对于卷烟的影响：

> 除非发明烟草以外的代用品，否则烟草将不复被诅咒为罪恶的渊薮与魔鬼的瘴气了。开门七件事，茶叶已由开水或其他用品替代，退居次要地位，而烟之重要，舍米面油盐而外，无有出其右者，甚且有过之而无不及。观乎战时生活艰难之公教人员"宁可食无肉，不可吸无烟"及"烟费过饮食"的实情，则人类嗜烟之习，已绝非禁止与诅咒所能戒除，且复由于人事日繁，风尚所趋，吸烟之风自必由目前稳定阶段进而至于扩展阶段。如果说第一次世界大战打破了对于香烟憎恶的偏见，那么第二次世界大战便是将烟类习尚永远植根于人类生活，尤其是心灵之中。④

① 张逸宾：《展望我国烟叶出口贸易》，《烟草月刊》第 1 卷第 10 期，1947 年 12 月。
② 同上。
③ 道辛：《烟草史话》，《民国日报》1946 年 1 月 22 日，第 4 版。
④ 张逸宾：《展望我国烟叶出口贸易》，《烟草月刊》第 1 卷第 10 期，1947 年 12 月。

国民党要员在战争时期嗜烟如命者不胜枚举，陈立夫就常为戒烟之事苦恼。战后曾任上海市市长的吴国桢也是有名的瘾君子。"吴市长香烟瘾头极重，除讲演时例不抽烟外，平时难得不是不一枝在手，已成习惯：估计他每天要抽二三十枝，其烟瘾之重，可想而知。"①对于中国共产党来讲，香烟更是成为战争年代的必需品。时人所见延安中共领袖毛泽东吸烟"连续不断，日发声丝丝，烟入口无一缕吐出"，烟量大得惊人。②对于一般军人的意义，时人曾有描述：

> 纸烟好像是不大经济的东西，但素来讲求苦吃苦干的中共人物，却上自领袖、下至门员，都奉为恩物，与它结下了不解之缘。每个战斗员都和他们的长官一样，日有配给烟五根，每逢夕阳西斜，战斗方罢，席地休息的时候，一枝在手，绸烟袅袅，也是极饶雅趣的，此盖香烟的功用，能助思考、增智慧、解疲劳，所以人无分南北，国不论东西，党无关国共，人人皆爱吸也。③

作家对于香烟的感情，非常人所能体会，被视为"灵物"。鲁迅先生一生离不开烟，作家老舍称"戒烟是奉了法币的命令"，感慨"没有烟，我写不出文章来……我的舌头是木的，嘴里冒着各种滋味而全不是滋味的水，脑门子发痒，太阳穴微微的抽着疼——顶要命的是脑子裏空了一块！"④

卷烟成为战时民众日常生活日用品的一部分，而在战后的中国，更直接关系到民生。"烟草一物，虽非生活之绝对必需品，但已为日常不可缺少之物，殆属无可否认之事实。"⑤战后经济动荡、生活不安的环境中，为生活的压迫而苦思焦虑，一般人的抽烟量比战前更增

---

① 《吴市长的烟量》，《精华》革新第32期，1946年11月9日。
② 《虬隐随笔：胡汉民之诗才，毛泽东卷烟量》，《新上海》第51期，1947年1月19日。
③ 罗时润：《中共人物的烟癖》，《新闻天地》第69期，1949年5月。
④ 老舍：《戒烟》，《烟草月刊》第1卷第2—7期，1947年9月。
⑤ 季帆：《一缕青烟：增进烟叶产量，培养国家税源》，《申报》1947年5月28日，第2张第7版。

加了。专家指出："人类企求烟草的嗜好，在此次大战之后，差不多已提高到了极端，因吸烟人数与消费量不绝的增加，趋势所及，势将与粮食同占重要地位。需要既如此迫切，结果必至领导烟业，刺激烟草生产"。[①] 这种情况下，有人曾经预言，未来烟草的消费量及重要性绝对不会少于茶叶、桐油等。普遍的消费需求给上海的卷烟业带来的是一个庞大的当地和内地市场。抗日战争爆发促使沦陷区的国民政府机关和各种企业纷纷内迁，使内地的消费市场供不应求。战争期间，上海租界的存在吸引了大量沦陷区的逃难百姓，居住人口剧增，促使本地市场的消费同步扩展，战时虽然内地新建了一些卷烟厂，沿海地区也有卷烟制品运往内地，但是始终无法满足市场需要。战后初期的和平环境使人们对消费品的需求迅速膨胀，内地的供应更为紧缺，形成了更加扩大的内地市场。

对于面向市场经营的卷烟企业，除了庞大的消费市场外，原料供应充沛也是生产发展的一个决定因素。对于战后的卷烟业来说，恢复生产最主要的问题就是原料，因为卷烟厂生产周期短，原料必须及时进厂，所以上海烟厂都习惯囤积足够一两个月生产所需的原料，以防供应不及。充足的烟叶供应是卷烟生产的关键。抗战胜利后，战时烟叶供应紧张的情况逐渐缓解。战后初期海运吨位缺乏，对外贸易无法完全恢复正常。当时国民政府认为，造成通货膨胀的主要原因是商品供应不足，只要重新开放沿海口岸，便利外国商品进口，一旦市场供应充沛后，商品价格的上涨就会自行制止。外贸政策越是自由放任，通货膨胀就越容易克服。烟厂原料属于不受进口限制的重要商品和工业原料，所以进口开放。烟叶进口开放，外汇汇率稳定，国产烟叶不再受日军统制，可以自由进入市场，美货烟叶大量涌入市场，订购美国烟叶的价格比购买国产烟叶更低。这段时间尚未实行进口外汇限额分配制度，上海任何厂家都可申请分配外汇。尽管国内许多交通线由于战争破坏受到影响，但已经开放的海口起了很大作用，外烟开始进入中国市场。1945 年底，上海市场已有美国烟叶出现。1946 年 3 月，

---

① 林大钟：《烟草常识》，《中华烟草公司同仁业余联谊会会刊》，该会 1948 年 12 月 25 日编印。

太平洋战事发生后第一批运沪之美国烟草已运抵上海。[①] 外汇公开买卖，外烟自由结汇，国民政府的外汇政策使得外烟输入量达到惊人的程度。5 月 9 日，又有烟叶 2350 件到沪。[②] 5 月 12 日，美国烟叶进口达 2000 余桶。[③] 10 月 18 日，又有美国烟叶 1000 余大桶到达上海。[④] 1947 年 2 月 1 日，美国运沪烟叶多达 1000 余吨。[⑤] 进口烟叶绝大部分来自美国，多以美援形式输入，也有从他国进口的。据统计，1946 年全年全国烟叶进口达 1510 万美元。[⑥]

表 1 - 6　　　　1946—1947 年由美输入烟草价值及百分比表　　（单位：法币千元）

类别 \ 时间 烟草价值	1946 年全年	1947 年 1—6 月	对全国进口贸易总值之百分比
由美进口	54398627	92249177	3.61%
他国进口	1084578	1746007	0.067%

资料来源：狄超白主编：《1948 年中国经济年鉴》，太平洋经济研究出版社 1948 年版，第 179 页。

　　战后初期国民政府放宽进口烟叶的限额并实行低汇率政策，大量外烟输入中国。在当时国产烟叶无法及时运输到位的情况下，外烟的进口弥补了国烟供应的缺陷。1946 年国内交通运输逐渐恢复，为烟厂采购国内原料提供了方便。由青岛区陆续运沪之接收烟叶亦数量可观，1946 年 3 月开始由苏浙皖区敌伪产业处理局委托中华烟草公司代售全市各烟厂。[⑦] 除烟叶外，大批战后接收的纸圈从青岛运往上海，

---

① 《美国烟叶首批到沪》，《民国日报》1946 年 3 月 9 日，第 3 版。

② 《美棉一万件到沪，海浙轮由青岛运到大批人造丝及烟叶》，《申报》1946 年 5 月 9 日，第 2 张第 6 版。

③ 《烟叶来源大畅》，《申报》1946 年 5 月 12 日，第 2 张第 6 版。

④ 《美烟叶到沪》，《申报》1946 年 10 月 18 日，第 2 张第 7 版。

⑤ 《美国烟叶大批到沪》，《申报》1947 年 2 月 1 日，第 2 张第 7 版。

⑥ 《上海烟草志》编纂委员会：《上海烟草志》，上海社会科学院出版社 1998 年版，第 24 页。

⑦ 《中华烟公司受苏浙皖区敌伪产业处理局委托代售卷烟机及烟叶等一般业务同上海市卷烟工业同业公会的来往文书》，上海市档案馆藏上海卷烟工业同业公会档案，S68 - 2 - 105。

政府的努力保证了原料的充足，解决了卷烟行业的主要问题。交通恢复也为产品推销创造了条件，上海生产的卷烟可以运往各地，尤其华南甚至到达南洋市场。社会上有大批失业工人，劳动力市场也很大。抗战胜利后，日军的经济统制已不复存在，日本对卷烟的统制与独占势力全部崩溃。国民政府于1945年1月取消战时烟类专卖制度，改征货物统税。在这种情况下，上海烟业界的资本家，尤其是民营企业家热情高涨。那些在战争初期工厂被毁或被占领的企业主们也认为重振企业的机会到来了，很多人着手组织新企业，尤其是那些曾经从战火中抢救出部分机器设备并把它们运入租界保存的烟厂主们，这时便抢先行动起来。战后上海的卷烟业，尤其是民营卷烟工业完全具备了发展和繁荣的条件，有市场、有资金、有原料供应、有人力和设备，还有复工的积极性。无论是民族烟厂、外资烟厂还是接收日本的烟厂都开始复工了。在战后和平的环境下，上海卷烟业的发展应该是大有可为的。

二 烟厂数量的增长与企业规模的扩大

消费需求是拉动卷烟市场发展的重要力量，庞大的市场给上海卷烟工业带来活跃气氛。内地原有之小型或手工烟厂尚未完全恢复，上海卷烟供不应求，销量大增。吸烟人数增加，市场扩大，资金充足，原料进口容易，随之而来的是卷烟企业的活跃。无论使用国叶还是美叶制造卷烟，在当时情况下都会给卷烟厂带来丰厚的利润。甚至可以说，只要机器一开动，卷烟工厂就能赚钱，所以上海大小卷烟工厂纷纷复工，许多中小型烟厂夜以继日地开工生产，以供市场之需。华成烟公司于1946年1月复工，仍以生产"金鼠"和"美丽"牌为主，市场销路旺盛。锦华烟草股份有限公司的咖啡牌在市场上颇受欢迎。中美烟厂的红三星牌始在上海市场打开销路，日夜赶制，产品尚不能满足市场需求。南洋兄弟烟草公司于1946年5月6日复工，即进入紧张的生产中。

对于上海民族卷烟工业来说，最优越的客观条件就是英美烟公司这个民族卷烟工业的有力竞争对手受到战争打击，资本、产量下降，远不及战前。随着抗日战争的胜利，日本烟草退出了中国市场，英美烟公司的市场份额大大减少，资本流向海外。民族卷烟企业的强大对手相继衰落，市场份额增大，产品供不应求，价格上涨，中国卷烟企业面临一个从未有过的发展机会，这是卷烟业在中国出现以来外资企业第一次位居华资之后。在上海，以及在全国，只有两家外国烟厂——颐中和花旗，拥有卷烟产量占上海总数的30%，在中国卷烟工业中作用已大大减小。1946年4月，国民政府公布新的《公司法》，允许外国人设立纯外资公司，并无须呈报资本额。但是，由于时局不稳，外资企业新设立的不多，原有的企业进行了减资或转资。上海的贸易洋行，由1946年冬的523家减为1947年的370家，其中美商由256家减为182家。① 抗日战争中，自1941年底太平洋战争发生后，英美烟公司被日军接管，置于"军管理"之下，作为其实施卷烟产销统制的主要部门。这一时期英美烟在华企业销量较战前大为萎缩，"年销售量自1937年的112万箱减为1945年的15万箱，仅为1937年的13%"②。战后，伦敦总公司根据中国形势，对在华企业作出不再增资的决定，颐中烟公司在战后采取的是"尽量汇出资金，绝不汇入分文"的方针。战后任颐中董事长的田克恩（H. V. Tiencken）指出，"从战争结束以来我们完成了一件大事情，我们自己支付了一切费用。总的说来，我们未向伦敦取过一分钱"③。随着外商企业的衰落，在有利环境下，上海民族卷烟企业一度出现了繁荣景象。由于生产卷烟资本有机构成低，开设烟厂可以囤积原料，加速生产，灵活经营，所以一般拥有资金者，纷纷租赁房舍，或自建基地，开设小型工厂制造卷烟，或替他厂代卷，甚至影艺界明星，都把目光投向卷烟业：

　　然而影圈里的一般巨头，又全做些甚么呢？据说：李大琛，陆元亮，方沛霖，还有高占菲的太太高续威女律师，他们四个人，合股集资开了一个香烟厂，由李大琛任经理，资本额是储币一千万元。因为最近上海国产烟厂，业务是异常发达的，所以他

---

　　① 许涤新、吴承明主编：《中国资本主义发展史》（第三卷），社会科学文献出版社2007年版，第454页。

　　② 《英美烟公司在华企业资料汇编》，第6页。

　　③ 同上书，第23页。

们四人合开的这个香烟厂，赚钱是很有把握的。①

上海在抗战时只有烟厂 29 家，战后短短数年功夫就涨到 100 多家。② 据上海市卷烟工业同业公会的统计，1946 年有会员烟厂 86 家，1947 年为 106 家，1948 年达 115 家。③

表 1－7　　　　　　　　抗战前后上海烟厂创设年月调查

在抗战时期创设者			在抗战胜利后新中国成立前创设者		
厂名	开设年月	备考	厂名	开设年月	备考
汇达	1939 年 1 月		粹华	1946 年 7 月	
华明	1942 年 9 月		大华	1946 年 1 月	
国华	1943 年 12 月		申新		
乐华	1943 年 12 月		昌明		
信远	1943 年 2 月		华安	1946 年 1 月	
友宁	1941 年 11 月		中美	1946 年 1 月	
合众	1943 年 3 月		懋乐	1946 年 1 月	
兴康	1943 年 9 月		大光明	1946 年 9 月	
裕华	1943 年 4 月		大中华	1946 年	
金蕾	1943 年 12 月		明星	1946 年	
元华	1944 年 3 月		龙门	1946 年 1 月	
协昌	1944 年		中华	1946 年 1 月	
仙乐	1944 年 3 月		华华	1946 年	
远东	1939 年 9 月		越东	1946 年 2 月	

---

① 《影坛没落！影人开香烟厂：真是生财有道》，《中华周报》第 2 卷第 31 期，1945 年 7 月 29 日。

② 《卷烟业的现况与努力方向》，1949 年 4 月 19 日，上海社会科学院经济研究所企业史资料室藏 1930—1950 年代初期经济类剪报资料 04—055 "1938—1950 年的卷烟工业"，第 115 页。

③ 上海市卷烟厂工业同业公会秘书处：《上海市卷烟厂工业同业公会卅五年度工作总报告》，1947 年 1 月；上海市卷烟厂工业同业公会秘书处：《上海市卷烟厂工业同业公会卅六年度工作总报告》，1948 年 1 月；上海市卷烟工业同业公会秘书处：《上海市卷烟工业同业公会卅七年度工作总报告》，1949 年 1 月。

在抗战时期创设者			在抗战胜利后新中国成立前创设者		
厂名	开设年月	备考	厂名	开设年月	备考
大新	1944 年 2 月		义成	1946 年	
福华	1944 年		天华	1946 年 5 月	
复兴	1944 年 12 月		上海		
华星	1944 年 1 月		寰宇	1946 年 7 月	
昌兴	1944 年 11 月		新中国	1946 年 9 月	
锦华	1944 年 8 月		汇昶	1946 年	
安迪	1943 年 8 月		球手	1946 年	
康乐	1945 年		吉士	1946 年 1 月	
和成	1944 年 7 月		四福		
晋中	1943 年 8 月		中亚	1947 年 2 月	
华谊	1944 年 9 月		华通	1947 年 1 月	
章华	1944 年 5 月		中一	1947 年 9 月	
民生	1943 年 12 月		瑞源	1947 年 6 月	
利华	1944 年 11 月		中原	1947 年 6 月	
龙华	1945 年 12 月		明远	1947 年 1 月	
新业	1945 年		富民		
光明	1945 年 12 月		中英		
三民	1945 年 10 月		建国	1947 年 8 月	
大运隆	1944 年 10 月		大元		
元丰	1945 年 12 月		新昇	1947 年 11 月	
鲁信	1944 年 3 月		中和兴	1947 年 12 月	
德昌	1941 年 3 月		福民	1948 年 1 月	
			美华	1946 年 10 月	
			国光	1948 年 4 月	
			华德	1948 年 9 月	
			惠新	1948 年 3 月	
			兴源	1948 年 10 月	
			世界	1947 年 11 月	
			兴中	1948 年 5 月	

续表

在抗战时期创设者			在抗战胜利后新中国成立前创设者		
厂名	开设年月	备考	厂名	开设年月	备考
			三鑫	1948 年 10 月	
			大明	1949 年 2 月	
			裕国	1949 年 3 月	
			国际	1948 年 11 月	
			华伦	1949 年 1 月	
			振华	1948 年 9 月	
			国泰	1949 年 12 月	
			国丰	1949 年 9 月	
合计	36 家		51 家		

资料来源：《上海卷烟工业概况》，国营中华烟草公司 1950 年 2 月编印，第 1 编第 42 页。

　　战后，随着战时遣散人员纷纷返回上海和国民政府接收日伪产业工作的进行，复工逐渐进入正常。卷烟行业和别的行业一样，以最快的速度投入复工潮流。国民政府在上海成立苏浙皖区特派员办公处，负责接收上海地区的烟草企业，将日人在上海经营的中华烟草株式会社等资产全部接收，由经济部派员负责，成立中国烟草公司，于1946 年 1 月开工生产。战后上海卷烟企业中，除中华烟草公司由国家掌握为国营企业外，其他华资企业均为民营企业，加上外资颐中和花旗公司，卷烟业内出现国企、民企、外企三足鼎立的局面。

　　战后上海卷烟业设厂数量增加的同时，企业规模逐步扩大，以民族企业最为典型。设备方面，1931 年在上海 60 家民族资本烟厂中，共有卷烟机 429 台。其中有 1—5 台者 38 家，约占 63.33%；有 6—10 台者 15 家，占 25%；有 11—20 台者为 5 家，约占 8.33%；有 34 台和 119 台者各 1 家，为华成烟厂和南洋烟厂。[1] 1937 年，日军入侵上海，南洋烟厂在"八一三"事变之后，厂方全部轰毁，机器亦散

---

[1] 《上海烟草志》编纂委员会：《上海烟草志》，上海社会科学院出版社 1998 年版，第 173 页。

图 1-2 经济部接管中华烟草公司开工

资料来源:《中华烟草公司即将开工》,《申报》1946 年 1 月 15 日,第 2 张第 5 版。

失损坏。战后,南洋新建了修理机器间,扩充了配叶间、烟丝间、卷烟间、包装间、贮烟丝间、木箱间等厂房及一部分办公室;新购铣床 1 部、车床 5 部、刨床 1 部、钻床 1 部、锅炉 1 座、蒸汽机 1 部,并添设了烘烟盘、包装台、拆烟梗台、烘烟盘架子等设备。① 公司设备扩充同时,产量逐步上升,复工时月产仅 400 箱,到 1947 年 5 月已逐渐增加至 2400 箱。② 到 1948 年 9 月拥有主要机器 11 部,工人约 600 人,职员 32 人,每月产量约 2000 箱,并在渝、汉、穗等地设有分厂,陆续恢复生产。③ 华成烟厂在"八一三"之后厂房尽毁,生产陷于停顿。胜利后重新建置,修理战争期间破坏的卷烟机,并向美国订购新机 6 架。④ 到 1947 年 7 月,该厂自置基地约 8.6 亩,建有钢骨

---

① 《南洋兄弟烟草公司史料》,第 565 页。

② 同上。

③ 《南洋兄弟烟草公司概况》,《中华国货产销协会每周汇报》第 5 卷第 37 期,1948 年 9 月 22 日。

④ 《上海华成烟厂历史资料 1924—1957》,第 124 页。

水泥四层厂房，占地约四亩；拥有卷烟机17部，切烟丝机5部，蒸
叶机1部，烘烟丝机3部，轧烟筋机2部，加香料机1部，员工共
2000余人，月产五六千箱。[①] 1946年上海市卷烟企业拥有主要机器
设备557台，工人数25618名；到1947年上升为1081台，工人数
33387名；1948年为1197部，工人数达37638名。[②]

　　资本的增加是企业繁荣的又一体现。南洋公司抗战胜利前后资本
额的变化最能说明问题。如果企业连年亏损，无法开派股息，应进行
减资以符公司法规定。由于经营不善，南洋公司于1932年有所减资，
资本总额为国币1125万元，分为75万股，每股15元，整个抗战期
间均未增资。[③]"在宋子文任董事长的中日战争期间，南洋每家工厂
的生产量都急剧下降。"上海公司的年产量从20世纪30年代中期的
平均53.6亿支降低到1937—1941年的平均15亿支，1942—1945年
则年均仅2.6亿支。[④]抗战胜利后，复工后的南洋业务不断扩大，原
有资本不敷运用，曾进行多次增资。1946年6月，南洋公司股东临
时会议决议"拟增加资本4500万元，分为300万股，每股仍为15
元，一次收足。连同原额共为375万股，资本总额5625万元"。[⑤]
1947年12月又进行了第二次增资，"除原有资本5625万元外，计增
加894375万元"。[⑥]此外，南洋公司还于1946年12月3日呈准经济
部在香港设立分公司。[⑦]华成烟公司在战后进行了三次增资。1946年

---

　　① 《华成烟草公司概况》，《中华国货产销协会每周汇报》第4卷第32期，1947年7
月9日。

　　② 《上海市卷烟厂工业同业公会卅五年度工作总报告》，上海市卷烟厂工业同业公会
秘书处，1947年1月；《上海市卷烟厂工业同业公会卅六年度工作总报告》，上海市卷烟厂
工业同业公会秘书处，1948年1月；《上海市卷烟工业同业公会卅七年度工作总报告》，上
海市卷烟工业同业公会秘书处，1949年1月。

　　③ 《上海市社会局关于南洋兄弟烟草股份有限公司登记问题与经济部的来往文书》，
上海市档案馆藏上海市社会局档案，Q6-1-3413。

　　④ ［美］高家龙：《中国的大企业：烟草工业中的中外竞争（1890—1930）》，樊书
华、程麟荪译，商务印书馆2001年版，第311—312页。

　　⑤ 《南洋兄弟烟草公司史料》，第605页。

　　⑥ 同上书，第606页。

　　⑦ 《上海市社会局关于南洋兄弟烟草股份有限公司登记问题与经济部的来往文书》，
上海市档案馆藏上海市社会局档案，Q6-1-3413。

6月召开股东大会，议决增加资本总额国币 1.62 亿元，连同原有资本 1800 万元合成资本总额国币 1.8 亿元，分为 180 万股，每股国币 100 元；1947 年 3 月议决增加资本国币 34.2 亿元，连同原有资本国币 1.8 亿元，合成资本总额 36 亿元，股份总数 360 万股，每股一律国币 1000 元。1947 年 12 月议决增资，另募现金新股国币 504 亿元，连同原有资本国币 36 亿元，增加资本总额为国币 540 亿元，分为 5400 万股，每股币 1000 元。① 资本扩大的同时，华成进行对外投资，除旧有广州国香烟公司、华一印刷公司外，1946 年向上海商报投资 100 万元，上海正报 50 万元。②

战后上海卷烟企业的产量也有了明显增加。旧有卷烟企业纷纷复工，民族烟厂大批新建，生产规模扩大，产量迅速提高。南洋、华成相继复工后，福新、中美、汇众等也恢复生产，越东、华鼎、华华、明星等新设企业，产量渐增。中华烟草公司 1946 年 1 月产量为 1400 箱，3 月达 5500 箱，10 月产量将近 8000 箱。③ 颐中公司迅速恢复生产，1946 年产量为 116741.1 箱，到 1947 年 6 月，月产量就达 108704.2 箱。④ 大东南、华明、仙乐等厂产量均有增加。据上海卷烟工业同业公会统计，1946 年上海市烟厂年产量 856045.8 箱，纳税额 173406827400 元；1947 年 1398121 箱，纳税额 1305836450700 元；1948 年为 1279521.5 箱，纳税额 204143008.92 元。⑤ 战后上海的卷烟业一改战前外商企业在产量及纳税额上遥遥领先的趋势，民族卷烟企业在整体上开始占据主导。"战争以前，颐中与华商烟厂生产量之比例

① 《上海市社会局关于中国华成烟草股份有限公司登记问题与经济部的来往文书》，上海市档案馆藏上海市社会局档案，Q6－1－4152。
② 《上海华成烟厂历史资料 1924—1957》，第 135 页。
③ 《中华烟草公司同仁业余联谊会会刊》，该会 1948 年 12 月 25 日编印。
④ 《上海市卷烟厂工业同业公会卅五年度工作总报告》，上海市卷烟厂工业同业公会秘书处，1947 年 1 月；《1947—1948 年颐中生产税捐在全行业中的比重》，上海社会科学院经济研究所企业史资料室藏英美烟公司抄档 [12] 12A—B "英美烟产量统计 1910—1951 年"，第 71 页。
⑤ 《上海市卷烟厂工业同业公会卅五年度工作总报告》，上海市卷烟厂工业同业公会秘书处，1947 年 1 月；《上海市卷烟厂工业同业公会卅六年度工作总报告》，上海市卷烟厂工业同业公会秘书处，1948 年 1 月；《上海市卷烟工业同业公会卅七年度工作总报告》，上海市卷烟工业同业公会秘书处，1949 年 1 月。

为七比三，战争以后，华商烟厂发展甚速，产量日增，颐中受战争影响甚大，故胜利后已成一与十之比。"① 1946 年上海卷烟总产量为 126 万箱，其中民族卷烟厂生产的有 1090982 箱，占总量的 86.59%；1947 年则达到 1151646 箱，占总量的 82.33%。② 战后外商烟厂投资减少，产量不如从前，与外商相比，上海的华商卷烟厂迎来抗日战争后的"黄金时代"。以 1948 年为例，国营中华烟厂仅占总生产量 3.67%，外商所产仅占总量 13.97%，唯私营烟厂独占优势，达总数 82.36%。③ 1946—1948 年，外商产量分别为 11.39 万箱、24.47 万箱、19.56 万箱，民族烟厂为 73.8 万箱、115.2 万箱、110.07 万箱，分别是同期外商烟厂的 6.47 倍、4.70 倍和 5.37 倍。④ 民族企业虽在整体上有优势，但就个体来看，外资企业在资金、技术及原料供给方面的优势不容忽视，颐中公司依然是战后上海卷烟行业中最具实力者。

三　生产技术和工人管理的进步

战前除英美烟公司外，上海民族卷烟企业厂房一般都不大，大多租用或以自有住宅房屋作为厂房，建筑面积和占地面积都很有限，较大的有南洋、华成、大东南、大东、华美、华东、福新等几家，其中以南洋最大。卷烟生产大部分以电力机器制造为主，辅以人力挥动机器及手工制造。卷烟生产工艺一般分配叶、切叶、焙烟、包烟四道主要工序。以南洋兄弟烟草公司为例，"先由配叶部，分拣叶、拆骨两组，然后入加香部，将各叶用机器喷射香料之后，交切叶部切之，然后进入焙烟部，焙成后交包烟部，包成后入盒部，入盒后交装箱部"。⑤ 据 1928 年的调查，南洋公司"关于制烟者，分为八部，曰配叶部、加香部、切叶部、焙烟部、卷烟部、包烟部、制盒部、制箱

---

① 《华商卷烟工业之危机》，《银行周报》第 31 卷第 35 期，1947 年 9 月 1 日。
② 《英美烟公司在华企业资料汇编》，第 237 页。
③ 《上海卷烟工业概况》，国营中华烟草公司 1950 年 2 月编印，第 1 编第 19 页。
④ 《上海烟草志》编纂委员会：《上海烟草志》，上海社会科学院出版社 1998 年版，第 188 页。
⑤ 《南洋兄弟烟草公司史料》，第 169 页。

部"。① 20 世纪 30 年代，上海大多数卷烟企业卷烟制造程序主要有烤叶、还潮、拣叶、拆骨、加香、切叶、焙烟、卷烟、包烟、入盒、装盒。② 制造纸烟大概分为九个部门，即选叶部、拍叶部、加香部、切叶部、焙烟部、制烟部、包烟部、制盒部、装箱部；关于工务者有木工部、机器部、电气部、磨刀部等。③ 战后上海卷烟生产最大的特点就是机器使用更为普及，业内人士谈战后卷烟业务大的趋势即由手工变为机械化。财政部有鉴于内地各处自复原以来机制卷烟竞销市场，手工卷烟日渐衰落，废除战时管理手工卷烟各办法，另订统一管理手工卷烟厂户规则，使其逐渐改为机制卷烟，以促进生产。④ 分析人士指出："在工业、科学同时发达之国家，莫不进入全盘机械化境地。由于卷烟本身构造上特殊与极适于大规模之机器生产，则全盘机械化之特殊利益，在烟草企业中几为卷烟业所独享。"⑤

表 1－8　　　　　　　战前与战后卷烟制造程序与部门比较

时间＼门类	制造程序	制造部门
战前	烤叶、还潮、拣叶、拆骨、加香、切叶、焙烟、卷烟、包烟、入盒、装盒	选叶部，拍叶部，加香部，切叶部，焙烟部，制烟部，包烟部，制盒部，装箱部
战后	烤叶、还潮、拣叶、拆骨、加香、切叶、焙烟、卷烟、烘烟、包烟、入盒、装盒	配叶部、加香部、焙烟部、切叶部、制盒部、装箱部、罐头部、磨子部、机器部

资料来源：何行：《上海之小工业》，中华国货指导所 1932 年编印，第 148 页；《上海华商卷烟工业之现状》，《工商半月刊》第 5 卷第 1 号，1933 年 1 月 1 日；梯云：《烟叶与卷烟工业》，《公益工商通讯》第 4 卷第 12 期，1949 年 3 月 31 日。

---

① 《南洋兄弟烟草有限公司最近状况之调查》，《工商半月刊》第 1 卷第 1 号，1929 年 1 月 1 日。

② 《上海华商卷烟工业之现状》，《工商半月刊》第 5 卷第 1 号，1933 年 1 月 1 日。

③ 何行：《上海之小工业》，中华国货指导所 1932 年编印，第 148 页。

④ 《促进卷烟生产：财政部筹划试行分级减低征税》，《征信新闻》（重庆）第 385 期，1946 年 6 月 18 日。

⑤ 萧儒君：《现代企业下的卷烟业务》，《烟草月刊》第 1 卷第 1 期，1947 年 2 月，第 17 页。

可以看出，战后卷烟加工制造程序多出"烘烟"一道，是为卷烟防潮技术进步的重要体现，卷烟制造部门则增加了机器及其维护部门。外资企业颐中公司全厂分为烤烟、切烟、闷烟、造烟，大盒、装置、印刷、运销、机房、瓦木机器等部门，制烟的过程由去筋、切烟、混合、烤闷到制成、装盒、装箱全部都用机器。① 民族卷烟企业除包装为女工用手工外，其他几乎为机器操作，大型烟厂制盒时有自动制盒机，出品非常迅速。有史料称：

> 卷烟之制造，首为置生烟叶于大蒸烟机，由蒸烟机中吐出者，已成柔软之烟叶；第二部为蒸熟之烟叶逐渐撕去根与茎，成为纯粹的烟叶；第三部为将烟叶置于切烟机切成烟丝；第四部将烟丝倾入炒烟机，炒烟机为圆筒状，藉电热调匀丝内之香料，并加以甘油等各种副料，炒烟机中细眼，凡一切杂质及叶梗等，经过炒炼，均已漏去，便成为色、香、味俱佳之烟丝；第五部将烟丝通过卷烟机，脱机而出者，已成为一支卷烟；第六部之手续为包装。②

这一时期烟叶制丝工艺流程与新中国成立后的解包、配叶、蒸叶、扯茎、轧茎、加香、切叶工序已经基本接近。然而从市场竞争力来看，民族企业与颐中公司仍存在差距。业内人士分析指出，"其原因尚不外技术基础不如外人故也；细察国内烟厂，除一二少数对技术一事稍予重视外，颇多缺乏充实设备与研究人员"。③

良好的工人管理制度是提高生产效率、增加生产的有效保证。战前各厂管理机构情况不一，大型烟厂比较完整，中型烟厂相对简单，小型烟厂一般由个人或其家属直接管理。战后上海卷烟企业管理组织机构更加科学化和现代化，以外企颐中烟草公司最为典型。

---

① 《华商劲敌，卷土重来》，《烟草月刊》第 1 卷第 8 期，1947 年 10 月，第 88 页。

② 《卷烟制造程序》，上海社会科学院经济研究所企业史资料室藏 1930—1950 年代初期经济类剪报资料 04—055 "1938—1950 年的卷烟工业"，第 120 页。

③ 萧儒君：《现代企业下的卷烟业务》，《烟草月刊》第 1 卷第 1 期，1947 年 2 月，第 20 页。

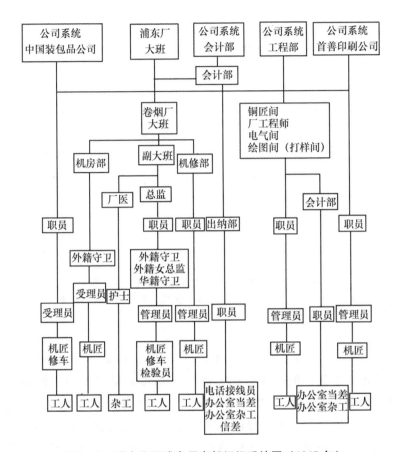

图1－3　颐中公司浦东厂内部组织系统图（1947年）

资料来源：《英美烟公司在华企业资料汇编》，第223页。

　　在战后接收基础上建立起来的经济部接管中华烟草公司，其组织机构承袭日人管理机制，并形成鲜明的国营企业特色。

　　良好的激励机制可以激发工人热情，是增加生产的有效手段，成为企业管理重要的组成部分。上海卷烟行业向来以女工、童工为主，工人文化水平很低，女工是烟厂的主要劳动力，一般分配在锡包间、叶子间工作。战前各烟厂一般不明确规定工作时间，生产旺季日夜开工，淡季停工，工资很低。如华成公司在市销旺盛时："日夜两班常

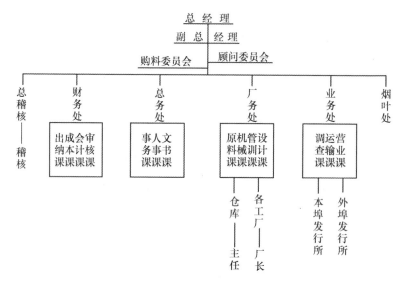

图 1 - 4 中华烟草公司组织系统图（1946 年）

资料来源：《中华烟草公司》，台北"中央研究院"近代史研究所档案馆藏经济部档案，馆藏号：16 - 27 - 02 - 013 - 03。

开到 23 小时，每班恒在 11 个小时。"① 而且规定"如工作特忙时，休息日也要工作，但没有另给工资"。② 南洋兄弟烟草公司曾制定过一些简单的奖惩制度，但并不完备。③ 1926 年北伐战争期间，英美烟厂卷烟工人曾就提高工资待遇等举行罢工，后来经过多次交涉，资方勉强同意工人要求，开始实行储蓄金、奖金制、福利烟、年终加薪等一系列改善措施。史载"大英烟草公司于 1932 年 1 月规定，全年无过失的工人，年终给予全年工资总额的 4% 奖金"。④ 战后上海各卷烟企业除提高工人工资外，不断制定和完善奖金制度，主要有年终奖和工作奖等。大多企业年底发双薪作为奖金，亦称花红。1947 年，颐

① 《上海华成烟厂历史资料 1924—1957》，第 23 页。

② 同上书，第 24 页。

③ 如 1916 年 6 月的包烟部女工 10 条罚例和 5 条奖例，其中规定"无故擅离座位者，罚银 2 毫""1 月不告假及 3 月不犯过者，酌奖"等，详见《南洋兄弟烟草公司史料》第 23—24 页。

④ 《上海烟草志》编纂委员会：《上海烟草志》，上海社会科学院出版社 1998 年版，第 343 页。

中工人待遇普通约为 70 万至 80 万元，也有高至 100 余万元的；厂方除薪资外，每天还免费供给每个工人 6 两窝头，作为工人餐之用，工人的工作时间是上午 8 时至下午 4 时，为 8 小时制。[①] 华成公司除工资和花红外，还有"成记花红"[②]，且规定平时"工作十小时，中间有休息时间一小时，工人加点每小时作一小时半计标，例假休息，如仍至厂工作，工资加倍"。[③]

工人福利方面以教育和医疗改善最为明显，其中以颐中公司最为典型。战前仅有英美烟公司（1935 年改为颐中公司）三厂于 1934 年组织读书班，著名教育家陶行知曾担任义务教师。战后，颐中公司二厂于 1945 年 9 月创办职工子弟小学，三厂于 1946 年 9 月创办。1947 年秋，公司三厂工会将职工募捐一天工资中的 60% 用于筹建托儿所，翌年 1 月正式成立。[④] 战前仅有颐中烟公司于 1937 年设有医务室，设立时仅有一名医师承包医疗业务，1938 年另聘两名医师为厂医，为职工诊病。战后环境大大改善，1947 年 10 月，颐中公司工会创办职工家属诊疗所，"诊疗所以中医为主，另设妇科、内科、小儿科，共有 4 家特约药店供职工家属记账买药"。[⑤] 华成公司工人子弟小学于 1947 年 2 月恢复，厂中设立医务室，工人有病去诊疗时，医药免费。[⑥]

中华烟草公司是在接收日伪产业的基础上建立起来的，组建时融入了现代的管理方式。1945 年底，筹备中的中烟公司即制定了以考绩分判职员工作的方法，即升职、晋级、记功和嘉奖四种奖励方式及解职、降职、记过和申诫四种处罚方法。"从不满 50 分至 90 分以上

---

① 《华商劲敌，卷土重来!》，《烟草月刊》第 1 卷第 8 期，1947 年 10 月。
② 该项始创于敌伪时期，华成公司为了币制贬值造成虚假盈余，设立"暗账"，命名"成记"，每次结账与正账无异，所得盈余亦照正账同样比例分配与股东和职工，战后华成公司每年都有此项分红，由"成记户"发放给职工，共进行了 5 次。详见《上海华成烟厂历史资料 1924—1957》，第 138—139 页。
③ 《上海华成烟厂历史资料 1924—1957》，第 139 页。
④ 《上海烟草志》编纂委员会：《上海烟草志》，上海社会科学院出版社 1998 年版，第 355 页。
⑤ 同上书，第 358 页。
⑥ 《上海华成烟厂历史资料 1924—1957》，第 139 页。

分为六至一等。获一等者得以升职或加薪 2 级，列二等者加薪 1 级，
得三等者加薪或嘉奖。如有些职员根据考绩结果应予升职或晋级而无
职可升及无级可晋者得予记功或嘉奖。五等和六等者将分别给予申诚
记过或降级直至解雇。同时规定，职员功过互相抵消。1 次功抵 1 次
记过，嘉奖 1 次抵申诚 1 次，嘉奖 3 次抵 1 次记过。"① 1947 年中华
烟草公司颁布的工作奖金奖励办法规定，"工人每月底薪在 33 元以下
者，每月奖金加 6 元，底薪 34—37 元者加 5 元，50—54 元者加 2 元。
男工每日底薪 0.9—1.25 元者加 0.2 元，每日底薪在 1.85 元以上者
则不加工作奖金；女工每日底薪在 0.8—1 元者加 0.15 元，每日底薪
在 1.25—1.4 元者加 0.05 元，底薪越高加得越少。同时规定服务期
不满 6 个月不发工作奖金"。②

四　卷烟工业同业组织的重组与壮大

上海的卷烟工业产生于 20 世纪初。1902 年，国际烟草托拉斯英
美烟公司在上海建立卷烟厂，揭开了中国卷烟工业的序幕。随着国内
民族资本家竞相仿效，加上这一时期的反帝爱国运动，上海的民族卷
烟工业初步形成。然而，与跨国烟草托拉斯英美烟公司相比，华商卷
烟企业规模与实力均非常弱小。1925 年"五卅"运动发生后，各界
反对帝国主义和抵制外货的斗争促进了民族卷烟工业的发展。为了团
结一致与烟业劲敌英美烟公司竞争，1925 年 6 月，上海的华商烟厂
组织成立"中国卷烟厂公会"。南京国民政府成立后，重视加强对民
间团体的管理和引导。1929 年政府颁布《工商同业公会法》，规定了
工商同业公会的组织标准。1930 年，上海市在商人团体委员会指导
下成立了上海市"华商卷烟厂同业公会"。在政府的支持下，公会在
打击手制卷烟、取缔冒牌卷烟方面发挥了重要作用。抗日战争时期，
国统区同业公会随着战事的扩大和经济的衰退走向低谷。上海作为全
国经济中心，日本侵略者极其重视，他们利用原有人员重新组织公

---

① 《上海烟草志》编纂委员会：《上海烟草志》，上海社会科学院出版社 1998 年版，第 333—334 页。
② 同上书，第 343 页。

会，有的由傀儡担任公会领导，有的直接由日本人参与控制。日军占领上海后，首先组织当地日商烟业成立了"上海日本烟草卷纸同业组合同业会"。为垄断国内烟草市场和卷烟行业，日本先后建立起"中支叶烟草株式会社""华中烟草配给组合""中华烟草株式会社""东亚烟草株式会社"（后并入"中华烟草株式会社"）四个大型烟业组织。特别是"华中烟草配给组合"成立后，日本强制上海中外烟厂一律加入，凡各厂产品均交"组合"配给，不得自行销售。① 在日伪的压迫和敲诈面前，上海的卷烟厂同业公会设立"华商卷烟联合发行所"，应付各方强买卷烟，与敌伪周旋。1942 年 4 月，公会决定成立"华商烟草组"，后来在敌伪的压力下不得不加入"中支那卷烟配给组合"（后并入"华中烟草配给组合"）。总体上讲，在"八一三"事变后，上海原有的烟业组织卷烟厂同业公会会务基本陷于停顿。

抗战胜利后，上海市政府对战前各同业公会进行了整理，敌伪时期的烟业同业组织宣告解体。由于卷烟工业关系市工商业恢复、税收及大批工人就业问题，上海市货物税局、上海市社会局、上海市商会对卷烟业公会均高度重视。1945 年 10 月，上海市商会奉市社会局令筹备成立烟业同业公会整理委员会，着手接收整理原有公会事宜。18日，召开第一次整理委员会会议，推举戴耕莘（华成烟公司董事长）为总召集人。11 月，社会局又增派张孝锡（乐华烟公司经理）担任委员，由戴耕莘担任常务委员。在清理筹建过程中，根据 1944 年 3月行政院颁发的《外侨组织商会及参加商业团体办法》第 2 条规定："在同一县市政府所在地之城镇，同籍外商满五家时，得准其组织外侨商会；不满五家时，得分别加入所在地各业同业公会为会员。"②委员会依法接受英商颐中烟公司、美商花旗烟公司加入同业公会，公会名称定为"上海市卷烟厂工业同业公会"。经过四个半月的筹备，上海市卷烟厂工业同业公会于 1946 年 3 月 9 日借上海市商会召开成立大会，讨论会章并选举产生公会理监事。理事长戴耕莘，常务理事姚

---

① 《上海近代民族卷烟工业》，第 181 页。
② 《外侨组织商会及参加商业团体办法》，《江西省政府公报》第 1317 号，1944 年 8月 10 日，第 8—9 页。

书绅、张雨文、潘柏年、经叔平。成立之初，上海市卷烟厂工业同业公会有会员厂71家，到1947年5月底，上海全市共有华商烟厂86家，全部加入同业公会。①该届公会经上海市货物税局同意，还成立了卷烟业务研究委员会，由戴耕莘、沈昆三、屠琼赓等11人组成。1948年4月，根据上海市社会局关于改组各工业同业公会的指令，卷烟工业界召开上海市卷烟厂工业同业公会会员大会。大会选举产生理事会理事15人，监事5人。理事长戴耕莘，常务理事姚书绅、经叔平、张雨文、屠琼赓，决议公会名称正式改为"上海市卷烟工业同业公会"。②

战前上海卷烟业整体概况是英美烟公司一家独大，民族烟厂深感自身资金薄弱，规模狭小，如不联合，难与外资烟厂展开竞争，因此卷烟业同业公会属于华商卷烟企业的集合体，其成立的主要目的是团结一致对外。如1931年1月上海"华商卷烟业同业公会"成立时，将无生产设备而委托华商烟厂代制的公司以及华商进出口烟公司吸收进来，兼具工业和商业同业公会的性质，并且规定会员以本国国籍为限，外商不得入会。③战后上海卷烟业格局发生了变化，外商颐中公司势力衰落，华商卷烟企业开始在整体上占据主导。政府为了便于管理各行业，以政令的形式要求包括卷烟业在内的各个公司行号必须加入其所属行业同业公会。上海市社会局1945年11月26日的公告称：

> 查本市工商各业同业公会，业经本局分别派员整理在案，凡在本市经营正当工业或商业之公司行号，依法申请颁发登记证者，应先向各该业同业公会办理入会手续，取得证明文件，呈局缴验，以凭核明给证至各工商业公会；对于同业之请求入会，除法令别有规定外，自本公告之日起，不得再有任何限制或留难。

① 张一凡主编：《烟叶及卷烟业须知》，中华书局1948年版，第67页。
② 《上海市卷烟工业同业公会改组成立的报批文书及章程理监事名单和会员名册》，上海市档案馆藏上海市卷烟工业同业公会档案，S68-1-5。
③ 《上海近代民族卷烟工业》，第106页。

仰各公会暨各公司行号一体遵照办理为要，特此公告。①

为了贯彻这一原则，同业公会法甚至规定，对于违背法令避不入会者，依法可作下列之处分：1. 警告，2. 罚金，3. 有时间停业，4. 永久停业。② 在政府推动下，抗战胜利后经过整理和改组，加上外商企业中规模最大之颐中、花旗的加入，上海卷烟工业同业公会规模迅速扩大，职能亦得到扩展。公会扩充、重组了原来的组织，利用民间资金购置了自己的活动场所，适应了业务的需求。它有明文章程，通过选举产生领导层，活动和财务的内容通过报告册向社会公开，成为一个制度极其完备的组织，在国家的指导和监督下承担了很多政府机构的业务。"盖国家经济政策之实施，如贷款、限价、配给、征购、补贴、检查及奖励输出，无不藉公会以促进工商业之发展。"③ 战后担任上海市市长的吴国桢也认为同业公会"一直是重要的，它是个合作组织，没有严格的规章，各有各的惯例与规矩，如果某一成员违反了它，公会中的其他成员，就不与他合作，所以公会很有效率"。④对卷烟业而言，在搜集调查材料、征收货物税、分配原料外汇、处理工潮等方面，政府均离不开同业公会的协助与配合。如果说战前的上海卷烟业同业公会主要在加强同业团结共同对外，解决同行之间争议及维系同业间公共福利方面发挥着重大作用，那么战后的同业公会则在呼吁政府改善税收，争取必需原料外汇，调解业内工潮方面扮演了更为重要的角色。上海卷烟工业同业公会的重建和改组说明上海的卷烟工业已逐渐从战后初期的混乱中摆脱出来，企业经营开始纳入正常秩序，恢复战前的各种经济活动，卷烟工业同业公会开始在战后上海烟业界扮演越来越重要的角色。

---

① 上海市通志馆编：《上海市重要政令汇刊初编》，中华书局1946年版，第47—48页。

② 陈肃、吴曙曦：《本市同业公会组织之检讨》，《社会月刊》第1卷第3期，1946年9月5日。

③ 同上。

④ 吴国桢口述，〔美〕裴斐整理：《从上海市长到"台湾省主席"：吴国桢口述回忆》，上海人民出版社1999年版，第67页。

五 战后上海卷烟业发展的制约因素

在战后初期的有利条件下，上海的卷烟业经历了短暂的繁荣。1946 年 6 月，国民党进攻解放区发动全面内战，随着战争范围不断扩大，行业发展失去了一个和平、稳定的发展环境。卷烟业发展困境成为国民党内战政策导致社会经济的全面危机的一个体现。从 1947 年 4 月起，上海的卷烟业尤其是民族卷烟工业开始走下坡路了。"以上海烟厂而论，计 4 月份开工者共 70 余家，产量达 123000 余箱，5 月份开工者减至 50 余家，产量亦降至 94000 箱，6 月份开工则更低，剩 30 余家，开工率仅为 50%。"[1] 产量最多的颐中烟公司，2 月份为 29900 余箱，10 月份则锐减至 15600 余箱；其次如华美烟厂，9 月份产量最高达 4490 余箱，至 10 月份已减至 4390 余箱；小烟厂中如仙乐烟厂，最高产量曾月产 2140 余箱，10 月份亦减至 1500 箱，华菲烟厂最高产量每月曾达 890 余箱，10 月份已减至 450 余箱。[2] 所有各厂能维持原状的很少，产量锐退。对于战后上海的卷烟业来讲，无论是民族企业还是外资企业发展都受到严重制约，成本加剧，市场缩小，政策波动，在动荡中求生存成为这一时期行业发展的主线。

（一）成本加剧

战后上海卷烟业成本加剧，首先为税负，其次为原料，再次为工资。抗战胜利后短短几年之内，国民政府曾多次修改货物税则，在通货膨胀情况下，对卷烟实行从价征收，并不断提高税率，沉重的税负成为影响上海卷烟业发展的主要因素。1946 年 8 月国民政府公布的《货物税条例》规定卷烟从价征收 100%。事实上远不止如此，卷烟原料中国产烟叶在购进时即需缴税 30%，外国烟叶在进口时，已纳关税 45%，又如包装用纸，纸盒用纸以及卷烟纸，大都是外国货，也是全纳过关税。[3] 上海卷烟工业所受税收负担之重，时人评论曰：

---

① 《华商卷烟工业之危机》，《银行周报》第 31 卷第 35 期，1947 年 9 月 1 日，第 20 页。
② 畏民：《烟厂坎坷录》，《烟草月刊》第 1 卷第 11 期，1948 年 1 月。
③ 陈芝芬：《卷烟与烟草业》，1946 年 12 月 16 日，上海社会科学院经济研究所企业史资料室藏 1930—1950 年代初期经济类剪报资料 04—055 "1938—1950 年的卷烟工业"，第 76 页。

　　现行卷烟税率是从价征收百分之百，高出任何一种货物税率，但事实上已经超过百分之二百了。在货物税中如棉纱征税，棉花则免税；酒类征税，酿酒的原料则免税；毛线征税，羊毛则免税；皮革征税，生牛皮则免税。惟有卷烟，既征了百分之百的统税，而卷烟主要原料——烟叶，同属于货物税，须从价征课百分之三十的熏烟税，烟叶本身又有地方名目繁多的自治教育等捐税，次要原料——卷纸，申请手续困难不必说，进口时亦征取百分之三十的进口关教育等捐税。其他包装纸类香精颜料等等，无一不是捐税重重，所以卷烟尚未装成以前，它已纳了百分之百以上税款了。[①]

　　1948 年 7 月 30 日修正后的《货物税条例》将卷烟税率提高到 120%；1949 年 4 月国民政府公布《财政金融改革案》，将卷烟等直接改征实物。更为要命的，是政府频繁缩短核税时间，不断增加税额。1948 年底，政府宣布将卷烟、烟叶等七种货物税提先改用新核税法征收，大小烟厂纷纷停业停产，给上海卷烟业造成致命打击。

表 1-9　　　1948 年 12 月《申报》关于上海烟厂状况的报道

时间	烟厂状况	原因
1948 年 12 月 8 日	大小烟厂百余家，纷纷倒闭或停工	税负过重
1948 年 12 月 18 日	香烟厂 104 家，停工已有两周	市民购买力薄弱；交通困难；烟税增加过巨
1948 年 12 月 20 日	工厂被迫停工者，达三分之一以上	烽火蔓延，销路狭窄；税收太重；工资高涨，资金运用不足
1948 年 12 月 21 日	工厂停工，工人失业严重	卷烟税率改变抽征方式；市场购买力薄弱；华北销路断绝

---

① 柳菊苏：《从卷烟核税谈到卷烟工业的危机》，《烟草月刊》第 1 卷第 9 期，1947 年 11 月，第 106 页。

续表

时间	烟厂状况	原因
1948 年 12 月 26 日	百分之八十以上之小型工厂皆已停业	—

卷烟工业成本加剧，除日趋上升的烟税外，要算原料缺乏和价格暴涨了。对卷烟原料造成主要影响的是战后国民政府的外汇管制政策，对卷烟原料烟叶、纸圈、钢精纸等限制输入，实行外汇限额分配。战后卷烟工业原料所用 60% 以上全为外货，外汇汇率的调整带来原料的紧缺和价格上涨。战后初期，外汇市场是开放的，原料进口容易，价格相对稳定。随着货币贬值越来越严重，国民政府不断调整汇率。1947 年 2 月，政府宣布经济紧急措施方案，公布外汇限额分配办法，申请对象有了限制，卷烟工业主要原料烟叶及纸圈外汇根据生产量来进行分配。输入管制之后，外国烟叶来源减少，国产烟叶受战事影响来源未畅，价格直线飞升；卷烟用纸除了国产少数外，几乎大部仰给舶来，由于外汇高涨，结汇困难，申请手续更加烦琐，管制严厉，加以税负严重，卷烟原料上涨速度远远跑在卷烟成品价码的前面。1947 年 3 月 13 日《经济周报》载："在外汇未放长前，中等美国烟叶约四千余元一磅，今日涨至一万四千余元一磅；中等包装纸十万元一令，今日涨至六十万元一令；玻璃纸昔日仅二十五万元一令，今日涨至七十八万至八十万元一令。"[1] 10 月 20 日上海《申报》报道卷烟包装用纸价格上涨程度远超制成品，"透明纸每令自六百五十万元直升至一千五百万元，商标铜版纸自三百五十万元直升至七百五十万元，民丰纸圈市价已达四千万元一箱，其他包装纸张，无不疯狂上涨"。[2] 到 1948 年 1 月，"烟叶过去每磅仅需六千元，现在高涨达二十余倍左右，钢精纸过去一磅仅需十二万元，而今又涨达三十六万元

---

① 《外汇率调整后，卷烟工业愈趋衰落》，《经济周报》第 4 卷第 11 期，1947 年 3 月 13 日。

② 《卷烟包装纸昂贵，中小烟厂受威胁，每箱卷烟用纸已达一千万元》，《申报》1947 年 10 月 20 日，第 2 张第 7 版。

左右，卷烟纸过去每箱售价四百万元，现在则涨达一万万元以上"。①

原料紧缺与价格飞涨直接加重了卷烟企业的生产成本。一般烟厂的原料储备，连同自备外汇到埠物资在内，可供使用的存货仅可维持两三个月的生产，因成本增加与市面波动，经营十分吃力，小型烟厂不得不减产停工。除税收和原料外，上海卷烟业发展还面临严重的工人问题，尤以工资和年赏②最为突出。卷烟之包装工作，几乎全部利用人工，"卷烟业在营业旺盛时，因缺乏包装工人，各厂竞以抬高工资吸引工人，致包装工人之底薪较战前增加三倍之多"。③战后通货膨胀严重，物价指数上升，工人生活水平下降，要求增加工资与年赏事件频发。业内人士指出，"国货卷烟之产销，虽不及美货，然主要原因在于成本与税率太高，成本中则以人工为最大，尤以年底年赏问题，使各大卷烟厂感受困难"。④ 随着通货膨胀加剧，国统区生活费用升高，工资底薪较战前倍增。"工资之高，无以复加，如普通女工，一月工资至少二十万至三十万元以上，最高者月入竟达四五十万元者，以此高昂之工资，实非刚具萌芽之卷烟业所能负担。"⑤ 甚至资金雄厚的颐中公司，负责人鲍尔（R. H. Ball）也抱怨企业劳工成本太贵，每月必须按照生活指数给付劳工工资，生活指数日涨夜高，公司越来越感到无法支持。⑥ 另一负责人戴乐尔（O. D. Terrell）指出，在中国制造香烟的成本几乎相当于在美国或在英国制造所需的两倍半。⑦ 到 1947 年底，大英牌香烟每箱（五万支装）成本达 3395 万元，而市价仅 3675 万元，获利极微，稍加拆

---

① 畏民：《烟厂坎坷录》，《烟草月刊》第 1 卷第 11 期，1948 年 1 月，第 179 页。

② "年赏"俗称"年奖""花红"，为旧中国上海的工厂企业长期以来形成的一种惯例，资本家在发给职工的月工资中预留一部分留作春节时发放年终奖金作为"赏赐"，可多可少，一般根据年终时企业利润状况和职工对企业贡献的大小而定。战后上海物价飞涨，工人生活水平下降，"年奖"成为广大职工普遍关注的焦点。

③ 季崇威：《风雨飘摇中的卷烟工业》，《烟草月刊》第 1 卷第 2—7 期，1947 年 9 月，第 49 页。

④ 《人工高捐税重，卷烟工业奈若何》，《民国日报》1946 年 12 月 27 日，第 5 版。

⑤ 《沪市卷烟业概况》（四），《征信所报》第 153 期，1946 年 9 月。

⑥ 苍夫：《卷烟工业的难关——鲍尔访问记》，《申报》1946 年 8 月 8 日，第 3 张第 10 版。

⑦ 《英美烟公司在华企业资料汇编》，第 510 页。

息尚需亏损。

表 1 - 10　　　　　1947 年英美烟（颐中）公司大英牌卷烟
每箱所用原料及开销情况

类别	开销情况
烟叶	需 150 磅，平均每磅 8 万元，总计 1200 万元
纸圈	每盘约 300 万元（每一纸圈可制 52000 支，合一箱多 2000 支），每箱纸圈成本约 290 万元
透明纸	每令 950 万元，可包 9 箱，每箱约合 105 万元
商标纸	每箱（连印工）约 150 万元
钢精纸	每包约 4500 万元，可包 46 箱，每箱合 100 万元
人工及运费	每箱约 200 万元
烟税	约 1350 万元
总计	3395 万元

　　资料来源：《三十六年度上海生产交通事业概况调查·卷烟业》，《商学研究》1948 年第 6 期，1948 年 4 月 1 日。

　　新中国成立前夕，颐中公司靠不断缩短工时维持生产，南洋公司香烟售价已远远低于原料成本，"如不售货，尚不贴开支而不亏血本"，因此只能"停进原料，除计算需款时，则忍痛卖出少许以免负债外，暂以少做不卖为主旨"。[①] 华成公司则因"市场价格低于厂盘，而厂盘复低于税值。换言之，税值反超过市场价格过巨，以致厂商制销成本无法减轻以与市场供求相适应"而不得不"暂停生产，静候时机"。[②] 大型企业尚且如此，对于广大中小卷烟厂商，因原料缺乏不能及时收购，物价直线上涨，生产无法预定成本，卖出了一箱卷烟所得的钱，绝对买不进再做一箱烟的原料，有的勉强维持，有的不得已减少产量，或则停工几天，停开几部机，这种恶性贫血现象，唯一

――――――――――

　　① 《南洋兄弟烟草公司史料》，第 567 页。
　　② 《上海市卷烟工业同业公会会员厂因增税滞销停工来函报备以及对会员厂停工期间筹组联营救济发放工人维持费吁请改进烟税等事宜征询各厂意见和向社会局等机关呈报的有关文书》，上海市档案馆藏上海市卷烟工业同业公会档案，S68 - 1 - 99。

苟延残喘的办法，只有乞灵于高利贷，但因财务费用日增，成本遁高，结果债务无法依期清偿，信用顿失，资金周转不灵，再生产遂成绝望，最后只有停产关门。到新中国成立前夕，这种状况已成为工业界的常态：

> 因为我国工业所需的原料，大半仰给外国，而最近外汇转移证的价格猛涨不已，使生产成本也随着增加。……换句话说，就是原料涨得快，远在制成品之上。照常理说，本有所谓水涨船高的话，工业生产是不怕原料上涨的，但在今日，因为客观环境的特殊，如销区缩小，购买力减低等等，水涨了船却未能升高。试想这种赔本生意，谁愿意去做？因此，已开工的工厂，为了少赔本起见，不得不减工或停止生产；新办而尚未开工的工厂，更要中途停止进行，暂抱观望态度了。①

原料的紧缺导致价格飞涨，直接加剧了生产成本，卷烟零售价涨起之倍数远低于成本涨起之倍数，小型烟厂因牌子尚未至盛销之境，售价更难提高，卷烟制成品之售价，已远不及成本，在此情形之下日见亏蚀，企业遭受严重威胁，无法维持再生产。税负严重，原料飞涨，人工高昂，成为上海卷烟业发展的主要瓶颈。

（二）市场缩小

市场日渐缩小是困扰战后上海卷烟业发展的又一因素。卷烟销路的季节性强，上海卷烟市场平时波动很大，有"霉季"和"旺季"之分。每年的5月份为前奏，6月份正式进入"霉季"，黄霉天烟黄容易霉变，烟厂开支与平时一样，但销路受到影响。"在这两个月，卷烟市价，往往下跌很烈，一蹶不振，须到下半年秋季，方能抬头。"② 每年中秋以后到春节期间为旺季，特别在春节期间，由于应酬增加，卷烟消耗量特别大，市场相对繁荣。战后初期，国民政府实行低汇率政策，希望引入外国商品以解决国内市场的供应问题。美国

---

① 《工业界的呼声》，《申报》1949年3月25日，第1张第2版。
② 蒋学栋：《上海的卷烟工业》，《经济周报》第1卷第1期，1945年11月1日。

为首的西方国家也希望开放中国市场，以便大量货物出口。战后中国物资极端缺乏，丰富的美援满足了市场需要，也给人民生活带来希望。上海是美货进口的主要基地，大量进口的美国香烟在满足市场需要同时，也严重影响了国内卷烟工业的发展。战后初期上海卷烟企业处于恢复发展时期，其产品不能与物美价廉的美货竞争，受到严重冲击。美制走私卷烟由上海入口的数量大大增加，为全国之最，上海的卷烟业成为受美货打击最为严重的行业之一。

战前市场上虽有各种美烟出现，但数量有限，对卷烟企业影响不大。抗战胜利后初期，大量物资在"美援"名义下减免进口税涌入中国市场，卷烟即为重要部分，上海成为全国外烟输入量最大的口岸。1946年2月15日，上海市卷烟商向国外订购之卷烟首次到达，总计千余箱，价格较当时市价7折左右。[①] 是年5月的上海进出口贸易统计，纸烟及烟叶进口大约占到进口总值的1%，外烟入超量激增。[②] 8月6日上海《商报》披露：有外舰9艘，一次运进美制"马立斯"卷烟10万件（每件1万支）。而南洋兄弟烟草公司上海制造厂卷烟年产量仅9296箱，不及外舰一次进口的半数。[③] 业内人士呼吁："最近因美烟大量进口，沪烟已面临严重危机，此种美烟走私，及大量涌入趋势，如不立加防阻，则沪上所有中国烟厂，将有完全崩溃之一天。"[④] 1947年2月18日报载："近以美烟涌到，竞争困难，致小型工厂日感无法支持，停闭者亦日增，前途发展希望甚微。"[⑤] 美烟大量倾销，各种公开及走私香烟充斥市场，颐中公司生产的卷烟也相形见绌。1946年7月至8月，由于美烟泛滥市场廉价倾销，颐中公司

---

① 《国外卷烟定货首次千余箱到沪，烟业商行盼公司派货公正》，1946年2月17日，上海社会科学院经济研究所企业史资料室藏1930—1950年代初期经济类剪报资料04—055"1938—1950年的卷烟工业"，第67页。

② 张逸宾：《抢救当前中国卷烟工业》，《经济周报》第3卷第9期，1946年8月。

③ 《上海烟草志》编纂委员会：《上海烟草志》，上海社会科学院出版社1998年版，第254页。

④ 张逸宾：《抢救当前中国卷烟工业》，《经济周报》第3卷第9期，1946年8月。

⑤ 《沪卷烟厂六十三家，月产九万余箱，因美烟涌到，发展希望甚微》，1947年2月18日，上海社会科学院经济研究所企业史资料室藏1930—1950年代初期经济类剪报资料04—055"1938—1950年的卷烟工业"，第78页。

不得不暂行停工一个月。[①] 在美货倾销下，国内卷烟业受到当头一击，纷纷减产停工。上海的卷烟企业"其中规模最大的是颐中烟厂，接收敌厂卷烟机总数约六百部，至本年（1947 年）八九月时中华厂开半数，颐中则仅四分之一……有着三年历史，月产三百箱，职工百余人的光华烟厂，数度易主增资，仍不免在中秋节前夕宣告清理，负债总额达六万万元之巨"。[②] 严重的美烟倾销给整个上海烟业界带来极大震动。1946 年 8 月，上海卷烟业劳资双方举行联欢会，力求共同应对外烟倾销带来的危机。他们呼吁："当前厂方不能赚钱，而工人生活不能改善，其症结并不在工资问题，实在于外货香烟之畅销，我们生产不能和他们竞争，成本比他们高。若长此以往，卷烟工业将有不能存在之危险。"[③] 据统计，1946—1947 年，美制卷烟输入量共计6.16 万箱，价值288.4 亿元，占全国卷烟年输入量的97.5%。[④] 1946年 11 月以后，国民政府外汇基金枯竭，被迫采取进口管制措施，美烟进口数量减少，上海卷烟业压力减轻。而这一时期，国民党政府在美国支持下，发动了不断扩大的内战。战争不仅造成交通阻塞，原料和产品运输困难，生产成本倍增，更为重要的是，随着内战地域的扩大，大大缩小了卷烟的销售市场，使上海卷烟业日益陷入颓境。

短暂和平之后爆发的国共内战，直接导致上海卷烟业销路锐退。颐中烟草公司产品以销售外地为主，受到的打击最为明显。1947 年 4月，该公司青岛厂被迫停工，媒体称之为"内战对于商业之第一悲剧"，主因是"胶济铁路被中共军破坏，切断对山东内地之销路"。[⑤]战争直接导致交通阻断，影响产品运输，加上华南香烟走私，1947年下半年上海卷烟业的市场形势已经相当严峻：

---

① 《华商劲敌，卷土重来!》，《烟草月刊》第 1 卷第 8 期，1947 年 10 月，第 88 页。

② 狄超白主编：《1947 年中国经济年鉴》上编，太平洋经济研究出版社 1947 年 4 月版，第 5 页。

③ 《洋烟大量倾销下国产卷烟图挣扎，劳资联欢会语语多沉痛，大家喊出努力合作提高品质改进生产》，《申报》1946 年 8 月 10 日，第 2 张第 6 版。

④ 《上海烟草志》编纂委员会：《上海烟草志》，上海社会科学院出版社 1998 年版，第 254 页。

⑤ 《青岛颐中烟厂停工》，《申报》1947 年 4 月 25 日，第 1 张第 2 版。

　　本来上海卷烟工业的主要市场是华中及华北区域，最近自东北、华北战局日益紧张之后，上海的卷烟已经没有一箱可以运到北方去。有些大烟厂过去月产七八千箱，专销华北，现在都只好完全停顿。华南方面则因走私漏税洋烟充斥，国烟实在很难插足。上海卷烟工业销路日益狭窄，只剩下华中数省有限地盘。①

　　随着内战扩大，战事进一步升级，国民党军队节节败退，国统区不断缩小，一年之后卷烟销路更加恶化，市价严重下跌。1948 年 12 月，上海卷烟业权威人士分析指出：

　　　香烟市价不振，主要原因仍在缺乏实销。平时销路：一、华北方面约三万多箱；二、西北一万多箱；三、长江流域及津浦线三万多箱；四、沪杭路及浙闽一万多箱；五、华南一万多箱，本市实销二万箱。刻下华北销路已断，广东因受洋烟倾销亦较沪值为低，西北无法运往，长江缺乏船只津浦线地方不靖，浙闽销路亦差，能有把握者，仅本市二万余箱。②

　　市场形势恶化，缺乏实销直接引发全市大小卷烟企业纷纷减产停工。1948 年 4 月，上海被迫停产或减产的烟厂已达 40 余家，12 月初至 12 日，登记停业的又有 20 余家。③ 大型卷烟厂如华成、中美、锦华烟公司亦宣告停业。内战的日趋扩大是对整个社会经济的一个致命伤，它消耗了所有的财富与千百万从事生产者，使一切的生产事业在直接或间接的战事影响下损毁、减少。对于上海的卷烟业而言，不但农村市场迫害无余，使国内原料无从获取，而且财政上由于军费支出的浩大，赤字增大以致加重卷烟课税，从事经营者不胜负担，唯有停产关门一途。

---

① 陈亦：《中国卷烟工业的过去与现势》，《经济周报》第 5 卷第 8 期，1947 年 8 月。
② 《卷烟销路各地均已阻断，本市实销每月仅二万箱》，《商品新闻》第 144 号，1948 年 12 月 22 日。
③ 《上海近代民族卷烟工业》，第 258 页。

（三）政策波动

沉重的税收加重了卷烟业的负担，严重的通货膨胀更使上海卷烟企业捉襟见肘。抗战胜利后，国民政府开始整顿金融市场，规定从1945年11月1日起，伪政权时期的中储券以200对1兑换法币，限于四个月内完成。[①] 工商业者手中的资本首先遭受损失。1946年6月国共内战爆发，国民政府为支持战争的庞大财政负担，滥发纸币，通货膨胀更加严重。在这种情况下，上海的生活指数急剧上升，加上战火的蔓延，产烟区的失陷，卷烟工业所必需的各种原料价格不断飞升，成本和售价相差更大，企业亏损严重。1947年底，业内人士分析指出："以生活指数冻结前后为例，当时烟叶每磅为五六千元，现需十万元左右（美叶现需二十七万元一磅），钢精纸一磅以前十二万，现在为三十五万元，卷纸一箱本年四月前为四百万，现为一亿三千万以上，烟价（即使是下级烟）照成本计算，每箱即需一千五六百万元，若按目前市价，每箱月亏蚀三五百万元。"[②] 随着国民党军队在战场上节节败退，国统区经济形势更加恶化，币值日趋下跌，甚至一日数变，物价持续上涨。1948年6月，新任财政部长王云五上台，他认为改变货币本位的办法可以恢复经济稳定，国家预算可以自然达到平衡。在其主导下，政府拟订了一项使用新的通货替代法币的方案，并得到了蒋介石的支持，开始了以发行金圆券为核心的经济改革。这场改革以上海为中心，8月19日的全面限价为起点，10月2日烟酒加税达到高潮，11月1日限价取消。政策不断波动，朝令夕改，一度造成上海卷烟市场的混乱，引发抢购风潮，给上海的卷烟业带来深重打击。

1948年8月19日，国民政府颁布"财政经济紧急处分令"，开始了自1935年法币改革以来的又一次货币改革，即金圆券改革。当日，政府宣布法币以200万对1比例兑换金圆券，截至11月20日，同时采用限价政策，并硬性规定各类商品价格一律冻结在8月19日

---

① 张公权：《中国通货膨胀史（1937—1949年）》，杨志信译，文史资料出版社1986年版，第48页。

② 《撞过难关!?》，《烟草月刊》第1卷第10期，1947年12月，第134页。

的水平上，未经政府准许不得擅自涨价，是为"八一九"限价。在限价政策下，上海卷烟工业同业公会通知各烟厂必须按照 8 月 19 日价格出售产品，不得逾越限价。8 月 31 日，上海市社会局核定，凡 8 月 19 日无厂盘者，得参照"八一九"市场价格，另定新厂盘，唯不得超过该日市价。① 烟价的冻结，造成企业产品售价不敷成本，产品售出后无法补进原料，只得坐吃山空。以华成烟公司为例，本埠同行派货，每派一次需要 4 天到 5 天才能出清，假定 11 月 1 日派货，售价每条为 2 元，至 11 月 5 日出货时，付来之款虽为 2 元，但实际价值已下降为 5—6 角，由于限价不能更动，而外面黑市价格已抬高至 3—5 倍。② 当社会上有人强购限价香烟时，华成烟公司无法应付，香烟售出后，不可能立即进到等价的原料，因此受到严重打击，资金日见短绌。社会上的"黄牛党"则利用限价大量搜购，转售于小贩，高价出售，造成卷烟黑市。各烟厂曾在卷烟定价上维持原价，由于发生抢购，多数烟厂不得不停止对批发商和零售商派货。"颐中烟厂的纸烟自 9 月 10 日配出少量的纸烟以后，没有再配，那时如白锡包每纸烟号只配到二十五条到五十条，其他如华成、南洋等烟厂出产的美丽、金鼠牌纸烟配得也不多，每纸烟店只有一百多条。"③ 一般零售商亦不得不紧缩营业，采取零包限售的对策，外地来沪采办卷烟的商人更无烟可购，上海卷烟市场出现供应紧张的局面。

限价政策导致卷烟市场出现混乱，随之而来的加税政策更使上海的卷烟业雪上加霜。自全面限价后，政府为增加税收，平衡预算，于 10 月 1 日公布整理财政补充办法，规定对于货物税，国产烟酒类税及矿产税之征收一律作 8 月 19 日之市场批发价格减除改期实际税额后，以其余额为完税价格，依法定税率征收之。依照此项新核税办法核定之税额，经行政院提交经济管制委员会议决，先将卷烟、熏烟

---

① 《卷烟批发及零售价格社会局昨已订定，烟厂不得藉故执货不派》，《申报》1948年 9 月 1 日，第 2 张第 6 版。
② 《上海华成烟厂历史资料 1924—1957》，第 128 页。
③ 《解除本市烟荒，经管处规定临时办法》，1948 年 10 月 17 日，上海社会科学院经济研究所企业史资料室藏 1930—1950 年代初期经济类剪报资料 04—055 "1938—1950 年的卷烟工业"，第 97 页。

叶、锡箔、洋啤酒、国产酒类、烟叶、烟丝七种于 10 月 1 日实施改征，从 10 月 2 日起，对卷烟等七种货物税税率平均提高 70%—10%。[①] 加税政策使得面临重重困难的上海卷烟业遭受了又一次惨重的打击。

表 1-11　　1948 年 10 月 1 日烟税调整之后华成烟厂卷烟概况　　（单位：元）

	烟名	单位	烟价	税价	烟税合计厂盘
调整前	10 支美丽	箱（5 万支装）	340.20	59.8	400.00
调整后	10 支美丽	箱（5 万支装）	438.00	391.00	829.00
调整前	10、20 支金鼠	箱（5 万支装）	218.73	31.27	250.00
调整后	10、20 支金鼠	箱（5 万支装）	289.00	241.00	530.00

资料来源：《上海华成烟厂历史资料 1924—1957》，第 128 页。

政府的本意是为增加税收，平衡预算，然而这一政策在加重卷烟企业负担的同时，直接引发严重的抢购风潮，造成上海卷烟生产销售停滞。10 月 1 日，烟酒加税命令一传扬，引起极大恐慌，政令还未实施，"黄牛党"便趁机活跃，抢购旧价香烟，上海市各卷烟商号不得不停止营业。2 日，各卷烟商号"迄中午十二时，多见打烊并贴有'奉公会令暂停营业'字条"。[②] 3 日，"烟兑店均拒绝卖货，市民因知香烟即将涨价，晨八时皆拥挤于零售烟店前，大多商店竟告轧塌，情况空前严重"。[③] 至 12 日，"政府出售物资及若干大商店的货物，清晨开门，即有大批顾客在外等候，一拥而入，二三小时内即将货物抢购一空"。[④] 17 日报载"最近两天来，市上已买不到品质较好的香烟，昨天烟荒情形更严重，不仅白锡包、三炮台、前门牌等烟无处可

---

① 《烟酒等税额改征，所加税款商人加入货价发售》，《申报》1948 年 10 月 2 日，第 1 张第 1 版。

② 《烟税今起调整，卷烟全部加码》，《商品新闻》第 77 号，1948 年 10 月 2 日。

③ 《卷烟发生抢购风潮，加税后之零售批发价今可公布》，《经济通讯》第 827 号，1948 年 10 月 3 日。

④ 《一般物价：疯狂的抢购风潮弥漫了上海全市》，《申报》1948 年 10 月 12 日，第 2 张第 6 版。

买，即大英牌、红高粱、大克雷斯等较次的香烟也买不到了"。① 由
于加税后烟酒价格调整，一周之内，由抢购卷烟发展到疯狂抢购各种
物资。《申报》分析指出："人民因身受多年来高物价的痛苦，心理
极度脆弱，于是在意识中，认为烟酒税既可调整，其它税率以至国营
事业售价，均有调整可能，遂形成抢购风潮。"② 抢购造成了卷烟市
场混乱，引发"烟荒"。政府不得不制定临时办法："一、凭身份证
每人每日得向零售或批发商购买上等烟一包，或普通烟两包，须当场
剪开封口。二、如发现商号拒绝出售者，查属实后，由有关当局吊销
执照；对强行觅购者，报请就地警局法办。"③ 然而抢购风潮并没有
得到缓解。

　　重税政策给上海卷烟企业带了严重影响。管制下的物价处于一种
偏低的状态中，前期派货由于定价不合理影响了生产和发行，对于生
产厂家来说，原料高于成品，厂盘高于零售，加之沉重的税负，无奈
之下不得不减产停工；对于卷烟商号而言，一方面无货可派，另一方
面面对黄牛党抢购日盛，若将厂方所获派货全部供应门市，势必立即
抢购一空，所以大多消极应对。在这种情况下，"烟荒"无法缓解。
卷烟抢购风很快扩展到其他物资的抢购，整个上海商品市场极度混
乱。国民政府只得于11月1日发布"财政紧急处分令"，被迫宣布放
弃限价政策，随后币制改革宣告彻底破产。限价取消后，卷烟恢复自
由买卖，消息一传开，批发部和门市部全被抢购一空。上海市卷烟工
业同业公会唯恐市销脱节，特召开紧急理监事会，通知烟厂立即派
货。厂商若依照各项原材料的新成本计算，卷烟价格至少要增加
200%—300%，而公会仍劝告各厂尽量压低派价，可是派货以后，卷

　　① 《解除本市烟荒，经管处规定临时办法》，1948年10月17日，上海社会科学院经济研究所企业史资料室藏1930—1950年代初期经济类剪报资料04—055"1938—1950年的卷烟工业"，第97页。
　　② 《一般物价：疯狂的抢购风潮弥漫了上海全市》，《申报》1948年10月12日，第2张第6版。
　　③ 《解除本市烟荒，经管处规定临时办法》，1948年10月17日，上海社会科学院经济研究所企业史资料室藏1930—1950年代初期经济类剪报资料04—055"1938—1950年的卷烟工业"，第97页。

烟零售商任意抬价，竟涨起 400%—600% 不等。[①] 抢购风更加厉害，批发商和零售商则强迫烟厂派货，一部分零售商因未获得派货，甚至甚至酿成暴力事件，给卷烟厂商造成严重损失。11 月 4 日，中美、福华、乐华、兴康四烟厂，因零售商之抢购，厂方存货及出品已不敷普遍配给之需，以致引起来领得配烟各零售商之公愤，竟将该四厂设备器材大肆捣毁，金陵西路之福华烟厂，甚至两度遭抢。[②] 尽管卷烟制造商代表多人至社会局请愿，要求维持购买秩序，保障各烟厂之安全。社会局决定与各地联系后，施行统配统销办法，并准予适当提高卷烟价格。但时隔一周，抢购风潮依然严重，时人回忆华成烟公司遭抢购情形：

> 至 11 月 11 日形势更为剧烈，公司大门撞坏、乱石掷人。分公司负责人向市商会、市政府、市警察局奔走呼吁，要求调整限价，并予保护。对包围杭州分公司的购烟者，通知其至同业公会谈判。结果军警及流氓 500 余人相率至同业公会聚集，等待购烟，声势汹汹，即将动武。分公司负责人晓以利害，并与购烟者谈妥，每人购限价烟两条，分批挨次序购买。不料 500 余人购烟后，返身至前门，又来打门掷石，彼此相持至午夜。[③]

限价取消后，卷烟售价虽一再提高，但币值一日数跌，厂盘远远低于市价，企业损失的数字难以估计。之后烟价虽上涨数倍，销售量却大幅下降。为了争夺卷烟销售市场，外埠经销商以存货充足为理由，拒绝部分烟厂的产品，战区销路断绝，销售更加困难。各烟厂在币值一天三变的情况下平价出货，很难再补进原价原料，生产已经非

---

① 《卷烟零售商任意抬价捣毁烟厂，烟厂公会今晨向社局请愿》，《征信所报》第 797 期，1948 年 11 月 4 日。

② 《卷烟抢购风再起，福华烟厂被捣毁，厂商今向社会局请愿》，《征信新闻》（上海）第 865 期，1948 年 11 月 4 日。

③ 江森裕等：《上海华成烟厂的几件事情》，中国人民政治协商会议全国委员会文史资料委员会编：《文史资料存稿选编》（经济卷）下，中国文史出版社 2002 年版，第 24 页；《上海华成烟厂历史资料 1924—1957》，第 128 页。

常困难，经过一系列的打击，上海的卷烟业再也无力恢复从前状态。

在 1948 年金融改革中，经济政策波动引发卷烟市场乃至整个商品市场的混乱，上海的卷烟业成为首当其冲的受害者。身为经管督导员的蒋经国，在其日记中也不得不承认"烟税的增加"是造成"抢购运动"的主要原因，"由此而发生市场波动，一天不如一天的坏下去了，自己感觉到用下去的力量，已不十分有效了。……得了许多痛苦的教训，前途困难重重，望前顾后，心中有深感矣!"① 战后的中国政局波诡云谲，国民政府经济领域政策波动频繁，对上海的卷烟业产生了很大影响。国营企业的出售是战后国民政府在执政危机之下作出的重要经济决策，以战后接收为基础建立起来的中华烟草公司作为战后唯一一家国营卷烟企业，在国营事业民营化的过程中陷入了严重的承购权纠纷当中，成为战后上海烟业界的一个焦点，严重影响了这一国营卷烟企业的正常发展，这一点将在最后一章展开分析。

---

① 张日新主编：《蒋经国日记（1925—1949）》，1948 年 10 月 31 日，中国文史出版社 2010 年版，无页码。

第二章 卷烟税收中的政企博弈

第一节 抗战前后国家卷烟税收政策之演变

一 卷烟税收制度的缘起与发展

卷烟作为一种特殊嗜好的消费品,世界各国一般都课以重税。中国在 20 世纪 20 年代以前,本无卷烟税一项。清末,洋烟洋酒的进口向在免税之列,1901 年《辛丑条约》签订时,才规定原来免税的洋烟洋酒等货物应与其他进口货物一样征税,但只是被视为普通商品,仅征 5% 的关税及 2.5% 的子口税,税率极低。20 世纪初,国内的卷烟生产和销售几乎为外商所垄断。外国烟草制品的大量输入和国际烟草托拉斯英美烟公司的垄断,引起了清朝政府的重视。光绪三十年(1904),北洋大臣袁世凯为创办北洋烟草公司保护利权事致商部咨文指出:"纸烟外溢之利,合东西洋计之,岁在数百万金……各国保护工商皆有主权,多以征税寓操纵之术。"① 宣统元年(1909),清政府为抵制"利权外漏",准备筹组中国烟草公司,酝酿烟草专卖制度,度支部大臣还专门咨询开办过卷烟厂的邮传部大臣盛宣怀。盛在回信中就世界各国的专卖事例,阐述了实行烟草专卖、增加税收的设想。虽然这次专卖筹划未能实施,却为民国时期实行烟酒公卖奠定了基础。盛宣怀在其自办的"三星"烟厂破产后,痛感英美烟公司垄断之严重:"计自二十九年(1903 年)后,华商制烟公司大小约三十余家,现在(1909 年)能幸存者寥寥无几,所失资本……统计在二

---

① 中国第一历史档案馆:《创办北洋烟草公司史料》,《历史档案》1989 年第 2 期,第 42—43 页。

百万元以上，均断送于此英美烟草公司。"① 对卷烟征税，既可以限制外国商品的涌入以减少漏卮，又可以弥补国库的财政亏空，政府逐渐将其提上日程。民国初年，军阀混战，军费开支浩繁，北洋政府为增加财政收入，开始整理烟类税务。1915 年 5 月，北洋政府决定对烟草实行公卖，建立烟草公卖局，制定公布了全国烟酒公卖办法和公卖局的暂行简章。1921 年，新成立的全国烟酒税署认为"各国政府对于卷烟均课重税，年来我国市场中舶来及国制之烟件，既推销日盛，不可不筹划一征收方法"②，于 8 月 1 日公布《征收纸烟捐章程》，对卷烟征收 2.5% 的统捐和每箱 2 元的厂捐。③ 章程公布后，北洋政府与英美烟公司签订声明书，开始征收纸烟捐和雪茄烟捐。纸烟捐由中央征收，具有国税性质，成为国内第一个专门的卷烟税项。它作为中央税，禁止各省重征各种杂捐，使地方在卷烟税收上的利益大打折扣。当时国内军阀割据，各省采用变相办法征收卷烟税。1922年，浙江省以修建省内公路为名创办"卷烟特税"，税率为 20%。④之后各省纷纷效仿，北方多称为"吸户捐"，南方多称"特税""印花税"，税率从 20%—40% 不等。

北洋时期的卷烟税大致分为三类：一为进口卷烟税，二为在华制造税，三为内地二五统捐。卷烟统税作为一种新的税种开始于武汉国民政府时期，它将当时制度上所有各种税捐名目，合并为一种来征收，其首要目的是为中央提供财政支持。1926 年 12 月，国民革命军在汉口建立政府，财政部公布了《征收卷烟统税办法》，规定卷烟税率为 12.5%，先就湘鄂赣三省施行，⑤ 试图通过政令将各种庞杂的地方卷烟捐税简单化和标准化。1927 年南京国民政府成立后，对卷烟采取"寓禁于征"的政策，成立卷烟统税处，开征卷烟统税。6 月 23

---

① 北京大学历史系近代史教研究整理：《盛宣怀未刊信稿》，中华书局 1960 年版，第 199—200 页。

② 财政部财政年鉴编纂处编：《财政年鉴》，商务印书馆 1935 年版，第 937 页。

③ 江苏省中华民国工商税收史编写组，中国第二历史档案馆编：《中华民国工商税收史料选编》（第三辑·货物税）下册，南京大学出版社 1996 年版，第 2781 页。

④ 财政部财政年鉴编纂处编：《财政年鉴》，商务印书馆 1935 年版，第 938 页。

⑤ 《烟酒税史》下册，财政部烟酒税处，1929 年 11 月，第七章第四节，第 10—11 页。

日，财政部公布全国《卷烟统税暂行简章》，其中规定：凡国内制造的卷烟或进口卷烟，除广东、浙江两省外，均应按50%缴纳卷烟统税，原有的出厂捐、二五统捐及各省征收的特税等名目一律废除。[①] 9月，将"卷烟统税"改定为"卷烟税"，归烟酒税处管辖，另于各省设立卷烟税局，同时制定《征收卷烟税章程》，卷烟税率为50%，后改为35%征收。[②] 在政府高额税款压力下，华商卷烟企业遭受严重衰退，纷纷表示抗议。1928年1月，为降低税率，简化稽征手续，财政部根据就厂就关征税原则，重新拟定《征收卷烟统税条例》，经国民政府行政院核准于1月27日起施行。该条例规定进口卷烟缴纳正税及二五附税后，应按照海关估价再缴卷烟统税20%，本国卷烟以海关估价为标准，征收22.5%，即准其行销各省，不再重征他项捐税。[③] 该条例的施行虽降低了关税，但导致外烟进口量日渐增多。为维护国烟起见，财政部于同年12月修正《征收卷烟统税条例》，规定"凡一切进口之卷烟以及烟叶制成货品，除缴纳海关进口税百分之七五外，应按海关估价，另纳卷烟统税32.5%；凡一切在本国境内设厂制造之货品，应由主管机关以海关估照为标准，缴纳卷烟统税32.5%，准其行销各省及租界商埠，不再重征他项捐税"。[④]

从1928年到1937年，国民政府连续施行了10年的《卷烟统税条例》。在此期间，卷烟统税曾实行过两次"简化税制"。1930年10月1日，国民政府将卷烟分七级征税制改为三级制；1932年3月21日，再改为二级制。1928年2月卷烟统税开始实行时，仿照海关办法，分为七级征税。国产卷烟税率为22.5%，进口卷烟在交纳进口正税及附加税7.5%后，复纳22.5%；[⑤] 同年12月，南京国民政府与各国签订了关税自主条约，将卷烟税率提高至32.5%；[⑥] 1930年10月，财政部将

① 《中华民国工商税收史料选编》（第三辑·货物税）下册，第2031页。
② 《烟酒税史》下册，财政部烟酒税处，1929年11月，第七章第四节，第2页。
③ 中国第二历史档案馆编：《中华民国史档案资料汇编》第五辑第一编，财政经济（二），江苏古籍出版社1994年版，第349—350页。
④ 《财政部征收卷烟统税条例》，《行政院公报》第22号，1929年2月16日。
⑤ 《卷烟统税史》，财政部卷烟统税处，1929年12月，第11页。
⑥ 《英美烟公司在华企业资料汇编》，第949页。

卷烟统税由七级减少为三级，为了与后来的三级制区别，称为"旧三级制"；1931年1月，政府为抵补裁撤厘金的损失，将卷烟税收提高到40%，进口卷烟另纳10%（金单位）关税，此为"改订新三级制"；① 1932年2月，卷烟统税从三级减少为二级征收，习惯称"旧二级制"；1933年12月，政府重新改订二级税制，称"新二级制"。

税制的简化，造成中外烟厂纳税的不平等。英美烟公司凭着资金和技术优势，供应各种档次的卷烟，而且垄断了中高级卷烟市场；华商卷烟厂因资本薄弱，技术设备落后，一向以生产低档卷烟为主。据统计，1931年华商卷烟厂出产的价格在1000元以上的卷烟只有1种，500元以上的卷烟有6种，300元以上的有15种，而100元左右的最低等的卷烟共有1000余种。② "简化税制"缩小了各档卷烟税负的差距，降低了中高档烟的税负，提高了低档烟的税负。"烟税由五级制改为三级制时，在五级制时，本应纳四级税的烟，改为三级制后，就改纳三级税。因英美出品高级烟较多，而税率则与华商烟厂出品差不多。"③ 征税级别简化使英美烟公司大受其益，民族烟厂南洋兄弟烟草公司实际税负逐年加重，1930年统税总数为12.4万元，占整个烟值6.6%，到1936年统税总数达877.5万元，占整个烟值的36.8%。④

表2-1　　　　　　1928—1936年纸烟等级税率变更比较

税制及期间	高级品评定税额（价格1000元计）		中级品评定税额（价格400元计）		下级品评定税额（价格138元计）	
	税额（元）	税率（%）	税额（元）	税率（%）	税额（元）	税率（%）
7级制 1928年1月—1929年2月 1929年2月—1930年10月	179.00 258.00	17.89 25.84	64.13 93.63	16.03 23.41	20.25 29.25	14.67 21.20

① 财政部财政年鉴编纂处编：《财政年鉴》，商务印书馆1935年版，第943页。
② 实业部中国经济年鉴编纂委员会编：《中国经济年鉴》，商务印书馆1935年版，第588页。
③ 《南洋兄弟烟草公司史料》，第420—421页。
④ 同上书，第382页。

税制及期间	高级品评定税额 （价格 1000 元计）		中级品评定税额 （价格 400 元计）		下级品评定税额 （价格 138 元计）	
	税额 （元）	税率 （%）	税额 （元）	税率 （%）	税额 （元）	税率 （%）
3 级制 1930 年 10 月—1931 年 2 月 1931 年 2 月—1932 年 3 月	225.00 305.00	22.50 30.50	56.00 81.00	14.00 20.25	32.00 39.00	23.20 28.26
2 级制 1932 年 3 月—1933 年 12 月 1933 年 12 月—1937 年	95.00 160.00	9.50 16.00	95.00 16.00	23.75 40.00	55.00 80.00	39.86 57.97

　　资料来源：陈翰笙：《帝国主义工业资本与中国农民》，陈绛译，复旦大学出版社 1984年版，第 39 页。

　　可以看出，税制简化的过程中，下级卷烟税率不断提高，由 14.67%提高到 57.97%，而高级卷烟税率不断降低，由 17.89%降低为 16%，低级卷烟税率达到高级卷烟的 3.6 倍。但卷烟统税作为一种全国性税收，对于中外烟商同样适用，租界也被纳入征税范围，政府税源大大得到扩展。20 世纪二三十年代，上海作为全国卷烟工业中心，其在财政税收中占据的地位更加凸显。1934 年，"全国约由百分之六十卷烟由税务署在上海抽纳出厂税"。[①] 抗战前，政府财政收入中关、盐、统三税为大宗，而卷烟税在整个统税中占有绝对的优势。卷烟统税成为统税中开办最早的税种，它的实施为国民政府建立和完善统税制度奠定了基础。之后，统税门类渐多，由卷烟一种扩展至麦粉、棉纱、火柴、酒类、糖类、水泥、毛皮、茶叶、化妆品、饮料品、纸箔等多种，而卷烟一直居于整个统税的核心位置。

　　[①] 杨华：《我国之卷烟及世界烟草之度量》，《钱业月报》第 14 卷第 11 期，1934 年11 月 15 日。

表 2-2　战前国民政府卷烟税及统税收入概况（1927—1937 年）

单位：千元，%

年份	卷烟税	统税	所占比重
1927	4102	4102	100
1928	21141	21141	100
1929	41111	45375	90.6
1930	47876	62537	76.6
1931	50018	79663	62.8
1932	57435	90558	63.4
1933	63751	100839	63.2
1934	74044	116079	63.8
1935	76894	118974	64.6
1936	109971	161579	68.1
1937	89653	128278	69.9

资料来源：《中华民国工商税收史料选编》（第三辑·货物税）下册，第 2667—2669 页。

　　抗战爆发后，东南沿海省份基本陷于敌手，关、盐、统三税收入锐减，特别是占岁入将近一半的关税几乎丧失殆尽。而抗战所需的军事开支和经济开拓等各项费用急剧增加，统税开始成为国民政府财政的重要支柱。1937 年全面抗战开始，国民政府迁都重庆，为加强税收以充裕饷源，1941 年 7 月，公布了《国产烟酒类税暂行条例》，规定政府统治区内各省的烟类一律依照"统税"原则征税。① 由于战争及其他因素，这一时期税制发生一个重要变化就是由"从量征收"转向"从价征收"。1941 年物价上涨较战前增加 12 倍，由于物价上涨，原定的从量税率已与物价日趋背离，税收蒙受较大损失。为维护国库收入起见，1941 年 7 月 7 日，财政部公布了《货物统税暂行条例》，计税依据一律改为从价征收，其中卷烟（包括纸卷烟、雪茄和其他仿西式洋烟）从价征收 80%，熏烟叶从价征收 25%。②

① 《中华民国工商税收史料选编》（第三辑·货物税）下册，第 3344 页。
② 同上书，第 2105 页。

1941 年 12 月，太平洋战争爆发，日本加紧了对国统区的经济封锁，国民政府后方商品供应愈趋短缺，加上滥发通货，致使物价迅猛上涨。为平抑物价，调节供需，增加财政收入，支持抗战建国计，财政部 1942 年 4 月 7 日修正公布《卷烟统税条例》，规定国内卷烟按售价（每 5 万支登记价格）分五级征税，第五级征收 250 元，第一级征收 1800 元。[①] 同年 4 月 18 日，颁行《卷烟临时特税暂行条例》，对卷烟征收统税的基础上，再从低到高按五级分别增加 500—1000 元的特税。[②]

抗战后期，由于物价波动剧烈，为平准市价与增加国库，国民政府从 1942 年起开始实施对卷烟、火柴、食糖等消费品的专卖。卷烟方面，1942 年 5 月，政府成立烟类专卖局，颁布《战时烟类专卖暂行条例》，7 月开始在川康实施战时烟类专卖，从 1943 年 1 月 1 日起，在全国范围内废除烟类统税，并入专卖利益，这一政策一直持续到抗战胜利前夕。当时处于战争状态，国民政府全力从事抗战，财政拮据，资金缺乏，无力筹措巨款对专卖烟类进行收购，因此在专卖体制下，合法登记的厂商可自行设厂制造卷烟，专卖局核定各牌卷烟收购价格，由各承销商向厂商缴款承购，并向政府缴纳专卖利益，机制卷烟为 100%，手工卷烟及雪茄为 60%，然后逐包领贴专卖凭证。如运往外埠，则须请领准运单或分运单，以便随货运行。由国外进口或从非专卖地区移入者，于进口时报经专卖局或海关，照价收购。据统计，烟类专卖时期，国民政府共征收专卖利益 1928188479 元（含熏烟叶）。[③] 1944 年 9 月 20 日，国民政府将《货物统税暂行条例》修正为《货物统税条例》，规定卷烟从价征收 80%，熏烟叶从价征收 25%。[④] 1945 年 1 月 23 日，行政院政务会议通过《调整税制简化机构案》，决定货物统税中的卷烟等停止专卖，改征统税，暂照专卖利

---

① 《卷烟统税条例》，1942 年 4 月 7 日，《税务公报》第 3 卷第 4 期，1942 年 4 月，第 2 页。

② 《卷烟临时特税暂行条例》，1942 年 4 月 18 日，《税务公报》第 3 卷第 4 期，1942 年 4 月，第 3 页。

③ 《财政年鉴》第三编（下），财政部《财政年鉴》编纂处 1947 年 10 月编印，第八篇第二章，第 3 页。

④ 《中华民国工商税收史料选编》（第三辑·货物税）下册，第 2120 页。

益课征，对机制卷烟从价征收100%，经过调整的统税只剩下卷烟、熏烟叶等六个税目。[①] 4月17日，国民政府正式废止《战时烟类专卖暂行条例》，卷烟税收开始迈向战后的货物税时代。

二 战后卷烟税收政策的演变

众所周知，吸烟有害健康，政府从为国民谋福利为根本宗旨的角度考虑，原则上不应该让卷烟业存在和发展。但从广开财源、增加财政收入以维持行政机器运转的角度看，卷烟的高额利润和广大消费市场，可以带来高额税利，又具有极大的诱惑力。在轻工业方面，制茶、制糖、制盐、纺织、面粉，甚至酿酒业，在成本与利润比例上，都无法与卷烟业相比。由于卷烟消费量大，烟业经济与其他轻工业经济部门相比，产品利润极大，卷烟业所带来的收益，远远超过其他轻工业经济部门所有的收益。从税利角度看，卷烟行业是保证政府财政不可或缺的重要部门。从20世纪二三十年代起，"卷烟统税一项占南京国民政府统税收入的60%以上，在以关税、盐税、统税为主体的财政收入中也占10%左右"。[②] 既然卷烟税收经常保持在政府收入的1%左右，巨大的利润使国民政府不能不重视烟业经济，这就使卷烟工业在成长和发展上有了来自政府的特殊政策激励方面的动力。

卷烟作为一种消耗品，本不属于提倡范围，减少卷烟消耗的想法，在战前已经有人提出，尤其在"新生活运动"期间，曾得到一些中央及地方官员的认可。20世纪30年代中期，浙江省基层社会甚至掀起了一场声势浩大的"禁吸卷烟运动"。但国民政府财政部、实业部、内政部对待此事如出一辙，均认为卷烟不同于鸦片，吸食卷烟不能禁止。行政院1934年10月5日发布的训令中称：

> 财政部以我国卷烟，已办统税，迭次增加税率，即属寓禁于征。现在此项卷烟统税，已为国库大宗收入，军政各费，均赖挹

---

① 《中华民国工商税收史料选编》（第三辑·货物税）下册，第1862页。
② 金源云：《南京国民政府卷烟统税研究——1927—1937年》，硕士学位论文，河北大学，2003年，第1页。

注，在未抵筹补以前，该（浙江）省政府请将卷烟由中央命令禁
吸，碍难照准。实业部以我国各省，向产烟叶颇多，制烟工业，
近渐发展，每年杜塞漏卮，为数颇巨，若骤予禁止，则赖以生活
之种烟制烟之农工商民，均将有失业之虞。在对于因禁吸卷烟而
致失业民众，未能预先筹有救济办法以前，该省政府请将卷烟由
中央命令禁吸一节，未便照办。内政部主张，在鸦片红丸等毒物
尚未彻底禁绝之前，对于吸食卷烟，暂缓禁止，均系为顾全事实
及权衡轻重起见。①

　　为何要"暂缓禁止"？政府真正的目的是不想放弃卷烟税收这块
肥肉。早在1933年，财政部就以"国库支绌，建设尤切，剿匪军事，
在在需款"② 为由，上调卷烟统税税率，规定设置卷烟厂的地点，并
不顾卷烟厂商的反对，将卷烟统税税制由三级改设为二级，其目的就
在于增加国家财政收入。20世纪30年代中期，以卷烟税为主体的统
税已经成为国民政府的第三大税源，当局自然不会放弃这一大宗收
入。抗战期间，为了便于管理，国民政府在1940年将统税和烟酒税、
矿税合并成为"货物统税"，基本沿用统税的方法和原则。从1942年
5月起，政府开始实施战时烟类专卖，规定卷烟专卖利益为100%，
以专卖形式获取卷烟税收，一直持续到抗战胜利前夕。

　　八年抗战，人民物力、财力在战争中消耗殆尽，沦陷区遭受日军
的掠夺与破坏，国民经济千疮百孔，一时难以迅速恢复。战后复原工
作开始，加上积极准备发动全面内战，军费开支庞大，政府将目光转
移到税收上来。这时的货物税已经成为国际间通行的消费税，卷烟、
食糖等消费品由战时的专卖体制改为征税制，开征货物税。从1945
年开始，政府已经着手准备，11月19日，公布《修正货物统税条
例》，将卷烟税率由原定的65%③提高至100%，使得停止烟类专卖改

　　① 《行政院第5190号训令》，财政部总务司印行：《财政日刊》第1978号，1934年
10月15日，第1—2页。
　　② 《财政部加征卷烟等统税》，《工商半月刊》第6卷第1期，1934年1月1日。
　　③ 1945年3月1日，财政部税务署电令上海特别市卷烟厂业同业公会卷烟提高登记价
格开改订税率为从价征收65%，自当日起实施，详见《中国烟业史汇典》第1611页。

征统税后暂行按专卖利益 100% 征收的行政性命令法律化，成为法定
税率。① 为日后新货物税的实施准备了条件。

表 2 - 3　　　　财政部上海货物税卷烟统税 1946 年度第 1 期从
价征收情况

查验证级别	卷烟适用范围	
	单位	应完税额
一	五万枝	六十万元以上
二	五万枝	五十万元起至六十万元未满
三	五万枝	四十万元起至五十万元未满
四	五万枝	三十万元起至四十万元未满
五	五万枝	二十万元起至三十万元未满
六	五万枝	二十万元起至二十五万元未满
七	五万枝	十五万元起至二十万元未满
八	五万枝	十万元起至十五万元未满
九	五万枝	十万元未满

　　资料来源：《上海货物税局卷烟统税从价征收税额表》，上海市档案馆藏财政部上海货
物税局档案，Q434 - 1 - 442 - 8。

　　1946 年 8 月 16 日，国民政府正式公布《货物税条例》，《货物统
税条例》着即废止。由"货物统税"改称"货物税"，表明向新的对
物征收的近代消费税制的转变。随着国民政府财政开支加剧，政府将
提高货物税作为解决财政亏空的重要手段，卷烟成为首当其冲的对
象。卷烟税是货物税收入的重中之重，与棉纱、面粉等货物不同，战
后国民政府将卷烟视为奢侈品加征重税，卷烟税率大幅度提高。奢侈
品重征的理念在新货物税条例中表现明显，新条例将 1945 年取消的
麦粉、茶叶、水泥、饮料品、皮毛、锡箔及迷信纸 6 个税目恢复，新
增化妆品一项，使货物税从 1945 年收缩后的 6 项扩大为 13 项，并具
体规定了各税目的课征范围。货物税的征税项目和范围逐渐定型，

_____

　　① 《修正货物统税条例》，《金融周报》第 13 卷第 8 期，1945 年 11 月 28 日。

"货物税"正式成为一种专门税种，并在战后政府财政收入中占据重要地位。1946 年，货物税比重占全国国税收入的 38.75%，1947 年达 42.98%，由战前的第三位跃居战后的第一位。① 战后担任国民政府财政部税务署署长的姜书阁谈到货物税时指出：

> 查本税收数，在战前原居关盐统三大国税之末位，而以关税为最多，盐税次之。抗战军兴，关税收入锐减，盐税仍能保持其重要性，是时直接税创办已具规模，税收渐有起色，已与本税并驾，且收数尚有过之。迨至卅五六两年，本税力加整顿，收数激增，预算庞大，乃一跃而居国税收入之第一位，且骎骎达关盐直货四税总收入之百分之四十以上，而成为中央税收最大之擘柱，其重要性可想见矣。②

卷烟税是货物税的重中之重，战后国民政府奢侈品重税的理念，首先表现为卷烟税率的提高。"奢侈品之税率，税务主管当局已酌予提高，计卷烟税较前提高百分之四十。"③ 税务署长姜书阁认为，节制消耗是货物税重要的立法准则之一，卷烟及其原料"课税较重之原因，即在寓禁于征，以节制人民之消费"。④ 1946 年 3 月，国民党六届二中全会作出提高奢侈品税率的决议，以战后复原建设需用浩繁，为充裕国库、平衡收支，首先将国产烟类税率提高，规定烟叶税按照产区核定完税价格征收 50%，烟丝征收 30%；8 月 16 日公布的《货物税条例》，规定棉纱税率为 5%，水泥为 15%，火柴为 20%，糖类为 25%，卷烟则要负担 100%。⑤

不仅制成品税率高于其他商品，卷烟主要原料熏烟叶还须纳 30% 货物税，次要原料卷纸进口时亦征取 30% 的进口关税，其他包装纸

---

① 《中国烟草通志》编纂委员会：《中国烟草通志》，中华书局 2006 年版，第 1366 页。

② 姜书阁：《两年来之货物税》，财政部税务署 1947 年版，第 78 页。

③ 《经济简报》，《申报》1946 年 2 月 1 日，第 2 张第 5 版。

④ 姜书阁：《货物税之立法准则》，《税务半月刊》第 1 卷第 1 期，1947 年 9 月。

⑤ 《中华民国工商税收史料选编》（第三辑·货物税）下册，第 2124 页。

类香精原料等，无一不是税捐重重。卷烟原料无不纳税，足可见卷烟作为奢侈品所受税负之重。此外，新货物税条例还将从价征收的原则以法律的形式确定下来，"自十六年（1937 年）至三十年（1941 年）八月，系采从量征税；自三十年九月后，系采从价征税，税收数字自有增加趋势"。① 1948 年 7 月 30 日，由于恶性通货膨胀，物价上涨速度愈加迅猛，为保障货物税收入，国民政府以总统令第四次修正的《货物税条例》，再次调整税率，将卷烟税率由 100% 提高到 120%。② 1949 年 4 月 25 日，国民政府公布《财政金融改革案》，其中规定卷烟等"照规定税率征收实物，其不便征收实物者，照规定税率以实物计数，并依缴税日当地同等货品之趸售价格折算金圆券缴纳"。③ 时人评论："卷烟税率为百分之一百二十，今如改实物，则烟厂须先制成二百二十箱之成品，方能有一百箱之营业。在目前工商业厄困如斯，这种扼杀工商业的惊人高税率，不仅是开古今中外税史的空前先例，恐怕以后也将无此类似而成绝后。"④

卷烟税率提高的同时，核税时间频繁缩短。评价核税时间，1946 年 8 月 16 日颁布的《货物税条例》由原来的每 6 个月评价一次改为每 3 个月评价一次，以应对不断上涨的物价。⑤ 此后，国民政府于 1946 年 11 月 26 日、1947 年 3 月 21 日、1948 年 4 月 2 日和 7 月 30 日，多次修订《货物税条例》。其中 1948 年 4 月 2 日国民政府第三次修正公布的《货物税条例》将货物税税目定位 12 目，并且将完税价格的评定由原定每 3 个月进行一次缩短为每 2 个月进行一次，以应对当时物价的迅速上涨。⑥ 7 月 30 日，第四次修正《货物税条例》规定，完税价格的评定工作由 2 个月一次改为每月一次；⑦ 1949 年 4 月

---

① 姜书阁：《二十年来货物税收入状况研究》，《税务半月刊》第 2 卷第 8 期，1947 年 12 月。

② 《修正货物税条例》，《总统府公报》第 62 号，1948 年 8 月。

③ 《财政金融改革案》，《金融周报》第 20 卷第 9 期，1949 年 3 月 2 日。

④ 皇甫中：《上海工商业的现状》，《经济周报》第 8 卷第 13 期，1949 年 3 月。

⑤ 《国府公布货物税条例，货物统税条例同时废止》，《民国日报》1946 年 8 月 19 日，第 4 版。

⑥ 《中华民国工商税收史料选编》（第三辑·货物税）下册，第 2155 页。

⑦ 《货物烟酒类税条文明令修正》，《申报》1948 年 7 月 31 日，第 1 张第 1 版。

26 日，根据《财政金融改革案》及其实施办法，最后规定完税价格
为依市价每 5 天评定一次，当物价上涨或下降至四分之一时，随时调
整。[1] 上海卷烟工业以销区日蹙，能维持生产者已不及十分之一，
"经此调整之后，每一烟牌所收税款，平均占该烟市价百分之九十以
上，厂商如欲购税售烟，其收入仅抵税款，结果等于送烟，此无异对
于卷烟工业加速其崩溃"。[2]

三　战后上海卷烟工业之地位

在诸多轻工业中，卷烟业本与纺织、制丝、茶业等同等重要。政
府的重税政策，对于烟业经济发展成为国民经济中重要的经济部门，
客观上起了推动作用。从清末开始，中国政府开始在挽回利权及奢侈
品宜加限制的考虑下，以寓禁于征为手段，重视对卷烟产品征收重
税。晚清政府经过多次审议，屡次变动，在厘金框架内将烟税不断提
高；北洋政府和国民政府实行烟酒公卖和统税制度，对卷烟继续实行
高税率政策，基本上是"值百抽百"，即 100% 的高额税率，如果加
上各种附加税，烟税比率更高。政府在实行专卖和高税率税收政策的
同时，也改变了烟业经济的面貌。在高额利润的刺激下，以上海为中
心，各地的卷烟制造业风起云涌，蒸蒸日上。"到战前时期，就直接
从事卷烟工业的人数来说，已增到近十万人；而就从种植烟叶的农民
来说，更多达二百万人以上，他们是满布于全国各地的；其他间接与
卷烟工业有关的，如运输原料、推销商品等各业的从业人员，更不知
为数几何。"[3] 1935 年，上海的卷烟厂商从卷烟业关乎国计民生的角
度，说明卷烟生产重要性和合理性：

> 顾或者以卷烟为消耗品，而有所致疑，事固然矣。但就一般
> 的社会现状而言，卷烟需要，颇为广泛，东西诸邦，亦均风行。
> 英美两国，且为著名产烟区域，每年输出卷烟及烟叶甚巨，占有

---

① 《中华民国工商税收史料选编》（第三辑·货物税）下册，第 2257 页。
② 《卷烟业公会电部吁请收回调整税额成命》，《申报》1949 年 5 月 10 日，第 1 张第
3 版。
③ 《形势严重的卷烟工业》，《经济特讯》第 167 期，1948 年 7 月 6 日。

对外贸易之重要地位，是以政府从而提倡之奖励之，以助长实业
之发展。至乎我国产烟区域，所在多有，况外烟充斥市场，漏卮
甚巨。故于华厂营业，殊有维持之必要，然后以无虑。更就实业
幼稚之我国而言，华商年纳卷烟统税数千万，非微居实业界之重
要位置，抑且为国库之大宗收入。故虽为消耗品，攸关国计民
生，故如是其巨焉。①

抗战时期，上海沦陷，卷烟工业遭受严重破坏，走向日本统制下
的畸形发展。国民政府则从 1942 年开始实行烟酒专卖，对卷烟等征
收专卖利益。抗战胜利后，专卖政策废除，改征货物统税，货物税开
始超越关税和盐税占据主导，卷烟税在整个政府税收中占据举足轻重
的地位。如果说战前卷烟工业只是等同于其他轻工食品部门的普通经
济部门，战后在重税政策下后来居上，逐渐从原来等同于制茶、酿
酒、制盐、制糖、榨油、面粉等一般轻工食品部门的地位中脱颖而
出，发展成为生产方式机器化，利润之大使所有轻工行业企业望尘莫
及的现代工业经济部门，成为国家财政收入的强大支柱型经济部门。
1946 年全国货物税 473874043010 元，卷烟独占 223162453500 元，
约占总数 47.1%，居第一位。② 至 1947 年下半年，"据可靠之统计，
目前从事于卷烟工业之数目，达 8 万人以上，仅次于纺织业与面粉
业，居我国轻工业之第三位，从事种植烟叶之农民，遍及全国，多达
200 余万人，至对政府所缴之税收，更远超过其他一切工业，经常占
当局最主要税收货物税之首位，为最重要之税源"。③

抗战胜利后，货物税经过多次修订，不断改进，日臻完善。改进
后的货物税税率提高，收入比重在国家税收中日益加大。政府将卷烟
生产列入奢侈品类，并未与纺织、面粉等其他工业生产并列，烟税调
整几乎为每月增加一倍，卷烟税已经发展到可以为政府提供占年全国
货物税总收入一半左右的巨额利税。战后复原需要大量资金，国民政

---

① 《八八国货卷烟节宣言》，《申报》1935 年 8 月 8 日，第 4 张第 13 版。
② 《形势严重的卷烟工业》，《经济特讯》第 167 期，1948 年 7 月 6 日。
③ 《华商卷烟工业之危机》，《银行周报》第 31 卷第 35 期，1947 年 9 月 1 日。

府刚刚从中日战争中解脱出来，又马上投入内战当中，巨大的军费开支使政府财政赤字急剧上升，通货膨胀日趋严重。无论是出于建设性还是非建设性的目的，政府都将目光转向货物税，转向了卷烟工厂企业云集的上海。1945 年 10 月 21 日，上海货物税局正式成立，首先举办厂商登记，调查市场物价，核定税价，筹印税额单花照证等工作。1946 年 10 月，国民政府经济部在上海成立了工商辅导处，由欧阳仑兼任处长，于 11 月正式开始办公。作为轻工业的重要组成部分，战后初期上海的卷烟工业发展繁荣。1947 年 9 月，经济部全国经济调查委员会对全国主要城市经济展开调查，上海卷烟工业情况如下：

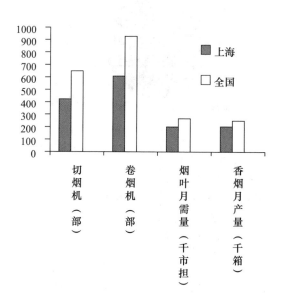

图 2-1　1947 年 9 月上海与全国卷烟工业各项指标比较图

资料来源：谭熙鸿、吴宗汾主编：《全国主要都市工业调查初步报告提要》，经济部全国经济调查委员会 1948 年版，第 36—59 页。

　　卷烟税是货物税的重中之重，战后上海卷烟工业得到了较快发展，而货物税在整个税收收入中占据主导，那么上海的卷烟工业为政府创造惊人利税，也就不足为奇了。据财政部税务署统计，1946 年全国烟类税收中卷烟税第一位上海，第二位天津，第三位青岛，三区共占总额88%；烤烟叶税第一位仍是上海，第二位河南，第三位山东，三区共占总额90%。① 1947 年全国货物税收占国库全部税收40% 以上，上海货物税收入又占全国货物税收 60%。② 1948 年 8 月，国民政府实施金圆券改革，该月上旬上海市货物税收入 84000 余亿元，其中卷烟一项所收约达 30000 余亿元，占到全部税额的三分之一。③ 1949 年 1 月，上海市货物税收总额约 4.7 亿金元，其中卷烟税更占到了 3 亿元，棉纱占 1 亿元，其次才是食糖、火柴、化妆品等。④

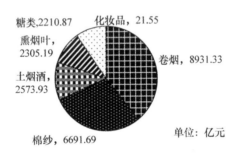

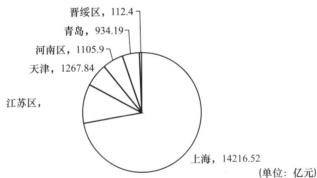

图 2 - 2　1947 年 1—10 月全国货物税实收情况

资料来源：姜书阁：《两年来之货物税》，财政部税务署 1947 年版，第 91—92 页。

---

① 《上年度烟类税收上海占第一位》，《商业月报》第 23 卷第 7 期，1947 年 7 月。
② 《货物税按月调整后国库收入增加颇多》，《现代经济通讯》第 95 期，1948 年 3 月。
③ 《本月份货物税激增，全月可达十万余亿》，《申报》1948 年 8 月 12 日，第 2 张第6 版。
④ 《一月份货物税收逾四亿七千万元》，《申报》1949 年 2 月 3 日，第 1 张第 4 版。

可以看出，上海的货物税占到了整个货物统税的绝对优势。至1947 年 11 月为止，政府货物税实际收入已经超出了预算的数目。战后上海市货物税局首任局长方东在即将卸任时称："上海各厂商智识水准极高，政府官吏每多不及，彼等明了纳税义务，故征税并无困难……上海货物税收之前途，绝对可以乐观，只要厂商之生产原料不缺乏，工人工资无纠纷，税收定然昌旺。"① 巨额的烟税收入，直接影响金融市场与国家财政。1946 年 7 月，有关人士分析大宗卷烟税款解入国库，是导致市面银根抽紧的主要原因。② 1947 年底，由于大批卷烟税款计 1000 余亿元因故未能及时到位，直接导致政府银根紧缩。③ 1947 年下半年，上海卷烟工业发展已是困难重重，而政府对其财政要求越来越高，巨额税款成为压垮卷烟工业的"催命符"。烟业界人士评论曰：

> 三十七年（1948）上半年度的国家预算书虽说还在审议之中，但我们相信其数字之庞大，必定是惊人的。其财政来源，自然一部分乞灵于印钞机，另外大部分只好靠税收了。大家都晓得卷烟税占货物总税收 70% 以上，自然，这块富于诱惑性的税源，政府绝对不会轻于放手的，喧嚷已久的立法院讨论增科现行卷烟税率为百分之二百到三百，经过上海卷烟界代表数度晋京请陈诉请愿的结果，又说自明年 1 月份起改增原税率 80%，不管增加80% 或 300%，其对当前残喘的卷烟工业是一道"催命符"的意义，则完全没有两样。④

战后初期上海卷烟工业曾一度繁荣，工厂最多时达到一百多家，产量及盈利明显上升。在政府重税政策下，至 1948 年底，工厂被迫

---

① 《货物税收入惊人，二年中数逾万亿，新旧局长即将办理移交》，《申报》1947 年10 月 13 日，第 1 张第 4 版。
② 屠康沙：《论所谓"金融风潮"》，《申报》1946 年 7 月 14 日，第 2 张第 8 版。
③ 《卷烟税款待解，银根不易回松》，《申报》1947 年 12 月 19 日，第 2 张第 7 版。
④ 《撞过难关!?》，《烟草月刊》第 1 卷第 10 期，1947 年 12 月，第 134 页。

停工者达三分之二以上。[①] 1949 年 3 月，上海卷烟企业"开工者不过50 余家，3 月份上半月产量只有 30000 箱，仅及平时五成，实销清淡，货价落后，若干中小型工厂贷款只敷利息"。[②] 税负严重成为困扰战后上海卷烟业发展的主要因素，围绕卷烟税收的交涉成为上海烟业界活动的主线。

第二节　卷烟税收中的合作与矛盾

一　卷烟工业同业公会与卷烟税收

卷烟税收产生之日起，行业与政府之间的矛盾就已经出现。早期的华商烟厂三星、四明烟公司曾多次与清廷商部（农工商部）、外务部等主管部门交涉，请照洋商纳税办法纳税，降低税额。[③] 拥有雄厚实力的英美烟公司利用外国在华特权，与北洋当局进行周旋。1921年 8 月北洋政府全国烟酒事务署与英美烟公司订立声明书办法十一条及 1925 年 4 月烟酒署与英美烟公司续订声明书办法四条，就是双方斗争和妥协的结果。"五卅"惨案发生后，在爱国运动驱使下，以上海总商会为中心，民族资本家联合起来，在卷烟税收问题上发出声音，总商会发表《关系中国主权纸烟捐税之问题》，其序言称：

> 我政府不以正当之理由力与抗争，或争不直，尽可将声明书作废，反承认其扣低，宁任国家损失，且尚负债，真莫测用意之所在。本会对于此事，义难缄默，往复电争，几于唇焦舌敝。兹特缮录成帙，告诸国人急起一致力争，不但续订四条可以取消，并可将损失国家权利原订声明书根本取消，以救内地自由征税之

① 《卷烟业请愿团昨晚赴京请愿》，1948 年 12 月 18 日，上海社会科学院经济研究所企业史资料室藏 1930—1950 年代初期经济类剪报资料 04—055 "1938—1950 年的卷烟工业"，第 100 页。
② 梯云：《烟叶与卷烟工业》，《公益工商通讯》第 4 卷第 12 期，1949 年 3 月。
③ 《上海三星纸烟公司为烟税事宜与商部及外务部往来文》《上海四明纸烟公司为完税事与农工商部往来文》，见《中国烟业史汇典》，第 187—192 页。

主权，国家幸甚。①

　　面对华商劲敌英美烟公司独霸市场的局面，上海工商界强烈主张政府运用税收手段挽回利权，为民族卷烟工业的发展创造条件。为应对强大对手英美烟公司的竞争，"五卅"之后，上海华商卷烟业同业组织应运而生。1925 年 6 月，上海华商烟厂组织成立了"中国卷烟厂公会"，会章开宗明义提出以"团结华商烟厂，同英美烟公司抗争"为宗旨，主要目的就是应对外商英美烟公司的竞争压力。② 1927 年 9 月，以南洋兄弟烟草公司领衔的上海华商烟厂业发表宣言，同时致函上海市商业联合会、上海总商会、上海县商会、闸北商会，向政府抗议华洋纳税的不平等。③ 1928 年 1 月 30 日，中国卷烟厂公会致电财政部陈述困难，并提出将税率更正、存货多征之税发还、旧花换新花三项要求。④ 1932 年 11 月 21 日，上海市华商卷烟厂业同业公会致函国民政府实业部，要求转请财部"嗣后卷烟出口免收关税，并将收过原料之关税、熏烟税概予退还，以资保护"。⑤ 在共同利益下，民族卷烟业也会与英美烟公司联合，向政府施压。1934 年，鉴于卷烟生产所用铝箔衬纸与铝箔征收同一统率进口税，公会向财政部提出免征衬纸进口税，最终获得税率核减；为解决各地重征烟税问题，公会与英美烟公司联合函请税务机关设法制止，减轻烟厂负担；当各地出现假冒私烟时，吁请税务部门转请各地认真协缉，起到一定效果。⑥

　　卷烟税收对于政府意义重大，不仅影响财政收入，而且关涉国家轻工业重要部门卷烟工业的管理问题。卷烟税属于出厂税，政府以征

---

　　① 《关系中国主权纸烟捐税之问题》，上海总商会，出版年月不详。

　　② 《上海烟草志》编纂委员会：《上海烟草志》，上海社会科学院出版社 1998 年版，第 409 页。

　　③ 《南洋兄弟烟草公司关于华商各烟厂抗议华洋纳税不平等发布宣言函》，1927 年 9 月 16 日，见《中国烟业史汇典》第 623 页。

　　④ 《中国卷烟厂公会致财政部电》，1928 年 1 月 30 日，见《中国烟业史汇典》第 625 页。

　　⑤ 《上海市华商卷烟厂业同业公会为请出口卷烟退税致实业部呈文》，1932 年 11 月 21 日，见《中国烟业史汇典》第 683 页。

　　⑥ 《上海烟草志》编纂委员会：《上海烟草志》，上海社会科学院出版社 1998 年版，第 409 页。

税为目的，以控制厂商为原则，与卷烟有关的原料购运与存储、产品生产与销售等程序，按照统税成规，都由货物税局管理征收。卷烟货物税征收，主要采取两种稽征管理方式。一是由税务机关选派驻厂员负责管理稽征，以达到控制税源的目的。驻厂员制度起源于1921年，北洋政府在上海设立纸烟捐总局，各地设分局，卷烟出厂税由总局或分局稽征。1928年1月财政部《卷烟统税条例》规定："卷烟粘贴印花事项，由所在地卷烟税局派员驻厂监贴。"① 同时制定了驻厂员办事规则和细则，确立其监管卷烟生产与征税制度。二是由税务机关直接向厂商征收出厂税，由厂家购买税票贴花。考虑到管理的成本费用问题，尤其对于广大中小卷烟企业，一般采用后者。"惟产量无多之烟厂，若一律派员驻征，必致虚糜库款，乃提高派驻标准，凡烟厂每月产量在二十大箱者，始派员驻征，其产量不足上项标准之烟厂，由附近驻厂员兼伐稽征，或由该管税务机关兼办，以节经费。"② 如卷烟商品运往外埠，则一律报领运照。

抗战胜利后，上海烟厂大小上百家，除颐中、南洋、华成等机器设备齐全的大厂外，尚有许多华商小型烟厂，有的没有商标，完全替人代卷；有的有商标，但长期停工。对于直辖税务机关上海货物税局来说，意味着卷烟税的税源多是凌乱而分散的，比较难于控制。关于驻厂员的职责，税务当局在货物税章则均有涉及。1944年9月20日公布的《货物统税条例》第九条规定："凡国内出产之统税货物，应由各省税务管理局派员驻厂或驻场征收；其有特殊情形者，得由税务署直接派员征收；事实不便派员驻厂或驻场者，得由该管理税务机关查明产额，分期征收，或由商人报请第一道税务机关依法征收。"③ 1946年8月，新的货物税条例再次明确这一原则。1947年，财政部税务署制定了税务工作人员的工作要领，包括：税源之调查与控制、产销商之登记、物价之查报、货物查验、填发纳税凭证、征纳税款、票照稽核、经费颁发、表报及会计、违章处理10项任务。④ 可以看

---

① 《中华民国工商税收史料选编》（第三辑·货物税）下册，第2039页。
② 《中国烟业史汇典》，第1597页。
③ 《中华民国工商税收史料选编》（第三辑·货物税）下册，第2121页。
④ 姜书阁：《货物税人员工作要领》，《税务半月刊》第1卷第9期，1947年9月。

出，该部门工作任务不仅种类多，而且工作量大。尤其是卷烟税源及市价的调查，从税局自身来讲，调查工作既需要大量专业统计人员，又需要大笔经费。相关人士感慨："在政府实施开源节流财政政策的今日，各机关的经费都很拮据，我们统计部门所隶属的机关，如何能替我们筹措这笔开支呢？"① 据财政部1947年1月的税务工作人员编制安排，市（直辖）货物税局员额100多人，其中从事调查统计工作的统计员仅有1人，统计助理员2人，雇员19人，远不足运用。② 战后政府开支庞大，经费紧张，在厉行节约的特殊环境下，上海市货物税局选择将咨询各该业同业公会作为调查税源的主要手段，卷烟行业尤为明显。

战后的上海卷烟工业同业公会经过整理和改组，几乎囊括了全市中外大小卷烟企业，在税收问题上，政府离不开它的协助与配合。战后卷烟税实行从价征收，卷烟市价成为政府核定税额的重要依据。从1946年开始，上海市货物税局就要求卷烟工业同业公会调查业内卷烟牌照、售价等相关情况，作为参考。3月，货物税局致函上海市烟厂工业公会，指出卷烟市价仅以本埠实销者为限，运销外埠各派售价亟待调查，请转知各烟厂自11日起分别上报公会并转达税局。③ 8月7日，为明了上海本外埠卷烟市价之确切变动情形，上海市货物税局制定出更为具体的办法，其中同业公会的作用大大增加。该项办法指出：

　　查卷烟税额之核定系以各牌市价为根据，本局为明了卷烟市价之确切变动情形，关于市价调查拟请贵会协助，其办法如左：
　　一、请转知烟兑业公会将7月21日起之各牌卷烟市价按旬按牌及按枝装包装情形分别列表乙式三份报由贵会核明加盖贵会印信随时转送本局，以昭慎重。

　　① 《我们如何展开税源调查工作》，《财政统计通讯》第18—19期，1947年12月10日。
　　② 《中华民国工商税收史料选编》（第三辑·货物税）下册，第2004页。
　　③ 《上海货物税局要求上海市卷烟工业同业公会协助调查卷烟市价的事务性联系往来文书》，上海市档案馆藏上海市卷烟工业同业公会档案，S68-2-51。

二、在本市并无市价之各牌卷烟，请责成各该出品烟厂将7月21日起之各牌厂价按旬按牌及按枝装包装情形分别报由贵会核明，汇列总表乙式三份加盖贵会印信随时转送本局。

又，所有自6月21日起至7月20日整一个月中各牌卷烟市价及无市价各牌卷烟之厂价亦请贵会按照上开两项办法迅予分别转嘱列表乙式三份送局备考。①

除上海市货物税局外，作为国家税务最高机关的财政部税务署，对上海市卷烟工业同业公会的作用也相当重视。1946年9月，税务署与经济部方面各派代表一人，加上货物税局与卷烟厂方面之代表11人，组成烟税研究委员会，商讨各项办法，其中包括卷烟课税标准、外烟进口征税办法等。② 有了政府信任与重视，上海卷烟工业同业公会的职能进一步扩展。除调查各牌卷烟市价外，在协助政府抑平市价、调控市场方面亦开始发挥作用。10月，由于市价波动激烈，影响税收，25日，上海市货物税局局长方东亲笔致函同业公会，要求"自即日起，将卷烟市价逐日按牌填表两份逐送本局物价调查委员会为要"。③ 由"按旬按牌"变为"逐日按牌"，政府对同业公会的期望可谓越来越高，事实上还不止如此。12月18日，货物税局要求同业公会"立时通知各涨价有关会员迅即自动抑低市场售价以策安定，并符合章则为要"。时隔一周后，26日又致函卷烟业公会：

> 查卷烟市价为核税之根据，凡市场均价超过现行税额所依据之市价达四分之一者，照章应予调整税额。本局为体恤商艰，近曾送函贵会劝导各会员厂自行设法抑平市价在案，兹查目下卷烟市价飞腾，虽今日稍趋平稳，而上涨仍属甚巨，本局并迭据密报

---

① 《上海货物税局要求上海市卷烟工业同业公会协助调查卷烟市价的事务性联系往来文书》，上海市档案馆藏上海市卷烟工业同业公会档案，S68－2－51。

② 《卷烟业要求改善课税标准，茶叶业亦请免除货物税》，《征信所报》第163期，1946年9月16日。

③ 《上海货物税局要求上海市卷烟工业同业公会协助调查卷烟市价的事务性联系往来文书》，上海市档案馆藏上海市卷烟工业同业公会档案，S68－2－51。

若干种卷烟售价与现行税额已失其均衡，应请贵会迅采抑平烟价之有效办法并提供逐牌调整税额之意见以便核办。①

12月30日，由于上海市货物税局"近鉴物价飞涨，对于从价征税，颇感困难"，再函同业公会，"嘱即造10、11、12三月每日行市报告表以便作从价征税之准绳"。② 可以看出，这时上海卷烟工业同业公会的职能已经超出协助政府调查市价的范围，同时还担负起协调会员单位控制烟价，为政府提供税收决策意见的任务。1947年3月14日，舆论报道公会负责人指责货物税局之估价标准令人"莫测高深"，尤为不公平不合理。上海货物税局随即致函公会：

> 查本局核算卷烟税额，除依据法令外，一向采纳贵会意见。本年先后奉令调整税额，复经送请贵会提供意见及方案，并经参照贵会函复及洽商结果转呈调整各在案，最近应情调整各牌亦正催促贵会提供意见，尚未拟复来局，乃阅今日文汇报及商报所刊贵会负责人谈话殊为诧异，除已约请推派代表到局面询外，该项报载谈话究竟用意何在，相应函请查照，迅为纠正，仍希见复为要。③

时隔不久，公会方面即予回复"查本会负责人并未有发表兹项谈话，除已函请文汇报等各报馆予以更正外，相应函达，即希查照"。④ 档案材料也反映出1947年度双方在业务方面交往甚密。4月，同业公会举行常年会员大会时，恭请货物税局"派员出席指导，俾利进行"，该局"派江帮办偕第一科任科长出席参加"；7月，货物税局决

---

① 《上海货物税局要求上海市卷烟工业同业公会协助调查卷烟市价的事务性联系往来文书》，上海市档案馆藏上海市卷烟工业同业公会档案，S68 - 2 - 51。

② 《货物税从价征收》，《民国日报》1946年12月31日，第5版。

③ 《财政部上海货物税局关于举行卷烟税务会议等问题与卷烟业公会财政部国税署的来往文书》，上海市档案馆藏财政部上海货物税局档案，Q434 - 1 - 12。

④ 同上。

定讨论卷烟税务事宜，请卷烟工业公会全体理监事参加。① 11 月，货物税署王科长，曾召集上海市烟厂界，在上海货物税局共同研究合宜之调整税额办法。② 除税额调整外，与卷烟税收有关的卷烟原料调查与分配，税务部门也离不开卷烟工业同业公会的协助与配合，此点将在下一章展开分析。

总体看来，战后随着同业公会规模和职能的扩大，在卷烟税收问题上政府离不开同业公会的协助。卷烟税收问题由战前英美烟、南洋公司等大型企业单独与政府交涉为主，转向行业集体交涉。利用团体力量，通过合法途径吁请降低税率，改善税则，成为战后上海卷烟业发展的一条主线。

二　增加税收还是培养税源

经历了八年全面抗战，中国的国民经济遭到了严重破坏。战后初期，政府面对的是被战争蹂躏成千疮百孔的国土和亟待修复的工商各业。税收是国家财政的主要来源，面对战后复杂的政治经济形势，国民政府究竟应该采取怎样的税收政策？关于税收问题，时人可谓见仁见智。美国著名经济学家拉弗（Arthur Betz Laffer）认为，在一般情况下，税率越高，政府的税收就越多；但税率的提高超过一定的限度时，企业的经营成本提高，投资减少，收入减少，即税基减小，反而导致政府的税收减少。③ 战后初期，按照国民政府财政部的税收原则，战时以征税第一，胜利以后，当以培养税源为第一，故竭力扶持厂商，增加生产。④ 财政部税务署署长姜书阁在谈及货物税立法时指出："本税立法之精神，实常循若干确定之准则，使国计、民生两者兼顾，俾能成为一种公平合理之税制。其准则维何？一曰促进生产；二曰奖励改进；三曰保护国产；四曰节制消耗；五曰平衡负担。以上诸端，盖皆所以配合国家之财政经济政策，与适应社会民生之需要，其意义

---

① 《财政部上海货物税局关于举行卷烟税务会议等问题与卷烟业公会财政部国税署的来往文书》，上海市档案馆藏财政部上海货物税局档案，Q434 - 1 - 12。

② 《调整卷烟税办法尚在缜密研讨中》，《申报》1947 年 11 月 24 日，第 2 张第 7 版。

③ 侯梦蟾：《税收经济学导论》，中国财政经济出版社 1990 年版，第 134 页。

④ 《调整卷烟税报部核定》，《征信新闻》（重庆）第 578 期，1947 年 11 月 24 日。

至为重大。"① 货物税立法首要准则即为促进生产,"盖货物增产则税源丰富,不仅税收随之增加,即一国之财富亦随之增加矣"。② 这样的税收原则固然是长远之策,生产的恢复和发展才能为政府创造更多税源,才能使国库更加充裕,然而事实却并非如此。随着国共内战爆发和战事扩大,1946 年 9 月,工商界人士曾有这样的预言:

> 诚然重税所发生的损害是铁的事实,但我们是否能做到税额减轻这一步,这便需要先看,目前国家财政有无办法,如果没有办法,则大员先生们,肯否把自己腰中的钱拿出来垫辅,或者"内乱"或"内战"能否立刻停止? 以减轻财政上百分之七十以上的浩大的军费支出? 我们放开这些问题不谈吧!③

时人的预言不幸成为事实。抗战胜利后,工商业萎缩,税制转型,百政待举,加上大规模内战,政府财政一直处于艰难的境地,收入远远低于开支。1946 年财政赤字 46978.02 亿元,1947 年为 293295.12 亿元,1948 年达 4355656.12 亿元。④ 全面内战爆发后,1946 年度国家军费开支即占其总支出额的 70% 以上。⑤ 作为全国工商业中心的上海,情况亦不容乐观。1946 年初上海市财政局长浦振东报告,光复以来的合法市税收入,1945 年 9 月至 1946 年 1 月 24 日共 186485 万余元,支出方面为 390707 万余元,前后收支相抵约计不足 204222 万余元。⑥ 据 1947 年《上海年鉴》统计,1945 年 9 月至 1946 年 6 月政府财政赤字为 88 亿元,1946 年下半年是 333 亿元,1947 年则高达 870 亿元。⑦

---

① 姜书阁:《货物税之立法准则》,《税务半月刊》第 1 卷第 1 期,1947 年 9 月。
② 同上。
③ 麦辛:《抢救我国卷烟工业之途径》,《上海工商》第 4 期,1946 年 9 月 25 日。
④ 张公权:《中国通货膨胀史（1937—1949 年）》,杨志信译,文史资料出版社 1986 年版,第 51 页。
⑤ 狄超白主编:《1947 年中国经济年鉴》上编,太平洋经济研究出版社 1947 年版,第 70 页。
⑥ 《光复以来上海市财政状况》,《民国日报》1946 年 1 月 29 日,第 3 版。
⑦ 周钰宏:《上海年鉴·财政》,华东通讯社 1947 年,G1 页。

　　战后货物税已经成为国库大宗收入，居国税之第一位，而卷烟税又居货物税之第一位。为解决财政困难，不断追加卷烟税预算成为重要手段。1946 年政府卷烟税收入预算原为 705.07 亿元，嗣经三次追加预算 1271.35 亿元，共收入预算 1976.42 亿元。[①] 1947 年度的货物税预算，共为 24533.8 亿元；就税目而言，卷烟最多，为 10386.6 亿元，占到了整个货物税的 42% 以上；就地区而论，上海最多，为 12419 亿元，占到了整个货物税的 50% 以上。[②] 1948 年货物税岁入预算，上半年总额为 47924.85 亿元，其中卷烟即达 13500 亿元。[③] 所占将近三成。

　　面对如此庞大的税收任务，作为最高税务主管部门的财政部税务署未敢懈怠。为鼓励完成税收任务，财政部将上缴税额作为考核各级税务人员的重要指标。1947 年财政部规定："区局长税收成绩之考核，以辖区所属分局纳库数之总数为依据。"对主任税务员以纳库数达到预算为标准，"每增加一成加五分，最多不得超过一百分；每减少一成减五分，不足一成者，比例计算之"。[④] 上海作为全国卷烟工业中心和企业聚集地，财政部更是格外重视，频频催缴。1946 年 8 月 20 日，税务署致函上海货物税局"第三期卷烟税额比之六月份调整多有减低，仰即劝导各烟商遵章报缴"。[⑤] 1948 年，随着前线战事紧张，政府财政更加吃紧，货物税预算越来越庞大。8 月 19 日，财政部国税署致函上海货物税局，严令其努力稽征，完成任务：

　　　　兹查该局 7 至 8 月半接上进度应达成预算 12130000000000 元，乃截至 8 月 16 日止该局纳库数 6207430000000 元，与预定

　　① 《财政年鉴》第三编（下），财政部《财政年鉴》编纂处 1947 年 10 月编印，第八篇第二章第 15 页。

　　② 姜书阁：《两年来之货物税》，财政部税务署 1947 年版，第 88 页。

　　③ 《货物税岁入预算，上半年计四万七千余亿》，《申报》1948 年 3 月 8 日，第 1 张第 1 版。

　　④ 《财政部颁订直货两税区局长及查征所主任等税收考核办法的训令》，《税务半月刊》第 1 卷第 10 期，1947 年 7 月。

　　⑤ 《上海市卷烟工业同业公会吁请财政税务当局顾念本业实际困难、变通税法以及暂缓调整税额的有关文书》，上海市档案馆藏上海卷烟工业同业公会档案，S68-1-84。

进度相距甚远。本半年度预算庞大，责任艰巨，迅即把握时机，督饬所属努力稽征，完成任务，不得稍涉疏忽，切实遵照所有税钦，并饬随时纳库为要。[①]

时隔不久，12月14日，国税署再次催促上海货物税局："现在年度即将终了，时间迫促，不容稍有贻误，务仰督饬，切实加紧稽征，期达任务，并严催所属如期呈报税收报表，切勿稽延干咎为要。"[②] 从卷烟实际缴纳税额看，上海货物税局可谓深孚众望。1946年全市烟厂纳税额173406827400元，1947年为1305836450700元，1948年为204143008.92元。[③] 从产量分析，上海1946年度卷烟全年产量为85万箱，1947年度全年生产量为140万箱，比1946年度增加60%，但其缴纳货物税之增加倍数为7.5倍。[④] 可以看出，庞大的卷烟税额并非直接从产量的增加得来，而是利用追逐市价随时调整的办法硬榨出来的。到1948年，上海卷烟业已经承受不了这种压力，产量和纳税额均大幅下降，企业在重税政策下纷纷减产停工。

作为货物税征收的主管部门，在上海货物税局看来，货物税是转嫁消费者的间接税，并不影响厂商；[⑤] 财政部税务署认为卷烟是一种奢侈品，应当予以重税，主要目的是节制消耗。"盖因烟酒为剧烈之刺激物，吸饮过多即有害于健康……此课税较重之原因，即在寓禁于征，以节制人民之消费。"[⑥] 这成为战后政府不断增加卷烟税之嚆矢。针对这种说法，时人指出从现代租税发展过程看，货物税不合时代潮

① 《上海货物税局关于1948年下半年各项税收稽征情况与国税署往来文件》，上海市档案馆藏财政部上海货物税局档案，Q434-1-239-34。

② 《上海货物税局为奉加紧征收1948年度各项税收事给各稽征所的文件》，上海市档案馆藏财政部上海货物税局档案，Q434-1-239-48。

③ 《上海市卷烟厂工业同业公会卅五年度工作总报告》，上海市卷烟厂工业同业公会秘书处，1947年1月；《上海市卷烟厂工业同业公会卅六年度工作总报告》，上海市卷烟厂工业同业公会秘书处，1948年1月；《上海市卷烟工业同业公会卅七年度工作总报告》，上海市卷烟工业同业公会秘书处，1949年1月。

④ 《卷烟工业之透视》，1948年2月2日，上海社会科学院经济研究所企业史资料室藏1930—1950年代初期经济类剪报资料04—055"1938—1950年的卷烟工业"，第90页。

⑤ 徐日清：《新货物税的检讨》，《申报》1946年10月14日，第2张第7版。

⑥ 姜书阁：《货物税之立法准则》，《税务半月刊》第1卷第1期，1947年9月。

流。"政府欲求财政收支平衡而加重货物税，只会压抑民族工业、加重平民负担、使外货益发畅销和私货逃税增加。"[①] 从租税原理角度分析，同时代的专家也认为加重货物税原则不合理。"现代化的国家莫不设法减低间接税而增加直接税。因为间接税是一种转嫁税，政府课给货物的税即被转嫁于消费者的头上，这是对一般平民以严重损害的税收……这种税收是在打击一般人民的购买力，缩减人民的消费，它不但是导人民于贫穷，而且反过来也要损害工业生产的。"[②] 战后国民政府税收以间接税为对象，而且特别注意货物税。政府希望借提高税率和缩短核税时间来增加税收，平衡预算，却碰到一个无法解决的矛盾。这些手段自然可以增加税收，但货物税是一种转嫁税，厂商把政府要征收的税额转嫁到人民头上。对于卷烟来说，从产品制成到消费者手上，至少经过三种价格：一是出厂价，二是批发价，三是零售价。烟税提高后，企业成本增加，提高出厂价格，批发商交易需店铺，办货需帮手，资金需利息，所以批发价格较出厂价格高出颇多，而零售价则会更高，这便是物价上涨，物价上涨反过来又需要调整税收，造成恶性循环：

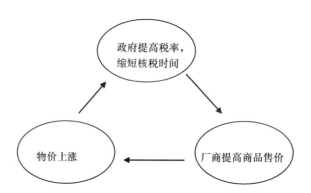

政府的本意是想通过提高税率及缩短核税时间来增加税收。对企业来说，原料比成本涨的更快，本来资金已经周转不灵，在增加税额

---

① 徐日清：《新货物税的检讨》，《申报》1946 年 10 月 14 日，第 2 张第 7 版。

② 张俊德：《论货物税之调整与实施》，《经济周报》第 7 卷第 14 期，1948 年 9 月。

之下，还必须将大笔应纳税额先行垫出，物价迅速上涨，厂商垫出去的货物税等到向消费者收回货款时，实际价值已大大缩水，考虑到其中损失，为了维持生产，只能提高售价，向消费者身上转嫁。在战后恶劣的经济形势下，人民购买力日趋薄弱，产品加价就意味着削弱了消费者的购买力，反过来又增加了厂商的销售困难，导致生产缩减，这样政府的征收对象日益减少，导致税收降低。

从征收货物税的对象来说，如果要顾及培养税源的话，只能就税源丰富的物品才可征税。如果被征货物税的工业很发达，产量很丰富，这才是"培源之道"。战后的货物税是一种从价税，如果生产能保存繁荣，实际税收才会增加，而当时上海卷烟业的发展已是困难重重，在这种情况下增加税额即变成竭泽而渔，摧毁生产，摧毁税源。曾执教于清华大学，战前主持过苏浙皖通水局，时任华福卷烟公司总经理柳菊荪先生指出：

> 政府的税收固然重要，但不能光谈税收而不顾到生产，杀鸡取卵、竭泽而渔，都是不择手段，不顾人民死活的最蠢的办法。增加税收的唯一办法，是培养税源，这种起码的常识，我们不相信负责税收的大官们连这起码的常识都不曾具备。可是现行的核税办法对于幼稚脆弱的卷烟工业正像是一根粗硬而残酷的套在颈子上面的绳子，"抽"与"拉"便是税员们获得"荣誉比额"的手段，迟早这残存的卷烟工业会在这根绳子的"抽""拉"之下送命的。同时我们也没有理由相信，如果尽是这样不停的"抽拉"，这绳子并不是永远不会断的。[1]

卷烟为一种奢侈品而非民生必需品，政府课以重税，一定意义

---

[1] 《编余零墨》，《烟草月刊》第 1 卷第 9 期，1947 年 11 月，第 132 页。

上具有惩戒作用，但课税必须顾及卷烟工业生产实际情形。在一般卷烟工厂已无法支持而人民已无力购买的时候，如不顾念生产困难而课以重税，这不只有惩戒作用，而实存在毁灭的可能。1948 年底，上海市各烟厂在重税压力下纷纷倒闭。1949 年初，政府仍在筹划将货物税改征实物，吊诡的是，在原料昂贵、销路呆滞的困境下，上海的卷烟工业却在加速生产，"将原料加速制造成品出售"目的是"以免将来再负担高税"。① 全国工业总会理事长刘鸿生的一段话引人深省：

> 政府征实之目的，原在增加税收，但目前之工业已如百病丛集之身，正宜斟酌病体，尽力陪护，使其渐复元气，日臻健康；若竟不顾一切，投以猛剂，则惟有促其毁灭而已。故在整个工业面临崩溃现状之下，政府宜先尽其所能加以扶植，俾工厂产量逐步增加，则税源自能日益充裕。否则敲骨吸髓，生产萎缩，虽有征实之名必难达到增税之实。②

抗战胜利后，卷烟税额一直处于不断增长中，幅度之大，前所未有。除提高卷烟税率外，政府不断缩短核税时间，增加调整频率，征收卷烟税呈逐年上升趋势。在卷烟工业不景气状况下，增加税额意味着压榨，结果只能是阻碍上海卷烟工业的正常发展。当工商业不能同步发展时，政府为解决财政赤字，通过各种手段增加税收，形成严重的恶性循环。张生教授在研究中指出，战前卷烟统税是南京国民政府统税体系的中坚，政府税收主要用于"非建设性的目的"。③ 那么，在 1945—1949 年这段时间，短暂的和平后，国共内战贯穿始终，国民政府"非建设性的目的"表现更为明显。军事开支占政府总支出

---

① 《销路呆滞声中卷烟工业加速生产：目的在减少税元负担》，《中华国货产销协会每周汇报》第 6 卷第 15 期，1949 年 4 月 20 日。
② 《全国工业总会反对货物税改征实物代电》，1949 年 3 月 5 日，《中华民国工商税收史料选编》（第三辑·货物税）下册，第 2654 页。
③ 张生：《南京国民政府的税收：1927—1937》，南京出版社 2001 年版，第 159 页。

的比重，1946 年为 60%，1947 年为 55%，1948 年达到 64%。[①] 国民政府将统税改为货物税，不断增加税额，但各项税收总收入仍不过相当于全部支出的 20% 强。[②] 国民政府税收政策失去弹性，致力于稳定和增加税收，失去了减轻税收保护民族工业的作用。随着货物税预算逐渐上升，卷烟业首当其冲，政府不断提高税率，缩短核税时间，"养鸡下蛋"变成了"杀鸡取蛋"，庞大的税额损害了上海卷烟业的正常发展，甚至影响到整个行业的生存。

三 企业、公会与政府

战后国民政府重视货物税以及奢侈品重税的做法，给上海的卷烟业带来极大影响。对于诸多上海卷烟企业来讲，税收开支占生产成本很大比例。卷烟价格之构成，可谓"一本九税"。[③] 一箱卷烟一半以上价格为税款，厂商生产的各牌卷烟有税级之分，如牌号卷烟定价能适合顾客需要，销路旺盛，反之则难以打开销路。上海的卷烟业战时先受战火洗劫破坏，再受日人统制盘剥，已是元气大伤，战后又面临市场缩小、成本加剧困难，所以冀图在税收上能够得到政府的谅解，减轻生产成本，拓展销路，以谋发展。1945 年 10 月上海货物税局成立后，企业与政府之间围绕税收的交涉就已经开始了。11 月 29 日，华谊烟厂经理王文皋写信给税局，请求减轻税率，将其生产的八零八牌卷烟每箱烟税由 65000 元降为 40000 元，未获得允准。[④] 12 月 19 日，上海粹华烟厂致函货物税局：

> 敝公司所出堡垒牌卷烟向用上等 29mm 纸圈卷制，后因该项纸圈采购为难，只有改用 27mm 纸圈制销。至钧局成立，亦蒙核

---

① 张公权：《中国通货膨胀史（1937—1949 年）》，杨志信译，文史资料出版社 1986 年版，第 50 页。此处 1946 年数据与前引狄超白著《1947 年中国经济年鉴》中统计有所出入。

② 徐新吾、黄汉民主编：《上海近代工业史》，上海社会科学院出版社 1998 年版，第 301 页。

③ 张一凡主编：《烟叶及卷烟业须知》，中华书局 1948 年版，第 71 页。

④ 《华谊烟厂为申请减低卷烟税率事与上海货物税局的往来文件》，上海市档案馆藏财政部上海货物税局档案，Q434－1－43－20。

定税价，行销市上，兹以 29mm 上等纸圈已有货可购，故敝公司除原有堡垒牌卷烟继续制销外，再出大号堡垒牌卷烟以复原状，理合具文备案即希允准，并请按照堡垒牌原定税率先行缴纳申请临时出厂查验证，一待大号堡垒牌税率核定自当依章补纳，以便行销，实感德便。①

与华谊烟厂明确减税的要求相比，粹华烟厂的请求可谓合情又合理，但结果却如出一辙。时隔两日，上海市货物税局给予批复："应候完税价格核定方准出厂，所请随处补税碍难照办。"与华谊、粹华相较，锦华烟厂算得上是上海卷烟企业中规模较大者，然其单独交涉结果也未差强人意。1947 年初，得知上海货物税局对于现行税率有一律增加二成半的动议，锦华烟厂倍感压力，向税局申诉曰：

查敝厂出品大咖啡牌卷烟现行运税厂盘售价每箱为一百一十万元，而所纳统税已达三十万零三千元，如以最近敝业同业公会所拟定调整办法，以售价四分之一为纳税原则，实际已经超出，比较其他各牌卷烟已觉负担太重，如果再行增加二成半，付税每箱需纳税款三十七万七千五百元，际此市面疲平之时，更加促成烟厂破产，不特出品将受影响随之减少，而税收方面亦将减色，有碍国库收入，千余工人势必同受影响。为此备函奉达，伏乞钧局体念商艰，乞赐仍旧维持原纳税额免予更动，以维营业，实感德便。②

对于锦华烟厂维持原税额免于调整的请求，上海货物税局仍以"事非得已，所请碍难照准"回复了事。可以看出，企业单独力量弱小，与政府交涉起来"人微言轻"。上海卷烟工业同业公会经过战后的整理和改组，几乎囊括了全市中外大小卷烟企业，在税收问题上，

① 《上海货物税局为核定卷烟税额及完税一事与粹华烟厂的往来文件》，上海市档案馆藏财政部上海货物税局档案，Q434－1－43－35。
② 《锦华烟厂为请免于调整税额事与上海货物税局的往来文件》，上海市档案馆藏财政部上海货物税局档案，Q434－1－46－14。

政府离不开它的协助与配合。从 1946 年 3 月开始，上海市货物税局就要求卷烟工业同业公会调查业内卷烟牌照、售价等相关情况，作为征税参考。作为卷烟工业同业利益的代言人，在税收问题上公会能够利用团体力量，尽最大努力为同业反映困难。根据笔者所掌握的资料，1946—1947 年，上海卷烟工业同业公会通过各种途径向政府当局反映问题、吁请改善税收达 16 次之多。

表 2 - 4　　卷烟工业同业公会 1946—1947 年向政府部门反映情况

时间	形式	反映情况	所提要求
1946.4.5	向上海货物税局呈文	同一烟牌在不同地区按月应纳从价税额不等，影响整个同业	同一卷烟牌名不分地区，在同一时期应定同一税率
1946.6.26	向上海货物税局、财政部税务署呈文	未详	在烟税新计算方式未经核定前暂缓调整税额以苏商困
1946.7.8	向上海货物税局呈文	调整税额时机恶劣	暂缓实施调整税额以苏商困
1946.9.5	向上海货物税局、财政部税务署呈文	生产成本无法确保，营业方针无法确定	将调整税额的周期由每 3 个月改为每 6 个月调整一次
1946.9.24	向上海货物税局、行政院请愿	沪市卷烟业陷于濒临破产之境地	1. 将记账印花税款逐月结清改为隔月底缴付 2. 将调整税额的周期由每 3 个月改为每 6 个月调整一次 3. 将烟叶部分已收之货物税在进厂时发还厂商
1946.10.26	向财政部呈文	国产卷烟工业受舶来卷烟打击，受高利贷之盘剥	转饬四联总处实施普遍贷款以利生产
1946.11.2	向上海货物税局呈文	被调整税额之各牌卷烟相继减产停工	将被通知之四十四种牌子卷烟暂免调整税额
1946.12.2	向上海货物税局呈文	外汇波动，原料暗涨，成本增高，工人"年奖"暗潮涌动	转呈税务署对于目前卷烟税额万勿剧予调整以培元气

续表

时间	形式	反映情况	所提要求
1946.12.16	向上海货物税局、财政部税务署呈文，晋京请愿	年关日迫，国产卷烟业忧患严重	在近期内免于调整税额
1947.1.4	致函上海货物税局	"年奖"工潮发生，卷烟业怠工、罢工形势严重	将应解之税款延期十日
1947.2.21	致函上海货物税局	未详	本月份内万勿调整税额
1947.4.17	向财政部税务署请愿	卷烟成本外汇增加，增加税额会导致生产减少，影响税收	1. 外汇差额损失请政府设法解决 2. 日本所产外汇钢精纸请政府代烟厂设法交换 3. 请政府设法取缔产地烟叶掺杂 4. 钢精纸价格飞涨请政府设法救济 5. 请政府设法贴放卷烟业工贷
1947.7.4	晋谒上海货物税局局长	目前霉季时期内实销惨淡	卷烟货物税照现行缴纳税额提高百分之一百一案，希望能于8月1日起开始实施
1947.11.25	致函上海货物税局	调整税额后，所加烟厂负担过重	转呈税务署暂缓调整第四期第二次调整税额
1947.12.4	致函上海直接税局	烟店家数甚多，发货票手续甚繁	请简化贴用出货栈单印花
1947.12.4	推代表晋京请愿	卷烟税额调整将使卷烟成本至巨，影响政府税收	暂缓调整卷烟税额

资料来源：根据上海市卷烟厂工业同业公会秘书处：《上海市卷烟厂工业同业公会卅五年度工作总报告》，1947年1月；上海市卷烟厂工业同业公会秘书处：《上海市卷烟厂工业同业公会卅六年度工作总报告》，1948年1月；《上海市卷烟工业同业公会吁请财政税务当局顾念本业实际困难、交通税法以及暂缓调整税额的有关文书》，上海市档案馆藏上海卷烟工业同业公会档案，S68-1-84；《卷烟业要求暂缓调整税额》，《经济周报》第5卷第23期，1947年12月4日等相关材料整理。

可以看出，公会利用各种途径向政府反映业内困难，其中既有呈文和致函，也有晋谒与请愿，利用团体优势向政府施加压力，请求税制的改善。晋京请愿为合法交涉的最高形式，这一时期，上海卷烟工业同业公会四次晋京请愿，均因政府调整卷烟税额，企业不胜负担引发。改善税收可以缓解企业的困难，有利于维持和增加生产，扩大税源，政府一定程度上作出一些让步。1946 年 11 月，上海货物税局同意新办法未拟就前对 44 种牌子的卷烟税暂缓调整；[①] 1947 年 7 月，该局将"卷烟货物税照现行缴纳税额提高百分之一百"一案延期实施。[②]此外，卷烟业还通过同业公会要求加重外来香烟的进口货物税，以减缓外货倾销的压力，得到了政府的支持。[③] 然而，这只是政府部分妥协和折中的结果，公会代表卷烟企业的和平交涉，多数难以完全达到目的。1946 年 6 月 26 日，公会所请"在烟税新计算方式未经核定前，请暂缓调整税额，以苏商困"，财政部税务署批示"事关通案，未便照办"。[④] 至于对 44 种牌子的卷烟税暂缓调整，则是对晋京请愿所提诸多要求折中的结果。1947 年情况类似，4 月，公会向税务署请愿，陈述同业困难，提出五项请求，作为回应，政府仅将"卷烟货物税照现行缴纳税额提高百分之一百"一案延期实施，其他请求大部分搁置。

总体上看，1946—1947 年公会通过各种途径的合法交涉，取得了一定的效果。进入 1948 年以后，随着国内战事扩大，国统区经济形势恶化，财政危机严重，卷烟税预算大大增加，政府对上海卷烟行业期望越来越高，胃口越来越大。1 月，上海货物税局将卷烟税额平均增加 90% 以上；[⑤] 2 月，财政部税务署决定上海的卷烟税额实行按

① 《卷烟货物税准采从价分级制》，《银行周报》第 30 卷第 45 期，1946 年 11 月 18 日。

② 《增加卷烟货物税，决定本月二十六日实施》，《征信所报》第 399 号，1947 年 7 月 5 日。

③ 《挽救国产卷烟危机，下月起将加重外烟进口货物税》，《征信所报》第 136 号，1946 年 8 月 14 日；《进口卷烟将增税率》，《民国日报》1946 年 8 月 19 日，第 4 版。

④ 《上海市卷烟工业同业公会吁请财政税务当局顾念本业实际困难、变通税法以及暂缓调整税额的有关文书》，上海市档案馆藏上海卷烟工业同业公会档案，S68-1-84。

⑤ 《货物税重新调整，化妆品增百分之二百五十为最大》，《现代经济通讯》第 39 期，1948 年 1 月。

月调整；① 5 月，税局将各牌卷烟税额重予调整，比上月份提高两成；② 7 月，政府修正《货物税条例》，将卷烟税率由 100% 提高到 120%；③ 8 月，实行金圆券改革，全面限价政策严重冲击卷烟厂商，10 月 2 日，实施烟酒加税，引发抢购风潮，给上海卷烟业造成巨大冲击；11 月，政府宣布取消限价，卷烟市价严重下跌，随后又宣布 12 月起再次增税。频繁提高卷烟税率和税额，使得上海卷烟业承受负担越来越重，最后在重税压力下，多数企业走向停厂关门之途。据上海市卷烟工业同业公会向税务机关反映，仅 1948 年 12 月初短短一周，会员烟厂停工就达二三十家，就连华成、锦华、中美这样的大型卷烟企业，也难以幸免。

表 2 - 5　　　1948 年 12 月初上海卷烟企业停工情况原因一览

会员厂名	停工时间	停工原因
华成	12 月 6 日	税值反超过市场价格过巨，以致厂商制销成本无法减轻以与市场供求相适应
和成	12 月 1 日	税额调整过高，近半月来烟市疲惫，亏蚀甚巨
德昌	12 月 1 日	销路呆滞，营业不振，加以银根奇紧，周转不灵
昌兴	12 月 3 日	成本不计外，缴付税款尚感不敷
天华	12 月 3 日	同上
锦华	12 月 3 日	各地经销地区销路呆滞，烟价惨跌，营业一落千丈
元华	12 月 3 日	卷烟税率调整计七倍以上，生活指数计增九成，加重成本负担为数过巨，而现售市价若将每箱所售之款以资价付货物税款犹嫌不足
中和	12 月 6 日	税率调整倍数甚巨，生活指数增加尤高，成本无形加重，而市售货价未能刺激反而更形下降，致售货所得价款以资价付新税仍感不足
明远	12 月 1 日	营业清淡，生活高涨，无法继续维持现状

---

① 《卷烟税下月起按月调整》，《经济通讯》第 651 号，1948 年 2 月 28 日。
② 《烟税今起又调整，比较上月高二成》，《申报》1948 年 5 月 3 日，第 1 张第 4 版。
③ 《修正货物税条例》，《总统府公报》第 62 号，1948 年 8 月。

续表

会员厂名	停工时间	停工原因
华星	12月6日	销路受阻，营业惨淡，难以维持，再加此次税率高增达七倍有余，所售之价尚不足缴付税率
华安达记	12月3日	实销呆滞，生产所有成品均系高价原料所制，再本月卷烟税率又复调整增达七倍以上，生活指数计增九成，直接加重成本，非但货价未受刺激，反售价更形下游，致使所售价款以资价付货物税款尚嫌不足
合众	12月6日	—
龙华	12月7日	调整税后厂盘之售价尚不足相抵所付之税款，以致无法制销
利兴	12月2日	—
华菲	12月6日	自卷烟统税又再调整而后，以所增税额过巨，各地烟销不惟不因税增而提高，售价竟呈萎靡不振之象，运装各地之货一时均无法销售，如以新货出厂更难销售
友宁	12月1日	税额调整超过市价太巨，重以战事紧张，销路日狭，瞻望前途，杞忧昌极
粹华	12月1日	营业清淡，税额又高，无法开工
大华	12月3日	营业清淡
中美	12月8日	新税率调整，烟市疲滞，一蹶不振，销路停顿
仙乐	12月2日	—
康乐	12月7日	货物税过重，营业清淡，存货壅塞，无法生产
安迪	11月17日	—
利华	12月4日	因受战局影响，交通阻梗，销路呆滞，更兼购买力薄弱，市形萎靡不振；此次货物税调整七倍之多，致所售厂盘全部所得尚不足完纳税款
益利	12月1日	自涨税以来，因成本负担重大，实销呆滞，出品伊始遭此巨劫，以致周转失调
大运隆	11月底	税率骤增，超过卖价，再受高利贷之影响，至无法营业
三民	12月1日	税额调整后，市价未能随之上涨，出品售价不及纳税之半数，且因战局影响，销路范围缩小，存货虽以最低价求脱亦无办法
汇众	12月7日	税额调整超过市价，不敷成本甚巨，且日来烟价尤跌落不已，以致无法购花销货

资料来源：《上海市卷烟工业同业公会会员厂因增税滞销停工来函报备以及对会员厂停工期间筹组联营救济发放工人维持费吁请改进烟税等事宜征询各厂意见和向社会局等机关呈报的有关文书》，上海市档案馆藏上海卷烟工业同业公会档案，S68-1-99。

可以看出，烟厂发生"倒风"的主要原因在于税额调整，脆弱的卷烟企业已经承受不起政府在短期内不断增税的要求，加上烟价狂跌，市场缩小，无法维持生存。本书第一章分析，从1947年下半年开始，在成本加剧、市场缩小困境下，战后初期上海卷烟业短暂的繁荣已经过去，开始走下坡路了。进入1948年，上海卷烟工业的危机更加明显。4月，上海货物税局称"全市的65家卷烟厂中，已有近30家暂时停工，其余每星期亦仅开工三四天"。[①] 另一则报导指出，"全市八十余家烟厂，几有半数以上停工"。[②] 9月份的调查显示："本市卷烟工业一百余家中，经常开工者仅六七十家。"[③] 在战后的重税政策下，上海的卷烟业已是日薄西山了。

面临日益严重的生存危机，以上海卷烟工业同业公会为代表的上海烟业与政府交涉较之前更为频繁，但距离却越来越远。1947年底请求政府暂缓调整税额要求并未实现，公会于1948年1月建议税局，以后调整税额时"各烟厂有申请核减而能提出正当理由，应拟请立予核减，俾利生产而维税收；每逢调整之先，拟请仍循向例，将所拟总表交有本会复为计议，充分给予贡献之机会后，再行提付研究委员会议作成决定，以免遗憾"。[④] 政府均未理会。2月，当局宣布卷烟税额由每3个月调整一次改为按月调整，卷烟厂商都感不胜负担，多次与上海货物税局交涉，均不得要领，遂于3月5日组织请愿团晋京请愿，向有关部会申诉。[⑤] 而政府却加紧立法，于4月和7月连续两次修正《货物税条例》，将完税价格的评定由每3个月进行一次最后缩

---

① 《本市卷烟工业半停顿》，《中华国货产销协会每周汇报》第5卷第15期，1948年4月21日。

② 《卷烟产销萎缩，货物税本月份将减少》，《征信新闻》第700期，1948年4月22日。

③ 《本市卷烟工业近况》，《中华国货产销协会每周汇报》第5卷第38期，1948年9月29日。

④ 《上海市卷烟工业同业公会吁请财政税务当局顾念本业实际困难、变通税法以及暂缓调整税额的有关文书》，上海市档案馆藏上海卷烟工业同业公会档案，S68-1-84。

⑤ 《货物税按月调整，汉沪工商界认难负担》，《经济通讯》第655号，1948年3月4日。

短为每月一次。8 月 26 日，《整理财政补充办法》颁布实行，政府准备取依市值外征办法，公会再次推派代表晋京陈述意见，后经考虑卒未采纳。10 月 2 日，当局毅然实施加税，将卷烟税增加 5 倍以上，企业负担空前加重。11 月限价取消以后，卷烟市价狂跌，实销清淡，当局又决定卷烟税从 12 月起增加 7 倍，引发上海大小烟厂纷纷停产之"倒风"。

1948 年 12 月上海卷烟企业倒闭的主因是当局调整税额，税收加重导致厂商无法购"税花"销货，加上市销阻塞，购买力薄弱，卷烟行业已经面临绝境。经卷烟工业同业公会多次向当局呼吁，财政部于 12 月 9 日复调整，但仍无济于事。12 月 11 日，公会邀集会员烟厂代表召开茶话会，商讨挽救危机措施，决议再请政府从缓实施新税。会后，公会致函上海货物税局称：

> 悉卷烟货物税额又将于短期内予以调整，新旧税额之距离相差颇远，此讯闻之，不胜惶惶。窃念卷烟产量一度受高税额之影响，由平均每月约 12 万箱而锐减至 3 万余箱，嗣幸挽救迅速抑低税额，乃泻厌后旧观步入正常，惟昭苏未久，不堪摧折，一加重负仍易倾废。为顾全国税商情，保持"增产即增税"之定例起见，拟请将本期所拟税额普照七五核定，藉利经营，不胜公感之至。[1]

对于公会"普照七五核定"的请求，政府终究未予采纳。后经货物税局局长时寿彰亲自赴京与财政部长徐堪及税务署长姜书阁洽商后，允许将烟税减低为 3.37 倍，连底为 4.47 倍征收，税额虽然核减，但烟厂纳税仍重。"卷烟销路呆滞，开支甚大，烟厂已至无法维持状态，除颐中、南洋、华成等厂尚能继续开工外，大部已被迫停工。"[2] 据上海市工业会技术委员会统计，到 12 月 31 日，上海卷烟工

---

① 《上海货物税局为征税过程中同上海市卷烟工业同业公会一般性事务性联系的文书》，上海市档案馆藏上海卷烟工业同业公会档案，S68-2-75。
② 《卷烟税准予核减，加 3.37 倍征收》，《征信所报》第 826 期，1948 年 12 月。

厂被迫停工者达三分之一以上。① 1949 年初，政府在卷烟税收方面"更进一步"，在即将实行的财政金融改革方案中，将卷烟等按照规定税率征收实物，卷烟厂商均认为无法遵行。3 月 8 日，当听闻货物税征实的动议，卷烟工业同业公会转向上海市工业会寻求帮助，呈文称：

> 报载政府将对完纳货物税物品改征实物，本会同业不胜惶恐，万难遵行，兹缕陈理由如下：
>
> 一、表面上税率虽未更改，但实际上与旧制相较，无异倍徙核征。
>
> 二、厂商售出货品包括税款在内所收货款是金圆券，税局征收实物。
>
> 三、厂商势必于原来产量之外加制百分之一百二十之税烟，无从处置。
>
> 四、政府所征之税烟极易因管理不善发生霉变。②

公会陈述理由充分，从企业成本角度指出货物税征实的危害，最后"吁请钧会一致主张停办征实，藉利经营"，希望联合起来，利用社团集体的优势给政府施压。4 月 26 日，根据《财政金融改革案》及其实施办法，卷烟税从 5 月 1 日起缩短为每五日调整一次。消息传出，舆论哗然，上海最大的卷烟企业颐中公司亦感难于支撑。"此次卷烟货物税改为五天一调整，时间上殊嫌短促，又记账印花税款改为三天一结，事实上恐无力缴付，又印花不敷供给，虽有税照代替，但于人力颇感不及"，在这种情况下，全市 100 余家工厂已有 90% 以上宣告停业。③ 在上海卷烟企业已临绝境情况下，卷烟工业同业公会作

---

① 《卷烟工业面临危急关头》，《公益工商通讯》第 4 卷第 6 期，1948 年 12 月 31 日。

② 《上海工业会为转请撤销货物税征实法与卷烟工业同业公会等级行政院、财政部、工商部来往文书》，上海市档案馆藏上海市工业会档案，Q202 - 1 - 111 - 9。

③ 《上海市卷烟工业同业公会会员厂因增税滞销停工来函报备以及对会员厂停工期间筹组联营救济发放工人维生费吁请改进烟税等事宜征询各厂意见和向社会局等机关呈报的有关文书》，上海市档案馆藏上海卷烟工业同业公会档案，S68 - 1 - 99。

最后的努力。5 月 5 日，致函上海市货物税局，"请税收当局顾念厂商处境之艰困，全力辅助，共策改进"。① 9 日，专电广州财政部长国税署长，呼吁"顾念现实，迅电沪局，立即恢复五月一日之原纳税额，并乞将税额五日一调整税款三日一结缴之成命，暂予收回，俾垂危之卷烟工业，得稍延其残喘"；② 10 日，致函京沪警备司令部政务委员会，指出卷烟税额改为五日调整后，"能维持生产者，不及十分之一"，再次请求缓调税额。③ 随着 5 月 27 日上海为人民军队解放，上海卷烟工业同业公会同国民政府的税收交涉终于告一段落。

第三节　政府对烟业的其他管制措施

一　进口卷烟管理

清末以前，中国本土本无卷烟生产，作为来自欧美的"舶来品"，市场所需卷烟最初完全依赖进口。民国以后，尽管国内烟厂具备了相当的生产能力，但进口卷烟仍每年"达五六千万两之巨，几与五金、煤油、砂糖进口之数相埒，而远过于毛织物及机器"，④ 长期居高不下。其中一个重要原因，在于进口卷烟受不平等条约的保护，远较国产卷烟税率为低。卷烟统税实行后，进口卷烟开始在税率上不占优势。特别是在 1931 年以后，进口卷烟税交由海关征收，政府确定税率时，本着保护国产卷烟的原则，将进口卷烟税率定在高于国产之上，进口卷烟优势不复存在。1931 年 1 月，南京国民政府实行新进口税制，将进口卷烟税率提高至值 100 抽 50。⑤ 税率调整后，进口卷烟价格腾贵，卷烟输入量减少。1932—1935 年，全国外烟输入量

①　《上海市卷烟工业同业公会会员厂因增税滞销停工来函报备以及对会员厂停工期间筹组联营救济发放工人维持费吁请改进烟税等事宜征询各厂意见和向社会局等机关呈报的有关文书》，上海市档案馆藏上海卷烟工业同业公会档案，S68-1-99。

②　《卷烟业公会电部吁请收回调整税额成命》，《申报》1949 年 5 月 10 日，第 1 张第 3 版。

③　《上海市卷烟工业同业公会吁请财政税务当局顾念本业实际困难、变通税法以及暂缓调整税额的有关文书》，上海市档案馆藏上海卷烟工业同业公会档案，S68-1-84。

④　杨大金主编：《近代中国实业志·制造业》，学生书局 1976 年影印本，第 457 页。

⑤　财政部财政年鉴编纂处编：《财政年鉴》，商务印书馆 1935 年版，第 946 页。

共计 5.23 万箱，其中在上海的销售量为 2.62 万箱，年均仅 0.66 万箱。[1]

表 2-6　　　　　　　统税实行后国内卷烟销量分类比较　　　　　　（单位：元）

年份	国内销售总量	%	华商烟厂销售总量	%	外商烟厂销售总量	%	国外输入销售量	%
1932	58733177	100	23939350	40.76	34112406	58.08	681421	1.16
1933	88594585	100	25525195	28.81	62819077	70.91	250313	0.28
1934	53012806	100	27912771	52.65	24898955	46.97	201080	0.38
1935	57401395	100	23115323	40.27	34108842	59.42	177230	0.31
合计	257741963	100	100492639	38.99	155939280	60.50	1310044	0.51

资料来源：陈真等编：《中国近代工业史资料》第四辑，生活·读书·新知三联书店 1958 年版，第 456 页。

从表 2-6 可以看出，统税实施后进口卷烟减少，为国产卷烟提供了更多的市场份额。1932—1935 年国外输入中国的卷烟成品量，平均只占到整个中国卷烟销售量的 0.51%，作用已经大大减小。抗战爆发后，国民政府于 1939 年 7 月颁布《非常时期禁止进口物品办法》，外国卷烟即在禁止进口之列。太平洋战争爆发后，政府调整禁运法令，于 1942 年 5 月公布《战时管理进口出口物品条例》，卷烟再次明确为禁止进口物品。抗战后期，因后方物资严重缺乏，为了大量吸收沦陷区物资免为敌利用，国民政府于 1945 年 6 月公布《沦陷区物资内运奖助办法》，在该办法下，卷烟不论何处产制及运来，只须照章纳税，即可自由运销。[2] 在该办法下，至胜利前夕已有大量外国卷烟输入中国。抗战胜利后，鉴于大批美国香烟自上海涌入，为便于外烟管理，江海关于 1945 年 9 月 18 日布告，"应纳统税货品由国外进口时，不论当地有无统税机关，概由海关按照海关完税价格折合法币数代征统税，机制卷烟从价征收百分之百，熏烟叶从价征收百分之

_____

① 《上海烟草志》编纂委员会：《上海烟草志》，上海社会科学院出版社 1998 年版，第 254 页。

② 《中国烟业史汇典》，第 1593 页。

三十"。① 对于走私美烟充斥市面，上海市警察局也于 10 月 18 日发出布告：

> 查本市近来发现买卖美国免税香烟（封壳上贴有黄纸印有红色英文免税字样）及其他美国军供给物品，须知此项物品系美军供给其士兵之用，不得私相转售，兹特剀切晓谕：凡本市大小商贩夜总会酒吧间以及其他公共场所，不得买卖上项美军供给物品，如经查获，定予没收处分。②

此外，国民政府于 1946 年 3 月 1 日公布了《进出口贸易暂行办法》，规定国外卷烟系申请许可后允许输入之物品，加征 50% 奢侈附加税，并于入口时由海关估价，折合法币数征收货物税。③ 新的《货物税条例》颁布后，政府于 10 月发布《国外输入货物税货品海关代征办法》，规定国外输入货品除纳关税外，还应交纳货物税，统由海关征收。货物税海关代征种类有 13 种，其中卷烟从价征收 100%，熏烟叶从价征收 30%。④ 战后初期，对于进口卷烟，尽管国民政府采取了一系列措施，但征收烟税仍未尽合理。进口美烟不论等级高低，一律按照最低税率征税，而国产卷烟则必须按市场实售价格为标准纳税，在外汇汇率比值悬殊情况下，外烟纳税比国产要轻得多。1946 年 9 月，时人发表《抢救我国卷烟工业之途径》，建议政府强化贸易管制，绝对禁止外烟进口，文章指出：

> 外烟进口关税、附加税、统税总共所付约 245%。而国内卷烟分为原料与成品两税，按货物税现行条例，前者烟叶从价为 30%，如果进口烟叶则须从价为 41%，其他各种原料也无一不早抽税。再加每种原料之营业税与印花税，总共在未制成卷烟以

---

① 上海市通志馆编：《上海市重要政令汇刊初编》，中华书局 1946 年版，第 102 页。
② 同上书，第 50 页。
③ 《中国烟业史汇典》，第 1595 页。
④ 《进口货统税由海关带征，关税仍应照纳》，《申报》1946 年 10 月 2 日，第 2 张第 7 版。

前，各厂早已付过十余种捐税之多。再在这许多税抽过后再行值百抽百，故事实上国产烟所缴纳税额已比外烟为重。诚然重税所发生的损害是铁的事实……最令人可怕的是走私这一个致命伤，而且大都是生活非必需品及奢侈品。据粤海关消息，胜利以来，当有统计可考之进日美货，达七亿美元的时候，走私漏税之美货，最少也达六亿美元，在这一个巨大的对比额中，笔者相信走私美烟，其所占比重当不在少数，而这些美烟进口都是逃了245％的税的。[①]

国产卷烟缴税高于进口的美烟，加上走私严重，造成外烟泛滥，国烟产品的市场越来越小。在这种情况下，上海卷烟业面临严重危机，抵制外烟的呼声越来越高。1946 年 8 月，为应付外货倾销及挽救卷烟业危机起见，上海华商烟厂推代表晋京请愿，要求加重外烟进口税。[②] 全国商联会为挽救国产烟危机，向政府提出对烟类输入商不供给外汇、加强海关缉私工作杜绝烟类走私及提高烟类输入之关税税率三项建议。[③] 在工商界一致呼吁下，为鼓励输出，减少输入，扶助国内生产，11 月 17 日国民政府公布《修正进出口贸易暂行办法》，将输入许可制度推广运用于一切物品，根据修正办法附表（三）（乙）规定，舶来卷烟系在停止输入之列。[④] 这一办法实行后，进口卷烟逐渐减少，国产卷烟所受外货倾销压力渐轻。

战后国统区物价上涨愈演愈烈，通货膨胀日趋严重，经济形势不断恶化。1947 年初，上海发生黄金风潮，币值进一步惨跌。为平衡预算，安定金融市场及控制物价，国民政府于 2 月 17 日发布《经济紧急措施方案》，实行改订外汇汇率，管制金融及限制输入等政策。

---

① 麦辛：《抢救我国卷烟工业之途径》，《上海工商》1946 年第 4 期，1946 年 9 月 25 日。

② 《挽救国产卷烟危机，下月起将加重外烟进口货物税，华商烟厂并筹组同业联营机构》，《征信所报》第 136 期，1946 年 8 月 14 日。

③ 《挽救国产烟业，财部已采纳商联会建议》，《申报》1947 年 1 月 28 日，第 2 张第 7 版。

④ 《中国烟业史汇典》，第 1595 页。

外汇提高后，外来卷烟价格上涨甚巨，加上输入管制政策，市场上外货卷烟再次缩减。1947 年 3 月 31 日《申报》载："迄至本年政府实施输入管制后，卷烟输入即受严格限制，目前市上出售之包装及听装外国卷烟，大部为香港走私输入由华南方面偷运来沪，惟美烟销路已不及过去之旺盛。"[①] 为进一步管理进口卷烟，财政部税务署于 1948 年初恢复舶来品卷烟逐包实贴查验证制度，要求有关各机关协助，"查获外烟未贴有查验证者，将不论数量多寡，一律没收充公，并移送法院裁罚"。[②] 此外，由于进口卷烟大部分属于高档奢侈品，若大量输入与战后"戡乱建国""厉行节约"宗旨不符。1948 年 6 月，根据《厉行节约消费办法纲要》，政府公布《取缔进口奢侈品销售办法》，进口名烟列为受禁物品，这一办法使得上海海关输入的外烟更为减少。12 月 16 日，行政院公布《管理进出口贸易办法》，再次明确了这一原则。[③] 据统计，1946 年国内纸烟进口为 16852236000 元，1947 年锐减至 7668514000 元。[④] 1948 年以后市场上外烟更微乎其微，大部分以走私为主。

总体上看，国民政府对进口卷烟管理在战后初期未尽合理，一度造成外烟泛滥，严重冲击了上海的卷烟业；后期实行管制外汇及贸易政策，采取一系列措施限制和禁止外国卷烟输入，市场上的进口卷烟逐渐减少，上海卷烟业面临的外货倾销压力大大减轻。

二　生产材料监管

生产材料的监管是政府烟业管理的重要方面，税收是主要手段。对生产材料征税，一方面可以增加财政收入，另一方面也有利于控制原料，从生产源头上对企业进行调查，以保证税源。在卷烟生产诸多材料中，熏烟叶和卷烟纸最为重要，政府对两者的监管始于战前，抗战胜利后更加重视，采取了一系列措施。

---

① 《国产香烟提高品质，美烟销路大减，进口外烟大部系走私货》，《申报》1947 年 3 月 31 日，第 2 张第 6 版。

② 《舶来品卷烟恢复贴证纳税》，《申报》1948 年 1 月 12 日，第 2 张第 7 版。

③ 《管理进出口贸易办法》，《申报》1948 年 12 月 17 日、18 日，第 1 张第 2 版。

④ 《中国贸易年鉴 1948》，中国贸易年鉴社 1948 年印行，第 419 页。

　　国产烟叶分为两种，一为熏烟叶，一为土烟叶。熏叶又称"美种烟叶"，用进口美种育成，不可刨丝，是制造卷烟的主要原料；土叶用土产种子育成，多供刨丝，由国人直接吸用。由于土烟叶不适宜于卷烟制造，上海烟厂一般以熏烟叶应用为主，土叶只作少量掺杂之用。作为卷烟生产的主体材料，政府对熏烟叶税收相当重视，将其视为烟业管理的重点。长期以来，上海烟厂所需熏烟叶主要依靠进口，其中大部分来自美国。国产熏烟叶由英美烟公司于 1913 年在山东试种成功，1915 年，河南省亦试种成功。同年，北洋政府开办烟酒公卖，熏烟叶即在公卖税费范围之内。南京国民政府对熏烟叶征收统税始自安徽省，1929 年 7 月，财政部制定了《安徽省熏烟叶统税单行规则》15 条，规定每百斤征国币 3.6 元，8 月又在山东推行此法。[①] 1931 年 3 月，设立豫鲁皖熏烟税局，负责管理豫鲁皖三省熏烟，总局设于青岛，分局设蚌埠、许昌，下设稽征所及查验所。同时公布《熏烟税征收章程》，规定凡豫鲁皖三省熏烟叶，由收买烟叶商人，在产地按每百斤 4.5 元缴纳熏烟税，领凭税票运单，并于包件上粘贴印照，即准行销各地，不再重征。[②] 1932 年 8 月 12 日，财政部发布训令，裁撤熏烟税局，改归所在地统税局接收，依照统税原则办理。[③] 1933 年 6 月，颁布《烟叶统税征收暂行章程》，规定："熏烟叶统税每净重一百市斤征收国币四元一角五分；卷烟厂或其他商号、个人，如以已完统税之熏烟叶制成卷烟用丝并不自卷烟枝而以出售他人者，其出售该项烟丝时应视同出售卷烟，缴纳卷烟统税。"[④] 在法律上限定了熏烟叶的合法用途只能是作为卷烟原料。11 月 13 日，财政部又颁行《熏烟叶稽征处罚规则》35 条，对熏烟叶征税、登记、处罚等

　　① 参见刘冰《1927—1933 年南京国民政府办理统税简述》，《民国档案》1987 年第 3 期。

　　② 财政部年鉴编纂处编：《财政年鉴》正编第六编，商务印书馆 1935 年版，第 989 页。

　　③ 《关于裁撤熏烟税局归并于统税局财政部训令鲁豫区统税局》，1932 年 8 月 12 日，见《中国烟业史汇典》第 674 页。

　　④ 财政部年鉴编纂处编：《财政年鉴》正编第六编，商务印书馆 1935 年版，第 1046 页。

作了更加细致的规定。①

抗战期间，国民政府对熏烟叶管理并未放松。1940 年 9 月，财政部重新调整各项统税税率，将 1933 年所订熏烟叶单一从量税率改订分级税率：第一级，每百斤在 40 元以上的，应征税额为 16 元；第二级，每百斤售价在 20—40 元的，应征税额为 8 元；第三级，每百斤在 20 元以下的，应征税额为 4 元。② 1941 年 7 月，政府公布《货物统税暂行条例》，各项统税一律改订从价税率，熏烟叶税率为 25%，9 月起施行从价征收。改为从价征收后，烟税收入大幅增加，较上年度增收达十余倍之多。③ 1942 年 5 月，政府公布《战时烟类专卖暂行条例》，实施烟类专卖，其中包括熏烟叶，对其种植、收购、销售的专卖管理都作了具体规定。1943 年 10 月，财政部先后公布《熏烟叶商栈登记管理规则》和《熏烟叶管制办法》，进一步规范了生产厂商与运销商熏烟叶经营的行为准则。1945 年 1 月，烟类专卖改办统税，熏烟叶税率照专卖利益成例从价征收 30%。④

抗战胜利后，国民政府对熏烟叶管理非常重视。1945 年 11 月财政部修正《货物统税条例》，熏烟叶税率仍照 30% 课征。⑤ 1946 年，政府规定烟商所运销的烟叶，如有以各级烟叶混合包装，则以最高与最低税额平均数为其税额。例如甲级税额每百斤市斤 3 万元，丙级8000 元，混包税额为 1.9 万元。⑥ 据统计，该年全国熏烟叶统税收入多达 2285137 万元，其中产烟大省河南占到了 36%。⑦ 上海作为全国卷烟工业的中心，货物税局经财政部核准，于 1947 年 4 月发布《修正上海烟叶商行管理办法》14 条，范围涵盖上海地区一切中外商行进出口熏烟及土烟叶的管理及销售。其中第 3 条载明：上海地区经营烟叶商行，不论中外商人，应一律填具申请登记表，并检同地方主管

---

① 财政部年鉴编纂处编：《财政年鉴》正编第六编，商务印书馆 1935 年版，第 1046—1049 页。

② 《财政年鉴》续编第八编，财政部年鉴编纂处 1945 年编印，第 39 页。

③ 同上书，第 41 页。

④ 《中华民国工商税收史料选编》（第三辑·货物税）下册，第 1862 页。

⑤ 《修正货物统税条例》，《金融周报》第 13 卷第 8 期，1945 年 11 月 28 日。

⑥ 《财政年鉴》三编第八篇，财政部年鉴编纂处 1948 年编印，第 16 页。

⑦ 同上书，第 19 页。

机关准许营业之凭证，报请上海货物税局核发登记证，并由局汇报税
务署备案；第 5 条规定：凡未经登记之烟厂、刨烟丝店，烟叶商行不
得售与烟叶；第 10 条规定：烟叶公会、烟厂驻厂员、刨烟丝店，应
按月填写烟叶出厂栈月报表；第 13 条规定：上海货物税局得随时派
员向烟叶商行、刨烟丝店、烟厂检查账册，如发现与报告表有不符情
事，应立予查究。① 熏烟叶税作为战后货物税的重要组成部分，1948
年 10 月 13 日，其单行法规《熏烟叶税稽征规则》颁行，新法规已比
较完备，共 7 章 42 条，分为《总则》《登记》《单照》《征税手续》
《查验》《免税及退税》《附则》，明确熏烟叶征税规则和标准。② 统
计显示，战后国民政府熏烟叶税逐年增加，1945 年为 5.6 亿元，
1946 年增至 229.9 亿元，到 1947 年 6 月止已达 500.6 亿元。③

　　取缔烟叶掺杂也是政府进行熏烟叶监管的重要一环。河南许昌等
地，熏烟叶产量最盛，但掺杂使假极为严重，严重影响烟叶市场交
易。1933 年，上海市华商卷烟厂业同业公会先后两次向税务署呈文，
请求集中该地烟叶稽征场所，规范烟叶行资格，整顿烟叶交易。税务
署除核定各熏烟叶行营业牌照外，还对熏烟叶行的行为作了具体规
定，对违犯者，即行吊销执照，停止营业。④ 经过八年抗战，烟叶质
量每况愈下。战后，作为熏烟叶主要产地的河南省，"许昌襄县等处，
向为出产美种烟叶之主要区域，近年以来，以督导乏人，烟农习于作
弊，包包垫头及掺杂混把之烟叶，查有占原重百分之四十以上者，以
致兰艾同科，质量日下，烟行烟厂及贩运商家俱以为苦"。⑤ 上海作
为全国卷烟企业集中区，厂商尤为痛苦。为保证卷烟生产正常进行，

---

① 《财政部上海货物税局关于烟叶卷烟纸管理办法填报产销存储等各种表现规定修正
国家烟酒类税稽征规则及填发照证等规定》，上海市档案馆藏财政部上海货物税局档案，
Q434 - 1 - 366。
② 《中华民国工商税收史料选编》（第三辑·货物税）下册，第 2420 页。
③ 《历年货物税收分年分类统计表》，转引自《中华民国工商税收史料选编》（第三
辑·货物税）下册第 2669 页，此处 1946 年统计数据与《财政年鉴》三编第八篇所载略有
出入。
④ 详见财政部财政年鉴编纂处编《财政年鉴》正编第六篇，商务印书馆 1935 年版，
第 992—993 页。
⑤ 《许昌等产烟地区取缔烟叶掺杂》，《申报》1947 年 4 月 6 日，第 2 张第 6 版。

政府加大惩治力度，同当地行政警察专员公署、县政府、县参议会、货物税局、烟行公会及农林部烟产改进处等各机关协商，制定取缔掺杂罚则 8 项，于 1947 年 4 月 1 日起开始实行。烟叶改进工作经农林部烟产改进处与地方各机关联合推动后，效果明显。5 月"杂叶曾经取缔者已十之八九，并经惩德丰等行 34 家取缔杂烟，共计 9860 磅，照章科罚国币 11190000 元"。① 为进一步取缔烟叶掺杂，保持良好信誉，推广销路，政府还于同年 9 月 15 日在许昌成立烟叶检验委员会，分设许昌、襄城、郏县、长葛四县检验站，切实取缔掺杂，管理烟叶商行。② 这些措施有利于提高熏烟叶质量，保证卷烟正常生产。

卷烟纸又称"盘纸"，是用于包裹烟丝并卷制成卷烟烟支的纸张，主要植物原料为木、麻纤维。卷烟纸的生产经营与卷烟工业的发展密切相关，其作为卷烟生产的主要原材料，亦为历届政府所重视，成为烟业管理的对象。长期以来，大量的漏税和冒牌卷烟对上海机制卷烟业造成很大的冲击。杜绝私烟制销，卷烟用纸是重要的一环，不少有识之士建议从卷烟纸开始。20 世纪 30 年代，作为卷烟缉私协助委员会的主委之一，时任上海华商卷烟工业同业公会会长的邬挺生，根据自己在京皖豫鄂一带调查到的情况，初步提出了取缔手工卷烟业的办法，建议政府从公卖纸圈着手，进而调查手制卷烟之数量。③ 为维护国家财政收入和机制卷烟企业的正常运营，1931 年 10 月 9 日，财政部公布《取缔卷烟用纸规则》10 条，其中规定："纸商非经营有准购单，不准出售卷纸；其售出卷纸若干，售与何家烟厂，除登入上述登记簿外，并应按月填具清表，连同留存之准购单送呈统税署或当地统税机关查核。"④ 1933 年 11 月 13 日，政府修正公布《卷烟用纸购运规则》，对纸商、烟厂购运卷烟纸予以严格管理。上项规定一定程度上限制了纸商私售卷烟用纸给非法厂家的行为，打击了私烟产制。卷烟加税后，私售私制卷纸迭有发生。1934 年，财政部将上海地方划

---

① 《改进许昌烟叶，经取缔者十之九》，《申报》1947 年 5 月 4 日，第 2 张第 6 版。
② 《推广烟叶销路，豫省取缔掺杂》，《中央日报》1947 年 9 月 8 日，第 7 版。
③ 邬挺生：《考察京豫鄂一带手制卷烟状况报告书》，《卷烟季刊》第 1 卷第 2 期，1932 年 10 月。
④ 《取缔卷烟用纸规则》，《财政公报》第 51 期，1932 年 6 月。

分为五区，每区指派专员一人负责管理，所有区内纸商申报进口卷纸及售出数目均须经专员逐箱点查，同时由海关随时协缉，外埠则由各区统税所会同海关及车站查缉。① 1936 年浙江嘉兴民丰造纸厂试制卷纸成功，财政部为管理卷纸制造商，于同年 5 月 22 日公布《制造卷烟用纸管理规则》，进一步规范了制造卷纸厂商的产销行为。

抗战初期，后方烟厂仍可直接向沪港及国外购运卷纸。1939 年 7月，财政部公布《非常时期禁止进口物品办法》，将卷纸一项列入特许商销货品范围，要求各烟厂填具特许进口申请书并办理特许证方准进口。② 1942 年实施烟类专卖后，政府将卷纸列入专卖管理。5 月 13日《战时烟类专卖暂行条例》规定卷烟用纸除由国家设厂制造或向国外采购外，其他制造、购运、贮存应由专卖局核准，并呈报财政部。对私自制造、购运、贮存卷烟用纸的，给予处罚。③ 5 月 17 日，烟类专卖局核定卷纸专卖利益比率，国产卷纸为从价征收 10%，舶来卷纸从价征收 25%。④ 为了进一步加强专卖体制下卷烟用纸的管理，1943 年 7 月 20 日，财政部公布了《卷烟用纸管制办法》，规范了卷纸制造商和运销商产销行为，保证卷烟用纸专卖收入。1945 年 1月，国民政府烟类专卖政策取消，卷烟用纸的专卖随即停止，开始征收货物税。

抗战胜利，国土重光，上海作为全国卷烟工业中心，卷烟用纸管理引人注目。1946 年 2 月 23 日，财政部货物税署指令上海货物税局，指出复员期间对各烟厂管理控制为当务之急，而"卷纸管理所以钩稽制烟数量"，要求调查上海各卷纸工厂登记手续、旧存制造及销存数量并列表具报。⑤ 4 月 5 日，再次致函上海货物税局："中国纸厂制造并售与五丰纸厂之原胚仍未照长度计算，且该项原胚折合制成纸圈之

① 《统税之推行，私运卷烟用纸之取缔》，《政治成绩统计》第 4 期，1934 年 4 月。
② 《非常时期禁止进口物品办法》，《外交部公报》第 12 卷第 7—9 号，1939 年 10 月。
③ 《战时烟类专卖暂行条例》，《中农月刊》第 3 卷第 5 期，1942 年 5 月。
④ 《烟类专卖局关于卷烟用纸实施专卖停征统税一事给各区局的训令》，《烟类专卖公报》第 1 卷第 5 期，1943 年 5 月。
⑤ 《上海市造纸厂烟厂等关于卷烟用纸进出登记月报表问题的来函及财政部上海货物税局有关该问题与税务署及各厂商的来往文书》，上海市档案馆藏财政部上海货物税局档案，Q434-1-21。

比率亦未注明","大陆、福记纸厂所报各项长宽度不同之纸圈收进栏减除销出栏之数量后,其结存数量不符",要求查明据实具报。① 8月7日,政府卷纸管理政策发生变化,财政部代电指示卷纸生产不再加以管制,废止购运规则,由商人自由购运,撤回纸厂驻厂员,由货物税局认真管理,自8月16日起开始实施。② 这一政策引起上海卷烟厂商的忧虑。23日,上海市卷烟工业同业公会致函财政部税务署、上海市货物税局:

> 卷烟用纸订立章则公布施行以来,收效颇宏,当在税收当局洞鉴之例。自复原以来,因不肖员工非法生事,不无延误生产,颇为中外商民所诟病,财部有鉴于此认为此项管制卷烟用纸章则不尽适合商情,毅然予以废止……奉令之下,即经深切研究,殊觉弊多利少。夫卷纸为制烟之特要原料,于购运时从管制改为自由,利在节省一部分人力时间,其员工既经留纸,尽可随时禁绝,即不致延误生产,而弊则尤藩篱尽撤,不出数月,漏税私烟泛滥,全国之象则复见于今日,国家损失税收亦即一纸商之拼命打击。请财部收回成命并予修正简化管制办法,以利生产而护国税。③

在卷烟生产厂商看来,实施卷纸产销管制很有必要,它可以严格控制卷烟用纸来源及数量,防止不法厂商以非法途径获得卷纸生产漏税私烟,保护公平竞争,因此希望政府恢复管制。他们甚至建议,"政府若欲取缔内地私烟,只须将纸圈货物税提高至十万元一令,各烟厂购买后,如制成纸烟完纳货物税时,再将此税发还,则

---

① 《上海市造纸厂烟厂等关于卷烟用纸进出登记月报表问题的来函及财政部上海货物税局有关该问题与税务署及各厂商的来往文书》,上海市档案馆藏财政部上海货物税局档案,Q434-1-21。

② 《上海市卷烟工业同业公会呈请财政部恢复卷烟用纸的来往文书》,上海市档案馆藏上海卷烟工业同业公会档案,S68-1-140。

③ 同上。

内地逃税问题可以解决，正常商人亦获得保护"。① 行政院也认为对于卷烟用纸仍应予以管制。对于卷烟业的请求，财政部表示"暂仍照本部原定章则继续办理"。上海货物税局于 10 月 1 日起恢复管制。1947 年 2 月 22 日，财政部颁布《卷烟用纸制销购运管理规则》，共 4 章 48 条，以法令的形式完善了卷纸管制原则。其中第 3 条规定：凡商人设厂专制或兼制卷烟用纸，应先将有关事项呈请财政部税务署核准登记后，方得开始制造；② 第 23 条规定：各卷烟厂向当地纸商购买卷纸，应在购买前半个月填具准备单申请书，送经各该地依法成立的卷烟厂同业公会签字盖章证明，再送请当地货物机关核发准购单，如该地无烟厂同业公会者，须取具同业或殷实商号的保证。③ 上海烟厂众多，卷纸制销购运频繁，鉴于卷纸管理过程中出现的弊端，为规范执法人员的行为，同年 9 月，上海货物税局给第一管理区训令指出：

> 查近来烟厂纸商不凭准购单自行进出卷纸，同业互相借用外埠卷纸产销皆不事前申报，而驻厂员对于卷纸出厂或视若无睹或讵允借用，似此弁髦功令，违背规章，若不严加取缔，定无以控制税源。当即通知各烟厂纸商，嗣后再有此项情事，本局当遵照卷纸管理规则第四十七条规定、依货物税例第十三十四两条办法没入其卷纸，并移送法院法办。一面申诫各烟厂驻厂员遇有烟厂卷纸私自进出若隐徇不报，一经查明，即予停职究办，俾维规章而资控制。④

1948 年 3 月，税局再次训令各管理区："转饬辖属各烟厂驻厂员认真管理，并逐月将管辖烟厂所用卷纸及实际制烟数量列表报局以凭

---

① 《卷烟业建议提高纸圈税率》，《申报》1946 年 10 月 9 日，第 2 张第 7 版。
② 《中华民国工商税收史料选编》（第三辑·货物税）下册，第 2318 页。
③ 同上书，第 2321 页。
④ 《上海货物税局就卷烟用纸管理问题给第一管理区的训令》，上海市档案馆藏财政部上海货物税局档案，Q434－1－439－33。

存转为要。"① 1949 年 1 月 13 日，财政部修正公布《卷烟用纸制销购运管理规则》，进一步完善对卷烟用纸制销购运的管理。② 鉴于上海卷烟税收在国家财政中的重要地位，卷纸作为制造卷烟的重要原料，税务部门对其管理极其重视。加强卷烟用纸管理措施，一定程度上杜绝了卷纸私销行为，有利于保证上海卷烟业的生产和维护政府税源。

三　卷烟缉私及商标管理

缉私是保证卷烟税收完整不可或缺的一环。战前全国各地私烟烟厂林立，尤其小型手工烟厂纳税较低，其原料大部分又属私货，货价甚廉，随着卷烟统税的提高，漏税私烟逐年增加，上海卷烟企业出品无法与之竞争。活跃在广大乡镇及农村的手工卷烟，多系冒牌及漏税私烟，大量私烟泛滥，不仅破坏了机制卷烟企业的品牌，而且严重侵占了其市场份额，使机制卷烟销售量大幅下降。1932 年度，全国卷烟产量约计 140 余万箱，共值 16800 万元，较上年度减少 10%；1933 年度全国华商卷烟厂纷纷倒闭，从原来的 156 家，下降为 60 家左右，减少了约 61.5%。③ 为顺利增加卷烟统税，并降低税收机关的管理和缉私成本，1933 年底南京国民政府在加税方案内规定卷烟厂只能开设在上海、天津、汉口和青岛四地，已经在其他地区建立的卷烟厂必须限期迁移。④ 这一政策对于四地以外的机制卷烟企业打击甚大，形成了 20 世纪三四十年代中国卷烟企业的基本分布格局。对于高度依赖低端市场的华商卷烟企业而言，廉价的手工卷烟及冒牌卷烟对其产品销路影响重大。上海作为全国卷烟企业的最集中的地区，加上租界及外商之故，走私和漏税活动频繁发生。卷烟厂商出于自身利益考虑，对查缉私烟非常重视，他们曾多次通过公会呈请财政部查缉私制

---

① 《财政部税务署关于管理卷烟用纸产销贩运等问题的训令通知、财政部上海货物税局员工该问题对各受理区的通知及税务署卷烟工业同业公会等的来往文书》，上海市档案馆藏财政部上海货物税局档案，Q434 - 1 - 13。

② 《卷烟用纸制销购运管理规则》，《金融周报》第 20 卷第 5—6 期，1949 年 2 月 9 日。

③ 陈真等编：《中国近代工业史资料》，第 1 辑，生活·新书·新知三联书店 1957 年版，第 63、66 页。

④ 《财政部规定设置烟厂地点》，《工商半月刊》第 6 卷第 5 期，1934 年 3 月 1 日。

冒牌手工卷烟。① 政府出于财政税收及国库收入的考量，在打击偷税冒牌卷烟的问题上与上海中外卷烟厂商结成了利益共同体，1933 年卷烟缉私委员会的成立就是这种共同利益的最佳体现。在该委员会建议下，税务署对卷烟缉私工作非常重视。

表 2 - 7 　　　20 世纪 30 年代国民政府卷烟稽查私烟区域概况

编号	范围	查缉重点
第一区	京沪及沪杭甬铁道沿线各地	上海一带
第二区	浙江沿海各地	宁波、海门、温州一带
第三区	江北各县	海州、清江浦、德清、扬州、崇明、六合
第四区	津浦铁道沿线及皖北各地	浦口、滁州、蚌埠、凤阳一带
第五区	陇海铁道沿线东西段及平汉南段各地	郑州、开封、洛阳、许昌一带
第六区	津浦路沿线北段及烟潍胶济两路沿线各地	徐州至济南及坊子、潍县一带

资料来源：《卷烟缉私协助委员会为分区派员查缉私烟事致卷烟业务委员会函》（1934年）；《战前各地手工土烟概况》（1935 年），杨国安：《中国烟业史汇典》，光明日报出版社 2002 年版，第 795、804 页。

经历了八年抗战，人民生活已大受打击，战后国内军事冲突不断，国统区通货膨胀日趋严重，民众购买力普遍下降。国民政府对卷烟从价征税，不断提高税率，缩短核税时间，卷烟企业很难通过涨价的方式将税负转嫁给消费者，加上原料、工资开销甚重，不少夹缝中生存的中小卷烟企业在成本和利润一降再降的处境中无以为继，只得停产关门。仍在勉力维持的厂商，在沉重的税负之下也无法再降低甚至维持低端卷烟的价格。战后卷烟作为一种嗜好品更加普遍，市场对

① 《财政部就上海华商卷烟厂业同业公会等呈请各地方政府公安军警协助查缉私制冒牌卷烟咨各省政府文》，1931 年 10 月 6 日；《财政部复电上海市商会要求遵行卷烟新税制并规定查缉漏税私烟四条办法》，1934 年 12 月 11 日；《财政部据杭州市卷烟业同业公会呈请查缉私制卷烟咨各省政府文》1934 年 6 月 12 日，详见《中国烟业史汇典》，第 730—731 页。

于廉价卷烟的需求不断增加，厂商无法降低成本满足这种需求，形成市场真空，导致私烟更加泛滥。为打击漏税私烟，财政部首先提高手工卷烟税率，规定从 1946 年 1 月起由战前 60% 改订为 100%。[①] 1946年 10 月 8 日，颁布《手工卷烟厂户管理办法》，进一步规范手工卷烟厂户的设置、登记及制造、行销行为;[②] 11 月 27 日修正公布的《货物税条例》，补充规定了饮料品、化妆品等应税货品须粘贴查验证，用以严密稽征，此外还对私制应税货品增订了较严峻的罚则，对凡私制应税货物者，除罚没其漏税货物并处以所漏税款 10 倍的罚金外，并没收其供私制的机器、用具及原料。[③] 但效果并不明显。1948 年，随着战事的扩大，卷烟市场遭受破坏，各地私烟盛行，倒流上海，严重影响了该地卷烟税收。12 月 28 日，上海市货物税局致电财政部国税署署长姜书阁，电文称:

> 查自华中华北战火蔓延，沪市各烟厂因交通阻断，销区日蹙，减产停工情形日趋严重，致本局税收随之锐减，而最近各地私烟流沪，乃为沪市烟厂重大打击。据卷烟公会及本局所属报告，计有:一、蚌埠，当地私烟充斥，近且倾销南京及苏锡等地，驯至流入本市，为害匪浅;二、最近沪市烟摊发现未经完税私制颐中公司高级牌名卷烟，大多系由青岛泛滥私运而来;三、广州地方私烟私货充斥，一部分并由粤海路走私来沪，再粤制卷烟税额特低，其每箱批价八千余元者，其税额有低至六百余元;四、沪市郊区为南汇、青浦等地多有假冒本市烟厂牌名私烟偷运来沪。综上各情，不独有损正当厂商营业，与国家税收亦有莫大影响，本局职责所在，自当多方防止，藉维税源。惟上海幅员辽阔，港汊纷歧，查缉难期周密，为正本清源，似应并由产地局所加意杜防，力谋改善，以收合作之效。[④]

---

① 《经济简报》，《申报》1946 年 1 月 28 日，第 1 张第 5 版。

② 《中华民国工商税收史料选编》（第三辑·货物税）下册，第 2316—2317 页。

③ 同上书，第 2145—2146 页。

④ 《上海货物税局关于查缉私制卷烟问题与税务署等有关单位的往来文件》，上海市档案馆藏财政部上海货物税局档案，Q434－1－238－27。

战火的蔓延给查缉私烟工作造成更大困难。对于税局的请求，国税署电复"准予分别转饬各该区国税管理局及货物税局督饬严缉纠正，并电请关务署转饬有关海关协同查缉，以杜私漏，仍仰督饬所属随时严辑流漏私烟，依法移送法院罚办为要"。① 但随着政局动荡，缉私工作失去了实施条件，政令成为一纸空文。

卷烟商标，旧时俗称"牌号"。战前手工卷烟厂户所使用的商标牌号比较复杂，仅有少数进行依法注册，大多数未遵照《商标法》规定办理注册手续，采用冒牌的手段进行混销，即假冒别人的商标在市场上销售。假冒的牌号，主要为英美烟公司、南洋兄弟烟草公司、华成烟草公司等在市场上比较畅销的机制卷烟牌号。雷同及冒牌私烟严重影响正规卷烟销路，极大损害了正当厂商利益。针对这种现象，时人评论"真正是凭着自己货色创出招牌的，不过寥寥数家，其他多半是乱七八错，冒顶他人的商标，以劣货骗取厚利，结果使得已有地位之工厂，感受极恶劣之影响，发者乃至于被牵累而倒闭"。② 长期以来，由于政府不重视商标，昧于产权维护，商标纠纷成为英美烟公司用以打击国烟的一种手段。上海最早的华商三星烟公司，就是在英美烟公司不断指控"冒牌"的压力下被迫关闭的。20世纪20年代，曾发生英美烟公司与南洋兄弟烟草公司的商标大战，最后以国民政府商标局裁决撤销南洋烟草公司福禄牌商标而告终，此一案例为后人诟为英美烟利用商标倾轧国烟的典型事件。1928—1935年，英美烟公司向国民政府提出商标异议案件多达上百起，被起诉华商烟厂45家，涉及商标数51种。③ 败诉公堂后的南洋公司在市场竞争中极为重视自己的商标保护，1926年10月至1934年10月，与其他华商公司发生商标争议事件8件之多。

---

① 《上海货物税局关于查缉私制卷烟问题与税务署等有关单位的往来文件》，上海市档案馆藏财政部上海货物税局档案，Q434－1－238－27。

② 马乘风：《河南烟类产制运销调查报告》，《政治建设》第7卷第2—3期，1942年10月，第43页。

③ 《英美烟公司在华企业资料汇编》，第673页。

表 2 - 8　　20 世纪二三十年代南洋公司为商标问题与其他公司
所发生的争议事件

时间	南洋公司的商标名称	被异议的公司名称	该公司的商标名称	南洋提出异议的理由	结果
1926. 10—1930. 10	大联珠	中和烟公司	大金珠	名称相近，图样相似	"大金珠"暂停使用
1929. 12—1930. 3	双好	三兴烟公司	双好	名称完全相同	因三兴公司使用在先，南洋将"双好"改为"相知"
1928. 7—1929. 1	新爱国	大东烟公司	同心	请将"新爱国"牌准予注册并将冒仿该商标之同心牌撤销	——
1933. 7—1933. 12	地球	义成烟公司	双地球	名称相同，相差仅一数目字之"双"字，交易上易生混淆	"双地球"牌商标应予撤销
1934. 2—1934. 8	地球	金汐泰记烟公司	中国地球	名称相同，仅加冠"中国"二字；图样主要部分同为地球	被异议人自愿撤销"中国地球牌"商标
1934. 2—1934. 9	富国	利记烟厂	大富国	名称相同	"大富国"商标应予撤销
1934. 8—1934. 10	白金龙	鹤丰烟公司	小白龙	名称与"小白金龙"相同，图案与"飞马"相类似，立意冒仿	图样不同，名称有别；与"飞马"图样亦属不同，自无影射可言，异议不成立
1933. 6—1933. 8	蝴蝶	福昌烟公司	影星	名称相似，图样部分相似，英文名称相同	名称一为"蝴蝶"，一为"影星"，区别显明；图样亦各不相同，异议不成立。惟"影星"商标，增加"蝴蝶"女士或"蝴蝶香烟"字样在市场行销，则蒙混注册，意图影射，该商不得继续使用

资料来源：《南洋兄弟烟草公司史料》，第 262 页。

　　关于卷烟商标纠纷，这一时期比较典型的还有 1926 年 2 月金飞烟公司出品的金驼牌与华成公司的金鼠牌香烟图案纠纷，最后华成烟公司胜诉。① 1929 年华达公司与大道公司大运道牌香烟商标冲突案，最后以华达胜诉结束。② 抗战期间，国统区手工卷烟工场林立，卷烟商标牌号鱼龙混杂，为便于加强管理，1942 年 11 月 29 日，国民政府烟类专卖局以训令形式公布了《烟类专卖局登记各制烟厂商商标暂行办法》，按照规定，卷烟厂所申请牌号如果经审查，与已经登记的牌号无相同或相仿的，则给予审定登记；如发现有冒牌的，则给予核驳，不准登记，被核驳的商标也不准烟厂使用。③ 这些措施有利于打击漏税私烟，保证卷烟合法生产与流通。

　　抗战胜利后，上海新老烟厂纷纷成立和相继复工，情况非常繁杂。在这些卷烟厂中，有的自己并无商标行销而仅有工厂（替他厂代卷），有的自己并无工厂而仅有商标（卷烟商号），大部分自己有工厂同时又有商标，且经过登记注册（企业）。企业商标牌号繁多，远远超过战前。据 1946 年的调查，上海全市卷烟同业共 93 家，生产品达 207 种；④ 据卷烟同业公会统计，1947 年底时，上海烟厂开工者 96 家，登记商标 346 种，出品 461 种，平均每厂出品达 4.7 种；1948 年底时，开工者 82 家，登记商标 244 种，出品 286 种，平均每厂出品有 3.5 种。⑤ 新中国成立前，上海全市 103 家烟厂，纳税的牌子就有 292 种之多。⑥ 烟厂新出卷烟商标，时有名称雷同或图样近似情况，极易发生伪冒影射纠纷，不仅妨害正当厂商营业，而且影响税务署稽征工作。战后卷烟实行从价征税，由于各牌定价不一，卷烟商标成为

① 《中国华成烟厂历史资料 1924—1957》，第 15 页。
② 《中国烟业史汇典》，第 856—857 页。
③ 《烟类专卖局关于制订制烟厂商商标登记暂行办法训令各办事处主任》，1942 年 12 月 19 日，《烟类专卖公报》第 1 卷第 2 期，1943 年，第 43 页。
④ 陈哲夫：《卷烟常识》，《中华烟草公司同仁业余联谊会会刊》，该会 1948 年 12 月 25 日编印。
⑤ 《上海卷烟工业之地位》，上海社会科学院经济研究所企业史资料室藏英美烟公司抄档 [02] 2A—4 "英美烟公司在华垄断概况 1895—1949 年"，第 69 页。
⑥ 李聆音：《从一支香烟上透视上海卷烟工业》，1947 年 8 月 3 日，上海社会科学院经济研究所企业史资料室藏 1930—1950 年代初期经济类剪报资料 04—055 "1938—1950 年的卷烟工业"，第 114 页。

重要依据，政府对此极为重视。1946 年 3 月，上海市货物税局局长方东关于卷烟商标登记问题给第一管理区的训令中指出，对于数厂使用同一商标的情况应查明其专用权之隶属，在未解决前，"应将各厂现有空烟壳查明数量，限期用罄，并于商标上加印制造地点厂名，否则不准制销，俟厂制销之卷烟如有同样情事，自应照章一律取缔，以杜流弊"。① 4 月 13 日，财政部税务署颁布《新牌卷烟报请核税办法》，对新牌卷烟主要实行以下管理办法：厂商新出商标除向商标局注册、审定外，填写申请书，加具银行或商号保单，报主管税务机关核办，税务机关核明报价后，报税务署登记；新牌卷烟奉税务署核准登记后方准制销出厂，如批售价格超过原报价格，应补缴税款；新牌卷烟奉准登记之日起一个月内，由税务机关核定税价税额，如一个月未出厂者，另行办理报价。② 随着战事扩大，财政赤字严重，国家对卷烟税这一大宗收入更加重视。1948 年 1 月，财政部税务署给各货物税局训令中再次强调商标管理：

> 查办理各卷烟厂商号及商标登记，系为实施管理，便利稽征，关系重要，迭经严令通饬遵办在案。近查各局每月呈送辖属卷烟厂商及商标牌名报告表，其已遵章办理登记者固多，而玩忽功令，延不遵办或仅有商标登记而商号置不报请登记者，或已歇业停制久不报请撤销商号商标登记者，仍复有之。似此藐视定章、废弛管制，时日演变，徒长私风，值此戡乱建国时期，国库支用浩繁，整饬税收讵容忽视？③

为了加强管理，财政部制定了更为严格的办法。"嗣后凡新设之烟厂或新出之商标，非照章俟商号商标注册及登记奉准后，不准营业

---

① 《上海货物税局关于卷烟商标登记问题给第一管理区的训令》，上海市档案馆藏财政部上海货物税局档案，Q434 - 1 - 441 - 2。

② 《货物税法规汇编》（第一辑），财政部税务署 1947 年 5 月编印，第 66—67 页。

③ 《财政部税务署关于加强卷烟厂商商标登记工作的训令及财政部上海货物税局有关厂商商标登记问题与各管理区等的来往文书》，上海市档案馆藏财政部上海货物税局档案，Q434 - 1 - 23。

制销；该管机关如不切实执行，定予严行议处，以肃税政。除分行外，合行令仰该局即便遵照，迅将辖属未办理商号商标登记暨已歇业停制之各烟厂及商标翔实查明，限于文到一个月内补办完竣，否则一经逾限，立即饬令歇业停制。"① 10 月，税务署再训令各局，从 11 月1 日起各烟厂拟新出商标申请登记必须先呈准商标局注册，取得注册证或审定书后方准登记；已新出卷烟商标，统限于 11 月底前一律补缴商标注册证或审定书，完成法定登记手续，逾期未能呈缴，即勒令停止制销。②

　　商标管理是政府烟业管理的重要部分。战前上海卷烟业的发展特征是以市场竞争为主，商标纠纷矛盾较为明显；战后上海卷烟行业发展面临严重危机，档案资料显示，卷烟企业商标交涉并不突出，多数在政府调节下自动和解。1946 年 9 月，新民烟厂咖啡牌商标与锦华烟厂咖啡牌商标雷同发生争执一案，新民烟厂表示"为维持同业情感，以免争执起见，敝公司自愿将该项咖啡牌商标专用所用权放弃，移让与锦华烟厂营业，自经此次移转之后，即归锦华烟厂独家所有，继续使用"。③ 1947 年 8 月，德兴烟公司与颐中烟公司商标图样雷同，德兴函复颐中公司，"该厂绿色三杯牌商标既与三炮台商标相似，产生异议，为避免彼此误会，决将该项绿色三杯牌商标撤销，仍用原经呈准注册之老商标并略予变更式样"。④同年 9 月南洋公司银行牌与宁波胜利烟厂洋行牌商标图样纠纷，经上海货物税局饬令胜利烟厂"即日停止制售"并"相应检同改换包壳颜色"获得解决，⑤之后双方再

<hr>

① 《财政部税务署关于加强卷烟厂商商标登记工作的训令及财政部上海货物税局有关厂商商标登记问题与各管理区等的来往文书》，上海市档案馆藏财政部上海货物税局档案，Q434-1-23。

② 《国税署关于卷烟商标注册各项规定的通令》，中国第二历史档案馆藏财政部国税署档案，155—324。

③ 《上海货物税局为处理新民、锦华二烟厂卷烟商标归属权问题与税务署及新民、锦华烟厂之往来文件》，上海市档案馆藏财政部上海货物税局档案，Q434-1-46-1。

④ 《德兴、颐中烟厂有关卷烟商标图样雷同纠纷与上海货物税局等往来文件》，上海市档案馆藏财政部上海货物税局档案，Q434-1-50-12。

⑤ 《上海货物税局关于南洋烟草公司与胜利烟厂制销卷烟商标图样雷同问题就具体事宜与宁波货物税分局及南洋公司往来文件》，上海市档案馆藏财政部上海货物税局档案，Q434-1-50-45。

也没有起诉。国民政府除通过直接税收稽征加强本土卷烟的产销控制外，对舶来卷烟、生产材料及漏税与冒牌私烟亦进行了整顿，一定程度上保证了卷烟税收稳定，维护了上海卷烟企业的正常运转。

第三章 卷烟原料供应中的政企合作

第一节 战后新形势下的原料供应

一 卷烟工业主要原料及供应概况

制造卷烟工艺复杂，其主要原料有烟叶、卷纸（纸圈）和包装材料等，其中包装材料又包括钢精纸、道林纸、白板纸、油封纸、透明纸等数种。卷烟生产最主要的原料首推烟叶。长期以来，中国出产的土种烟叶一般系晾晒烟，加上种植及烘焙方法落后，在颜色和香气上都不适合制作卷烟，尤其上等卷烟均需采用品质上乘的进口烟叶，土烟只能少量掺和使用。战前中国烟草生产"十分之七八为土烟，十分之二三为美种烤烟"。[①] 土烟品质只适于制造水烟、旱烟、土雪茄烟之用。烟厂生产卷烟所用烟叶，需要从国外进口，其中大部分均来自美国。进口烟叶一般均系烤烟，调制过程在烤房内采用烘烤干燥的技术，而非传统的晾晒，国内亦称"烤烟"。1902年驻华英美烟公司成立，其在华生产的最初十年，只能仰给国外，尤其是从美国进口的烤烟。美种烟叶多产自北卡罗来纳州和弗吉尼亚州，质地优良，被广泛使用于卷烟制造。

---

① 霍席卿：《目前我国烟草事业应有之措施》，《农业推广通讯》第6卷第2期，1944年2月。

表 3 - 1　　　　　　　1891—1919 年美国对华烟叶输出统计

年份		输出量（千磅）	输出值（千美元）	占中国输入烟叶总值%
5 年平均	1891—1895	14	1	
	1895—1900	217	21	
	1901—1905	825	115	
	1906—1910	4140	522	31
3 年平均	1911—1913	6272	923	35
	1914—1916	7944	1283	52
	1917—1919	13009	4635	56

资料来源：《英美烟公司在华企业汇编》，第 240 页。

　　上海主要烟草企业生产所需烟叶，一是直接进口，二是向驻华英美烟公司购买，三是向外商烟行订购。英美烟公司主要依靠进口，南洋兄弟烟草公司派员赴各大市场直接采办，华成等企业大多直接向在沪的外国商行订购。1930—1934 年，华成公司每年购进美国烤烟 800 万—1230 万磅，数量占耗用烟叶总量的 66.7%—83.2%，货值占采购烟叶总金额的 83.85%—92.72%。[1]

　　为降低进口原料成本，英美烟公司来华后不久，就派了美国弗吉尼亚州和卡罗来纳州产烟区的专家到内地调查土壤和土烟生长情况，考虑开辟美种烤烟基地。从 1904 年开始，英美烟公司在全国范围内进行了大规模的烟叶调查，涉及十多个省的 49 个地区。[2] 经过十年考察，在综合比较了各地的土壤性质、气候特征、交通条件、市场环境之后，公司于 1913 年从美国运送烟种至中国，河南、山东和安徽三省成为种植引进美种烟叶的主要地区。英美烟公司在试种初期采取了无偿借贷种籽和肥料以及烤烟设备等激励手段，加上烟草与其他农产品相比的价格优势，公司在三省的美种烟叶推广均取得了成功，河南、山东和安徽成为民国时期国内最主要的烤烟产区。"国产烟叶，初仅可制潮烟、旱烟、水烟等土烟。自民国二年（1913 年）英美烟

　　① 《上海烟草志》编纂委员会：《上海烟草志》，上海社会科学院出版社 1998 年版，第 256 页。
　　② 上海市政协文史委员会编：《上海文史资料选辑第 56 辑·旧上海的外商与买办》，上海人民出版社 1987 年版，第 137 页。

公司由美运种至豫鲁皖等省后，我国始有卷烟用之烟叶出产。"① 纸烟之主要原料为美种烤烟叶，"以前中国消费纸烟之烤烟叶，约计三分之二为河南、山东、安徽所产，三分之一强为外洋所输入者"。② 到1919年，英美烟公司收购我国美种烟叶数量已为进口数量的3倍。③ 之后，国内最大的卷烟企业英美烟公司和南洋兄弟烟草公司在河南许昌、山东青州等地设立大规模的收烟场和烤烟厂，专事美种烟叶的收购和烤制。1932年，国民政府成立美种烟叶改良委员会，旨在改良国产烟叶以实现"此后无须仰给外国人，可以挽回巨额之漏卮，且可以运销国外，以与美烟争衡，借以助成农村经济之复兴，更有俾于建设大计"。④ 该会隶属于国民政府财政部，政府拨专款作为创办基金，任命税务署长谢作楷担任委员长，由邬挺生任专门委员，负责具体事务。战前中国新式烟叶的种植区大多集中在黄河流域，如山东的青州、河南的许昌，以及安徽蚌埠近郊。出产成绩颇为可观，1937年平均产量，在山东是1.25亿磅，河南5000万磅，安徽3000万磅。⑤

尽管国内产烟区美种烟叶产量有所增加，但由于国产烤烟品质较进口欠佳，其中只有极少部分可以完全用于制造中高档卷烟，加上产量有限，远远不能满足中国卷烟工业日益增长的原料需求，进口烤烟自始至终没有被完全取代。外商制造卷烟系采用河南、山东、安徽之洋种烤烟叶及外国输入之烤烟叶。"烤烟之生产，则不敷国人之消费，战前每年由美输入之烤烟约八十万担。"⑥ 因此，烟叶紧缺状况遇到金融波动时，进口原料价格昂贵，导致企业成本加剧，甚至停业。如1930年8月，时人分析南洋兄弟烟草公司停业原因时指出：

---

① 《上海华商卷烟工业之现状》，《工商半月刊》第5卷第1号，1933年1月1日。
② 霍席卿：《目前我国烟草事业应有之措施》，《农业推广通讯》第6卷第2期，1944年2月。
③ 《英美烟公司在华企业资料汇编》，第3页。
④ 王永杰等编：《商海巨子——活跃在沪埠的宁波商人》，中国文史出版社1998年版，第162页。
⑤ 《我国的卷烟业》，《新语》第13卷第17期，1948年9月1日。
⑥ 康兴卫：《今后我国烟草事业之展望》，《农业推广通讯》第6卷第2期，1944年2月。

乃近年美国烟叶价格渐高，计二等烟叶价格，十四年第一季三十七余两，至十五年第四季涨至五十四余两，二年间竟涨百分之四十六。同期美国三等烟叶，亦涨至十五两许。十六年售价稍跌，但至第四季仍趋坚俏。近年沪上烟厂之设立，如雨后春笋。烟草之需要有增无减，则烟草价格难望低落。又值金价暴涨，原料之来自外洋者，成本骤增十之三四。①

美国著名学者高家龙研究指出，到 1923 年，南洋兄弟烟草公司进口的大量烟叶以及英美烟公司进口的更大量烟叶，使得中国成了世界上除英国之外最大的美国烤烟烟叶进口国，这一地位一直维持到 1937 年日本侵华时为止。② 据 1933 年的统计："上海烟厂所用之烟叶，外货占十分之九，国货占十分之一，此中损失为数不资。考现在所产华叶，因种子不良，种植因循旧法，烤焙又不讲究，其香味及色泽皆不敌美叶。上等烟全用洋叶，中等烟十分之七八，下等烟十分之四五仍须与洋叶混合制成。"③

全面抗战开始后，战争使得国产烟叶生产和运输困难增大，上海烟厂烟叶供应更加依赖进口。这一时期进口烟叶大为增加，甚至一度超过战前。1937—1941 年，上海平均进口烟叶的总值为 494.85 万美元，最高的 1940 年和 1941 年，分别为 977.5 万美元和 1044 万美元，是 1936 年的 215%—230%。④ 1940 年 12 月，日本成立了华中烟叶公司，作为华中美种烟叶的统制公司，但对国产烟叶的统制并未实现，日商、华商和外商纷纷建立自己的活动范围，互相竞争。1941 年 12 月太平洋战争爆发后，外国烟叶输入几乎陷于断绝，烟叶原料紧缺，由于供需不能平衡，上海各卷烟企业原料存底告缺，只能再次寄希望

---

① 《南洋兄弟烟草公司停业之原因》，《工商半月刊》第 2 卷第 8 期，1930 年 4 月。

② ［美］高家龙：《中国的大企业：烟草工业中的中外竞争（1890—1930）》，樊书华、程麟苏译，商务印书馆 2001 年版，第 254 页。

③ 《上海华商卷烟工业之现状》，《工商半月刊》第 5 卷第 1 号，1933 年 1 月 1 日。

④ 《上海烟草志》编纂委员会：《上海烟草志》，上海社会科学院出版社 1998 年版，第 256 页。

于国产烟叶。这一时期，日本利用华中烟叶公司控制国产烟叶原料的生产与收购，并加强各地的组织机构与该公司的协作，"中国种烟叶由当地办事处收购改装后，运往上海。运到后，一概报告日本大使馆，俟接到配给分摊比率的指示后，分配给各制烟厂，即军管理英美烟公司工厂、日商和华商各工厂"。[①] 在此基础上实行统购统销。到1942年底，"收购数量已达100万贯（每贯为3.759公斤）"。[②] 日本还制订增产计划等措施，1942年以后，上海各主要烟厂烟叶供应以国产烟叶为主。抗战胜利后，国民政府接收了大量日伪时期留存的烟叶，其中"青岛2600万磅，天津和北京300万磅，上海600万磅"。[③]

制造香烟的主要原料除烟叶外，卷烟纸也是不可或缺的东西。卷烟纸俗称盘纸，因其质薄如纱，又名罗纹纸，形狭而长，呈圈状，又称其为纸圈。它的原料以麻类为主，因其制造技术程序复杂，到20世纪30年代初，"我国纸厂尚无此种出品，全须仰求法意日美等货"。[④] 在1935年以前，中国造纸厂尚不能生产盘纸，上海各烟厂所需用盘纸均从国外进口。1935年3月，浙江嘉兴的私营民丰造纸厂在德国、瑞典购买制造盘纸的机器设备，增加资本，扩大生产规模，高薪聘用奥地利工程师，并派专人到日本参观学习制造技术。是年年底，"船牌"盘纸试制成功，该厂即向南京国民政府申请获得专利权。由于这时期盘纸质量与进口产品不相上下，价格较外货便宜，上海南洋、华成、福新等华资烟厂相继采用该厂盘纸，外商颐中烟公司也前往订货。但由于数量有限，盘纸供不应求，严重依赖进口。战前国内生产卷烟用纸只有嘉兴民丰纸厂一家。"战前十之八九，皆采用外洋卷纸。"[⑤] 日本全面侵华开始后，"八一三"事变发生，日军占领上海，民丰造纸公司被迫停产。1939年，民丰造纸公司被日本三岛

---

① 《英美烟公司在华企业资料汇编》，第334页。

② 同上。

③ 同上书，第341页。

④ 《上海华商卷烟工业之现状》，《工商半月刊》第5卷第1期，1933年1月1日。

⑤ 霍席卿：《目前我国烟草事业应有之措施》，《农业推广通讯》第6卷第2期，1944年2月。

制纸株式会社强占，翌年，日本利用占有民丰的生产经营权，生产"太阳牌"卷烟纸。日方经营下的出品大都配给于日商各卷烟厂，但因原料不易购买，产量并不甚多。[①] 战争期间，日本在东北的安东、江西和台湾建立了卷烟纸厂，由于交通运输不便，满足不了当时的卷烟生产需求。在国统区，四川宜宾的中元造纸厂根据各烟厂需求，试制卷烟纸并获得成功，主要生产机制卷烟使用的卷烟纸和手工卷烟使用的平板纸，但由于设备简陋，质量较差。抗战胜利后，民丰纸厂积极活动，于 1945 年 12 月 8 日复工，卷烟纸继续享有专利，销售地区以供应上海本埠为主，同时覆盖蚌埠、汉口、山东、广西、浙江、江苏各省市及全国各埠。

卷烟盒内包烟之金属纸，俗名锡纸，亦为卷烟工业必需原料之一。锡纸具有防潮的功能，用来包装卷烟以防发霉。卷烟包装材料有的用锑制成，有的用铝，有的用锡与铝混合制成，国内生产多为铅锡合金制成锡纸，用铝制成之钢精纸（铝箔纸）多为美国制造。20 世纪初，国内卷烟生产所用锡纸，包括英美烟公司，均仰赖欧美及日本进口。"迨民国十年，始有国人组织之锦华及新华二锡纸厂，开始仿制。"但是使用的厂商并不多，仅有南洋兄弟烟草公司和其他小规模卷烟厂采用国产。[②] 1922 年，驻华英美烟公司始在上海浦东设立锡纸厂，该锡纸厂"费时三年之久，始能在中国置有机器以成斯业。厂内现有二、三百男女工人，在内工作"。[③] 规模不大。之后南洋兄弟烟草公司在上海自设宝兴锡纸厂，专供其生产之用，短短几年时间，上海先后成立大小锡纸厂二十多家，基本供给各烟厂之需。1928 年，从国外进口的铝箔钢精纸开始在市面上出现，华成烟草公司首先采用。与旧式锡纸相较，钢精纸不仅价格便宜，而且色泽美观，功能亦佳。所以在短时间内上海各卷烟厂纷纷改用钢精纸，国产锡纸逐渐失去市场。1928 年 12 月，南洋公司宝兴锡纸厂由于

---

①　《工商调查：民丰造纸厂股份有限公司》，《征信日报》特 1453 号，1943 年 4 月 21 日。

②　上海市档案馆编：《上海档案史料研究》第 8 辑，生活·读书·新知三联书店 2010 年版，第 263 页。

③　《英美烟公司在华企业资料汇编》，第 163 页。

"营业退缩，南洋锡箔、铁罐工场，成本较重，制成品积存过多，无法销用"而不得不停办。[①] 20 世纪 30 年代以前，上海烟厂普遍使用的钢精纸，大多从美国和德国进口，如华成烟厂所用钢精纸，多数向外商天纳洋行单独订购。1932 年，瑞士商人始在上海设立华铝钢精厂，生产钢精纸，此后上海各烟厂大多向其购买。由于生产能力有限，华铝钢精纸远远不敷烟厂应用，其生产所用铝锭国内无法制造，须从加拿大及英国进口。抗战军兴，外货输入变得困难，尤其 1942 年上海全部沦陷后，外货铝箔绝迹，华铝钢精厂遭日军占领而改制军用品，上海的铝箔生产陷于停顿。由于市场需求，国产锡纸厂相继复工，生产产品供各烟厂之用，一直到抗战胜利。1945 年秋，华铝钢精厂复工，上海市铝箔生产开始恢复，同时外货开始源源进口，钢精纸生产和供应在市场占据主导，1946 年 7 月底，上海各主要锡纸厂相继停工。

二　新外汇及外贸政策下的原料供应

充沛的原料供应是卷烟工业发展的有力保证。抗战胜利初，政府允许企业自由结汇，卷烟生产必需的烟叶、纸圈等原料进口尚属方便。大批外汇原料尤其是物美价廉的美国烟叶的进口，给上海的卷烟企业带来丰厚的利润，成为上海卷烟行业能够在短期内迅速恢复和发展的重要因素。然而，大量使用进口原料造成卷烟业对外货的依赖，导致上海卷烟原料供应结构不平衡。1946 年 11 月 17 日，国民政府颁布《修正进出口贸易暂行办法》，规定货品输入采用限额制度，进口商必须取得输入许可证，凭证才能报关进口。[②] 该政策将卷烟工业必需原料烟叶和纸圈列为限额输入品。18 日，行政院成立输入临时管理执行委员会（以下简称输管会），下设输入限额分配处（以下简称分配处）办理输入限额事宜。由输管会规定输入限额，按照各厂每月生产量，分别核定其受配量，通知各厂直接与进口商签订合同契约，

---

①　《南洋兄弟烟草公司史料》，第 215 页。
②　《修正进出口贸易暂行办法》，《资源委员会公报》第 11 卷第 6 期，1946 年 12 月 16 日。

经限额分配处审核后，签发输入许可证。1947 年 2 月 16 日，国民政府规定外汇除限额外必须分配，卷烟工业原料进口更加受限。在这种情况下，卷烟生产原料紧缺，价格飞涨一发不可收拾，上海的卷烟业生产成本骤增，发展受到严重影响。

战后国民政府的外汇管制政策，使得卷烟工业本不宽裕的原料供应更捉襟见肘。卷烟工业必备原料的外汇限额究竟应该如何分配？政府以税收为目的，自然主张按纳税数额的多寡来分配外汇。输管会限额分配处要求上海货物税局提供各烟厂每月纳税数额和箱数，作为分配参考。由于原料紧缺，在分配过程中难免发生厂商囤积原料非法牟利的情况。战后上海卷烟工业同业公会经过整理和改组，规模和职能大为扩展，业内大小烟厂纷纷加入。据 1948 年 1 月同业公会统计，"新会员加入较上年增加 20%，各厂产量较上年度增加 70%，缴纳国库之货物税较上年增加 7 倍以上"。① 规模日益壮大使得卷烟工业同业公会能够更有效率地协助调查业内烟厂的生产、售价及纳税情况。除协助征税外，在政府外汇限额政策下，公会在进口原料的分配中扮演了越来越重要的角色。

限额分配政策实施后，卷烟业原料外汇不敷应用，上海卷烟厂商深感原料供应紧张，尤其烟叶进口，与之前相较已大大缩减。大新等十几家烟厂给卷烟工业同业公会的信中指出："自政府管理外汇及统制输入品后，国货厂商咸感原料缺乏，尤以同业美叶一项，罗致不易，为最受痛苦，及知有公开供应，谁不仰若甘霖，群起采用，自不待言，奈粥少僧多，支配方针必须从长计议。"② 建议公会对烟叶这一紧缺资源进行统筹分配。第一季烟叶外汇限额，由各烟厂自由向进口行联系，由于各厂用叶数量与进口行商情况复杂，出现囤积居奇，导致烟叶价格飞涨。1947 年 5 月，对于第二季烟叶外汇限额，卷烟工业同业公会召开理监事会议讨论分配办法。经全体议决"呈请当局

---

① 上海市卷烟厂工业同业公会秘书处：《上海市卷烟厂工业同业公会卅六年度工作总报告》，1948 年 1 月。

② 《上海市卷烟工业同业公会关于提供进口烟叶外汇分配办法以及转请纠正扬子公司经办纸烟输入漠视厂商利益事宜同输管会的来往文书》，上海市档案馆藏上海卷烟工业同业公会档案，S68-1-147。

准由公会代理各生产烟厂直接取得外汇；在未得核准前，各进口行所申请购入之烟叶原料，须全部出售于正式出产烟厂，不得流入业外人之手，免遭囤积居奇而影响卷烟之正当生产。"[1] 8月，公会致函输管会指出"前项外汇先后核拨我会员烟厂，所得合理之订购为数无几，其余外汇任进口行自由处置，或仍任烟叶居间商转辗牟利，坐使美叶售价抬高甚巨"，关于第三期烟叶外汇分配，向输管会提五项建议。[2] 9月，公会向分配处提出由公会主导、按现行税额分配每箱所得烟梗及烟叶的具体办法。办法适用于除颐中、花旗公司之外上海的其他制烟公司，并且规定："各公司如将分配所得之美叶及美梗转售图利者，取消其享受分配之资格。"[3] 对于同业公会的建议，分配处予以采纳，从第三期烟叶外汇分配开始实施，卷烟工业同业公会获得了烟叶外汇订购之副署证明权。

表 3 - 2　　　　　1947—1948 年上海卷烟工业同业公会办理
烟叶外汇分配汇总　　　　　（单位：美元）

期数	美梗外汇	美叶外汇	合计外汇
1	同业公会未办理分配	同业公会未办理分配	同业公会未办理分配
2	同 上	同 上	同 上
3	324227	2918111	3242338
4	316961	2852650	3169611
5	165253	1487281	1652534
6	165253	1487281	1652534

　　资料来源：根据上海市卷烟厂工业同业公会秘书处：《上海市卷烟厂工业同业公会卅六年度工作总报告》，1948 年 1 月；上海市卷烟工业同业公会秘书处：《上海市卷烟工业同业公会卅七年度工作总报告》，1949 年 1 月相关材料整理。

---

[1] 《八百美元烟叶烟厂讨论分配办法，组小组委员会统筹处理》，《申报》1947 年 5 月 14 日，第 2 张第 6 版。

[2] 《卷烟工业提五项建议，向输管会争取外汇》，《申报》1947 年 8 月 3 日，第 2 张第 7 版。

[3] 《上海华成烟厂历史资料（1924—1957）》，第 125 页。

卷纸（纸圈）外汇分配的情况与烟叶基本类似。关于卷纸一项，上海卷烟工业同业公会主张由其掌握外汇数量，依照最近三个月各烟厂纳税箱额分配，各厂分配到数字后向盘纸行订购或购买，这样既可以防止暴利压平市价，同时利于加多盘纸数量进口。①1947 年 4 月，同业公会致函输管会限额分配处，建议具体办法，呈文称：

> 本会系依据工业同业公会法及其施行细则所组织之机构，负有矫正同业弊害，争取工业改良发展之任务，诸凡关于所属会员工厂之制品及原料材料之检查取缔配给统制或共同发售共同购入等等，依法均有办理之需要。兹值贵处办理纸圈外汇之际，本会之意对于实施配售之技术方面，希望有一公允合理之方式，使供（进口行）求（各烟厂）双方在适当之规律下各谋营业之正常发展。因此拟先由本会根据各会员烟厂平素之实际生产数量（假定为一二三三个月之总产量）对四十万美金作一比例之分配，将此分配数字分别通知各烟厂并发给规定式样之证明书填明可得之外汇数字，各进口行及贵处均凭本会所发之证明书办理订购纸圈核拨外汇。②

最了解各会员厂实际生产及纸圈用量情况的并不是政府，而是囊括了全市大小卷烟企业的民间团体上海卷烟工业同业公会。公会意见反映了会员烟厂的呼声，拟具的办法更加合理，分配处不得不表示赞同。"该公会所陈意见，实与规定办法相符；关于由公会出具证明书一点，似亦可同意。"③ 经上报行政院核示，输管会下令纸圈外汇分配从 1947 年 10 月起开始施行该项办法。上海卷烟工业同业公会以核发证明书的方式，参与到纸圈外汇的分配事宜中来。

---

① 《上海华成烟厂历史资料（1924—1957）》，第 127 页。
② 《上海华北华中华南各区卷烟业公会申请增加烟叶烟纸输入及分配事项卷》，中国第二历史档案馆藏行政院输出入管理委员会档案，447 - 1034（1）。
③ 同上。

表 3-3　　1947—1948 年上海卷烟工业同业公会办理纸圈外汇分配汇总

期数	外汇总额（单位：美元）	可购纸圈数量（单位：卷）
1	同业公会未办理分配	同业公会未办理分配
2	同 上	同 上
3	539836.50	154000
4	738541.50	213000
5	354785.91	5、6 期合 311184
6	442741.93	

　　资料来源：根据上海市卷烟厂工业同业公会秘书处：《上海市卷烟厂工业同业公会卅六年度工作总报告》，1948 年 1 月；上海市卷烟工业同业公会秘书处：《上海市卷烟工业同业公会卅七年度工作总报告》，1949 年 1 月相关材料整理。

　　关于卷烟工业重要原料钢精纸的供应，战后初期，由于钢精外汇只有华铝钢精厂一家可以申请，上海各卷烟企业生产所需钢精纸均由华铝钢精厂制售。1946 年春外汇价格调整后，市面上钢精纸价格飞涨，各卷烟厂纷纷向华铝厂要货。因难于应付，华铝厂与上海卷烟工业同业公会协商，华商烟厂部分归同业公会分配，于 1946 年 9 月份开始办理，一直持续到 1949 年新中国成立为止。上海卷烟工业同业公会提供的原料供应和分配办法合理，在一定程度上防止了囤积原料哄抬价格的现象，得到了各会员烟厂的拥护。公会参与下的烟叶和纸圈外汇分配办法共实行了 6 期，即从第 3 期开始至第 8 期结束。分配办法实施后，纸圈市价下跌 30%—40%，[①] 烟叶与钢精纸市价亦得到改观，但原料的缺乏仍为困扰卷烟工业发展的主要问题。

　　在战后的外汇限额分配政策下，卷烟原料进口种类、外汇限额由政府控制，由于上海卷烟工业同业公会参与到限额分配中来，在一定程度上有关部门需要咨询公会的意见，作为参考。1947 年 11 月，经济部工商辅导处为明了上海各卷烟厂在制造上所需舶来原料烟叶、纸圈、钢精纸数量及所需外汇，曾通知卷烟工业同业公会造表报告，

---

　　① 《上海华成烟厂历史资料（1924—1957）》，第 127 页。

"俾得统筹分配方法";① 翌年1月，财政部税务署令上海货物税局具报烟厂应用新式日月报表，其中烟叶进出厂栈月报表必须明了烟叶用量与卷烟产量之比数，有必要"先行确定若干烟叶可产若干卷烟，藉便核计"。货物税局随即采取转询公会来处理，"请将粗枝及小枝每五万支大箱应用烟叶若干磅分别查明见复为荷"。② 利用集体的力量向政府反映之原料缺乏状况，吁请改善分配办法和增加外汇，成为烟业界活动的又一主线。

三　原料供应之于战后卷烟工业

战后随着政府财政紧张，外汇基金枯竭，实行外汇紧缩政策，严厉统制进口，同时为防止漏卮及保护国内农业及工业计，卷烟工业的主要原料进口均受到限制。

卷烟制造之主要原料为烟叶、纸圈、钢精纸。上海各烟厂生产所需烟叶，多数仰赖进口货维持，河南、青岛等地国产烟叶之输入，仅居次要。随着内战扩大，青岛烟叶因交通关系无法运沪，安徽产量欠丰、河南产量稀少，半年以来抵沪者仅2500万磅，而上海烟厂每月所需量为1500万磅，各烟厂不敷之烟叶均仰赖美货供应。输管会成立后，烟叶进口特受限制，美国烟叶出口处于半统制状态。各厂并无申请外汇资格，均由各商号供给，而本市各商号之外汇每月仅有800万美元，其中颐中烟草公司取得200万美元，余额由各厂分配，所获甚微。③ 颐中公司直接向国外进口，除颐中之外，民族烟厂需要运用美国烟叶，必须仰赖中间进口商，"民营厂去向他们求购时，却非付三倍五倍的黑市价不可"。④ 纸圈供应方面，国内仅嘉兴民丰造纸厂一家，余则仰赖进口。外汇限额施行后，一、二期政府对卷烟纸圈核

---

① 《卷烟所需舶来原料，三个月约二千余万美金》，《申报》1947年11月3日，第2张第7版。

② 《财政部上海货物税局关于烟厂每大箱香烟的烟叶用量问题与上海卷烟厂工业公会的来往文书》，上海市档案馆藏财政部上海货物税局档案，Q434-1-17。

③ 《工商业报导：国产卷烟不景气》，《商业月报》第23卷第4号，1947年4月。

④ 宋绩成，经叔平：《中国卷烟工业的过去现在和将来》，《烟草月刊》第2卷第8期，1949年12月。

准仅为 50 万美元，其中颐中占去 10 万美元，华商各烟厂之 40 万美元，可购纸圈 11 万圈，不敷各烟厂之用。① 钢精纸国内仅有瑞士商华铝钢精厂一家生产，外汇管制实行后，从第一期开始已经停止进口，全部由华铝钢精厂配售，而该厂 1947 年 5 月起停工三个月才复工，产量远远不能满足实际需要量。关于 1947 年度上海卷烟业生产主要原料供应，该年度生产交通事业概况调查显示：全市每月平均耗用量烟叶约需 1800 万磅，纸圈 12 万盘（每盘 4000 码），钢精纸 24 万包，大部仰赖美国输入。国产烟叶以青州、许昌为最著，品质较外货稍逊，纸圈虽有民丰造纸厂积极增加生产，但当时月产纸 2 万余盘，仅合总需用量六分之一，钢精纸 90% 悉用外货，本国产量极少。② 原料的紧缺直接造成价格飞涨，加上严重的通货膨胀，卷烟主要原料价格上涨有如奔腾江水一般不可收拾。以 1947 年为例，外汇管制实施不久，3 月 13 日上海《经济周报》报道：

> 胜利后上海共有烟厂八十余家，约有工人一万余名，所有原料百分之六十全为外货，在外汇未放长前，中等美国烟叶约四千余元一磅，今日涨至一万四千余元一磅，中等包装纸十万元一令，今日涨至六十万元一令，玻璃纸昔日仅二十五万元一令，今日涨至七十八万元至八十万元一令。③

5 月的生活指数解冻进一步造成物价贬值，《烟草月刊》载：

> 以生活指数解冻前后为例，四月份以前，烟叶每磅价格五六千元，现需二万六千元；卷烟每箱所需纸圈成本过去五六万元，现需十八万元；钢精纸成本过去十二万元，现需五十万元，总计原料工资均上涨三倍至五倍，而卷烟价格则仅增加一倍左右。如

---

① 《上海烟厂掠影》，《烟草月刊》第 1 卷第 8 期，1948 年 10 月。
② 《三十六年度上海生产交通事业概况调查·卷烟业》，《商学研究》第 6 期，1948 年 4 月 1 日。
③ 《外汇率调整后，卷烟工业愈趋衰落》，《经济周报》第 4 卷第 11 期，1947 年 3 月 13 日。

每箱成本五百万元的卷烟，售价只有四百万元左右，平均亏蚀率达百分之二十左右。①

随着纸币发行量进一步增大，卷烟原料价格持续上涨，12 月业内人士撰文称：

卷烟工业所必需的各种原料，最近由于大钞的出笼和战火的蔓延烟区的失陷，其价格一直飞升，成本和售价因此相差更大。以生活指数冻结前后为例，当时烟叶每磅为五六千元，现需十万元左右（美叶现需二十七万元一磅），钢精纸一磅以前十二万，现在为三十五万元，卷纸一箱本年四月前为四百万，现为一亿三千万以上。②

卷烟主要原料烟叶及纸圈国内生产不敷需求，输入限额的进口货，远不足供给各厂实需，其他钢精纸等各种卷烟工业所需的原料，也都受国内生产不足和进口管制的影响而无法充足供给。在层层束缚、重重管制之下，不但一般华商烟厂生存圈日渐缩小，即使颐中烟草公司的发展也受到了相当限制。颐中公司对原料供应一向相当重视。1945 年底，上海振兴烟叶公司董事洛夫（J. S. Love）在备忘录中指出："为了要复工，我们必须得到更多的烟叶。我们现有的烟叶，在正常工作条件下，仅够用两个半月。……如果我们要复工的话，政府必须帮助我们得到足够数量的烟叶以渡过目前的危机。"③ 颐中公司在战后通过各种途径频繁活动，尽最大努力争取获得烟叶原料。对于日伪留存烟叶，颐中多次与政府交涉，要求按照战前纳税比重分配。"这件事（获得烟叶）应当以最强烈的方式向经济部，还可以向财政提出。"④ 此外，颐中还利用各种手段在青岛、汉口、山海等地大量收购国产的美种烟叶。1946 年 6 月，公司董事洛夫给下属的信

---

① 季崇威：《风雨飘摇中的卷烟工业》，《烟草月刊》第 1 卷第 2—7 期，1947 年 9 月。
② 《撞过难关!?》，《烟草月刊》第 1 卷第 10 期，1947 年 12 月。
③ 《英美烟公司在华企业资料汇编》，第 336 页。
④ 同上书，第 339 页。

中谈道："所有的足够制造商都意识到最近几个月内将会出现严重缺少中国出产的烟叶的情况。正是由于这个缘故，我想要你尽一切努力将你在青岛能购买到的所有烟叶都买下来。如果你认为需要的话，可将平均收购价格提高到每磅 1000 元。"[1]

表 3-4　　战后英美烟公司收购中国烟叶统计（1946—1948 年）

（单位：千磅）

年份	安徽	河南	汉口	上海	天津	青岛	济南	东北	台湾	总计	
										磅数	指数（%）
1946	—	—	53	3903	199	770	—	—	—	4925	100
1947	653	415	2433	6166	—	3028	622	221	—	13538	275
1948	323	—	402	3283	—	1614	330	—	617	6569	133

资料来源：《英美烟公司在华企业资料汇编》，第 370 页。

　　尽管颐中凭借雄厚的经济实力和特殊关系大量收购和争取分配更多烟叶，但是依然难以摆脱因原料缺乏而减产停工的命运。以该公司榆林路厂为例，限额分配政策实施后，企业顿感原料紧缺。1947 年 3 月 21 日，该厂驻厂员向上海货物税局呈报："颐中榆林路烟厂因原料缺乏减少生产，自三月二十一日起至三十一日止，又自四月五日起至十五日止及二十日起至三十日止，复自五月六日起至十五日止及二十一日起三十一日止均皆停工。"[2] 12 月 8 日，榆林路烟厂声称："本厂自本星期起经常每周开工四日，星期五星期六两日停工"，报请税局第二管理区主任核备。[3] 进入 1948 年，情况更为严重。1—5 月，该厂产量逐月下降，烟厂呈报"因交通阻隔，烟叶来源缺乏且物价高涨，购买力薄弱，故生产数量减少"。[4] 到 1948 年 8 月 16 日，该厂每

① 《英美烟公司在华企业资料汇编》，第 341 页。
② 《财政部上海货物税局关于颐中榆林路烟厂停工复工及核销照证等》，上海市档案馆藏财政部上海货物税局档案，Q434-1-474。
③ 同上。
④ 《上海货物税局管辖颐中第三烟厂1948年1月至1948年5月份卷烟生产数量报告表》，上海市档案馆藏财政部上海货物税局档案，Q434-1-392-34。

周二、三两日开工，一、四、五、六及星期天均停工，再次报请税务
部门核备。①

表3－5　　　颐中第三烟厂民国三十七年（1948 年）1—5 月
卷烟生产数量

月份	生产数量
1	9347.4 箱
2	7501.6 箱
3	8783.8 箱
4	4459.2 箱
5	3956.7 箱

资料来源：《上海货物税局管辖颐中第三烟厂 1948 年 1 月至 1948 年 5 月份卷烟生产数
量报告表》，上海市档案馆藏财政部上海货物税局档案，Q434 - 1 - 392 - 34。

　　实力雄厚的跨国公司尚且如此，对于上海一般的中小卷烟企业而
言，原料缺乏造成的困难，更可想而知。1947 年 7 月，华商烟厂陷
入步履维艰、纷纷停工减工之境，舆论指出除销路狭窄营业衰落之
外，原料价格飞涨导致的成本高昂是主要因素。② 10 月，业内人士
称："制成品之售价，已远不及成本，此为中等已具实际销路之卷烟
而言，至小型工厂，以牌子尚未达盛销之境，售价更难提高，而各项
原料之飞涨，使其成本日增无已，且小厂以缺乏大量资金运用，故尚
需借贷巨额之资金，故近日卷烟原料之飞涨，尤以中小型之卷烟厂，
为最感痛苦。"③ 1948 年，上海卷烟业遭遇原料不继，生产萎缩之危
机越来越严重，卷烟工业同业公会常务理事姚书绅氏称："据六月份

---

　　① 《财政部上海货物税局关于颐中榆林路烟厂停工复工及核销照证等》，上海市档案
馆藏财政部上海货物税局档案，Q434 - 1 - 474。
　　② 《原料收购困难，资金运用不足，华商烟厂业不景气》，1947 年 7 月 4 日，上海社会
科学院经济研究所企业史资料室藏 1930—1950 年代初期经济类剪报资料 04—055 "1938—
1950 年的卷烟工业"，第 80 页。
　　③ 《纸价飞升祸延卷烟，制成品虽涨跟不上，中小型工厂大痛苦》，1947 年 10 月 20
日，上海社会科学院经济研究所企业史资料室藏 1930—1950 年代初期经济类剪报资料 04—
055 "1938—1950 年的卷烟工业"，第 83 页。

统计，会员工厂九十七家中，开工只五十一家，今后停工减工之比例，尚在增加中。"① 原料的紧缺导致囤积居奇和价格飞涨，资金实力薄弱的中小烟厂，只能压缩生产。烟叶为卷烟生产主要原料，品质低劣的烟叶不能制造上等卷烟，过去国产卷烟不能同外烟竞争一个重要原因就是烟叶品质较差，未加以改进。"中国之烟叶，极其粗劣，绝不适于制造香烟。凡一二等之卷烟中，加入美国产烟叶，竟达九成，其余加入七八成至四五成不等。且以加入之多少，而分烟之美恶。"② 战后进口烟叶困难，国产烟叶来源不畅，烟叶价格飙升，"各厂为减低原料之成本，故采用土烟之比例，亦日趋增加"。③ 包括颐中在内，上海各卷烟企业进口烟叶使用量较战前已大大减少。据统计，1948 年颐中烟草公司为 45%，华成烟草公司为 22%，南洋兄弟烟草公司为 11.5%，福新烟草公司为 25.67%，大东南烟公司为27.72%，其他中小烟厂比例更低。④

除烟叶外，卷烟纸的生产上海仅有民丰纸厂一家，非但产量不够供应上海一地需要，而且价钱越来越高，资本短少的厂家都惊慌失措，不知何以为继。1949 年 3 月，同业公会称："我业所需卷烟纸自实施进口外汇限额分配以来，存底日薄，即感不足，时来恐慌，造成市价狂掉之记录。在上年限价时，即出高价，亦无从搜购，小厂因此而停工者，不一而足。而国内唯一之民丰厂自来非惟无力充分供应，即小量配售，亦颇造成其涨价居奇机会。"⑤ 至于钢精纸，上海亦只有一家瑞士商华铝钢精厂，但它的原料还是要从美国进口，在外汇申请困难情况下，即使勉强开工，产量亦相当有限，供应上海一地烟厂需用，已感不够，内地厂家更是无份，虽出高价，也很难买到钢精纸。"有许多中级卷烟，只能把一张钢精纸切成三张或四张，下面用

---

① 《卷烟：烟草纸圈不继，生产萎缩》，《兴业邮乘》第 163 期，1948 年 6 月。
② 《上海卷烟制造业概况》，《建设月报》第 1 卷第 1 期，1944 年 9 月 20 日。
③ 《熏烟叶来源不畅，烟厂采用土烟》，《申报》1948 年 3 月 10 日，第 2 张第 7 版。
④ 《上海烟草志》编纂委员会：《上海烟草志》，上海社会科学院出版社 1998 年版，第 256 页。
⑤ 《上海市卷烟工业同业公会关于民丰造纸厂请禁止卷烟纸进口的有关电文》，中国第二历史档案馆藏经济部档案，4－33016。

一张白纸，用浆糊搭连起来用来包烟，否则只好用国产锡纸了。"①
国产锡纸质量较差，且产量有限。制作卷烟原料还有包装用的透明
纸、玻璃纸，甚至较好的盒皮，无一不是外国进口，在外汇管制政策
下，这些包装用纸来源也逐渐中断。原料紧缺直接影响企业生产，导
致产品质量下降。"国产卷烟为顾全营业，于是偷工减料，原来列入
第一级牌子之卷烟可能沦为第二级，更可能沦为第三极。"② 1946 年
8 月，颐中公司业务经理鲍尔就谈到，该公司目前虽设法补充战前各
种质量高超的原料，但不能立刻全部办到，不得不掺用各种普通质量
的原料，聊资补充，但生产效率却因此大受影响。③ 1948 年 10 月，
业内人士分析，高级卷烟的制造已经相当困难：

> 据卷烟业消息，该业主要原料为盘纸、烟草、铝纸等。过去
> 盘纸均采用国产，但因成本、原料两成问题，现已减产。美国盘
> 纸，成本更高，烟草亦然。较高级卷烟，用美烟制成，其成分少
> 占百分之六十，其他则以土烟及许昌烟混合。今美烟价高货少，
> 铝纸困难获得，华铝及台铝等公司派货，几乎告罄。求之黑市，
> 非但价高，且无法购买，故高级卷烟每一箱出品，亏蚀几及半箱
> 之多。较下级烟，则仅可维持成本。故各厂目下不愿意制造高级
> 卷烟。市上高级缺乏，即为此原因。④

原料是卷烟生产的生命线，卷烟工业原料的短缺带来的是价格的
飞涨。巧妇难为无米之炊，对于广大烟厂来说，面对如此庞大的成
本，要么忍痛压缩或减少生产，要么偷工减料以节省开支，产品质量
越来越差，卷烟企业最后只有减产停工一途。

---

① 烟僧：《预测今后，烟价涨！烟税重！烟质劣！》，《烟草月刊》第 1 卷第 8 期，
1947 年 10 月。
② 畏民：《烟厂坎坷录》，《烟草月刊》第 1 卷第 11 期，1948 年 1 月。
③ 苍夫：《卷烟工业的难关——鲍尔访问记》，《申报》1946 年 8 月 8 日，第 3 张第 10
版。
④ 《上等卷烟，制造困难》，《经济通讯》第 845 号，1948 年 10 月 26 日。

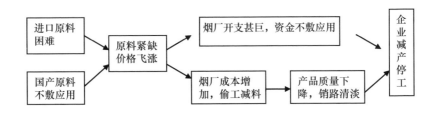

综上，原料紧缺成为战后困扰上海卷烟业发展的主要瓶颈，为维持生存，卷烟行业不得不在争取必需原料上展开努力，多方活动。烟厂产量减少，企业大规模减产停工，一定程度影响国家税收，引起政府重视，不同利益集团围绕卷烟原料问题的博弈越来越激烈。

第二节　烟叶供应中的合作与制衡

一　战后烟叶供应概况

战后初期，政府实行低汇率政策，烟叶进口较为方便。外来烟叶的大量涌入，保证了卷烟企业生产主要原料供应充足，上海卷烟业一度出现繁荣局面。然而，如同舶来品影响国产卷烟一样，美国烟叶无限制进口势将影响国产烟叶销路，使农村经济蒙受损失。1946 年 2 月 25 日，行政院公布《进出口贸易暂行办法》，规定烟叶为申请许可后可以输入之物品，由输入品管理处根据政府制定限额核发许可证，海关凭许可证于入品时准予验放。[1] 1946 年 11 月 17 日，公布《修正进出口贸易暂行办法》，其中第十二条（乙）项规定，烟叶适用限额制度，其限额由输入临时管理委员会订定交由分配处分配，以示限制。[2] 在政府新外汇及贸易政策下，政府严加统制进口，央行外汇资金枯竭，准予结汇输入的烟叶限额极为有限。第一、二季烟叶限额800 万美元，第三季限额减至 500 万美元，第四季为 470 万美元，与实际需要数字相差很大，不敷运用。在战后的特殊环境下，国产烟叶

---

① 《进出口贸易暂行办法》（附表），《山东省政府公报》复刊第 17 期，1946 年 9 月 8日。

② 《修正进出口贸易暂行办法》（附表），《金融周报》第 15 卷第 22 期，1946 年 11月 27 日。

供应亦不容乐观。据美国农业部估计，中国 1945 年烟叶产量，约为
6500 万磅，较战前 1935 年至 1939 年每年平均产量 15100 万磅尚不及
一半。[①] 1946 年卷烟产量增加，但烟叶产量与战前相比总体减少。

表 3 - 6　　　　　　抗战胜利前后中国主要烟叶产区产量比较

区域	1936 年产量（磅）	1946 年产量（磅）	1946 年指数
山东	125000000	20000000	16
安徽	30000000	8000000	27
河南	50000000	60000000	120
合计	205000000	88000000	43

　　资料来源：《上海卷烟工业之地位》，上海社会科学院经济史所企业史资料中心藏英美
烟公司抄档［02］2A—4 "英美烟公司在华垄断概况 1895—1949"，第 73 页。

　　可以看出，由于战争的破坏，国内主要烟叶产区烟田面积锐减，
三省烟叶产量自 1936 年的 205 亿磅减至 1946 年的 8800 万磅，战后
仅及战前的 43%。抗战期间，鲁豫皖三大产烟区全在日军控制之下，
外国的烟叶亦无从输入，新的产烟区就在云南、贵州建立起来，战后
这两个西南产烟区与北方三省成了中国的五大烟叶出产中心。

表 3 - 7　　　　　　1947 年五大产烟区种植面积与烟叶产量

区域	面积（亩）	产量（磅）
山东	285000	25000000
河南	700000	70000000
安徽	1250000	30000000
云南	55000	6000000
贵州	30000	35000000

　　资料来源：《我国的卷烟业》，译自《国际贸易月刊》何百华，《新语》第 13 卷第 17
期，1948 年 9 月 1 日。

　　[①] 《经济新闻：去年我国烟叶产量减少》，《征信所报》第 15 期，1946 年 1 月。

1947 年五大产烟区烟叶总产量为 1.66 亿磅，加上其他地区出产，全国总产量达 1.9 亿磅。从总体上看，战后三年全国烟叶产量呈上升趋势。

表 3－8　　　　　　　　　　战后三年全国烟叶产量比较

年份	产量（磅）	可卷香烟箱数（箱）
1946	180000000	1285000
1947	190000000	1358000
1948	250000000	1800000

资料来源：《上海卷烟工业之地位》，上海社会科学院经济研究所企业史资料室藏英美烟公司抄档［02］2A—4"英美烟公司在华垄断概况 1895—1949"，第 73 页。

战后产量虽然逐年增加，但这并不能使烟叶供应充足。据国民政府农林部烟产改进处的估计，1946 年至 1948 年全国烟叶产量自 1.8 亿磅增至 2.5 亿磅（增加 39%），全部烟叶依每箱需用 140 磅估计，约可卷烟 180 万箱，但全国每年至少需用烟叶 3.36 亿磅，供需相抵，至少当缺烟叶 8600 万磅。[①] 1946 年 6 月国共内战全面爆发至 1949 年，战争几乎贯穿始终。战争状态下，国内熏烟叶生产和运销受到很大的限制，一位多年从事烟草新闻的工作者谈及山东产烟区时深有感触：

> 我国出产可以制造卷烟烟叶的地方，首推山东胶济铁路沿线。记者在二十年前，因职务的关系，每星期必往来济南青岛一次，每次必在火车上安度七小时的光阴，其中有二小时半却在无垠的烟田中逝去，并且知道这漫漫的烟田，有五分之四给英美烟公司包去，其余的五分之一是属于南洋烟草公司的，他们有一定的条件，所以种者种，收者收，相安无事。不料抗战军兴，华北沦陷，大好的叶子被敌人享受，做他们的军用烟，好像"旭光"、

---

① 《上海卷烟工业之地位》，上海社会科学院经济研究所企业史资料室藏英美烟公司抄档［02］2A—4"英美烟公司在华垄断概况 1895—1949 年"，第 73 页。

"红日"等等，都是那一带的烟叶制成，这是老话，不必多说。去年年底碰到几个老朋友，都是做烟叶行的潍县人，全叫苦不迭，因为现在或最近的将来，简直无从耕种，他们并且说他们是生意人，不愿谈政治，只希望恢复从前的"相安无事"便很满足了！其他出烟的地方，便是许州，也在内战范围之内。①

战前中国的烟叶生产事业有了蓬勃的发展，日本侵华战争打破了这种发展。抗战胜利后，短暂的和平之后是大规模的内战，随着战场范围逐渐扩大，战火波及之地，烟农正常的种植与生产破坏无余。熏烟叶主要产区的河南省损失最为严重。1946 年产量为 92.1 万担，1947 年为 79.9 万担，下降了 14%，到 1949 年种植面积更是急剧下降，产量仅为 30.7 万担。② 战争严重损毁了山东、河南、安徽等地主要产烟区的烟叶生产。1948 年 1 月，颐中上海振兴烟叶公司董事韩礼克（J. Y. Honeycutt）致伦敦总公司烟叶部的信中指出：

> 上几个月，总的形势变得相当糟糕，主要是由于内战造成的国内动乱。至今我们还不能在山东和安徽省我们的内地工厂恢复收购。事实上，我们外籍人员甚至没有一个能到我们的内地工厂去。这就使我们不得不在青岛、上海和汉口购买几乎全部的烟叶，其中大部分是从商人那儿买来的。内地的交通运输经常中断，因此往沿海市场运送烟叶变得极其困难，有时几乎不可能了。这就导致，特别在山东省，大部分的烟叶不得不靠飞机运送去沿海市场，当然价格就大大提高了。③

上海作为全国卷烟企业最为集中的地方，进口烟叶由于外汇限制，数量相当有限；国产烟叶向来仰给山东、河南、安徽的熏烟叶和

---

① 作民：《国内外卷烟业报导》，《中华烟草公司同仁业余联谊会会刊》，该会 1948 年 12 月 25 日印。
② 河南省地方志编纂委员会编纂：《河南省志·农业志》，河南人民出版社 1993 年版，第 180 页。
③ 《英美烟公司在华企业资料汇编》，第 345 页。

黄冈桐城等地的晾叶，这些地区恰恰是国共内战的主战场和重灾区，由于战争导致的运输困难，远远不敷上海乃至全国各大烟厂之用。加上货币贬值，中间商囤积居奇，各厂商竞争激烈等因素，上海烟叶价格比青岛、汉口等城市高出很多。内战爆发使得山东烤烟区烟叶无法运出，河南烤烟 1947 年受到旱涝影响减产甚大。许昌作为国内最大的产烟区，"所产烟叶，供不应求，且沿途运费浩大，市价愈抬愈高，现已达二万六七千元一磅，反较品质上乘之美烟昂贵"。① 1948 年初，战火波及当地，使得上海烟叶供应商损失无数，当时有报道称：

> 目前烟叶最大的来源是在许昌方面，不久前上海烟叶商集团向许昌方面购买了大批烟叶，堆积车站附近准备装运来沪，却不料适在那时共军大举进攻，双方展开大战，用大炮互轰，守军竟用烟叶包堆垒作为外围防御工事，谁知一场炮战后，烟叶包容易着火，所有大批烟叶包件都付诸一炬，直烧的烟气弥大，军士流泪口呛，烟商们急得乱跳。结果获悉这批烟叶损失达五千余亿，烟叶来源，遭受打击。②

战争严重影响了上海烟叶商的正常采办，进一步加剧了烟叶供应紧张。2 月 2 日《申报》载："本市烟叶商行，采办烟叶，向以山东河南安徽三地为最主要。兹以山东情势混乱，使青州烟叶南来受极大之阻挠。河南许昌，近月共匪滋扰，致来源亦陷于断绝。至安徽一带，又以交通运输之阻滞，烟叶商前往采购，难免有增高成本及种种不便之感。"③ 进入 1948 年以后，国内产烟区受战争破坏，烟叶供应成为严重问题，民族卷烟企业频频告急，连原料相对充裕的颐中公司也形势严峻。7 月 22 日，公司负责人史密斯（R·R Smith）给国民政府财政部货物税署署长姜书阁的备忘录中指出中国种烟区域时局不

---

① 《制造卷烟，原料收购困难，本市华商烟厂业衰落主因》，《申报》1947 年 6 月 30 日，第 2 张第 6 版。
② 《许昌一战，烟叶损失数万吨》，《新园林》第 5 期，1948 年 2 月 21 日。
③ 《鲁豫治安不靖，烟商采购滇烟》，《申报》1948 年 2 月 2 日，第 2 张第 7 版。

靖，烟叶产量大减，本年内宜输入若干美国烟草，以应现实需要。①随着战火蔓延到平汉路一带，品质优良的豫鲁皖鄂等产烟区均沦为战区或接近战区，已无法供应，西南产区滇黔等地只够供应当地的烟厂，东南产地不敷广东烟厂应用，安徽产烟不敷蚌埠林立的小型烟厂消耗，上海卷烟工业的烟叶供应，只能全部依赖限量的进口了。国产烟叶所以不能充足供应，自身难于发展也是重要因素。早在1946年5月，烟业界人士就曾有反思：

> 目前烟叶业之难于发展，究其原因，一则捐税太重，从产区以至吸户，名目之多近十种；另一则交通工具缺乏，运输困难。即以桐城至上海而言，须经大通土桥芜湖南京等数次舟车之更调周折，其间又多属水道，用旧式木驳拖运，所费时间人力至巨。且每逢雨霉，烟叶一经着潮，几成废物，损失更巨。目前运费已超过产区烟价两倍有奇，毋怪外国烟叶虽远涉重洋，仍能在我国市场争一日之短长也。至于烟叶之种植，近百年来至今仍采守陈法，亦堪杞忧，均应注意及之。②

战后的国内烟叶生产面临着沉重的捐税负担，烟农们根本没有精力致力于烟叶改良，种植与生产方法陈旧，烟叶业发展缓慢。许昌为上海烟厂熏烟叶的主要产地之一，战前英美烟公司挟其雄厚资本与优良技术，在该地设有新法熏烟场，垄断操纵烟叶生产，一般烟农吃尽苦头；而战后当地的外商烟草公司早已停顿，但河南的熏烟事业仍然没有得到正常的发展，主要在于"烟农们对于选种不知道怎么注意，施肥、培育、烘炕等还是守着顶土旧的方法，脆弱幼稚的不堪一击"。③

交通条件的欠发达也严重制约了战后国内烟叶事业的发展，加上

---

① 《上海华北华中华南各区卷烟业公会申请增加烟叶烟纸输入及分配事项卷》，中国第二历史档案馆藏行政院输出入管理委员会档案，447-1034（1）。
② 君宜：《烟叶业概况》，《申报》1946年5月27日，第2张第8版。
③ 《许烟》，1947年8月4日，上海社会科学院经济研究所企业史资料室藏1930—1950年代初期经济类剪报资料04—055"1938—1950年的卷烟工业"，第82页。

战争的影响，成为国产烟叶不能充足供应上海卷烟生产的主要原因。
1948 年国内烟叶生产虽因雨水调顺，较上年增加三成左右，但由于
交通关系，烟商采购困难，上海卷烟业原料紧缺的状况并未得以缓
解。上海卷烟厂只能以明光及汉口两地区为采购原料的中心地点，许
昌所产美种烟叶"原以徐州为集散地，近因海路交通欠畅，多改由平
汉线转运汉口，产地中级货喊一元三角"，贵州的贵定"路途更远，
来源益见清稀，每磅喊一元六角"，昆明烟叶"烟价亦最昂贵，闻每
磅价约二元，沿途水脚费用浩大划算不来，普通烟厂多不敢冒险尝
试"。① 由于战火的蔓延，烟区紧缩，交通梗阻，烟叶价格飞涨。"烟
农鉴于法币贬值的速率太快，除去家用必需时才卖点烟叶外，简直就
像藏黄金一样囤着不卖。"② 造成的囤积居奇更加剧了战后上海卷烟
业烟叶供应的紧张。

二 烟叶供应中的政府努力

熏烟叶（烤烟）为制造卷烟最主要的原料，烟叶与卷烟制品同为
货物税之最重要部分，是国家重要税源。"查烟类税收中百分之九十
以上为烤烟以及烤烟为原料之卷烟税收，而输入之烟叶亦全属烤
烟。"③ 战后初期，上海卷烟业生产所需烟叶主要依靠进口，美种烟
叶输入量的增加，一方面给国民政府带来了巨额税收收入，另一方面
引起了政府对国产烟叶改进的重视。以 1946 年政府对熏烟叶的征税
预算及实收为例，"熏烟叶税三十五年度收入预算，原为二十九亿三
千八百万元，嗣经追加预算一百五十七亿一千五百万元，共计收入预
算一百八十六亿五千三百万元。据各局呈报实收之数，全年度共计二
百二十八亿五千一百三十七万零二十五万元，计超过本年度预算四十
一亿九千八百三十七万零二十五元。至各省区实收数目，以上海为第
一位，约占百分之四十九，其中以国外进口烟叶居最多数"，"再就

---

① 《本年烟叶产量虽增，厂商采购仍感困难》，《申报》1948 年 10 月 31 日，第 2 张第
5 版。

② 烟僧：《预测今后，烟价涨！烟税重！烟质劣！》，《烟草月刊》第 1 卷第 8 期，
1947 年 10 月。

③ 《中国烟业史汇典》，第 1545 页。

其税源分析，则国外进口烟叶几达半数，实为一大漏卮"。因此国民政府决定"积极增加国内烟叶产量，并改良品质，以图补救"。[①] 据海关统计，1946 年 1—8 月，中国输往海外的烟丝、烟叶等的总值，仅相当于外国输入额的十四分之一弱。[②] 战后，华北、华中和西南地区的卷烟厂基本就地采购烟叶，而上海仍大量依靠外烟。不少有识之士在美国烟叶大量进口时，预测到国烟生产可能会因此发生萎缩的严重性，纷纷指出美叶的潜在威胁，呼吁政府拯救国烟生产。1946 年10 月，时人呼吁建立进出口贸易连锁制度，"凡运外国纸烟进口者，必须连相当比额之国产烟叶出口，否则不予结汇，或停发进口许可证，如此可使外国烟类进口减少，维护国产烟叶对内对外之贸易"。[③]国民政府接受有关方面的意见，对进口烟叶实施外汇限额管制，并从实施贷款和承办押汇开始，进行一系列努力，致力于国产烟叶的增产与改良。

改进国产烟叶，在战前曾经有过尝试。"以往虽有河南烟草改良委员会之设置，山东建设厅有烟草改良场，山西亦曾设有烟草育种场，均以规模未具，即告终止。"[④] 熏烟叶的种植不仅需要复杂的农作技术，而且还要付出较多的成本费用。战前普通一大亩的烟叶种植，除人工以外还需有下列开支：烟苗需三、四元，肥田粉或豆饼十五元至二十元，烤烟用煤二、三十元，租炕一、二十元。[⑤] 一般贫苦农户资金不足，常以赊取方式忍受高利贷的盘剥，除上列各项种烟费用外，还有耕牛、农具开支等。为扶植国内农业生产，财政部于1946 年 4 月分函农林部及善后救济总署，请其迳向美国订购烟叶种

---

① 《财政年鉴》第三编（下），财政部《财政年鉴》编纂处 1947 年 10 月编印，第八篇第三章，第 19 页。

② 《周末茶话·入超出超》，《申报》1946 年 10 月 26 日，第 3 张第 12 版。

③ 《烟叶产量居第二位，一面出口一面大量买美烟》，《申报》1946 年 10 月 30 日，第 2 张第 8 版。

④ 霍席卿：《目前我国烟草事业应有之措施》，《农业推广通讯》第 6 卷第 2 期，1944 年 2 月。

⑤ 李亚夫：《帝国主义侵略中国农村的一个实例》，《中国农村》第 1 卷第 11 期，1935 年 8 月。

籽来华，散发农村，并派专家分赴产区指导改良，以期复兴烟叶生产。① 10 月 17 日，为协助发展改良烟叶产销业务以减少舶来品输入起见，四联总处理事会特核定各行局承做烟叶押汇原则六项，并规定该办法适用至年底为止。② 11 月 25 日，经中国农民银行拟定各行局承做烟叶押汇原则五项提交放款小组委员会修正通过，其中规定各厂或烟商向各地购买烟叶，可按六折向行局请做押汇，期限为三个月。③

外汇限额政策实施后，进口烟叶缩减，由于原料不足，卷烟企业正常生产受到影响，甚至减产停工。为保证税源，同时为减少漏厄考虑，政府以烟草业的长久之计为重，制订全国性的烟产复兴计划，分期实施恢复和扩大战前的种烟面积，以期达到自给自足的目标。1947年 1 月，国民政府农林部烟产改进处在南京市孝陵卫成立，处长沈宗翰，下设育种、栽培、烘烤、土壤肥料、病虫害、经济 6 个研究室，并在主产烟区河南许昌、安徽蚌埠及贵州省设立烟叶改良场，开展烟草品种选育、栽培方法、施肥技术、病虫害防治试验及烟草经济调查，并编印期刊《烟讯》。烟产改进处成立伊始，就制订了四年计划与两年计划两种。四年计划目标在使豫鲁皖三省烤烟生产量增至 2.5亿磅，两年计划目标在使全国烤烟生产量增至 3.5 亿磅。④ 除去已有的五大产烟区外，并计划在四川、台澎和东北建立种植区及工场。除最主要的目标增产外，还计划解决改良种子、培植方法等各项技术性的问题。产烟区农民资金贫乏，无力购买肥料及烤烟用燃料，影响烟叶生产量极大。"盖肥料可增加每亩产量，而燃料之多寡或有无能左右栽培面积。"⑤ 按照 1946 年 10 月四联总处核定之押汇原则，烟叶押汇本应于该年底停止，为应需要起见，政府核准将此押汇期间延至1947 年 2 月 15 日停止，计延长 45 日，在限制以前，仍照常继续。⑥

---

① 《中国烟业史汇典》，第 1605 页。

② 《四联总处理事会核定重要贷款案十余件，承做烟叶押汇原则决定》，《申报》1946年 10 月 18 日，第 1 张第 2 版。

③ 《挽救烟业危机，四行承做烟叶押汇，按六折抵押为期三月》，《申报》1946 年 11月 25 日，第 2 张第 7 版。

④ 《中国烟业史汇典》，第 1546 页。

⑤ 同上书，第 1547 页。

⑥ 《棉花烟叶押汇延长四十五天》，《征信新闻》第 316 期，1947 年 1 月。

1947 年 7 月 31 日，四联总处理事会决议"烟叶押汇，并准暂予继续承做，惟亦应紧缩少做，并不得转做押款"。① 1947 年，中国农业银行为配合农林部推广美烟计划，拟贷放美烟生产及加工贷款共280.35 亿元，生产部分拟推广 52 万亩，贷放 156 亿元；加工部分，拟贷修理烤房 15 亿元，烤烟煤炭贷款 109 亿元，建筑示范烤房 3500万元。②

表 3 - 9　　　　　1947 年度各省烟叶生产贷款分省分类贷额　（单位：百万元）

省别	合计	烟叶生产	烟叶加工
河南	21610	12000	9610
安徽	4245	2400	1845
山东	1060	600	460
四川	560	300	260
贵州	560	300	260
总计	28035	15600	12435

資料来源：《本年度各省棉花烟叶贷款分省分类贷额核定》，《金融周报》第 16 卷第 23期，1947 年 6 月 4 日。

国产烟区为山东、安徽、河南、云南等处，熏烟产量品质以河南为最，山东次之，安徽又次之。山东因地方局势未臻安定，安徽产量太小，云南交通不便，均无法扩展，独河南质量与交通适合扩展条件，烟产改进处之工作先在河南展开，山东在青岛设立试验区做小规模试验。政府在河南产烟区中心地许昌设立烟叶改良场，1947 年该场"已在许昌以北尚集一带下美种烟田四百亩，专培养烟子供应明年烟农需要，希望明年烟田之扩充倍于今年。农林部并与农民银行合作由许昌农民银行予烟农以经济援助，每亩贷肥料 30000 元，加工

① 《棉花及烟叶押汇并准继续承做》，《金融周报》第 17 卷第 8 期，1947 年 8 月 20日。

② 《中国农民银行举办棉花烟叶生产贷款，总额一千六百四十六亿余元，中央银行准先透借五百亿元》，《申报》1947 年 5 月 17 日，第 2 张第 6 版。

60000 元"。^①1947 年度河南烟叶贷款经四联总处核定 213 亿元,为全国之最。由农林部烟产改进处协助农民银行贷放烟叶生产贷款及加工贷款,涉及许昌、襄城、禹县、郏县、临颍等产烟区。^②到同年 8 月止,共贷放生产贷款 6332494000 元,受益烟农 52784 户,烟田 242538.2 亩;加工贷款 14805280000 元,受益烟农 48405 户,烟田 249718.8 亩。^③

表 3 - 10　　　　1947 年河南省各县实际烟叶贷款统计　　　　(单位:元)

项别　　县别	生产贷款金额	加工贷款金额	总金额
许昌	147568000	5591380000	5738948000
襄城	958164000	4061820000	5019984000
禹县	2100000000	4200000000	6300000000
长葛	600000000		600000000
舞阳	300000000		300000000
临颍	448650000	502080000	950730000
郏县	450000000		450000000
叶县		450000000	450000000
合计	5004382000	14805280000	19809662000

资料来源:《农林部烟草改进处档案》,《中国烟业史汇典》,第 1542 页。

政府烟产改进处以大部力量集中河南,据 1947 年初步估计,"该处情况至为良好,栽培面积可达到 80 万亩左右,较去年增加二至三成,烟产前途,殊可乐观"。^④除河南及山东外,政府的烟产改进措施亦惠及安徽、贵州等省。1947 年 8 月蚌埠中国农民银行奉命举办烟叶加工贷款 18.45 亿元,当向淮市煤矿洽购煤斤 5000 吨,举办实

① 辛秉兰:《许昌的烟叶》,《现代邮政》第 1 卷第 3 期,1947 年 11 月 1 日。
② 《豫烟叶贷款,月中可贷毕》,《中央日报》1947 年 8 月 7 日,第 4 版。
③ 《中国烟业史汇典》,第 1542 页。
④ 《烟叶漏厄甚大,农林部正谋增产,三年后或可自给》,《中央日报》1947 年 5 月 17 日,第 4 版。

物贷放，区域为灵县、定远、蚌埠等五区之烟农。[①] 10 月 9 日，四联总处理事会决议"中央合作金库计划在安徽凤阳、怀远、灵璧、定远四县，合作运销美种烟叶 20 万担，经决定准予照贷 50 亿元，并准向中央银行转抵押，惟贷款区域应不与中农行重复"。[②] 贵州省 1948 年度农贷总额，经中中交农四行联合办事总处核定为 810 亿元，其中美烟生产贷款 625 亿元，[③] 占到了 77% 以上。由于农林部采取积极鼓励国产烟叶生产的措施，豫、鲁、皖、滇、黔、川六省产烟区面积及产量都有所提高。1947 年各省之栽种面积共达 137 万余亩，实际收获面积比上年增加 34 万余亩，烟叶产量计 16800 余万磅，比上年增加 2800 余万磅。[④]

农林部烟产改进处为增进生产，改良品质，杜绝漏卮，培养税源，大规模展开烟叶改进工作。在其努力下，1947—1948 年国内主要产烟区烟叶种植面积和产量均有增加，然并未缓解国内卷烟工业烟叶紧张状况。据农林部烟产改进处调查，1947 年各地烟叶之每月价格，均呈直线式上涨，"就年初及年底之价格比较，产区平均增涨 15 倍，消费市场则达 20 倍"。作为全国卷烟工业中心的上海尤为严重，"许州烟一月份每磅 3500 元，十二月份已达 64000 余元"。[⑤] 究其原因，首先是内战影响。战争直接造成交通破坏，"胶济路尚未修复，河南烟区近又被共军串扰，运输梗短，而上海厂商不得不转向蚌埠及重庆、成都、昆明、贵阳等地采购"。[⑥] 交通相对方便的产烟区遭受破坏，而滇、黔、川等地交通运输困难，外销甚少，国产烟叶供应紧张成为必然。政局动荡也使烟产改进处的计划失去了实施的条件。1947 年度政府烟叶增产计划的重心为河南及山东，实施未久即已受阻。9 月份舆论指出："不幸，当前的战争已严重摧毁了山东和河南

---

① 《蚌埠农民银行，举办烟叶贷款》，《中央日报》1947 年 8 月 5 日，第 7 版。
② 《核定烟叶运销合作贷款》，《金融周报》第 17 卷第 18 期，1947 年 10 月 29 日。
③ 《黔省农贷核定二十四县市，泰半用于扶助烟叶生产》，《中央日报》1948 年 5 月 6 日，第 7 版。
④ 《中国烟业史汇典》，第 1548 页。
⑤ 同上。
⑥ 同上。

烟叶生产，目前颐中和国货烟厂皆依赖进口的烟叶，不过也掺有少量的土产烟叶。"① 随着战局变化，1948 年度"自山东昌乐、潍县及河南许昌、襄城军事情形变化后，该计划颇受打击，现重心置于皖省"。② 随着战事一天天扩大，农林部"三年达到自给自足之境，并有余额输出换取外汇"的预期终成泡影。时人曾有感慨：战争损害了一切，只有当和平重现之时，山东、河南、安徽等地的烟草种植事业，才有重新发展的可能！③ 此外，烟叶生产费用居高不下，"以土地费占 37% 为最多，人畜工占 30% 次之，肥料及熏烤材料各占 12% 又次之"。④ 而押汇贷款难以奏效。烟产改进处在 1947 年度工作总结中谈道："惟此转抵押办法一则延迟发放时期，致一部分贷款已失时效；二则发款无定期，本处主持人不易统筹支配，推广人员人财二者均不经济。"⑤ 大大影响了其效果。

卷烟为政府重要税源，为保证生产和税源，政府对于上海卷烟工业同业公会的烟叶诉求采取一定积极措施。战后初期，美国香烟倾销沪上，为缓解上海卷烟业成本高昂原料缺乏，苏浙皖区敌伪产业处理局将青岛方面接收之敌产烟叶积极分批运沪，托经济部接管之中华烟草公司陆续分售于上海各卷烟制造厂。至 1946 年 8 月 4 日，"业已分售三次，共售出约一万桶。而陆续运沪者尚有一万余桶，现正积极办理中，将予逐次分批配售"。⑥ 1946 年底，上海卷烟业公会以烟业危机日趋严重，曾呈请财政部迅予救济，办理低利复兴烟区农贷暨国烟低利抵汇办法。后经财政部转请中中交农四行联合总处核办，烟叶生产及加工贷款包括在该年度农贷款额内，烟叶押汇经中国农民银行拟

① 《中国的卷烟工业》，《物调旬刊》第 23 期，1947 年 9 月。

② 《全国经济委员会关于 1948 年度棉花烟叶茶叶蔗糖桐油蚕丝羊毛渔业等生产概况报告》，1948 年，中国第二历史档案馆编：《中华民国史档案资料汇编》第五辑第三编，财政经济（六），江苏古籍出版社 2000 年版，第 255 页。

③ 陈亦：《中国卷烟工业的过去与现势》，《经济周报》第 5 卷第 8 期，1947 年 8 月 21 日。

④ 《中国烟业史汇典》，第 1548 页。

⑤ 同上书，第 1547 页。

⑥ 《青岛烟叶分批运沪，平均配售各卷烟厂家》，《申报》1946 年 8 月 4 日，第 2 张第 8 版。

定各行局承做烟叶押汇原则五项，提交放款小组委员会修正通过。[①]
政府公布之第三期输入限额中，烟叶外汇减少为 500 万美元，为补救
生产计，1947 年 8 月 9 日，上海卷烟工业同业公会召开理监事联席会
议，商请政府贷款，专供收购本国烟叶。经数度商谈，政府拟贷款予
该业 500 亿，由中国农民银行承办，四联总处召开会议，讨论贷款方
式及期限手续等。[②] 8 月 28 日，当局"为维持卷烟工业生产起见，对
于卷烟厂商所请求贷款原则，均予以通过"。[③] 1947 年 11 月，台湾省
公卖局将陈烟叶 30 万磅运沪销售，最初曾向各业商卷烟厂兜售，以
价格未洽，交易未成，最后售与本市外商经营之颐中公司。[④] 1948 年
3 月，中国农民银行拟就上半年度农贷计划，其中烟叶贷款为 6000
亿元，预计可收烟叶 5 万担，贷款方式决定采用贷现收实。[⑤]

三　烟叶进口中的行业制衡

烟叶是卷烟生产首要的原料，上海各卷烟厂生产需用大量的美种
烟叶。内战不断扩大，使交通运输发生严重困难，豫中地区及津浦线
产烟区国共双方交战激烈，主要产烟区的烟叶很难运到上海，上海卷
烟业竭尽全力，但很难如愿。国产烟叶远远不敷运用，而且"成色不
及美叶，仅能制造中下等烟，上等烟须掺用美叶，或有全用美叶
者"。[⑥] 政府增产与改良努力收效有限，在内战日益扩大的形势下，
以上海卷烟工业同业公会为代表的卷烟企业，不得不把希望寄托于限
额的外叶供应。市面上烟叶价格飞涨，大大加重烟厂成本，上海卷烟

---

① 《挽救烟业危机，四行承做烟叶押汇，按六折抵押为期三月》，《申报》1946 年 11
月 25 日，第 2 张第 7 版。
② 《贷款收购国产烟叶，由农民银行承办》，1947 年 8 月 9 日，上海社会科学院经济
研究所企业史资料室藏 1930—1950 年代初期经济类剪报资料 04—055 "1938—1950 年的卷
烟工业"，第 81 页。
③ 《颐中烟公司贷款，合同即将签字》，1947 年 8 月 28 日，上海社会科学院经济研究
所企业史资料室藏 1930—1950 年代初期经济类剪报资料 04—055 "1938—1950 年的卷烟工
业"，第 81 页。
④ 《台湾美种烟叶三十万磅运沪》，《申报》1947 年 11 月 9 日，第 2 张第 7 版。
⑤ 《中农烟贷六千亿元，估计可收回烟叶五万担》，《烟草月刊》第 2 卷第 1 期，1948
年 3 月。
⑥ 《上海华商卷烟工业之现状》，《工商半月刊》第 5 卷第 1 号，1933 年 1 月 1 日。

企业苦不堪言。作为卷烟工业最大的同业组织，上海卷烟工业同业公会多次反映业内原料不足情况，呼吁政府加大烟叶进口。1947 年 5 月，公会向输管会汇报所属会员烟厂需用输入烟叶情况：每箱需 160 磅，每月需用 1600 万磅，照十分之四为美国烟叶，三个月需输入美叶 1920 万磅，每磅美金一元，计需美金 1920 万元。要求输管会放宽输入限额。① 进入 1948 年以后，国内产烟区受战争破坏，交通阻断，烟叶供应成为严重问题，上海卷烟企业不得不减产停工。同业公会向输管会反映"当今国内战事方兴未艾，交通阻隔，国产熏烟叶出产地之许昌、青岛两处均因环境关系无法采运接济，其他滇、贵等地所产者，量既不多，运亦困难"。② 多次要求放宽输入。

卷烟为国家主要税源之一，从维护国家税收层面考虑，应该充分进口烟叶，保证卷烟业生产顺利进行；然而进口美烟叶严重冲击国产烟叶，从扶植农业及防止漏卮角度出发，政府又不得不从长计议。战后国民政府采取一系列措施致力于国产烟叶增产与改良，以期达到自给自足的目的。农林部烟叶改良场场长陈文茂称："政府在河南产区中心地之许昌，设立烟叶改良场，对于播种施肥杀虫熏炕设场试验改良，予叶农以指导与宣传，并扩充产田，目的无非在于提倡种烟以之抵制外烟之进口。"③ 由于烟叶实现增产尚待时日，加上战事影响，为维持国家大宗卷烟税收，输管会将烟叶列入许可输入品。自外汇限制以来，第一、二两期之烟叶外汇限额均为 800 万美元，即使以此限额外汇购买美叶原料，仍远远不敷上海各烟厂消耗。然而烟叶外汇数额仍引来有关方面非议。1947 年第二季输入限额发表后，5 月 3 日上海市参议会分区区政座谈会上，有参议员大声疾呼："输入管理委员会第二次限额分配表内，米与小麦之限额仅七百万美金，而烟叶有八百万美金，是何理由？岂谓民食所恃之米麦，不如烟草重要乎？"请

---

① 《卷烟业公会要求宽放输入限额》，1947 年 5 月 13 日，上海社会科学院经济研究所企业史资料室藏 1930—1950 年代初期经济类剪报资料 04—055 "1938—1950 年的卷烟工业"，第 78 页。

② 《上海华北华中华南各区卷烟业公会申请增加烟叶烟纸输入及分配事项卷》，中国第二历史档案馆藏行政院输出入管理委员会档案，447 - 1034（1）。

③ 辛秉兰：《许昌的烟叶》，《现代邮政》第 1 卷第 3 期，1947 年 11 月 1 日。

中央重加考虑。① 当时舆论亦指出，"卷烟究系消耗物品，绝不可与
米粮棉花等必需品等量齐观。乃今日输管会之措施，烟叶重于米棉，
消耗急于实用，吾人甚望输管会对此一点，应予以重新考虑也"。②
社会各界对烟叶进口的不同声音使得政府在外汇限额问题上不得不加
以权衡。

　　烟叶进口问题，最大的阻力来自国产烟叶商，其中上海市烟叶商
业同业公会反对最激烈。早在 1946 年 6 月，该公会就曾致函上海市
商会，提出增加外国烟叶进口税率、长期限制外烟进口及复兴烟区农
贷等办法五项，请求"体察艰辛，同声应援，迅即电请经财农交各部
挽救方案"。③ 上海市商会予以支持，建议挽救国内烟叶危机六项，
并请求由中、交、农三行尽快颁布复兴烟区农贷及国烟低利押汇抵借
办法。④ 1947 年外汇限额分配实施后，输管会第一期烟叶外汇核定为
800 万美元，烟叶商业公会以节省消耗外汇为由，呈请当局予以核
减。⑤ 3 月 5 日，公会致函上海商会要求转呈财政部："国烟供给无
缺，虽质地方面不及外烟，只要设法改良，不难与外烟抗衡，杜塞漏
卮。故减少外烟输入限额实为贤明之决策。"时隔两日，再次致函商
会，要求转呈行政院输入委员会减少外汇限额。⑥ 第二期烟叶外汇限
额核定后，上海烟叶商复呈经济部，"请准核减去 400 万美元以为增
进文化事业输入纸张之用"。经部批示仍维原额后，烟叶商建议由该

---

　　① 《区政座谈会第二日，谈话中心为粮食房租等问题》，《申报》1947 年 5 月 4 日，第
1 张第 4 版。
　　② 《工商动态：烟叶重于米棉》，《银行周报》第 31 卷第 19—20 期，1947 年 5 月 19
日。
　　③ 《上海市商会关于烟业、民丰公司等为请提高烟叶、卷烟、纸进口税等案与财政部
等机关和各有关公会的来往文书》，上海市档案馆藏上海商会档案，Q201 - 1 - 126。
　　④ 《中国烟业史汇典》，第 1604 页。
　　⑤ 《烟叶业请求核减外汇》，1947 年 5 月 21 日，上海社会科学院经济研究所企业史资
料室藏 1930—1950 年代初期经济类剪报资料 04—055 "1938—1950 年的卷烟工业"，第 78
页。
　　⑥ 《上海市商会关于烟叶等公会要求禁止或限制美国烟叶、钢精纸等商品进口问题向
行政院等机构的反映及其批复》，上海档案馆藏上海商会档案，Q201 - 1 - 272。

业公会再度向经济部请求核减烟叶外汇。① 1947 年 11 月，市上盛传
美国对华贷款将以物资抵充，物资之一部分即为烟叶，上海市烟叶商
业同业公会闻之大为恐慌，吁请上海商会转呈当局请求予以制止，另
行输入其他物资。②如果传言成为事实，对于国产烟农、烟商及烟叶交
易会造成冲击。上海商会对此极为重视，迅即致电国民政府行政院、
财政部，反对美国烟叶在借款形式下任意输入。电文称：

> 查中美借款一部分以物资抵充之说，虽未证实，但按照战前
> 关棉借款之先例，美国以其过剩之物资抵充美元之输出，自亦有
> 其可能。惟物资之选择应由我国为主体，以其最切于民生日用或
> 生产事业必需之原料机件为限。诚以目前时局严重，国计日绌，
> 既恃借款为复兴之计，则必审慎周详，计出万全，借一钱有一钱
> 之益，庶国民后代负担不为虚掷。既就美国立场而论，贷款动机
> 完全为安定东亚大局起见，与寻常商业贷款之目光不同，亦不致
> 强人所难。惟以彼国一部分商人之利害为利害，烟叶虽为卷烟原
> 料，但究系消耗物品，且我国所产烟叶已达于可以自给程度，如
> 果轻徇所谓以借款形式为变相输入，则第三季之外烟输入限额由
> 800 万美元减为 500 万美元之举已完全失其意义，徒使种植烟叶
> 之农民以及贩运之商人俱陷于失业途径，且使借款负担不用之于
> 生产而用之于消耗，亦属迹迈浪费，一举三失。③

在上海市商会看来，限额以外的美国烟叶输入是"以借款名义变
相侵销"，"此端一开，国家管制输入之政策将完全为所破坏"。对
此，财政部批示"美贷内容尚未确定，所传一切不足深信，呈文所提

① 《烟业商拟再请经部核减烟叶外汇，采用国产烟叶节省外汇》，1947 年 8 月 3 日，
上海社会科学院经济研究所企业史资料室藏 1930—1950 年代初期经济类剪报资料 04—055
"1938—1950 年的卷烟工业"，第 81 页。

② 《美将以剩余烟叶抵充对华贷款，烟叶业公会恐有碍国烟产销，函请商会转呈当局
予以制止》，《烟草月刊》第 1 卷第 10 期，1947 年 12 月。

③ 中国第二历史档案馆编：《中华民国史档案资料汇编》第五辑第三编，财政经济
(六)，江苏古籍出版社 2000 年版，第 527—528 页。

各节，不无理由，已送呈政院，转送全国经济委员会再备参考。"①
由于各方反对甚烈，美国援华贷款以烟叶物资抵充一事终不了了之。
上海烟叶商业公会和上海商会之所以如此反对烟叶进口，是由于抗战
胜利后，上海烟叶市场形成国产烟叶供销由华商掌握，进口美叶业务
由在华美国烟叶进口商控制的格局。据统计，到 1947 年，上海经核
准的"烟叶合格商"共 19 家，其中外商 13 家，华商仅有 6 家。由于
98% 以上进口烟叶来自美国，实际代理烟叶进口业务几乎为美商所垄
断。② 烟叶进口问题关涉美国烟叶商利益非同一般。美国是当时世界
最大的烟叶出口国，战后农部产销研究处鉴于国外烟叶市场多为各国
政府烟类专卖法规所控制，贸易情形将日渐复杂，顷于国务院决定将
于美国驻外使馆中添设烟草参赞，一如使馆中之军事参赞与海军参
赞。农部声称："美政府之海外官家代表，对于美国生产者继续保持
其产品之重要出口，至关重要。烟草乃美国总出口贸易中极重要者，
因此对于美国政府亦至关重要。"③

　　战后中国作为美种烟叶的主要消耗国，美国从维护经济利益出
发，一定程度上在国民政府的外贸政策上发出不同声音。1946 年 5
月，因汇率关系，国民政府曾向美国建议，要求限制烟叶进口，"若
非 2 月 25 日以前在上海登记之美国烟叶，一概禁止进口。且今后任
何商行采办美国烟叶进口，概以二十一年至二十五年间该商行平均采
办数四分之一为限。"遭到美国部分议员和商人的反对。④ 尤其是美
国烟草商反对甚烈，曾请国务院阻止中国实行此项进口限制。⑤ 汇率
调整后，烟叶市价提高，卷烟成本骤增，上海卷烟业公会曾召集理监
事会议，函请烟叶商业公会转劝同业会员，体谅政府调整外汇之目

　　① 《中美间成立烟叶借款说，烟业商会无所闻》，《申报》1947 年 12 月 9 日，第 1 张
第 1 版。
　　② 《上海烟草志》编纂委员会：《上海烟草志》，上海社会科学院出版社 1998 年版，
第 256 页。
　　③ 《美国驻外使馆添设烟草参赞》，《烟草月刊》第 1 卷第 11 期，1948 年 1 月。
　　④ 《我国限制美烟叶进口》，《商业月报》第 22 卷第 1 期，1946 年 5 月 31 日。
　　⑤ 《我限制烟草进口，美商表示异议》，《商业月报》第 22 卷第 3 期，1946 年 7 月 31
日。

的，切勿趁机妄抬市价，同时殷盼能与卷烟厂商合作，自动恢复原
价。① 上海卷烟企业从成本角度考虑，国产烟叶质差价高，且供应发
生困难，自然想方设法寻求物美价廉的美叶，因此呼吁政府加大烟叶
进口。上海卷烟业与美国烟叶商在烟叶进口问题上有契合点，但利益
不尽一致。外汇限额分配实施后，从第三季开始，上海卷烟工业公会
在分配原料外汇问题上取得一定参与权，这使得主导外烟进口的美国
商人最为焦灼。1947 年 8 月 19 日，美商通过驻华大使馆致函中国外
交部，反对将输入定额权交给卷烟工业同业公会：

> 倘该会派定应予各输入商之定额，结果将使此项定额有不公
> 平之分配，且将使该公会支配各输入商能予出售之价格，因而鼓
> 励黑市交易及其它弊端，且复感觉该公会取得此项地位时，则将
> 在其它情形中对美国各输入商及其各顾主之正常关系上有不利
> 影响。②

　　美方担心的是公会在外汇原料分配上的垄断，影响烟叶进口商的
利益，因此呼吁国民政府拒绝同业公会派定外汇原料输入定额的要
求。9 月 10 日，美大使馆再次致函外交部，"对于此类公会不但分配
烟叶而且分配一般稀少商品之输入定额事提出严重抗议"，并进一步
指出，"此举乃系将中国政府自身权责委诸私人办理，致使在华美商
遭受歧视"。③ 由于此事关系重大，国民政府财政部、经济部、上海
市政府纷纷向输管会限额分配处质询。9 月 24 日，分配处不得不出
来辟谣，致函外交部声明："该业之同业公会仅负建议、提供意见及
各种有关资料之责，藉备本处参考，以作分配之蓝本。……委托同业
公会主持分配一节，本处以前无此先例，现下亦无此项计划，显系传

---

① 《卷烟厂业公会要求恢复卷烟纸产销管制，并盼制止烟叶涨价》，《征信所报》第
144 期，1946 年 8 月。
② 《输出入管理委员会关于烟叶限额分配的有关文件》，中国第二历史档案馆藏行政
院输出入管理委员会档案，447 - 1019（3）。
③ 同上。

闻失实，殊生误会。"① 尽管美国对烟叶进口贸易相当关切，然国民政府原料的进口是以充足的外汇基金为基础的，随着政府财政赤字日趋严重，外汇基金一天天枯竭，烟叶进口自然受到影响。

总体看来，各方掣肘使政府在烟叶进口问题上大打折扣。外汇限额 1947 年第一、二期为 800 万美元，第三期缩减为 500 万美元，第四期烟叶外汇为 470 万美元，第五、六期为 400 万美元，第七、八两期烟叶及烟梗限额仅剩 250 万美元。另据相关部门统计，国外实际输入烟叶（以美叶筋为大宗），1946 年总计外汇 3200 万美元，1947 年 1500 万美元，1948 年仅为 730 万美元。② 农林部烟产改进处工作总结中提到，1947 年核定之各季烟草输入限额为美金 2600 万元，已位于煤油、棉花、粮食之后，居第四位。③ 战后上海卷烟业烟叶供应紧张已成事实，国民政府权衡利弊，采取一系列措施复兴国产烟叶的同时，始终为美叶进口打开绿灯，财政部给上海市商会的信中谈道：

> 惟设施伊始，新熏烟叶之收获既非急切所能办到，为维持卷烟工业生产及税源起见，国产卷烟原料之熏烟叶目前实不敷用，势不能不酌购外货。按照行政院修正公布之进出口贸易暂行办法，熏烟叶列入限额制度，其数量须经输入品临时管理委员会核准，方能给汇购办。值此过渡时期，本部对于调配卷烟原料及改善烟农种植，均已切实加以注意，期收并顾兼筹之效。④

由于战后国产烟叶无法充足供应国内的卷烟工业，美叶输入仍保持一定水平。1947 年 1—9 月，中国计由美进口烟草 2470 万磅。⑤ 1948 年 1—6 月，美国烟叶输出 159840 千磅，中国进口 21320 千磅，

---

① 《输出入管理委员会关于烟叶限额分配的有关文件》，中国第二历史档案馆藏行政院输出入管理委员会档案，447 - 1019（3）。

② 《中国烟业史汇典》，第 1705—1706 页。

③ 同上书，第 1545 页。

④ 《上海市商会关于烟叶等公会要求禁止或限制美国烟叶、钢精纸等商品进口问题向行政院等机构的反映及其批复》，上海档案馆藏上海商会档案，Q201 - 1 - 272。

⑤ 《我由美输入大量烟草》，《征信所报》第 534 期，1947 年 12 月 13 日。

其中焙制烟叶 14606 千磅，烟梗烟屑 6670 千磅，占到了整个美国输出量的 13% 以上。[①] 1949 年 3 月，财金新方案对贸易一项明列烟叶仍用限额制，美国援华计划下运华物资有烟草 8450 万磅，值 2801.25 万美元，其中烟叶 6350 万磅，每磅美金四角，烟茎 2100 万磅，每磅一角二分半。[②] 对于战后上海卷烟业来说，国产烟叶供应不足，进口烟叶受到牵制，烟叶价格飞涨，不敷应用。据统计，1946 年至 1948 年，全国烟叶产量虽自 1.8 亿磅增至 2.5 亿磅，按全部烟叶依每箱需用 140 万磅估计，约可卷烟 180 万箱，但全国每月销烟 2 万至 25 万箱，全年至少需产 240 万箱，即至少需用烟叶 33600 万磅，供需相抵，至少尚缺烟叶 8600 万磅。[③] 上海作为全国卷烟工业和企业的中心，卷烟业不得不为争取烟叶东奔西走，绞尽脑汁。战后烟叶进口问题争论贯穿始终，成为上海烟业界的焦点。

第三节　纸圈与钢精纸供应问题

一　国货还是外货？

包卷烟叶之卷烟用纸，是卷烟生产中仅次于烟叶的主要原料，有的用木制，有的用竹制，形狭而长，呈圈状，故名纸圈。纸圈俗称"卷纸""盘纸"，是一种专供包裹烟草、制作香烟的薄页纸。由漂白化学木浆或麻浆，加入多量的碳酸钙填料及少量助燃剂等，经高黏状打浆后抄造而成。纸面色泽洁白，纸质柔韧疏松，通过整饰辊可加印罗纹印记，以增加其透气性并改善外观。[④] 纸圈为卷烟业生产必不可少的原料，在 1935 年以前，国内的民族纸厂尚无能力生产此种产品，纸圈供应全部仰赖法、意、日、美等货。"日货价廉，但自'一·二

---

① 《美国烟叶输出贸易概况》，《进出口贸易月刊》第 2 卷第 1 期，1949 年 1 月。

② 梯云：《烟叶与卷烟工业》，《公益工商通讯》第 4 卷第 12 期，1949 年 3 月 31 日。

③ 《卷烟业的现况与努力的方向》，1949 年 4 月 19 日，上海社会科学院经济研究所企业史资料室藏 1930—1950 年代初期经济类剪报资料 04—055 "1938—1950 年的卷烟工业"，第 115 页。

④ 辞海编辑委员会：《辞海》，上海辞书出版社 2010 年版，第 2057 页。

八'事变后，近乎绝迹。"[①] 1935 年浙江嘉兴的民丰造纸厂卷烟纸试验成功，同年 8 月即向南京国民政府申请卷烟纸制造专利权。根据国民政府《工业奖励法》第一条第二款"采用外国最新方法首先在本国一定区域内制造者"，及第二条第五款"准在一定区域内，享有五年以下之专制权"的规定，[②] 政府核给工业奖励执照，准予在浙江、福建、山东、河北四省及上海、青岛、天津三市区内享有专制权五年，至 1940 年 8 月期满。民丰厂卷烟纸日产量开始只有 1000 盘，以后产量虽逐渐增加，但远远不能满足市场的需要。[③] 1937 年"八一三"事变发生，上海、嘉兴相继沦陷，民丰公司各厂被迫停工，享有专制权之卷烟纸遂无从制售，战争期间完全停顿。事变之后即被置于日军"军管理"之下，战时一直为日人控制。抗战胜利后，上海的卷烟生产逐渐恢复，民丰纸厂积极复员，1945 年底卷烟纸恢复生产，这时美货产品大量输入，国产卷烟纸生产一度萎缩。民丰纸厂认为其享有卷纸专制权之使用期间仅及二年，于 1945 年 11 月备文呈请经济部准予将专制期限剔除抗战期顺序延展三年，次年 1 月经济部通知准予延展三年至 1948 年 12 月底，但考虑到该公司之卷烟纸产量只能供全国需要总额百分之三四十，将其专制区域缩小为浙江、福建、山东三省及上海和天津两市。

战后初期，政府开放外汇，纸圈进口尚属方便。外汇管制以后，进口纸圈数量有限，民丰纸厂成为上海卷烟业的主要纸圈供应商。对于上海卷烟行业来讲，纸圈不敷应用，原料价格飞涨，已经严重影响生存与发展。"查卷烟主要原料，卷纸与烟叶两者并重。而烟叶在国内尚有出产，虽数量不丰，品质稍逊，犹可勉强挽用，不虑中断；独卷纸一项，仅民丰稍能供应，而产量过微，不敷甚巨。"1947 年底一

---

① 《上海华商卷烟工业之现状》，《工商半月刊》第 5 卷第 1 号，1933 年 1 月 1 日。
② 《立法院通过工业奖励法，特种工业奖励法宣告废止》，《银行周报》第 18 卷第 14 期，1934 年 4 月 17 日。
③ 全国政协文史资料研究委员会：《工商经济史料丛刊》第 3 辑，文史资料出版社 1984 年版，第 171 页。

个月内上海区卷烟产量递减少 15000 余箱，其主要原因即纸圈紧缺。①
解决纸圈困难，要么致力于吁请政府进一步加大进口，使用外货，要
么寄希望于民丰纸厂增加生产，使用国货。事实证明，战后上海卷烟
业一直致力于争取进口纸圈，与民丰纸厂的"国货派"利益纠葛不
断。卷烟工业同业公会作为上海卷烟企业集体利益的代言人，多次向
主管部门呼吁加大进口外货纸圈，解决原料困难。1947 年 1 月 20 日，
上海卷烟工业同业公会函输管会称"每月除有民丰造纸厂供给 2 万卷
外，尚不足之数为 8 万卷，三个月需 24 万卷，每卷美金 4 元，合计
需美金 96 万元"；9 月 27 日，同业公会致输管会分配处指出"八个
月来纸圈实际来源包括民丰部分总数不过 20 万卷，而实际消耗需 80
万卷，两抵不足 60 万卷"，希望"第四期限额分配纸圈部分少须一

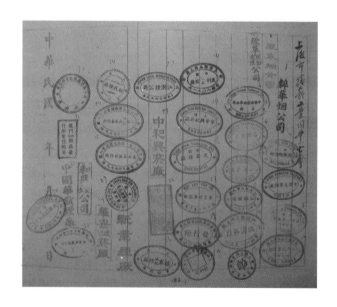

图 3 - 1　1948 年 9 月粹华等 33 家烟厂联名向同业公会声请加速解决纸圈困难

　　资料来源：《上海市卷烟工业同业公会向有关当局陈报原料需用情况、反映困难、请求
准予从国外进口输入的有关文书和卷烟需要外汇占成本百分表》，上海市档案馆藏上海卷烟
工业同业公会档案，S68 - 1 - 143。

----

① 《中国卷烟工业协会请增加烟叶烟纸输入及分配事项卷》，中国第二历史档案馆藏
行政院输出入管理委员会档案，447 - 1034（2）。

百万美金方合应用，否则后果不堪设想也"；1948 年 10 月，同业公会向上海经济管制督导处汇报原料供应情况，纸圈缺乏 51730 盘，每盘 2.85 元美金，应为 147430 元美金，[①] 再次请求放宽进口限额。

上海卷烟业强烈呼吁加大进口外货纸圈，不仅因为民丰产量不敷供应，而且由于产品质量无法保证，售价却不断提高，卷烟厂商颇有怨言。1948 年 4 月，上海卷烟工业同业公会理事长戴耕莘给民丰纸厂信中说得明白：

> 贵公司所配售之纸圈，据各会员厂报告，纸质方面较劣，而露底又多，砂眼罗纹亦失均匀，与当年上海土制货不相上下；价格方面则较外货黑市犹昂，纷请本会转函贵公司注意改进。贵公司加以注意者也，盖如何使买方衷心乐购，长期采用，必须由卖方保持"价廉"、"物美"二大要点为前提。自本期纸圈配售后，各会员群起"价高货劣"之观念呼声所播颇为普遍，似此对于制品则偷工减料，对于定价则追踪外货黑市，揆此商情已失公允。[②]

7 月 22 日，沪市舆论喉舌《正言报》报道"民丰造纸厂独占纸圈市场，利用特权任意抬价"，上海卷烟厂商谈称：

> 本市民丰造纸厂，制造纸圈，呈请政府给予专利，独霸市场，其他纸厂，不得制造，每期政府配给大量外汇向外购进原料，其他燃料柴油等项，亦例有政府配给，且国内原料，来源丰富，运商到沪，更无他家可销，任凭民丰抑低收价。但各烟厂，因购买外汇纸圈限制甚严，不得不仰其鼻息。时势造英雄，民丰一变而成为天之骄子，成本虽已享受政府配给，并不见高，但利

---

① 《上海市卷烟工业同业公会向财政部输管会等机关呈请增拨纸圈外汇分配限额的来往文书和纸圈外汇分配的表册》，上海市档案馆藏上海卷烟工业同业公会档案，S68 - 1 - 144。

② 《上海市卷烟工业同业公会为请民丰造纸厂改善纸圈品质减低售价和反对该厂和六区造纸工业公会呈请停止输入纸圈等事宜同行政院输管会的来往文书》，上海市档案馆藏上海卷烟工业同业公会档案，S68 - 1 - 153。

用独占优势，趁火打劫，洪水捞鱼，狂抬售价，一日之间，三亿
一跳之不足，最近竟早晚市价不同，每只纸圈，身价高至四、五
千万元，如以磅计，将近千万元一磅，如此高贵之纸价，闻之令
人咋舌，烟厂均敢怒而不敢言。甚望主管机关，彻底调查，其利
用政府配给所得之利益、成本究占若干？揭穿此独占之黑幕，以
为高抬物价者戒。①

然而，最大的问题还是在于民丰产量是否能满足上海各大烟厂的
需求。对于上海卷烟业加大进口外货纸圈的诉求，民丰公司不能容
忍，致力于通过各种途径表明其拥有足够的生产能力，呼吁政府核准
减少外货输入，双方甚至打起擂台。1947 年 10 月 29 日，烟业界喉舌
《烟业日报》开辟专栏报道"嘉兴民丰造纸厂积极增产纸圈，添装新
机一套明年开工，将来产量月达千五百箱"，"工厂占地四百亩，机
器设备齐全，剩余电力并供禾城电灯之用"。② 1948 年 3 月 12 日《申
报》载，民丰与其姊妹厂华丰产量已经足敷市场实际需要，自给自足
年内可以实现。"在此节约外汇，倡用国货之国策下，实为经济产业
界一好消息也。"③ 3 月 17 日的《中华国货产销协会每周汇报》亦有
同样的报道。④ 4 月 13 日《经济通讯》更指出全国烟厂所需卷烟纸已
经无须仰靠舶来，民丰"制造技术，已臻上乘，制品与舶来相似"。⑤
民丰纸厂以"国货派"的姿态活动，得到上海市商会和造纸工业同
业公会的同情与支持。1946 年 5 月，上海市商会就曾致函财政部、
经济部、关务署，请将卷烟纸进口税值百抽十五改征百分之八十以便

---

① 《民丰造纸厂概况调查》，上海市档案馆藏上海联合征信所档案，Q78 - 2 - 15005。
② 《上海货物税局关于民丰造纸公司申请制造卷烟纸事与税务署及该公司的往来文
件》，上海市档案馆藏财政部上海货物税局档案，Q434 - 1 - 73 - 1。
③ 《纸圈不虞匮乏，自给自足年内实现》，《申报》1948 年 3 月 12 日，第 2 张第 7 版。
④ 《卷烟纸年内可自足》，《中华国货产销协会每周汇报》第 5 卷第 10 期，1948 年 3
月 17 日。
⑤ 《我卷烟纸已可自给》，《经济通讯》第 687 号，1948 年 4 月 13 日。

国内工业自立。① 政府外汇限额政策实施后，上海造纸工业同业公会以外货输入打击国货生产为由，主张将放宽纸类限额改为引进纸浆自行制造，甚至建议"将输入列品内所列'纸'一项取消"。② 1948 年底，民丰纸厂致函输管会，指出其出品已达到国内需要量之自给自足，要求自第七季起停止核准输入卷烟纸以节外汇消耗。③ 1949 年初，上海卷烟业要求政府将外货纸圈自"限制进口"修正为"准予进口"，双方争论达到高潮。民丰纸厂建议政府"顾念国内脆弱之民族工业"，一度邀集"不堪外货打击"之国货数业与卷烟业谈判折中方案。④

卷烟盒内包烟之金属纸，亦为卷烟生产重要材料，有的用锑制成，有的用铝制成，有以锡与铅混合制成，铅锡合金制成者称为锡纸，铝制成者为钢精纸。钢精纸亦称"铝箔纸"，是一种卷烟小盒内衬包装纸，在纸的一面覆有很薄的一层铝，分为全裱箔、线裱箔两种，以卷筒形式供应。⑤ 20 世纪初，上海烟厂以锡纸应用为主，多数依赖进口，亦有部分国内生产；30 年代，卷烟企业普遍使用钢精纸，大多从美国和德国进口。1932 年，由加拿大、瑞士、英国三大冶业公司投资 50 万法郎而于瑞士注册，在上海创办的华铝钢精厂，为全国最早的一家铝制品加工厂，也是国内最大的钢精制造厂，开始大量出品食物卷烟用钢精纸。由于国产锡纸主要原料为铅，并裱以粗劣纸张，用于包装"不独有碍卫生，且因人工制成，极易破损，难达防潮之作用，有失美观，尚其余事"。而华铝厂钢精纸"不独光辉美观，

---

① 《卷烟纸进口应照奢侈品课税，商会电请保护国产》，1946 年 5 月 12 日，上海社会科学院经济研究所企业史资料室藏 1930—1950 年代初期经济类剪报资料 08—020 "抗战胜利后的税收政策（二）"，第 2 页。

② 《上海区造纸工业同业公会和卷烟业公会关于纸及纸浆输入问题与输出入管理委员会来往函件》，中国第二历史档案馆输行政院输出入管理委员会档案，447 - 3444。

③ 《上海市卷烟工业同业公会为请民丰造纸厂改善纸圈品质减低售价和反对该厂和六区造纸工业公会呈请停止输入纸圈等事宜同行政院输管会的来往文书》，上海市档案馆藏上海卷烟工业同业公会档案，S68 - 1 - 153。

④ 《上海市卷烟工业同业公会要求准许国外纸圈进口与行政院、输管会的往来文书》，上海市档案馆藏上海卷烟工业同业公会档案，S68 - 1 - 145。

⑤ 《中国烟草大辞典》编委会：《中国烟草大辞典》，中国经济出版社 1992 年版，第 367 页。

轻薄仅及铅质四分之一，且质坚耐用，可省裱背之费，成本减轻甚多"。① 所以上海主要卷烟企业生产尤其高级卷烟制造更倾向于运用物美价廉的钢精纸，华铝厂产品在战前已负盛誉：

> 杨树浦华铝钢精厂，为我国境内规模最大且最新式之制铝工厂，所出铝锰平片卷片及圆片等，质量精粹，用途极广。盖以铝之特性，厥为质坚而轻，永不生锈，富必展性，不透光热，不受潮湿，且无毒质，故不论化学业或运输业用之均极合宜，而用作食物纸烟等包皮以及茶叶箱衬里等，尤为佳妙。该厂为谋各界对于铝之功用益加明了起见，特以所有出品及各种样子陈列于南京路大新百货公司样子间，作公开展览，连日参观人士极为拥挤，而对于铝之美观卫生、经济耐用并皆啧啧称赞不置。②

国产锡纸工业创始于 1921 年，锦华锡纸厂为国内首家民族工厂。当时上海卷烟业一般以使用舶来品为主，国产锡纸销路有限。1928 年，华成烟公司首先采用国货，后逐渐推广，外货输入渐减。抗战时期，上海锡纸业勉力维持，抗战胜利后逐次恢复原有之生产，旋因外货大量输入，1946 年 7 月大部被迫停工。1947 年 2 月，政府外汇限额分配政策实施，外货钢精纸在输管会分配处第一季限额时即已停止进口。国内钢精纸生产仅华铝钢精厂一家，且铝块等原料进口限制关系，无法供给需要，生产受到影响。由于市场上钢精纸货缺价昂，国产锡纸厂纷纷复业，锡纸业公会于 1947 年 5 月呈准社会局恢复办公。"自外国钢精纸限制输入以来，本市制造锡纸工厂，为供应各烟厂以及其他各厂需要，先后开设者已有十余家，各厂职工，赖以生活者亦毋虑数千，一时颇呈蓬勃气象。"③ 上海市锡纸业公会为争取本身利益并抵制外货钢精纸输入起见，分别具呈上海市商会、输管会、工业协会、工商辅导处、经济部全国经济委员会等六单位，吁请对钢精纸

---

① 《华铝钢精厂供应包茶钢精纸》，《申报》1947 年 11 月 20 日，第 2 张第 7 版。
② 《华铝钢精厂出品展览》，《申报》1937 年 3 月 3 日，第 4 张第 14 版。
③ 《锡纸厂组成公会，将向政府请愿，要求停止舶来钢精纸入输俾确保国产纸工业权益》，《烟草月刊》第 1 卷第 8 期，1947 年 10 月，第 90 页。

之输入与生产予以限制。

　　政府外汇限额政策实施后，市面钢精纸价格飞涨，上海卷烟业成本骤增，卷烟工业同业公会于1947年2月10日和4月18日两次向货物税局反映配给外汇核准输入钢精纸不敷甚巨，要求华铝厂增加产销，满足供应。① 卷烟包装究竟应该使用国货锡纸还是外货钢精纸，锡纸业与卷烟业针锋相对。锡纸业一致认为"钢精纸不过外表上较富光彩，稍增装潢美观而已，其功用反不如锡纸之绝无空孔能严密保护

图3-2　锡纸业与卷烟业公会之原料争议

　　资料来源：《上海市卷烟工业同业公会向市商会社会局等有关机关呈复关于锡纸公会吁请采用国产锡纸制止进口案意见的来往文书》，上海市档案馆藏上海卷烟工业同业公会档案，S68-1-156。

---

　　① 《上海市卷烟工业同业公会向市商会社会局等有关机关呈复关于锡纸公会吁请采用国产锡纸制止进口案意见的来往文书》，上海市档案馆藏上海卷烟工业同业公会档案，S68-1-156。

烟质。今国人舍弃锡纸而取钢精纸,既丧失大量外汇,复令锡纸业职工陷于失业危机,殊非爱国安民之道"。① 主张禁止钢精纸输入并限制华铝厂钢精纸产量。卷烟业不用锡纸的理由也很明确:一、该项锡纸其价目较舶来钢精纸为昂,而其质料则不及舶来钢精为适用;二、产量不足我业需求,难普遍使用;三、因质料不良,用之即不能与洋商卷烟竞争。② 双方分歧甚为严重。

同民丰纸圈一样,国货锡纸业的境遇和诉求也得到一向以"国货派"姿态出现的上海市商会同情和支持。1947 年 7 月 16 日,上海市商会对卷烟业公会的三条理由逐一批驳,并致函财政部和经济部,要求转输管会禁止外货钢精纸进口。31 日,上海商会直接致函输管会,表达同样的诉求。③ 面对锡纸工业发起的攻势,上海卷烟业选择向主管税务部门反映情况。财政部究竟持何态度? 8 月 5 日,上海货物税局给卷烟业公会的信中说得明白:

> 现国家戡平内乱,推行总动员法令,本部厉行整顿税收,货物税入预算达二万四千五百余亿元,内中卷烟税占全年收入百分之四十以上,此项制造卷烟之原料必须无虞匮乏,始能增加产量,俾益库收。如照该锡纸业公会之请,遽予转函输入临时管理委员会,不仅前后自相矛盾,万一所述情形尚有出入,而输管会凭本部所函即规定进口限额,势将演成卷烟原料缺乏,生产减少,国库税收蒙受重大之损失。本案拟请先由本署(财政部税务署)令饬上海货物税局将该市各卷烟厂需用钢精纸实在数量及该锡纸业所函产量若干分别查明具复,再行转请核办。④

① 《锡纸业公会呼请禁止钢精纸输入,分呈六机关要求核准,一再阐明国人应尽量采用国货》,《烟草月刊》第 1 卷第 8 期,1947 年 10 月,第 91 页。

② 《上海市商会关于烟叶等公会要求禁止或限制美国烟叶、钢精纸等商品进口问题向行政院等机构的反映及其批复》,上海档案馆藏上海商会档案,Q201 - 1 - 272。

③ 同上。

④ 《上海市卷烟工业同业公会向市商会社会局等有关机关呈复关于锡纸公会呼请采用国产锡纸制止进口案意见的来往文书》,上海市档案馆藏上海卷烟工业同业公会档案,S68 - 1 - 156。

　　既然上海卷烟业为国家国库创造的利税数以亿计，与力量薄弱、微不足道的国产锡纸业比起来，当局的取舍再明确不过了。8 月 23 日，输管会分配处致函上海市商会：

　　　　贵会锡会请禁止钢精纸进口并限制华铝钢精厂钢精纸产量一案正核办。查钢精纸本处于第一季限额时即已停止进口，现仍不拟开放，报章所载并不为实。至华铝钢精厂在沪制造之钢精纸，为数有限，不致影响贵业各厂之业务，所请限制其产量一节，目前尚无必要。①

　　外货钢精纸的进口既属多余的担心，那么限制国内华铝厂生产一节，锡纸业公会目的显然没有达到。1947 年 10 月，华铝钢精厂对上海卷烟业之配给数量反而较 9 月多 70%。② 从行业自身利益出发，锡纸业公会的活动并未停止。11 月 13 日，上海市锡纸工业同业公会写信给市社会局局长吴开先，指出"外商华铝钢精厂孳孳为利，不顾华商生存"，吁请"严予限制钢精纸产量，以谋挽救我国锡纸工业之危机"。锡纸业职业工会理事长虞坤珊也同声应援，请求社会局"限令华商烟厂尽量采用国产锡纸，并赐调查限制华铝生产，以维工人生活而护国产工业，是为公德两便"。③ 14 日，锡纸业公会致函上海市参议会，要求转经济部限制华铝厂产量。④ 30 日晚，公会招待上海各报记者做紧急呼吁，要求各华商烟厂本爱国节约之旨，尽量采用国产锡纸，以维持民族工业。该会理事长高文亮称：

　　　　查锡纸除光泽不及钢精纸外，其余防潮防霉之效用实胜于钢

---

　　① 《上海市商会关于烟叶等公会要求禁止或限制美国烟叶、钢精纸等商品进口问题向行政院等机构的反映及其批复》，上海档案馆藏上海商会档案，Q201 - 1 - 272。
　　② 《国产锡纸兴起后，华铝钢精纸派货竟增加，较前比增 70%，派价仍为 1670 万元》，《烟草月刊》第 1 卷第 12 期，1948 年 2 月。
　　③ 《上海市社会局关于外商华铝钢精厂大量生产铝纸摧毁国产锡纸工业及烟厂派货困难等来往文书》，上海市档案馆藏上海市社会局档案，Q6 - 2 - 311。
　　④ 《上海市参议会关于锡纸工业公会请限制外商华铝钢精场产量的文件》，上海市档案馆藏上海市参议会档案，Q109 - 1 - 201。

精纸，价格方面亦较黑市之钢精纸为廉。徒以卷烟厂商竞尚虚华，宁舍价廉之锡纸而不用，反采用钢精纸。依照本年八个月份之统计，所耗代价已近八千亿。姑以美金行市五万元计，则折合美金已达一千六百万元之巨。此数可购飞机一千六百架，或汽车一万六千辆，或商船四万吨。倘吾人不用钢精纸，一年之后，国防建设均可完成，立为强国。本业方面现要求：卷烟厂商憬然觉悟，采用国货，不特可以维护锡纸工业，顾全数万工人生计，尤可节省大量外汇，充实国防建设；请政府限制华铝钢精厂之大量生产，其销数不得超过市场需要量百分之二十；请求政府配给青铝滇锡等原料，俾直接减轻生产成本，间接减轻消费者之负担。①

作为上海市民意机关的"代言人"，市参议会对锡纸业诉求亦表同情，致函经济部上海工商辅导处指出："外商华铝钢精厂大量生产，威胁国内锡纸工业生存，为扶植国内工业，应限制制造钢精纸之铝片原料输入。"② 上海社会局亦相当重视，特拟定三项解决办法，并于29 日命令卷烟工业同业公会"应即尽量采用国产锡纸藉挽利权，除指复外，合函令仰该公会知照并转饬各会员厂遵照为要"。③ 由此看来，这场"没有硝烟的战争"还在继续。社会各界人士也见仁见智，同情国货者甚至戏称"锡纸如贤妻，而钢精纸如交际花，吾人欲使家庭和睦兴旺，决不可舍贤妻而亲交际花"。④

针对社会局的指令，12 月 18 日，卷烟工业同业公会函复称：

　　查钢精纸与锡纸此一问题，自争论以来业已数月，锡纸方面用组织力量发动起竞销之立场，钢精纸仅华铝一家，又系洋商，并无组织，仅知埋头实干，不愿与锡纸业争一日之长。惟钢精纸

---

① 《钢精纸糜费外汇，锡纸业呼吁限制》，《申报》1947 年 12 月 1 日，第 1 张第 4 版。
② 《维护锡纸业应禁铝输入》，《经济通讯》第 634 期，1948 年 1 月 31 日。
③ 《上海市社会局关于外商华铝钢厂大量生产铝纸摧毁国产锡纸工业及烟厂派货困难等来往文书》，上海市档案馆藏上海市社会局档案，Q6 - 2 - 311。
④ 《节省外汇消耗，烟厂应废用铝纸，采用国产锡纸》，《烟草月刊》第 1 卷第 12 期，1948 年 2 月。

与锡纸均为我卷烟业生产之必须用品，外界不明，以为我卷烟业不愿采用国产锡纸而用外货钢精纸，大有摧残锡纸、浪费外汇之慨，虽经缕陈事实分别函复有关机关说明真相，但仍不能邀锡纸业之谅解，至今仍哓哓不休，实深遗憾。奉令前因理合将钢精纸与锡纸双方优劣之比较及卷烟业采用锡纸之内容分述如下：①

	外货钢精纸	国产锡纸	结论
价格	每一箱卷烟需费为526200元。	每一箱卷烟需费为916600元。	两相比较，每一箱卷烟如用锡纸，其成本较用钢精纸增高390400元。
质料	钢精纸用机器制造，其尺寸广润厚薄光泽有一定标准，始终不变，有助生产技术。	锡纸用人工制造，极鲜标准，包用时以较为软弱，极易发生破碎及其他困难，有碍生产成本。	卷烟业自胜利以来日新月异、气象蓬勃，一反战前洋八华二之状态，达到华八洋二之优势，成为战后新兴民族工业之重要一页，此实由卷烟业能迎合潮流悉心改良努力争取之所致。所谓悉心改良，除制品力求精进外，包装亦占其大半。现在国人赖经营卷烟为生者，直接间接不下数十万人，较诸锡纸工人仅有一万余人者相去奚止数十倍，而政府所收卷烟税款每月达300亿之多，其影响社会安宁国家财政者更重。
产量	—	每月最高产量约一万箱，全部售与卷烟业，仅合卷烟业需要十分之五，其余不足之数赖钢精纸供给，否则卷烟业唯有减少产量而已。	卷烟业并非不用锡纸，其咎在锡纸产量不足供卷烟业之需要耳。

将价格、质量、产量三方面加以比较，国产锡纸与钢精纸的优劣已然明确。公会表示，爱国之心人皆有之，如果锡纸工业方面价格能尽量减低，质料能逐步改良，产量能尽量增加，信誉提高，各卷烟厂自然乐于购用。总体上看，民丰纸厂、上海锡纸业与上海卷烟业之间的利益冲突难以解决，"国货"与"外货"的争论贯穿整个战后，一

---

① 《上海市社会局关于外商华铝钢厂大量生产铝纸摧毁国产锡纸工业及烟厂派货困难等来往文书》，上海市档案馆藏上海市社会局档案，Q6-2-311。

直持续到上海解放。

二　国货供应的困境

上海市造纸工业制品可分为版纸、薄纸及卷烟纸三种，由于民丰造纸有限公司享有专利权，卷烟纸由该公司专制。上海民营机器造纸工业以民丰规模最大，该业同业公会理事长即由民丰公司总经理金润庠担任。在政府的外汇管制政策下，进口纸圈严重缩减，卷烟业卷纸供应紧张已成事实。作为上海卷烟业唯一的纸圈生产和配售商，双方争议焦点主要集中在民丰是否有充足生产能力供应上海各大烟厂的问题上。事实证明，在战后特殊环境下，民丰纸厂的生产能力受到很大限制。

抗战胜利初期，上海卷烟企业纷纷复工和大批新建，民丰纸厂生产的卷烟纸一度供不应求，然在美货纸圈倾销的影响下，该厂业务受到严重冲击。1946 年 11 月，《申报》报道称：

> 在胜利不久时，渝，昆，沪，京，汉，各地，都到嘉兴的民丰纸厂来采办卷烟纸，他们包了飞机，各自运回自己所需要的数量。但是自从美国货卷烟纸来了后，这国产的卷烟纸日就衰落，并不是美国货比中国货好，据一位专家言，民丰纸厂的卷烟纸要比美国货强一些，但因为价格高于美国货，一般人在不习惯用中国货和卷烟厂也想减低成本的观念下，当然因着利诱而采用美国的卷烟纸了。普通一箱卷烟纸，有三十盘，一盘可以做一箱卷烟，则一箱纸可以做三十箱卷烟，以嘉兴这样的物价，生活指数形成的成本加利润计算，要一百万元一箱。但是美国货从成功纸后又由遥远的美洲，涉重洋而至中国，透过了海关的手续到达需要的各地，仅需八十万元一箱。所以嘉兴民丰纸厂的盛景，只是昙花一现，目下已在走向下坡路了。①

由于民丰纸圈在成本和价格上无法与美货竞争，销量锐减，逐渐

---

① 《工业不景气笼罩下看民营官营工厂》，《申报》1946 年 11 月 26 日，第 3 张第 9 版。

衰落。在外货倾销影响下，接收日厂改组而成，实力雄厚的国营纸厂，前途亦岌岌可危。1946 年底，"国营纸厂开工者，15 家中仅有 6 家"。① 外汇管制实施后，上海工商辅导处召开纸业座谈会，各纸厂主要负责人一致认为该业极度不景气，面临原料购置困难、捐税重及高利贷、高工资等威胁。民丰纸厂负责人金润庠曾指出：

> 民营各厂情况颇为不佳，其困难原因为资金缺乏，高利贷逼人，工资成本增高，而销路未见起色。造纸原料主要为木浆，靠外输入，国内能供给者为破布、竹浆等，但请求购买木浆之外汇，从未结到，故木浆亦不能大量运入。造纸厂向国外订购机器，需八、九个月才能到达；然外汇期限仅为三月，故请购机器外汇，亦无法得到，只有求之黑市，颇不合理。目前国产纸若干种需与外货竞争。②

除此之外，与国营纸厂相比，民营纸厂发展亦受到很大的限制。依资本来说，国营直属经济部，可得燃料管理委员会配给煤，民营配到者少，黑市煤价与配给煤价相差很多。金不禁感慨："本人有厂在嘉兴杭州，但燃管会不配外埠煤斤，故无法得到。自己在淮南购得煤 1000 吨，请燃管会发许可证，亦不发给，谓如果运煤到浦口，燃管会依旧要收买，这不是逼着我们关厂吗？"③ 1947 年，据上海市造纸工业同业公会调查："本市造纸工厂，纯属民营者有 23 家，其中以天章、大中华、民丰、华丰及华盛顿规模为最大，海京及华安均在停顿之中。此外还有大陆造纸厂（已拆）、兴业、利用、华丽、海峰、大同（不在 23 家之列），均在停顿之中。"④ 纸厂的大规模停工带来的

---

① 《造纸工厂前途危殆，国营十五纸厂仅六家开工，民营二十三纸厂规模均狭小》，《申报》1946 年 12 月 23 日，第 2 张第 7 版。

② 陈真等编：《中国近代工业史资料》（第四辑），生活·读书·新知三联书店 1961 年版，第 586 页。

③ 同上。

④ 上海市档案馆编：《上海档案史料研究》第 7 辑，上海三联书店 2009 年版，第 210 页。

是国内严重的纸荒。为解决这一问题，1947 年 10—11 月经济部邀请
各有关机关及造纸专家会谈，拟具筹设纸浆厂、铜丝布厂及毛毯厂意
见，经呈行政院核示，由全国经济委员会召开造纸增产谈话会，对纸
浆及纸张具体增产计划详密研订。① 纸浆、铜丝布及毛毯增产计划虽
提上日程，然时隔一年，仍难有好转。1948 年 8 月，上海市工商辅
导处调查显示，制造薄纸的主要原料木浆情况为："现木浆奇缺，各
纸厂多数破布、废纸等成分增加之。"② 毛毯、铜丝布供应情况亦不
容乐观：

> 造纸机上所用毛毯，多则一、二个月，少则三星期即须更
> 换。国产毛毯出品仅有美伦毛纺织染厂一家，每月约产造纸用毛
> 毯六千磅可供平网机圆网机等湿毛毯之用，此外如烘缸毛毯等尚
> 不适用，现已积极改良，使适合各厂之需要。我国有大马铜丝布
> 织造厂制造铜丝布，然因资力与原料不足，品质尚欠均匀，故难
> 与舶来品竞争。目下各厂所用铜丝布，多数系外货，尤以长网机
> 为然。故新式铜丝布厂之设立，实不容缓。③

造纸器材中毛毯、铜丝布等常用耗材皆供应不良，一旦舶来品接
济不上，将严重影响产品质量。难怪上海卷烟业抱怨民丰纸厂偷工减
料时，该厂曾作如下说明：

> 进口铜丝布因飞机发生障碍被迫中途降落，迄未运到，现在
> 所用之铜丝布陈旧过甚，以致出品大受影响，纸质露底有多砂
> 眼，罗纹亦失均匀，其基因均在于此。来函指敝公司为偷工减
> 料，实不得不向贵会声明呼冤者也，铜丝布既已陈旧，机上使用

---

① 《经济部关于 1947 年度重要行政措施检讨报告》，1948 年 2 月，中国第二历史档案
馆编：《中华民国史档案资料汇编》第五辑第三编，财政经济（四），江苏古籍出版社 2000
年版，第 225 页。
② 《造纸工业》，工商部上海工商辅导处调查资料编辑委员会 1948 年 8 月编印，第 8
页。
③ 同上书，第 10 页。

时防破裂欲图延长其使用寿命，纸车速度即须减低，而卷纸生产势必减少。若敝公司为经济打算，则必改制他种纸张，所以忍痛制造卷烟纸之原因，无非为多出一卷即增加烟厂一卷之供应，亦即减少一卷之输入，从而减少国家外汇之消耗。①

这些都说明，客观条件大大限制了民丰纸厂卷纸产品的质量和生产能力，使其在短时间内增加产量困难重重。复员后的民丰公司卷烟纸生产只有一部机器，1946年5月，总经理金润庠称，战前原订卷纸机一部现正在交货，"该机一经运到以后，国内需要即可全部自给，甚至将有过剩之虞"。② 然增加新机迟迟未能实现。外汇限额政策实施后，外货输入减少，上海卷烟企业纸圈供不应求，民丰为增产积极奔波。1947年10月29日，媒体报道"嘉兴民丰造纸厂积极增产纸圈，添装新机一套明年开工"；11月13日，民丰致函上海货物税局"刻正规划再添新机，已向国外机厂洽商订购办法"；12月24日，民丰再函税局"增加新机一部，一月份起即可出货"。③ 实际情况是，直到1948年5月，民丰添加新机增产一事迟迟未能兑现，而卷烟业却频频来催，上海货物税局只得请浙江区货物税局杭州分局代为调查。6月2日，杭州分局报称："贵局嘱将华丰造纸厂本年各月份卷纸产量查明见复，查民丰造纸厂由港解运卷纸机器是否在辖境，华丰纸厂装置及近来产制卷纸均未据呈报来局，无案可稽。兹经派员前往华丰纸厂查明报称以由港解运卷纸机器确已到厂，现正筹备中，惟约在八月间可开始产制卷纸。"④ 6月8日，民丰致函上海货物税局解释内中原委：

---

① 《上海市卷烟工业同业公会为请民丰造纸厂改善纸圈品质减低售价和反对该厂和六区造纸工业公会呈请停止输入纸圈等事宜同行政院输管会的来往文书》，上海市档案馆藏上海卷烟工业同业公会档案，S68-1-153。

② 《上海市商会关于烟业、民丰公司等为请提高烟叶、卷烟、纸进口税等案与财政部等机关和各有关公会的来往文书》，上海市档案馆藏上海市商会档案，Q201-1-126。

③ 《上海货物税局关于民丰造纸公司申请制造卷烟纸事与税务署及该公司的往来文件》，上海市档案馆藏财政部上海货物税局档案，Q434-1-73-1。

④ 同上。

敝公司自存港机器运厂，装置完竣后即于上年底前开工，试车成绩良好。只以造纸必须之铜丝布及打浆设备之配件受进口核准迟缓影响未能赶到厂，致未能立即出品，迨铜丝布运到方始正式开制卷纸。但以打浆设备之配件仍未能同时赶到，故本年一、二月份之卷纸产量特有增减，未能达到预期。三月份以后装备逐渐齐全，制品始上轨道，四月份起已趋正常，新旧两机各产卷纸已近六万圈。五月份产量更有进步，此后当能循序进展。①

就算民丰纸厂两机全部正常开工，月产纸圈达六万卷，也仅能供给全国实需量之半数，供需仍难平衡。民丰开始实施在其姊妹厂华丰纸厂内再添装新机两部的计划，争取每月产制卷纸十二万圈，以达成自给自足目的的。1948 年 5 月 4 日，民丰致函税局称："该机一部业已运厂，除造纸部分厂房早经建筑完成外，其制浆部分房屋正在兴建，本年六月份内即可完工，预计七、八月间即可装置完成开始出品；其余一机正在赶速配置，并已计划兴建厂房，克期本年内全部完成开工产制卷纸。"然而，"因所定购必须国外供给之造纸器材尚未奉到输管会核发输入许可证，延缓器材起运时期，影响原定开工生产期限"② 承诺又无法兑现。10 月 25 日，民丰不得不改口："姊妹厂华丰造纸公司之杭州工厂筹添新机两部协力增产，并分别克期九月内完成一机装置，本年底再完成一机装置并力产制卷纸，以达成国内需要之自给自足。"③

战后政府外汇限额政策下，纸圈进口减少，民丰纸厂是否有能力供应上海甚至全国烟厂纸圈需要呢？随着纸圈输入减少，原料紧缺，价格上涨已成事实，受此之苦的上海卷烟业频频向当局抱怨民丰产量

① 《上海货物税局关于民丰造纸公司申请制造卷烟纸事与税务署及该公司的往来文件》，上海市档案馆藏财政部上海货物税局档案，Q434 - 1 - 73 - 1。
② 《上海市卷烟工业同业公会为请民丰造纸厂改善纸圈品质减低售价和反对该厂和六区造纸工业公会呈请停止输入纸圈等事宜同行政院输管会的来往文书》，上海市档案馆藏上海卷烟工业同业公会档案，S68 - 1 - 153。
③ 《上海货物税局关于民丰造纸公司申请制造卷烟纸事与税务署及该公司的往来文件》，上海市档案馆藏财政部上海货物税局档案，Q434 - 1 - 73 - 1。

不敷需求。1947年，当50多家蚌埠卷烟厂家电请经部要求民丰造纸厂出品纸圈大量供应时，总经理金润庠亦表示无能为力：

> 该厂制造卷烟罗纹纸，仅为战前德国货机器一架，机器上所需用之铜丝布及毛毯，目前均为美国货，因其质料不佳，如机器速力加高，则铜丝布等极易破坏，如不加速力，则影响生产。同时卷烟罗纹纸之主要原料为黄麻百分之七十，取给于此产于皖北六安一带，每年仅八九十三个月为旺月，今年产量难丰，但为共匪滋扰，不易运来，同事燃料柴油等，受输入限制，故目下每月产量仅五百箱二万卷，只足供本市卷烟厂之需。①

供给本埠需求尚且捉襟见肘，对于外埠的请求，民丰公司更是难以满足。进入1948年以后，尽管民丰积极增产，但能力和效果有限，上海卷烟企业卷纸供应紧张情况依旧，甚至一度陷入"纸圈恐慌"。烟厂联名呼吁公会解决纸圈困难，卷烟业公会为此上下奔波。舆论报道称：

> 沪市卷烟业需用之纸圈，以各纸行存货之日稀，致日形严重。目前因外汇与民丰之供给，远不足各厂生产之需，其不敷之数，多赖输入管制前之存货。兹存货日薄，除价格不断上涨外，竟成有市无货之现状。沪一部分烟厂，尤以中小型以下者，原料多随时就生产之需要而购入，兹以纸圈之购入不易，别又无代用品可替，因纸圈之恐慌，致有减工或甚且停工者，此种停工纯为纸圈之缺乏故。民丰纸厂本年度原可较去年增加产量达一倍，惟迄今对各卷烟厂之配给量仍未有增加，每月仍约在五百箱左右。沪市卷烟业公会，为谋同业解决纸圈恐慌之严重，日来正积极设法筹措开源之办法云。②

---

① 《卷烟罗纹纸国产不敷需求，民丰纸厂设法增产中》，《征信新闻》第539号，1947年10月7日。

② 《民丰纸圈虽增产，配售量未增加，每月仍约五百箱左右》，《烟草月刊》第2卷第1期，1948年3月。

事实上，直到新中国成立初，民丰纸厂的产量也没有达到预期目标。"解放后，国外来源断绝，专靠民丰出品来维持。可是该厂每月出品，最高额只有 14 万盘。（一月份该厂产量 67.606 盘）与今日全国需要量（约 20 万盘）尚有一段距离。"①

国货锡纸的生产与供应同样不容乐观。在政府的外汇管制政策下，钢精纸进口自第一季即已停止，外商华铝钢精厂成为上海卷烟业钢精纸唯一的生产和配售商。国产锡纸是否可以取代外货钢精纸，究竟应该增加还是限制华铝钢精厂的产量，上海卷烟业与锡纸业双方针锋相对，相持不下。国产锡纸业实际生产情况如何？其产量和质量能否差强人意？据上海工商辅导处 1947 年的调查，全市锡纸业每月锡纸产量可达两万箱，可供卷烟厂包装卷烟十二万箱，已足可供给全国需要。② 而上海卷烟工业同业公会却反映其生产量仅能达到需要量的一半，不足以供应。1947 年 11 月 3 日，卷烟业公会致函上海货物税局，说明烟厂对于国产锡纸并非绝对不用，使用外货钢精者不到一半，不足之数用国产锡纸补充之。③ 12 月 18 日，致上海社会局称："锡纸每月最高产量约一万箱，全部售与卷烟业，仅合卷烟业需要十分之五，其余不足之数赖钢精纸供给，否则卷烟业惟有减少产量而已。"④ 不论何种说法，到底采用锡纸还是钢精纸，产量并不那么重要，关键还是质量问题。

自外货钢精纸在市场上出现后，国产锡纸即受到严重冲击，华铝在上海设厂，更使国货锡纸业雪上加霜。抗战期间，尤其上海沦陷后，进口钢精纸来源断绝，华铝钢精厂被日军占领用于生产军用品，上海锡纸业曾一度繁荣。抗战胜利后，华铝厂复工，钢精纸恢复生

① 《四十年代末中国卷烟工业概况》，《中国烟业史汇典》，第 1706 页。

② 上海市档案馆编：《上海档案史料研究》第 8 辑，上海三联书店 2010 年版，第 264 页。

③ 《函货物税局为答复关于国产锡纸一案由》，1947 年 11 月 3 日，《上海市卷烟厂工业同业公会卅六年度工作总报告》，上海市卷烟厂工业同业公会秘书处，1948 年 1 月。

④ 《上海市社会局关于外商华铝钢厂大量生产铝纸摧毁国产锡纸工业及烟厂派货困难等来往文书》，上海市档案馆藏上海市社会局档案，Q6 - 2 - 311。

产，同时外货大量输入，上海锡纸工业再次受到打击，中国、中华等十余家锡纸厂，于 1946 年 7 月底全部停歇。1947 年 2 月，钢精纸进口停止，铝块输入亦大受限制，华铝钢精纸产量减少，卷烟生产包装用纸供不应求，光华、新光、上海、中国、成丰等锡纸厂 20 余家又先后复业。① 国产锡纸业缘何如此脆弱？ 上海工商辅导处 1947 年调查显示，全市锡纸业制造设备极其简单，"通常有熔炉作融化青铅及点锡之用，又有马达拖动之滚筒、轧车，作滚轧铅锡混合条之用。此外，又须置备青石（即太湖石）一项，供人工锤箔之用"。而且方法陈旧，"仅于原料之滚轧并锡纸之截切时，运用机器，其他如锡纸之锤箔、包装等步骤，悉由手工完成"。② 不难想象，如此设备和手段生产，产量和质量自然难以和战前已让人"啧啧称赞不置"的华铝产品抗衡。烟业界人士称锡纸业是"挟其手工业的姿态，以配合近代化的卷烟工业"。③ 关于胜利后国货锡纸业的产销情况，时人曾有描述：

> 什么叫中国锡纸呢？ 就是用敲锡箔的方法，用锌铅锡等原料融成的合金块敲成的一种中国式的钢精纸。然而这种厂全沪只有十八家，都是用手工生产的，产量有限，只能供给三、四家烟厂应用。机制锡纸厂，上海仅有扬子公记锡纸厂数家，日产念箱，每箱百磅，可供六箱卷烟包装之用。重庆原有华盛机制锡纸厂，胜利后即告停闭，另外一家，目前尚在开工，产生尚不敷重庆一地之用。听说日本赔偿工厂中有制铝工厂，沪上卷烟业已打算接收后由卷烟业承办，但即使是真的有，这希望也很渺茫，况且远水怎能救近火呢？④

---

① 上海市档案馆编：《上海档案史料研究》第 8 辑，上海三联书店 2010 年版，第 263 页。
② 同上。
③ 《国产锡纸工厂新姿态颇活跃，陆续开设者已近十家，制造重心在苏州一带》，《烟草月刊》第 1 卷第 8 期，1947 年 10 月。
④ 烟僧：《预测今后，烟价涨！ 烟税重！ 烟质劣！》，《烟草月刊》第 1 卷第 8 期，1947 年 10 月。

上海的锡纸厂数量较少，一般锡纸厂基于人工条件，大多设厂于苏州。因为苏州原为箔坊林立之区，箔与锡纸系同一原料，制锡纸和制箔工作大同小异，为求因地制宜、利用价廉劳动力起见，锡纸厂大多选址该地。但是苏州设厂亦有相当的困难，主要的是电力不够，"所有电力公司供给的电力，供应电灯夜间发光已很勉强，无力再供电推动马达机器的余力，因此不得不全部改用手工代替机器"。① 人工问题也使锡纸业自身发展受到限制。1947 年 5 月下旬，"该业为发付职工薪金事，引起劳方不满，致有罢工怠工等情，至 6 月初经劳资双方代表三次举行会议，获致协议始行复工"。② 比起人工问题，最令国货锡纸业头疼的要数原料的短缺了。1947 年底，锡纸业向上海工商辅导处反映：

> 锡纸各种主要原料中，最感缺乏者为青铅，而加拿大、墨西哥所产之洋铅及华北、滇川等省之土铅，以来源减少，黑市价格高涨，计较本年一月份增加六倍有奇，较之四月份增加四倍，较八月份增加二倍半。且国内交通尚未畅达，华北、四川、云南等地土铅运沪数量又逐月减少，今后所需青铅问题，颇为严重。③

11 月 30 日该业召开的记者招待会上，锡纸业公会理事长高文亮更是紧急呼吁政府配给青铅滇锡等原料。④ 因原料缺乏造成的成本增加成为锡纸业的致命伤。"锡纸因滇锡青铅等原料上涨关系，成本当在五百五十万以上。每箱钢精纸可供卷烟四十二箱包装之用，锡纸仅能包六箱左右，故如以每箱五万枝卷烟而言，用锡纸当较用钢精纸成本高出三十余万元。"⑤ 原料紧缺造成成本增加，产品价格上涨，一

---

① 《国产锡纸工厂新姿态颇活跃，陆续开设者已近十家，制造重心在苏州一带》，《烟草月刊》第 1 卷第 8 期，1947 年 10 月。

② 《沪锡纸厂同业公会积极开展会务》，《烟草月刊》第 1 卷第 8 期，1947 年 10 月。

③ 《青铅来源日见少，锡纸业请配给，黑市昂腾较正月间涨六倍》，《烟草月刊》第 1 卷第 12 期，1948 年 2 月。

④ 《钢精纸糜费外汇，锡纸业呼吁限制》，《申报》1947 年 12 月 1 日，第 1 张第 4 版。

⑤ 《成本超越铝纸以上，锡纸业前途愈黯淡》，《烟草月刊》第 1 卷第 12 期，1948 年 2 月。

般卷烟厂商自然选择质高价廉的钢精纸，锡纸业前途一天比一天黯淡。

事实表明，国货产品民丰纸圈和国产锡纸产量无法满足上海卷烟业的需求，而且质量较差，价格较高，卷烟企业从自身利益出发，更倾向于使用物美价廉的外货产品。"国货派"以"挽回利权，节约外汇"为口号吁请政府施压卷烟业禁用外货，上海卷烟业为行业生存游说于税务机关争取外汇，你方唱罢我登场，成为战后上海烟业界重要一幕。

三　政企双方的努力

纸圈即卷烟纸，是卷烟工业生产的必备原料，对于广大上海卷烟企业来说，战后纸圈紧缺程度不亚于烟叶。纸圈供应方面，上海仅民丰纸厂一家，其生产的卷烟纸不仅质量不高，而且价格高昂，更主要的是产量远不敷上海各大卷烟厂之用。钢精纸亦为包装卷烟的重要材料，尤其高级卷烟制作，向为卷烟企业所重视。钢精纸的供应，国内仅瑞士商华铝钢精厂一家，受原料不足和工潮影响，产量大为减少。同烟叶进口类似，上海卷烟业增加卷烟纸与钢精纸输入的努力亦受到多方牵制。要解决行业的原料危机，上海卷烟工业公会不得不与国产烟叶业、造纸业、锡纸业公会及其支持者多方周旋。民丰纸厂作为上海唯一一家卷烟纸生产商，享有制造卷烟纸专利权，不仅反对进口，而且反对他厂制造。民丰造纸公司为上海民营造纸业中执牛耳之企业，总经理金润庠本人即担任上海造纸工业同业公会理事长一职，更有利于利用个人及公会的影响力吁请各方抵制外货纸圈。上海锡纸业力量弱小，更是以团体力量大造声势，博得社会各界同情。上海商会致力于为全市工商业谋求自立，同烟叶公会一样，造纸业公会及锡纸业公会都向上海商会寻求支持。早在"五四""五卅"期间，上海商会在国货运动中已表现出非凡的领导能力，与各业同业公会相比，战后的商会规模更大，更有影响力。烟叶进口问题上的态度自不用说，在卷烟纸及钢精纸问题上，上海商会一度站到了卷烟业公会的对立面。

战后初期，受到美货冲击的民丰造纸公司于 1946 年 5 月 4 日写信给上海市商会，指出民丰生产已可供全市纸圈用量的60%，添设新机到后国内需要即可全部自给，要求转呈当局将海关进口税则第546号之卷烟纸税则改照80%征税。上海商会表示全力支持，5月8日，致函南京财政部、经济部、关务署：

> 查纸烟既系列入奢侈品重征，进口税至百分之八十，则卷烟纸为制造卷烟主要之配件，自应照奢侈品课税。当时制定卷烟纸之进口税仅为值百抽十五，当系未虑国厂已有自制之品可以替代，不得不减轻税项，以便卷烟厂之采购，此其用意纯为扶植国内卷烟工业起见，在当时原属权衡至当。惟现在该厂自制之卷烟纸已能供给全国烟厂消耗量百分之六十，待添购新机器到后，即可全部自给，已无仰给美货卷烟纸之必要。而美货卷烟纸与国产卷烟纸成本相差几达十分之七，如不将现行税则予以调整，国产卷烟纸庶无竞争之余地，非但该厂难以经营，巨额资金尽付外流，且使国产卷烟主要配件纯用外货，此断非工业界谋求自立之良策，此项关键所关甚巨，不独该厂一业之凋悴。仰祈钧部、贵署鉴核，准如该公司所请，将海关进口税则第546号之卷烟纸税则改照百分之八十征税，俾国产卷烟纸有竞争自存之余地。①

此举与烟叶进口问题上反对美叶输入如出一辙。外汇限额政策实施后，商会亦支持民丰所请，呼吁政府限制输入外货纸圈。对待国货锡纸业，上海商会更是坚定的支持者。1947年，锡纸业与卷烟业公会展开"锡钢之争"，对于上海卷烟业公会所称不用国产锡纸之理由，上海商会逐一驳斥：

> 一、锡纸价格较钢精纸为贵一层，容由本会另函锡纸同业公会请其转商各会员厂于可能范围内尽量减低售价，以便仍请贵会转劝同业为节省国家外汇，扶助锡纸工业着想，庶能两全其美。

---

① 《上海市商会关于烟业、民丰公司等为请提高烟叶、卷烟、纸进口税等案与财政部等机关和各有关公会的来往文书》，上海市档案馆藏上海商会档案，Q201-1-126。

二、锡纸防潮之功用较胜于钢精纸，未谙贵会所谓不及钢精纸为适用者究系何指，并请指明。

三、锡纸产量据称目前已能供应半数以上，如果扩充设备，则两月之后便可全部自给。此层锡纸工业公会原函中均经叙明谅蒙鉴及目前钢精纸尚有存货，而瑞士商华铝钢精厂在沪制造，土货亦可抵充其一部，锡纸厂当此时机一面扩充设备当不致有青黄不接之虞。贵会所谓产量不足一层，此事极易补救。

四、所谓不能与外商卷烟竞争一层，查在外国在华制造之卷烟并未列入修正进出口贸易暂行办法附表（一）（二）（三）甲之内，目前本不能进口，似无虞其不能竞争。至外商在华制造之卷烟如因国家禁止钢精纸进口，则外商卷烟厂亦只能同样使用锡纸，似无所谓不能竞争也。①

7月16日，上海市商会致函财政经济二部："目前锡纸产量据称已能供应半数以上，如果扩充设备，两月以后即可全部自给，是外货锡纸如果禁止进口，于卷烟工业尚无窒碍"，要求转输管会禁止外货钢精纸进口。31日，直接致函输管会请禁止输入。② 商会还极力支持锡纸业限制其华铝钢精厂产量的请求："该厂产量如不限制，则禁止外货进口等于不禁。……华商现时本无钢精厂之设立，将来如有添设，自亦当同受限制，更不得以此为口实。又制造钢精纸须用铝片，如能限制此项原料之进口，则限制产量一层，更易贯彻。"③ 除上海商会外，锡纸业公会还一度得到上海市参议会、上海市社会局的同情和支持，他们或致函主管部门或直接给卷烟业公会施压，意味着卷烟业要增加"物美价廉"外货原料供应绝非易事。作为上海卷烟业集

---

① 《上海市卷烟工业同业公会向市商会社会局等有关机关呈复关于锡纸公会吁请采用国产锡纸制止进口案意见的来往文书》，上海市档案馆藏上海卷烟工业同业公会档案，S68－1－156。

② 《上海市商会关于烟叶等公会要求禁止或限制美国烟叶、钢精纸等商品进口问题向行政院等机构的反映及其批复》，上海档案馆藏上海商会档案，Q201－1－272。

③ 《上海市参议会关于锡纸工业公会请限制外商华铝钢精场产量的文件》，上海市档案馆藏上海市参议会档案，Q109－1－201。

体利益的代言人，为维持行业生存与发展，卷烟工业同业公会与"国货"派据实力争的同时，更致力于吁请政府解决原料危机。

表 3 - 11　　　　上海卷烟工业同业公会向政府部门吁请解决原料问题

时间	形式	反映情况	要求
1947 年 1 月 20 日	致函输管会	三个月需用钢精纸 7500 箱，纸圈每月除有民丰造纸厂供给 2 万卷外，尚不足之数为 8 万卷，三个月 24 万卷	核准纸圈外汇美金 96 万元，钢精纸外汇 135 万元
1947 年 2 月 10 日	致函上海货物税局	需要外货烟叶纸圈钢精纸等原料	转函输管会准予照数输入
1947 年 4 月 7 日	晋京请愿	钢精纸价格飞涨，增重卷烟成本	日本所产钢精纸纸圈，应请政府代烟厂设法用盐或其他物资运往交换，以解卷烟原料之恐慌
1947 年 4 月 18 日	致函上海货物税局	上海各烟厂每月需用钢精纸 3000 箱（外埠需用 1500 箱未计在内）每箱可包烟 4000 箱，现输管会配给外汇核准输入钢精纸 500 箱不敷甚巨；钢精纸价格飞涨，华铝厂存有钢精纸 5000 箱迄未发售	应请政府设法用盐运往日本交换卷烟及钢精纸以解决卷烟原料之恐慌，请转饬华铝迅予配给藉资救济
1947 年 5 月	致函上海市工业协会	三个月需输入美叶计需美金 1920 万元，钢精纸合计需美金 135 万元，纸圈合计需美金 96 万元	转函输管会要求放宽外汇限额每季 2151 万美元
1947 年 9 月 27 日	致函输管会分配处	八个月来纸圈实际来源包括民丰部分总数不过 20 万卷，而实际消耗需 80 万卷，两抵不足 60 万卷；第一、二两季外汇纸圈迄今尚有四分之三未到	第四期限额分配，纸圈部分增至 100 万美元
1948 年 7 月 23 日	致函行政院	一至六月卷纸来源，除第四季外汇输入之 21 万卷（尚未全部到埠）外，民丰所供给者亦仅 15 万卷，约占实际需用量三分之一	请民丰厂积极增加产量

续表

时间	形式	反映情况	要求
1948 年 10 月 27 日	致函输管会	钢精纸缺 1800 箱, 需铝块 84.51 吨, 每吨铝块需 365.56 美元, 共需 30893.40 美元; 纸圈缺 51730 盘, 每盘 2.85 美元, 应为 147430 美元	请求解决原料危机
1949 年 3 月 5 日	致函输管会		依照财经改革新方案准许国外纸圈进口
1949 年 3 月 9 日	快邮代电行政院、财政部、工商部		完善财经改革新方案, 开放卷烟纸进口, 以免民丰厂蓄意垄断而解卷烟业危机
1949 年 3 月 17 日	致函市工业会		将卷烟纸自限制进口修正为准予进口

资料来源: 上海市档案馆藏上海卷烟工业同业公会档案 S68 - 1 - 143、S68 - 1 - 144、S68 - 1 - 145、S68 - 1 - 153、S68 - 1 - 156; 上海市卷烟厂工业同业公会秘书处:《上海市卷烟厂工业同业公会卅六年度工作总报告》, 1948 年 1 月。

对于卷烟业公会的请求, 国民政府从维护税收角度考虑, 一定程度上予以满足。1947 年下半年, 中央信托局从日本输入易货"富士川"牌纸圈两批, 第一批 85000 盘, 第二批 40000 盘, 定期配售于上海各烟厂, 价格较市上纸圈为低。[①] 该年底, 政府在自备外汇到埠物资中加入纸圈及钢精纸。[②] 1948 年 3 月, 经济部令饬民丰纸厂限期 9 月底前增加原有卷纸产量两倍, 以应需要。[③] 此外还调查华铝钢精厂的生产情况, 饬令配售各厂。战后卷烟工业原料紧缺已成为全国性的问题。1947 年 8 月 16 日, 上海卷烟业联合天津、汉口、重庆、宁波、

---

① 《日货纸圈四万盘中信局定期配派, 派价每盘五十万元较市低廉》,《申报》1947 年 11 月 24 日, 第 2 张第 7 版。

② 《卷烟业公会要求收购原料配给各厂, 张总裁嘱与审议会洽谈》,《征信所报》第 526 期, 1947 年 12 月 4 日。

③ 《上海市卷烟工业同业公会为请民丰造纸厂改善纸圈品质减低售价和反对该厂和六区造纸工业公会呈请停止输入纸圈等事宜同行政院输管会的来往文书》, 上海市档案馆藏上海卷烟工业同业公会档案, S68 - 1 - 153。

青岛等地烟业界成立了全国卷烟工业协会，旨在"联合全国烟业界人士，共同解决当前困难，而达促改良品质进生产，发展全国卷烟工业"。① 协会成立后，为解救卷烟原料之困难，于10月下旬特呈财政部请求开放自备外汇之纸圈钢精纸进口。此外，还呈请当局对现存关栈内自备外汇之纸圈等，准予提前办理出货。② 11月14日，呈请财政部准将第四季卷纸输入限额放宽至150万美元，如实在无法放宽，则请将烟叶限额移增于卷纸项下凑足上数以应实际需要。12月15日，再函财政部，力陈卷烟纸缺乏厂商艰困情形，续请核准移用烟叶限额72万美元凑足150万美元输入卷纸。后经输管会同意自第四季起每季移用烟叶限额30万美元输入卷纸，但仍感不敷应用，协会为行业生存据实力争，于1948年1月6日和9日，迭呈财政部及输管会吁请核准原请数字。③ 鉴于纸圈恐慌仍甚严重，该会于3月"拟专案呈请行政院特许发给采购香港纸圈之入口许可证，以期输入一批供应本市之卷烟工业"。④ 由于卷烟工协与同业公会频频告急，行政院于1948年10月核示同意移拨第五、六两季烟叶限额输入卷烟纸。⑤

至于钢精纸的进口，输管会从第一季起即停止输入，上海卷烟业只能寄希望于瑞商华铝钢精厂增加产量和配给。1947年2月，卷烟业公会写信给华铝钢精厂：

> 贵厂出品钢精与敝会约定按月派给所属会员烟厂一节，依照通常情形，每在月底由贵厂将可给箱数通知本会，依照各烟厂生产数量比例分配，此种办理方式数月以来，无此变更。惟本期派给箱数迄今未蒙见告，殊为念念……近来敝会所属各厂生产数量

① 《全国卷烟工业协会八月十六日在沪正式成立》，《烟草月刊》第1卷2—7期，1947年9月，第53页。

② 《卷烟工协会呈请增加纸圈外汇》，《申报》1947年10月20日，第2张第7版。

③ 《中国卷烟工业协会工作报告及部分会议记录》，上海市档案馆藏上海卷烟工业同业公会档案，S68-1-43。

④ 《卷烟厂将请政府准购香港纸圈，刻由南洋公司调查数量》，《烟草月刊》第2卷第1期，1948年3月。

⑤ 《输出入管理委员会关于烟厂原料分配办法等事项卷》，中国第二历史档案馆藏行政院输出入管理委员会档案，447-1019（2）。

正在逐月增加，需要钢精甚为殷切，纷请敞会转询实情，为特据
情函达，即希贵厂将本期可派数量勉力增加，从速见告，以应急
需，不胜幸感。①

当时正值卷烟生产旺季，信中可以看出卷烟业对钢精纸企盼之殷
切。然而由于外汇限额政策下，钢精纸生产原料铝块输入减少，大大
限制了华铝钢精厂的生产能力。3月16日《申报》载：

> 本市各卷烟厂及糖果厂所需包装用之钢精纸，销路甚广，其
> 中尤以卷烟业采用为最多。向来各厂所用之钢精纸，大部系华铝
> 钢精厂所出产，配派各厂应用。唯该厂月前因主要原料之铝输入
> 减少，生产极微，故已停止派货达三、四月之久，至造成市上钢
> 精纸极度缺乏，各卷烟厂均有废除包装之意。闻该厂现正积极申
> 购外汇，向国外订购原料，一俟原料运到，即继续增加生产，以
> 应市销云。②

原料来源不畅，增加产量无从进行。更为严重的是，该年4月底
发生的旷日持久的工潮，严重影响了华铝厂正常生产，也加重了上海
卷烟业钢精纸供应危机。华铝厂为瑞士商所设，工厂成立后，产品供
不应求，业务蒸蒸日上。战前公司首先提倡工人保险，"即凡因工受
伤者得有相应保障，女工分娩期间也得享有特殊权利，并有医药免费
之设备及患病工人服务，并启全沪各厂之首，雇有社会工作人员专为
劳工谋福利"。③ 劳资关系尚属融洽。战后随着经济形势的恶化，上
海工商业工潮迭起，华铝钢精厂于1945年10月、1946年2月和9月

<hr />

① 《上海市卷烟工业同业公会为配给钢精纸事与华铝钢精厂的一般性业务往来的文
书》，上海市档案馆藏上海卷烟工业同业公会档案，S68-2-63。
② 《原料限制输入后，钢精纸产量锐减》，《申报》1947年3月16日，第2张第6版。
③ 《华铝钢精厂劳资双方与上海市社会局关于复工、解雇、开除、工资纠纷、厂规往
来文书》，上海市档案馆藏上海市社会局档案，Q6-8-38。

多次发生罢工及骚乱事件，最后在社会局的调解下方达成和解。① 原料紧缺加上工潮严重，使得该厂疲于应付。1947 年 4 月 9 日，华铝钢精厂致函社会局要求裁员以渡难关，呈文称：

> 窃本厂因原料受外汇限制异常缺乏，各重要部分先后停工已一月，以上尚无法恢复，加之劳工纠纷迭起，以致生产削减，不得已恳请钧局准予自本年五月份起裁退工友一百名藉渡难关，不胜德感。②

12 日，华铝厂再呈社会局，要求准予解雇工人一百名。③ 由于裁员事未蒙批示，23 日，该厂决定于每两星期解雇工人二十名，以期待经济形势好转时再停止解雇，此举终于引发大规模罢工。28 日，华铝钢精厂不得不宣布关厂，该厂经理毕文干致函上海市市长吴国桢：

> 敝厂因工人纠纷及捣乱分子所引起之怠工与破坏机器等事，不得不暂时关闭，此事概出于不得已。因敝厂明知敝公司受莫大损失使其他工业无法买用所须用之原料。敝厂工人受少数领袖之愚弄正受相当之损害，敝厂对于此等困虽难已通知社会局，但未受任何之扶助，敝厂希望有关各机关对于法律秩序予以相当之保证，不然敝厂难以再开。敝厂当制造南京勤务司令部所需之军用水壶片之际，因工人怠工致不能完工，至于敝厂各职员及厂房之财产，祈代为保护。④

29 日，由于事态进一步严重，上海市社会局致函警察局要求保

---

① 《华铝钢精厂劳资双方与上海市社会局关于复工、解雇、开除、工资纠纷、厂规往来文书》，上海市档案馆藏上海市社会局档案，Q6-8-38。

② 同上。

③ 《生活维持难，工潮纠纷多》，《申报》1947 年 5 月 7 日，第 1 张第 4 版。

④ 《华铝钢精厂劳资双方与上海市社会局关于复工、解雇、开除、工资纠纷、厂规往来文书》，上海市档案馆藏上海市社会局档案，Q6-8-38。

护华铝钢精厂。5月8日，瑞士驻沪总领事柯克致函吴国桢，要求保护华铝钢精厂并妥善解决纠纷。

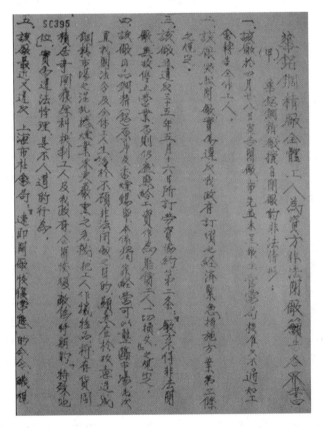

图 3 - 3　华铝钢精厂全体工人为资方非法关闭吁告各界书

资料来源：《华铝钢精厂劳资双方与上海市社会局关于复工、解雇、开除、工资纠纷、厂规往来文书》，上海市档案馆藏上海市社会局档案，Q6 - 8 - 38。

严重的工潮导致旷日持久的生产停滞，钢精纸无法正常配给，此事最令上海卷烟企业担忧。眼看华铝复工遥遥无期，卷烟公会负责人以私人名义请各方代为疏通，一方面做华铝厂工人工作，另一方面呼吁社会局加快调解。6月17日，上海总工会常务理事周学湘以个人名义致函华铝厂产业工会："华铝钢精厂非法停工，不顾工人生计，影响卷烟工厂生产，并有烟厂已交华铝厂货款托词工人罢工延不交货，尤属可恨。兹为避免资方藉口兹顾烟厂生产起见，拟请贵会凡凭本人印函准由烟厂依法提货，务希查照办理。"① 18 日，社会名流贳廷芳致函上海社会局劳工处长赵班斧"务祈运用睿智妙为调处，霉季将届，各烟厂烟霉可虑，华铝再不复工生产，烟厂损失首当其冲，来日之大患诚不堪设想"。② 25 日，卷烟业公会理事长戴耕莘致函上海市社会局，指出华铝钢精厂劳资纠纷给该业生产造成不利影响，关系国计民生尤为重大，要求"迅再召集双方严加晓谕，务盼于最短时间内予以解决，俾利进行"。③ 社会局多次予以调解，一定程度上得到缓解。

为维持钢精纸正常配售，卷烟业同业公会还协助华铝厂钢精厂争取原料，解决生产困难。1947 年底，输管会将华铝厂第四期铝块外汇限额减少，该厂向卷烟业公会诉苦：

> 接到第四期铝块进口外汇配给数额，惟此次已不照向例办法。输管会因铝制器具厂公会之请求，已将敝公司可以用作制造钢精纸之原料数量予以限制。敝公司照输管会现有限定制造钢精纸原料数量，仅可每月出钢精纸一千五百箱，以供给全国之烟厂包括颐中在内，为此除供给少数分埠烟厂外，上海各烟厂只可得到现在所供给箱数额之半数，则各烟厂势必感到极度困难。④

对于华铝钢精厂的诉求，卷烟业同业公会同声应援，于 10 月 16日致函输管会，要求修正铝箔与铝器厂商铝块外汇分配数字。1948年 1 月 22 日，公会直接致函分配处：

① 《上海市卷烟工业同业公会会员厂配售钢精纸的备忘录以及有关铝纸配给、铝块外汇分配事宜同输管会和华铝厂来往文书》，上海市档案馆藏上海卷烟工业同业公会档案，S68 - 1 - 128。
② 《华铝钢精厂劳资双方与上海市社会局关于复工、解雇、开除、工资纠纷、厂规往来文书》，上海市档案馆藏上海市社会局档案，Q6 - 8 - 38。
③ 同上。
④ 《上海市卷烟工业同业公会会员厂配售钢精纸的备忘录以及有关铝纸配给、铝块外汇分配事宜同输管会和华铝厂来往文书》，上海市档案馆藏上海卷烟工业同业公会档案，S68 - 1 - 128。

　　贵处配拨与华铝钢精厂之铝块外汇，其中大部分为铝纸器具厂业所争去，预计今后钢精纸之产量包括本外埠及颐中在内，每月仅可产制1500箱，三个月仅得4500箱即450000磅，此数如悉数上海各烟厂，仅占实际需量十分之四，如外埠各厂犹需分涌，则可得成分势必更见减少。设果如此分配，则影响本市卷烟生产与国家偌大税收之重且大。本会拟请贵处权衡轻重，考虑调整，使铝块外汇之分配能根据本业实际需量而为合理之拨付，国家幸甚，本业幸甚。①

　　24日，华铝厂总经理给同业公会感谢信："承蒙向输管会疏通铝纸限制，已得解放之协议，并报告此次配售铝纸二千箱之办法……承向输管会疏通锡纸限制之谈话甚有效力，以后敝业可不再受有束缚，十分感谢贵会昨日之宝贵合作。"② 卷烟同业公会的努力得到了政府的回应和支持，有效地缓解了原料危机。

　　从总体上讲，战后原料供应紧张始终困扰着上海卷烟工业和企业发展，其中既有国家政策的因素，也不乏其他行业及同业公会对原料进口的阻挠和掣肘，政府出于维护税源需要给予一定支援，上海卷烟工业同业公会作为卷烟企业集体利益代言人而奔走呼号，与各方面交涉疏通，成为战后上海烟业界重要一幕。

---

　　① 《上海市卷烟工业同业公会会员厂配售钢精纸的备忘录以及有关铝纸配给、铝块外汇分配事宜同输管会和华铝厂来往文书》，上海市档案馆藏上海卷烟工业同业公会档案，S68－1－128。
　　② 同上。

第四章　卷烟业工潮与政企互动

第一节　战后经济状况与上海卷烟工人运动

一　战前上海卷烟业工人运动概况

上海的卷烟业为女工和童工较为集中的行业。抗战胜利前，烟厂里的女工人数要比男工多八倍，占到总人数的85%以上；年龄方面，其中16—30岁占60%，30—50岁占20%，50—60岁占10%，还有10%是10岁未满至16岁的。[①] 英美烟公司1902年在华设厂时，童工人数占全厂职工总数的40%左右。[②] 据1924年的调查，英美烟公司上海烟厂中女工占总人数的58.6%。其中一厂初创时职工中童工占职工总数的38%，至1924年仍占9%；二厂童工占职工总数10%。[③] 战后担任颐中烟厂工会理事长的陈三连，就是该厂的童工，进厂时年仅13岁。浦东老厂工人张佩珍回忆，自己12岁就进入英美烟公司工作，母亲也是十多岁就开始做工。[④] 上海厂工人吴三妹称11岁就在英美烟一厂做工，因工作慢被开除，14岁那年又到南洋烟厂包装部做工；老工人陆三嫒回忆自己在12—13岁进入南洋浦东厂做包装工人，妹妹也在南洋厂工作。[⑤]

早期上海的卷烟厂劳动条件较为恶劣，首先是工作时间畸形，待遇低微。卷烟生产季节性较强。上海烟厂惯例在冬末春初是最忙的时

---

① 朱邦兴等：《上海产业与上海职工》，上海远东出版社1939年版，第512—514页。

② 《英美烟公司在华企业资料汇编》，第1031页。

③ 《上海烟草志》编纂委员会：《上海烟草志》，上海社会科学院出版社1998年版，第320页。

④ 《英美烟公司在华企业资料汇编》，第1027页。

⑤ 《南洋兄弟烟草公司史料》，第313页。

期，这时候厂方四处招新工人，拼命加时间，一天做十四五个钟头不给工人透一口气；春末，由于黄梅季节不适宜做烟，厂方就停工不开，通知工人有了业务再行复工，一连停几个月，没有半分钱津贴。① 大多数烟厂，"女工的工作时间，是随厂方货色需要与否来决定。在货色需要紧急的时候，一天做十六七个钟点；即早上六时或五时进厂，做到晚上十一二点钟放工"。② 童工"总是被叫做'小鬼'、'小猢狲'，工头要打便打，要骂便骂"。③ 工人工资很低，颐中公司创办之初，"每日工作 12 小时，男工每月工资平均不满 6 元，女工锡包工价 10 支装每包仅得 2 分"。④ 1923 年 2 月的调查，一名半熟练男工每天工作 10 小时，平均工资 0.675 元，一名不熟练的童工同样必须工作 10 小时，日平均工资只有 0.275 元。⑤

表 4 - 1　　　　　1924 年上海英美烟公司各厂工人的工资与
平均生活费用的比较　　　　　　　（单位：元）

	浦东厂		狄司威路厂	
	生活费用	占比	生活费用	占比
厂方估计当地一家五口每月生活费用	20	100%	20—25（平均 22.5）	100%
各厂各工种工人每月平均实得工资				
机匠	24.98	125%	25.52	113%
机工	18.35	92%		
男工	15.63	78%	12.38	55%
女工	11.32	57%	10.88	48%
童工　男童工　9.34		47%	8.44	38%
童工　女童工　7.50		38%		

资料来源：《英美烟公司在华企业资料汇编》，第 1042 页。

---

① 张鸣：《烟厂生活》，《妇女界》第 5 期，1940 年 5 月。
② 《上海产业与上海职工》，第 516 页。
③ 同上书，第 520 页。
④ 《英美烟公司在华企业资料汇编》，第 1034 页。
⑤ 同上书，第 1035 页。

由于烟厂劳动条件较差，关节炎、气管炎、头痛病、胃病、肺病和干血痨成为常见的职业病。据抗日战争前夕华成烟厂编制的工友死亡统计表显示，死于肺结核和恶性贫血的职工占死亡人数80%以上。[①] 卷烟工人生病最多的是胃病和肺病，上海厂老工人王荣生曾经回忆："厂方规定，病假不得超过3个月，如果超过3个月，就要开除，身体虽然不好，只得撑着再做。"[②] 卷烟设备很少有劳动保护装置，经常发生工伤事故。英美烟厂工人郝立祥回忆，他11岁进浦东烟厂，日工资只有1.9角。有一次机器里有垃圾，外国人要他用手去摸出来，他心中害怕闯祸，但又不敢不做，结果一只右手被机器轧伤，第二天一只手只得用布吊着来上工，外国人又要他去揩窗。"工人们受伤后得不到治疗，常常只能抓把烟灰敷在伤口上。"[③] 1917年7月《民国日报》曾报道上海英美烟厂工人们对工作环境的描述："他们整天工作处于垂头丧气曲背状态，并且含胶粘贴，引起唇破舌裂，偶然失手制错，立刻辱打罚金。无论天阴风雨的日子，不问冬夏，都是四窗紧闭，因此，烟气弥漫全室，脑子被熏得麻醉，衣服被汗染湿。此等情况，实不异于身囚牢狱。"[④]

不少工厂对工人实行搜身制和拿摩温[⑤]制度，工人每日离厂时要在外国人的监视下由守门人搜身检查，拿摩温严密监视并随意打骂工人。英美烟厂厂规规定一切工人每日离厂时，必须受各处守门人检查。1930年英美烟公司以每人每月50—100元的高薪雇用64名武装警卫，在工厂放工时搜查工人，并明确规定："对雇员们的搜查在一个外国人的监督下执行。对各部雇员的搜查由各部领导监视，对工厂

---

① 《上海烟草志》编纂委员会：《上海烟草志》，上海社会科学院出版社1998年版，第348页。

② 《南洋兄弟烟草公司史料》，第293—294页。

③ 《上海卷烟厂工人运动史》编写组：《上海卷烟厂工人运动史》，中共党史出版社1991年版，第26页。

④ 《英美烟公司在华企业资料汇编》，第1043页。

⑤ 拿摩温，英文Number One的译音，意即第1号，旧中国工头的别称，原先只用于外国资本家在上海开设的工厂中，以后的华资工厂中也有沿用此名称的。

职员随时进行的搜查，由工厂副大班负责监视。"① 烟厂大多数女工都给拿摩温送过礼，送一次往往要花去一个女工三五天的工资，有的甚至半个月的工资。锡包部女工董志强回忆："卷烟车间有个管人事的拿摩温打、骂人最为厉害，卷烟车间 80% 左右的工人都挨过他的打。"② 1915 年 10 月 4 日南洋兄弟烟草公司布告称："本工场向有盘查之例，盖此举一则以念造物之艰难，一则以表行为之清洁。然为日已久，未免废弛。今特重申前议，实行严重盘查。凡男女工人皆有遵行之义务。尚希各部人员一体知照。先此布闻。"③ 1931 年 11 月的厂规中有"各职工友外出，无论有无携带品物，守门警卫，认为必须检查时，不得违抗，以避嫌疑"。④ 件工和临时工的处境更惨："凡散件工、件工系临时性质，双方均可随时解雇，不受任何损失赔偿。但在服务期间，如一连三天不到厂工作，亦未声明事故，本厂作为自行辞职，另招别人补充。"⑤ 恶劣的工作条件和不公正的待遇，迫使烟业工人为争取最起码的生存权利而同资本家展开斗争，使劳资关系呈现紧张状态。

表 4 - 2　　　　1930 年上海英美烟公司各厂劳资纠纷统计

时间	案由	关系职工数	纠纷日数	调处者	结果
1930 年 12 月	大英烟公司解雇印刷部工友	男 50	12/24 起	社会局	未解决
1930 年 12 月	花旗烟厂开除工友	男 325 女 956	12/12	社会局	未解决

资料来源：上海市政府社会局编：《上海市劳资纠纷统计：民国十九年》，1932 年 11 月，第 63 页。

---

① 《上海卷烟厂工人运动史》编写组：《上海卷烟厂工人运动史》，中共党史出版社 1991 年版，第 28—29 页。
② 同上书，第 29 页。
③ 《南洋兄弟烟草公司史料》，第 23 页。
④ 同上书，第 296 页。
⑤ 同上书，第 290 页。

恶劣的生产生活条件使得上海卷烟业成为劳资纠纷频发的行业，工人罢工是这一时期劳资纠纷中常见的事件。战前上海的卷烟工人运动，以英美烟公司最为典型。1921 年 7 月，中国共产党在上海成立，上海的工人运动蓬勃发展，作为卷烟行业最大的外资企业，英美烟公司成为党领导工人运动的主要阵地。1921 年 7 月 20 日，英美烟一厂工人为反对外国监工亨白尔克扣工资并殴辱工人，于当日下午举行罢工。翌日，英美烟二厂工人积极响应。数日后，中国共产党委派李启汉领导这次罢工，8000 余名工人经过二十多天斗争，于 8 月 10 日取得胜利。这是英美烟厂第一次有组织的工人罢工，这次罢工揭开了上海卷烟业工人运动的序幕。罢工结束后，英美烟一、二厂工人在中国劳动组合书记部指导下成立烟草工人会，会员 500 余人。1922 年 11 月 2 日，英美烟一、二厂 9700 名工人为支援日华纱厂举行同盟罢工。除英美烟公司外，南洋兄弟烟草公司作为上海最大的民营企业之一，面临解雇和失业的危机，工人也会群起抵制。1922 年 11 月，职工方面以年来生活艰难为由停工，提出要求 17 条，最后迫使厂方签订承认职工同志会、增加工资及不得无故开除工人等条款。① 1924 年 9 月，在共产党员向警予等领导下，为反对资方创立苛规、无故开除女工、阴谋解散职工会，南洋烟厂工人再次罢工。1928 年年终，南洋公司以浦东分厂营业不振、资本亏耗为由停厂，工人群起抵制，他们高呼"全厂数千工友生命所系，惟有誓死力争。浦厂营业恢复之日，即工友奋斗停止之时。所望厂方及早觉悟，免致各走极端"。② 并提出要求恢复浦厂的五点理由。最后厂方求助上海警备司令部，以发给工人三个月的遣散费告终。1930 年，南洋公司决议将沪厂停办，工人聚众抗议，要求复工或发给退职金，工潮一度延续半年。

早期的卷烟工人罢工与政治运动关系密切。1925 年 6 月，"五卅"运动开始不久，英美烟厂工人参加"五卅"反帝大罢工。罢工首先从浦西英美烟三厂开始，然后扩展到浦东英美烟新厂和老厂。6

---

① 详见《南洋烟公司工潮一瞬》，《民国日报》1922 年 11 月 8 日，第 10 版；《南洋烟草公司工潮解决详情》，《民国日报》1922 年 11 月 9 日，第 10 版。

② 《上海南洋烟草工会为浦厂停业紧急启事》，《民国日报》1929 年 1 月 4 日，第 1 张第 1 版。

月 6 日，在共产党人杨之华等的带领下，英美烟厂工人在原烟草工人会的基础上成立英美烟草工会，该工会数年后成为上海七家最大的工会之一。① 1927 年 2 月 19 日，上海工人举行第二次武装起义，英美烟公司、南洋兄弟烟草公司数千名工人罢工，参加起义；3 月 21 日，上海工人举行第三次武装起义，烟业界工人积极响应和参与。9 月 30 日，英美烟二厂叶子间工人为要求增加工资和减少工时，首先举行罢工，之后一、二厂数千名职工参加罢工，10 月 8 日，三厂千余名工人也加入罢工行列，这次罢工历时 110 天。南洋烟厂浦东厂的卷烟工人也参加了 1927 年上海工人的第二、第三次武装起义。

1927 年"四一二"政变后，中国共产党领导的上海卷烟工人运动趋于低潮。随着国民党执政后工人运动政策的不断调整，工人主动要求增加工资、改良待遇而引起的纠纷日渐减少，而因资方停业、歇业、解雇引起的纠纷日渐增多。劳资纠纷中工人由主动要求改善生活、生产待遇为主逐渐转变为被动争取就业、生存权利为主。② 据上海市政府社会局统计，1928—1932 年，全市共发生劳资纠纷千余件，其中因资方停业、歇业、解雇所引发的纠纷占 60% 以上。③ 这一时期国民党统治下官方工人组织开始兴起。1935 年，在上海邮务工会出身的陆京士、朱学范领导下，合法的工人组织——全国劳动协会也宣告成立。但是从整体上看，上海的工人运动从 1932 年以后再度陷入低潮，直到抗日战争全面爆发的前夕，才又活跃起来。20 世纪 30 年代的上海许多行业内，既存在着工会，同时也存在着工商同业公会，它们各自掌握着一批工人，卷烟行业是工会相对掌握工人较多的行业。1928 年上海纸烟业工会有 5 个，会员 14101 人；1935 年上海卷烟业工会有 3 个，会员 13030 人；工商同业公会华商卷烟厂 49 家，

---

① 七大工会是上海七个工会的联合体，这七个工会是：英美烟草工会，南洋烟草公司工会，商务印书馆印刷所工会，邮务工会，商务印书馆发行所工会，报界工会，华商电气工会。七大工会中卷烟行业即占其二，遇到有关工人问题，七大工会联名发表主持，一段时期内成为上海工界的领导团体，起了中流砥柱的作用。

② 徐思彦：《20 世纪二十年代的劳资纠纷问题初探》，《历史研究》1992 年第 5 期，第 34 页。

③ 上海市政府社会局编：《近五年来上海之劳资纠纷》，中华书局 1934 年版，第 5—6 页。

使用人数 644 人。① 在工会领导下，烟厂工人把与资方的斗争同抗日救亡结合起来。1932 年 5 月，英美烟厂发生持续 9 天的"反虐待斗争"，资方被迫同意工人 17 条罢工要求。② 1934 年 5 月，英美烟公司关闭一厂引发该厂工人罢工，二、三两厂支持，工潮从 5 月 1 日起一直延到 11 月为止，期间警方不得不出动大批警察弹压。③

1937 年"八一三"事变后，上海沦陷，以抗日救亡为目标的政治性运动转入租界，日占区和租界的各种罢工斗争进入低潮。据统计，1938 年上海的工人罢工斗争仅 34 起。④ 由于物价上涨，工人生活条件恶化。1940 年 1 月，颐中烟厂工人发生怠工，向资方提出改善待遇 5 项条件。⑤ 1941 年 12 月 8 日太平洋战争爆发后，日军进入租界，颐中烟厂被接管，民族烟厂处于日本统制之下。日据时期的上海卷烟工人生活更加恶化，以颐中为例，公司被日军接管后，与原来的业务不可同语。该公司浦东厂工人山根宝回忆："日本人占领工厂后，生产香烟的任务很少，一个礼拜只有做一二天工，工人是做一天算一天工钱的，因此生活非常困难。"⑥ 工人衣食极为紧张，平时穿的工作服"从日人接收整理之后，衣着就停止供给"，在工资低物价高的窘况下，"工友们要填饱肚皮，已属不可能，要想添一条毛巾，也相当困难"；抗战八年中，工人们很少能吃到白米饭，敌伪统制配给下，发给的"也只是些黄糙米、苞米粉、三号面粉、猪吃的豆类等"，就连这些也不能吃饱。⑦ 其他民族烟厂工人处境亦每况愈下，1940 年，一位卷烟女工感慨，"做了十四五个钟头的，所得工资也不过一元左右"。工作条件更为糟糕：

① ［日］小浜正子：《近代上海的公共性与国家》，葛涛译，上海古籍出版社 2003 年版，第 251 页。

② 《上海卷烟厂工人运动史》编写组：《上海卷烟厂工人运动史》，中共党史出版社 1991 年版，第 78 页。

③ 《上海卷烟厂工人运动史》，第 362—363 页。关于英美烟公司此次工潮详细情况，见《上海英美烟厂工潮》，《劳动季报》1934 年第 1 期，1934 年 4 月 10 日。

④ 《民国二十七年上海的罢工停业》，《国际劳工通讯》第 6 卷第 6 期，1939 年 6 月。

⑤ 《上海卷烟厂工人运动史》，第 113 页。

⑥ 《英美烟公司在华企业资料汇编》，第 1074 页。

⑦ 银根：《烟厂工人的衣食住行》，《生活知识》第 39 期，1946 年 8 月。

　　烟厂女工患肺病的极多，因为她们在做的时候，许多的烟
丝，都飘扬和弥漫在室中，吸入了肺管，就日久就损害了肺，变
成肺病，或其它气管炎症，还有鼻病脑流也是烟厂工人的流行
病。所以一个身体强健，精神饱满的姑娘，进厂不到半年就会慢
慢的瘦弱下去，精神萎靡不振的，结果是负了一身病来。请问，
这是谁吞没了她们的健康呢？[①]

　　烟业工人为生活所迫，充满了无奈，在日本人压迫之下，发出
"我们都是自己的同胞，在此非常时期中，更应和衷共济，度过难
关"的呼吁。在深重的民族矛盾下，民族资本烟厂劳资纠纷较少，日
军控制的颐中公司工人曾采用慢工（磨洋工）怠工斗争与敌人周
旋。[②] 1941 年 7 月 30 日，日商东亚烟厂因营业清淡减少工作，工人
所得工资每月不满十元，无法维持生计，且一、二两厂平时待遇较其
他厂尤为苛刻，致生活更加不堪承受，两厂男女工人 2600 余人联合
罢工，资方最后通知捕房拘捕工人。[③] 到抗战胜利前夕，烟厂工人开
始向敌伪工厂要求发放解散费、生活维持费和做清算斗争。[④] 随着战
后生存条件进一步恶化，上海烟业工人酝酿一场大的风暴。

二　战后上海卷烟工人生存条件与工会的新生

　　抗战胜利，国土重光，然而战后的上海笼罩着一片末世的恐慌，难
以驱除。有饭吃，有事做，有书读，已成为当时上海人最普遍的生存
要求，当局则处于无法解脱的重围之中。1946 年 5 月，市政府将粮食、
工潮、政府效率列为上海三大重要问题，到 1948 年 11 月又承认粮食、
工资、财政为最严重问题。尤其是由滥发纸币引起的物价上涨，1945
年 9 月上海物价指数为 34598.7，至 1949 年 5 月已达 1212200000，在

　　① 张鸣：《烟厂生活》，《妇女界》第 5 期，1940 年 5 月。
　　② 《上海卷烟厂工人运动史》，第 134 页。
　　③ 《虹口日商东亚烟厂两厂工人罢工，厂方拒绝要求双方僵局》，《申报》1941 年 8 月
3 日，第 2 张第 7 版。
　　④ 《上海卷烟厂工人运动史》，第 144 页；《战斗的五十年：上海卷烟一厂工人斗争史
话》，第 137 页。

短短的三年零九个月中，指数上涨 35036 倍，为日寇统治上海三年零九个月（1942—1945 年 8 月）时期上涨 5490 倍的 6.4 倍。[①] 米价呈现跳跃上升趋势，以每石食米为例，1946 年 12 月为 6 万多元，比上年同期的 7000 元上涨了 8 倍多，1947 年同期为 90 多万元，高涨 15 倍，此后到 1948 年 8 月，则猛涨 62 倍，达 6000 多万元。[②] 在严峻的经济形势下，广大工人生活日趋艰难，终年在饥饿线上挣扎。

战后上海市政府公布的生活指数低于物价指数，指数与工资逐渐脱节。[③] 烟厂根据官方数字支付米贴，烟业工人日趋贫困。1946 年，颐中烟厂"7 月份的米贴 5 斗米折合法币 2.5 万元，而黑市米价已涨至每石 6.8 万元，工人拿到的米贴已无法买到 5 斗米"，1948 年 6 月，物价指数已上升 700 万倍，而公布的生活指数仅为 363 万倍，工人生活难以维持。[④] 与战前相比，1948 年 6 月上海各烟厂职工所得工资的实际购买力，只及 1936 年的五分之一左右。以折合大米购买力为例，30 元底薪在 1936 年可以买米 3.09 担，到 1948 年只能买到 0.69 担。[⑤] 当时物价猛涨，烟厂工人为了维持最低生活，不得不拼着命干活。烟厂贴票女工"汗从额上流下来也不去揩，整天腰弯着也无法欠伸一下，连上厕所的时间也要尽量压缩，就这样一天拼命做下来，一个女工能贴 100 余刀，最快手的女工能够贴 130 多刀，一天做下来放工后手脚都动弹不得，腰弯得直不起了，放工时周身汗湿象是河里捞起来似的，但每天工资只有 2、3 元，简直买不到什么东西"。[⑥] 战后上海的卷烟业机器化更加普及，但烟厂工人工作环境却未有多少改善。1946 年初，一位署名"黄流"的卷烟工人在"苦命的阿珍"一文中描述：

---

① 中国科学院上海经济研究所，上海社会科学院经济研究所编：《上海解放前后物价资料汇编：1921 年—1957 年》，上海人民出版社 1958 年版，第 32 页。

② 同上书，第 296—298 页。

③ 《上海工人的生活费指数斗争》（初稿），上海工人运动史料委员会 1954 年 11 月编印，第 24 页。

④ 《上海烟草志》编纂委员会：《上海烟草志》，上海社会科学院出版社 1998 年版，第 345 页。

⑤ 《英美烟公司在华企业资料汇编》，第 1094 页。

⑥ 同上书，第 1087—1088 页。

一进门就有一股强烈的烟味冲进鼻子，辣辣的刺得鼻子发痒。一群十二三岁的女孩，围着桌子，把一排排的烟用纸包起来，贴上商标。……走进内厅，刺鼻的烟味更浓厚。这儿十来个女工已经坐在木板钉的座位上，垂着头在开始工作了。工头过来了，把阿珍卷的烟，翻来覆去的检视。"太松了，再卷！"抖着手指，她再多放点烟心，卷成一支。"唔，不是熟手。"工头摇头。"必须做十五天的杂工，没有工资，才可以算为正式工人。"这一个苛刻的条件，阿珍答应下来。①

烟厂车间环境恶劣，新手从业伊始，必须经过长时间的学习。上海烟厂工人以女工为主，卷烟企业锡包间、叶子间、包烟间一般都用女工。关于烟厂女工的工作境遇，时人有诗为证：

锡包
锡包娘子有三头，
常得搞时楼上楼，
最怕黄霉秋八月，
半记不响着忧愁。

搭壳
搭壳姑娘最怕羞，
常因搭壳笑同侪，
笑她搭壳男翻女，
不是风流是下流。

扯叶
扯叶群工最苦辛，
围裙束颈不离身，

---

① 黄流：《苦命的阿珍：卷烟工友的遭遇》，《新妇女月刊》第 3 期，1946 年 3 月。

　　无情烟雨三千丈，

　　巧笑难寻不出尘。①

　　战后上海卷烟业机械化更加普及，"普通上海的香烟厂，既一切用机器来制造，因之里面的工人，非经过相当的训练和学习不行"，②而男工的境遇也未见好转，一位战后从事机器切叶工作的工人谈道：

　　　　和我一起做同样工作的一共有十几人，每个人管一部机器，没有替换。从早到晚，都得忙着，必须把发下来的十几捆烟叶切好，因为那边有十几部卷烟机正等着我们供应，否则他们就要停顿下来了。有时候为着要赶出货，我们就分了日夜班。夜班是从晚上七点到明晨七点，但做起来却更要难受。因为白天要回家睡觉，而孩子们吵闹着，最多只能睡上两三个钟头。一连这样捱上一个星期之后，人真的要累死了！③

　　烟厂自身的业务对工人生活影响很大。1946 年，在美货香烟的倾销下，上海的烟厂营销大受打击，工人慨叹："工装当然不能再向厂方交涉，自己做吧，物价又在高涨，所以我们只好穿穿补丁的衣服了。……近来又渐渐的吃不起白米饭了，因为打内战，打掉了我们一半工细，米价飞涨，无力再买杜（灶），有许多工人家里吃着二粥一饭了。"④ 战后上海卷烟工人多达三万余，生活条件一天天恶劣，更为严重的是，由于烟厂不景气，工人随时都有可能被迫离厂。1947年 6 月 16 日，媒体报道有关上海卷烟业工人窘况：

　　　　三万多个卷烟职工，在生存的尖端挣扎，五千三百余家烟行，像狂风中的残烛一样……在上海，为了适应人们的需要，就

---

　　① 《歪诗三首·咏烟厂女工》，《中药职工月刊》第 1 卷第 2 期，1947 年 2 月。

　　② 《国内劳工消息·上海烟厂工人生活》，《国际劳工通讯》第 4 卷第 2 期，1947 年 2 月。

　　③ 陈长根：《我生活在切烟机旁》，《青年与妇女》第 2 期，1946 年 4 月 20 日。

　　④ 银根：《烟厂工人的衣食住行》，《生活知识》第 39 期，1946 年 8 月。

有着华成、南洋、福新等九十三家卷烟公司，五千三百余家门市烟行，和三万多个职工……卷烟工人虽然是职业工人中比较不费力气的工人，可是，他们的工作时间较诸其它职工，就显见增多了。早晨七时半进厂，晚上五时半才回家，工作的时间为十小时，其工资以年限和技术关系，稍有差别，底薪日计最低八角，最高一元八角，就靠这加成收入维持生活。工人种类以标准不同有三种分法，以性别分男工、女工，以技术分技工、手工，以时级分月级工（即长工）、日级工（即短工），所谓日级工当然即临时性工人，其遭蒙失业的机会，当然亦多。①

严峻的经济形势，随时失业的危机促使工人们团结起来，在购买力逐日下降的社会中为了生存而斗争，战后上海各业工会如雨后春笋般建立。据市社会局劳资评断委员会 1946 年 8 月统计，上海共有产业工会 96 个单位，入会工人 118942 人。职业工会 58 个单位，入会者 49863 人。在业工人共 168805 人，失业工人约 140000 人。② 据中共方面统计，从抗战胜利到 1946 年 8 月 15 日止，上海已成立的产业工会有 153 个，职业工会有 108 个；在筹备中的产业工会有 37 个，职业工会有 27 个；在整理中的工会有 4 个；其他未被承认和批准的或被认为非法的工会未计算在内，会员总共有近 30 万人。③ 上海的卷烟工业亦不例外，烟厂众多的沪东四区成立区工会，会员单位数十家。1945 年底，在产业工会理事长周学湘主持下，开始陆续改华成、颐中、中华、南洋各厂之原来四区会员单位为厂工会。④ 与公会组织作为资方的代言人不同，工会成为工人维护自身利益的集合体，一定程度上站到了企业的对立面。

① 《1947 年 6 月立报刊载有关沪卷烟工业工人、工资及产销情况》，上海社会科学院经济研究所企业史中心藏卷烟业工资综合资料［134］31A1—3，第 8 页。
② 凌英贞：《劳资评断委员会调查工作概况》，《社会月刊》第 1 卷第 2 期，1946 年 8 月 5 日。
③ 张祺等：《上海工运纪事》，中国大百科全书出版社上海分社 1991 年版，第 169 页。
④ 袁召辛主编：《上海市第一二三区卷烟业工会改厂工会成立大会特刊》，上海市第一二三区卷烟业产业工会 1947 年 9 月编印，第 3—4 页。

　　1946 年春，上海各卷烟企业工会负责人的选举在相对自由的情况下进行，身份不同的积极分子进入各厂产业工会的领导层。战后上海卷烟业产业工会的情况是：华成、中华、南洋、颐中成立厂产业工会，此外还有一区卷烟业产业工会，包括汇达、信远、锦华、福华分会，四区卷烟业产业工会，包括新华、中美、安迪、瑞伦、华谊、利兴、友宁、天华、泰丰、华安、仙乐、汇众、德兴、中国联合烟厂分会。颐中烟厂产业工会是在抗战胜利后，由中共地下组织领导工人筹建起来的，第一届工会成立于 1946 年 3 月 31 日，理事长为共产党员陈三连；第二届工会于 1948 年 8 月 28 日成立，陈仍担任理事长，尽管有国民党姚立根等参加，总体由共产党人控制。① 华成烟厂产业工会成立于 1946 年 3 月 31 日，理事长由周学湘②担任，周一度担任国民党社会部专员、全国总工会常务理事、上海市参议员等职；1947 年 9 月 15 日第二届改选，仍由周学湘担任理事长。南洋烟厂产业工会 1946 年 4 月 1 日产生，出席会员数 118 名，会员入会费每人缴纳国币 300 元，由唐根宝担任理事长；第二届 1948 年 7 月 25 日成立，仍由唐担任理事长。中华烟厂产业工会成立于 1946 年 3 月 31 日，第二届于 1947 年 3 月 30 日产生，理事长均由程顺兴担任。③ 以工会为主要阵地，战后的烟业工人致力于捍卫自身的利益和实行内部民主化管理，并兴办职工子弟学校、诊疗所、托儿所等各种福利事业。

　　1947 年 5 月 13 日，为保障工人福利，安定工人工作情绪，上海卷烟业各产业工会还发起成立专门职业工会——卷烟工人福利委员会。④ 该会由周学湘担任主席，通过在卷烟制成品中，每箱提抽福利

---

　　① 李民华：《颐中工会成立大会小记》，《生活知识》第 21 期，1946 年 4 月。

　　② 周学湘于民国十三年（1924 年）入上海华成烟厂卷烟部任职，民国十五年（1926 年）革命军抵达上海，成立华成烟厂工会，担任主席。

　　③ 《上海市中纺公司上海第八厂、华商电器公司、华成烟厂、中华烟厂、颐中烟厂、酒行业、恒大纱厂等职业工会理监事名册》，上海市档案馆藏上海市总工会档案，Q7 - 1 - 121 - 53。

　　④ 由劳方组织的工会，分为产业工会与职业工会，产业工会为同一企业内不同部门工人所组织，职业工会由同一职业之工人所组织。

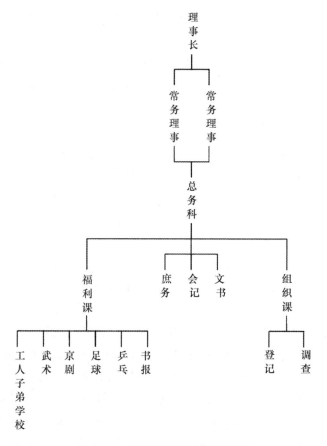

图 4 - 1　颐中烟厂公会组织系统

　　资料来源:《××烟厂斗争》,上海社会科学院历史研究所藏上海工人运动资料,第12 页。

金 500 元,呈请社会局核准办理等重要提案数起。[①] 14 日,工会第一次代表大会上通过了"上海市卷烟工人福利委员会组织简章",其中第十二条规定该会任务如下:"关于福利事业之审议推进及指导事项;关于福利金之筹划保管及动用事项;关于福利事业经费之分配稽核及收支报告事项;其它有关福利事项。"[②] 关于上海卷烟工人福利委员

---

　　① 《中华烟厂产业工会剪报》,上海市档案馆藏中华烟草公司档案,Q451 - 1 - 84 - 1。
　　② 《上海市卷烟工人福利委员会组织简章》,上海市档案馆藏上海市社会局档案,Q6 - 7 - 48 - 40。

会，曾任颐中烟厂工会理事长的共产党人陈三连曾有如下回忆：

> 卷烟业工人福利委员会是在 1947 年 5 月 13 日成立的，在这
> 以前的筹备时间很长，敌人本来想成立全市烟厂工会，捧周学湘
> 出来做理事长的，后来没组织成，改变成立了卷烟业工人福利委
> 员会。那组织主要是些东面的烟厂，像中美、惠中、兴中的都
> 是，其中周学湘是理事长，那厂工人同敌人有矛盾，要我去联
> 系，我去了利用了矛盾，在他们的组长会议有意的把周学湘赶走
> 了。通过这个组织，我们同小厂取得了联系，而这些活动又是合
> 法的。我当时一共做了七八个厂的顾问，每一工会应当有二三十
> 元津贴送我，我都回绝了，说我是做工的，不要这钱。那时工会
> 工作的很多是朱学范的学生。汇中、中美都罢过工，中美还被开
> 除了四五人，他们的罢工我们去领导的。①

尽管上海的职业工会"染有浓厚的帮口色彩，主持人多数是些有
势力的人物，他们常常违反群众的利益，不关心群众的生活"②，但
它的建立，为同行业职工进行合法斗争提供了条件。战后上海各业工
会的新生，与政府的重视有关。相关人士指出："工会在宪政时期，
负有建设地方自治的重大责任，因为在工矿区域和都市社会里面，劳
工是占最大多数的。这最大多数工人的需要和意见，只是希望保甲组
织来反映是不够的。必须要有健全的工会组织，才能把工人的需要和
意见，很迅速确实地反映到政治上，才能运用政治的力量，解决工人
的问题，消弭社会的隐忧。所以工会组织，是社会建设，经济建设和
政治建设工作中最重要的一课。"③ 为更好地解决工人问题，稳定社
会秩序，上海市政府于 1946 年 6 月成立上海工人福利委员会，9 月 6
日，上海市总工会正式成立。战后的上海各业工会获得了新生，以工
会为依托，烟业工人为维持生存和改善待遇开展一系列的怠工、罢工

---

① 《颐中工人运动历史资料座谈会记录》，1954 年 10 月 10 日，上海社会科学院历史
所藏上海工人运动资料，第 40—41 页。

② 华贝：《战后上海的工人运动》，《青年与妇女》第 8 期，1946 年 10 月。

③ 徐霖：《本市工会组织之检讨》，《社会月刊》第 1 卷第 5 期，1946 年 11 月 5 日。

运动，上海卷烟业劳资纠纷达到历史的高峰。

三　风起云涌之卷烟业劳资纠纷

1945 年 8 月日军投降，上海日商工厂大部停工，其他工厂因为原料和燃料缺乏而减工，工人大批失业，生活恐慌。10 月以后，物价逐月上升，工人待遇微薄，不能维持生活。在业工人要求增加工资，改善待遇，失业工人要求复工，获得救济，罢工怠工游行请愿时有发生，上海各行业的劳资纠纷达到历史的高峰。所谓劳资纠纷，即企业中工人（包括城市小手工业工场、作坊及商店的雇佣劳动者）和资本家因工资、工时、劳动条件、解雇、处分等原因所引起的纠纷。①战后工人生活越来越贫困，劳资纠纷越来越频繁，既有一般的纠纷，也有严重的罢工怠工。关于其分类，上海社会局资深工作人员王宝善曾言：

> 凡雇主与工人间，因雇佣条件之维持或争执，而发生之争议，依照我国劳动法令，谓之劳资争议。但劳资争议，实含有罢工停业及劳资纠纷二种，前者情形较为严重，乃工人采取停止工作之行为，藉以要挟资方，而资方亦有以停业威胁工人者。总之，均欲以严厉之状态，达到各人所要求之目的而已。至于后者，则双方相互磋商，或由社会当局居中调处，尚未至决裂程度。而在争议期中，并不停止工作，始终以和衷共济之态度，相互谈判，其事较易解决。②

按照当时官方的说法，一般的劳资纠纷及严重的怠工罢工统称为"劳资争议"。战后上海的劳资争议达到新的高潮。从 1945 年 8 月至 1948 年 7 月，共发生劳资纠纷 5521 件，涉及 73586 家厂商，总计 1480691 人，罢工停业案件 589 件，涉及 17719 家厂商，共计

---

①　徐思彦：《20 世纪二十年代的劳资纠纷问题初探》，《历史研究》1992 年第 5 期，第 32 页。

②　王宝善：《胜利后上海市劳资争议统计》，《社会月刊》第 1 卷第 1 期，1946 年 7 月5 日。

658807 人。① 引发劳资争议的原因有多种，包括雇用或解雇，工资与待遇，劳动协约、厂规与工作制度或工人要求改善福利而引起。统计显示，雇用或解雇、工资与待遇是最常见的原因。

表 4 - 3   上海市劳资争议案件数量原因分析（1945 年 8 月至 1947 年 12 月）

类别	劳动协约	工资与待遇	工作时间	雇用或解雇	厂规或工作制度	歇业或暂停营业	其他	总计
总数	138	1370	17	1651	6	473	217	3872
百分数	3.56	35.39	0.44	42.64	0.15	12.22	5.60	100.00

资料来源：《上海市五十一业工厂劳工统计》，上海市劳资评断委员会 1948 年 7 月编印，第 40 页。

对于上海烟厂的烟业工人来讲，再没有比遭解雇和失业更为痛苦的事情了。尤其那些长期做临时工的工人，境况更为悲惨。他们底薪比长工低得多，加班不加工钱，没有米贴，生病没有病假，做一天算一天，收入极少，没有保障，随时都可能被解雇。颐中烟厂规定要做满 6 个月才能转为长工，但资本家在 6 个月将要期满前，就解雇临时工，另行雇用新工人或重新雇用原来的临时工。② 抗战胜利后，工厂停工与频遭解雇困扰着大批工人。复工遥遥无期，而物价却在突飞猛涨。据当时估计：1945 年 10 月底 11 月初，上海一个普通的 5 口之家每月最低生活费用（不包括衣着鞋帽添置与医药费）需 2.485 万元，才能与当时的物价水准接近。③ 百物高涨尤以米价最为厉害，1945 年 10 月底到 1946 年 1 月的米价，持续在每石 0.7 万元到 1 万元，甚至在 11 月下旬还曾一度突破万元大关。④ 抗战胜利后，上海工人的失业

① 李恺光：《内战时期上海市社会局处理劳资争议的经过与成效》，《国立政治大学历史学报》2011 年第 36 期，第 131 页。

② 《上海烟草志》编纂委员会：《上海烟草志》，上海社会科学院出版社 1998 年版，第 345 页。

③ 兰：《上海职员们最低生活费要多少?》，《经济周报》第 1 卷第 1 期，1945 年 11 月 1 日。

④ 《米价已进万元关》，《申报》1945 年 11 月 23 日，第 1 张第 3 版。

人数一直维持在 30 万人以上，占当时沪市工人总数的 40%。① 被解雇的工人生计全无，饥寒交迫，度日如年，跳楼自尽的惨剧时有发生。为了维持生存，失业工人通过各种途径与劳方交涉，劳资纠纷不可避免。颐中烟草公司为上海最大的卷烟企业，战前拥有职工三四万名，尽管战时遭受损失，胜利后尚有工人万名，职员千余名。由于烟厂接收混乱，至 1946 年初仍无法正常开工。上海卷烟业的劳资纠纷，首先从复工与解雇问题开始，劳资双方无法协调，最终在社会局干预下达成协议。

表 4 - 4　　抗战胜利初上海部分烟厂复工及解雇劳资纠纷情况

厂名	时间	纠纷原因	工人要求	社会局调解结果
利兴	1945 年 10 月	1945 年 6 月停工，至 10 月已三个多月，工人生活无着	请求复工并发给停工期间津贴	发给每一女工救济费法币 3500 元整；厂方允许最短期内复工
华成	1945 年 10 月	工厂停工，原有男工 250 名、女工 1000 名生活无着	要求即日复工，在停工期内要求厂方发给遣散费	厂方允酌给工人生活补助金，公司添用工人时应尽先录用老工人，凡服务年期最长者，得先复工
德昌	1945 年 12 月	工厂停工，工人生活无着	要求复工并发给救济金	资方答应发给每一工人救济金法币 5000 元整，厂方如将来恢复工作时当尽量录用
颐中	1945 年 12 月	工厂停工，工人生活困难	要求复工并发给津贴	全体工人复工每星期每人工作 1 天至 4 天半；工资津贴依照本年 11 月份数额发给不再增减；自 1946 年 1 月起实施，以 3 个月为期

① 任建树：《现代上海大事记》，上海辞书出版社 1996 年版，第 964 页。

续表

厂名	时间	纠纷原因	工人要求	社会局调解结果
南洋	1946 年 3 月	工厂停工，且厂方不用旧厂老工人而又另募新工，致大批工人失业	要求资方履行前已达成之六项协议并立即开工	该厂于 1946 年 5 月底开工

资料来源：《烟厂业关于年奖纠纷、卷烟业工会、公会就工资、年奖问题呈报上海市社会局及劳资合作促进委员会会议记录、调整工资津贴纠纷笔录等文件》，上海市档案馆藏上海市社会局档案，Q6 - 8 - 66；《上海市社会局关于南洋兄弟烟草公司复工、工资等问题文件》，上海市档案馆藏上海市社会局档案，Q6 - 8 - 1197；《英美烟公司在华企业资料汇编》，第 1269 页。

　　工厂停工已造成工人失业，频繁解雇更引发工人躁动。1946 年 1 月，颐中公司向上海市社会局声明，对于被日本人开除之工人重新雇用，必须符合"经本公司医生检查身体及格，所有该项工人以往在厂服务之记录并无过失而经本公司认为满意者"。5 月 8 日再次声明，15 日以后对于任何复工之请求均不予以考虑。[1] 1947 年 1 月 30 日，公司负责人斯图尔特（J. C. Stewart）致函上海颐中、振兴、首善各厂："关于我们机构中各部门雇用新工人问题，特规定以下原则，在需要新工人时，只可雇用男童工或女童工，只有在特殊情况下才考虑雇用成年工人。"[2] 2 月 12 日，公司负责人戴乐尔给香港英美烟公司 F. H. 费希尔信中说得更为明白："我们切不需要召回许多仅仅因为他们以前为我们服务过很长时间而现已老朽无能的人来复职。"[3] 1947 年，上海浦东厂的男女工人人数已缩减为 2542 名，通北路厂 2113 名，花旗厂只有 661 名。[4] 7 月 1 日，资方借口撤销广告部，宣布解雇印刷厂打样部 68 名职工，引发全体工人罢工，工会向市政府、社会局、总工会抗议。后经社会局调解，资方被迫承认："一、收回解雇成命；二、对愿意退职者，按年资给予退职金；三、

────────────

　　[1]　《上海市社会局关于颐中首善制公司复工问题文件》，上海市档案馆藏上海市社会局档案，Q6 - 8 - 1388。
　　[2]　《英美烟公司在华企业资料汇编》，第 1085 页。
　　[3]　同上书，第 1083 页。
　　[4]　同上书，第 1078 页。

对不愿退职者，调派其他工作；四、给予一个月的犹豫时间，考虑进退问题；五、细则由劳资双方磋商决定。"工潮历时 1 个月，终于获得解决。① 1948 年颐中公司印刷厂解雇 60—70 名工人又引发工潮，经过工人斗争，一部分调到通北路厂工作，接受解雇者拿到 3 个月工资。②

战后卷烟业劳资纠纷，除解雇引发外，最为频繁的是工资待遇问题。据上海市社会局公布的 1937 年 6 月及 1946 年 12 月上海各业工人工资调查表，战前最高工资行业中卷烟排第一位，战后已降至第五位，位居热水瓶、印刷、电车、电力之后。③ 政府从 1946 年 1 月开始发布生活费指数，尽管当政者不承认，但生活费指数的涨幅只有粮价涨幅的一半多，所以政府确实刻意压低生活费指数。④ 大多数工人底薪过低，无法维持基本生活，劳资纠纷日趋严重。战后卷烟业工会获得新生，工人充分利用集体优势与资方交涉。1946 年 2 月 11 日，中华烟厂工会提出改善工资待遇要求 14 条，先后于 2 月 16 日、19 日、20 日、21 日、23 日由总工会主席周学湘亲自出席调解，厂方工方代表谈判五次，始达成 10 点协议。⑤ 1946 年 9 月 26 日，华成公司产业工会向厂方提出要求修改待遇条件 15 条，10—11 月劳资双方代表作三次谈判仍无结果，11 月 8 日工人怠工。因该厂工会理事长周学湘奉派出国出席国际劳工会议停止商谈，直至次年 4 月 23 日，劳资双方待遇调解笔录在社会局签字，争持半年的劳资纠纷方告解决。⑥

---

① 《1947 年 7 月通北路厂民主工会反对资方无理裁减打样部全体职工，结果胜利》，上海社会科学院经济研究所企业史资料室藏英美烟公司抄档［161］34J4—5 "抗战胜利后沪厂工人运动（二）"，第 90 页。

② 《英美烟公司在华企业资料汇编》，第 1085 页。

③ 详见章永钦《币制改革后的工资问题》，《社会月刊》第 3 卷第 6 期，1948 年 8 月，第 53 页。

④ 李恺光：《内战下的上海市社会局研究 1945—1949》，博士学位论文，台湾政治大学，2009 年。

⑤ 《中华烟草公司厂房代表与工方代表关于工方要求改善待遇谈判笔录》，上海市档案馆藏中华烟草公司档案，Q451-1-37-50。

⑥ 《华成烟厂因改善待遇、年奖、房屋征用事厂工会、行政、苏浙皖区产业处理局与上海市社会局来往文书》，上海市档案馆藏上海市社会局档案，Q6-8-71；《上海华成烟厂历史资料 1924—1957》，第 139 页。

1946 年 11 月 7 日，南洋烟厂因工资问题发生纠纷，该厂产业工会理事长唐根宝等提出改善待遇条件 12 条。社会局于 11 月 18 日下午就改善待遇一事调停劳资各方，经双方同意签署和解协议 6 条始获解决。① 1947 年 2 月 10 日，颐中烟厂产业工会又致函上海社会局要求提高底薪，呈文指出：

> 窃本厂日给男工及件工等工资不及华商各厂过巨，不够生活远甚。盖因本厂员工服务年期均在十余年以上，初因生活程度低廉，即月入 10 余元，已堪一家二、三人温饱，故除安心工作而外，无所企求。更因受雇时，因生活低廉，致估定工资不高（每天约 0.35 元至 0.40 元间），而年常加薪，至多不过 5 分或 1 角。至于件工方面，二、三年间，仅加上二、三厘而已，因是虽经历年递加，至今未满 1 元以上者，比比皆是。②

随着通货膨胀日趋严重，工资涨幅远远跟不上物价，到 1947 年已越来越明显，工人生活困难更加剧了劳资纠纷。2 月份，颐中公司天津、青岛和香港厂都发生了大量工人骚乱，在上海的工厂里"整个月来也几乎连续不断地发生工人闹事"。③ 2 月 16 日，国民政府公布"经济紧急措施方案"，冻结 1 月份的生活费指数。上海的烟厂按照生活费指数发薪，生活费指数冻结意味着工资冻结，工人纷起抗议。实施三个月后，因物价涨幅持续增加，政府被迫宣布恢复原有政策，生活费指数虽然解冻，但烟厂工人改善工资待遇斗争并未停止。7 月初，华成烟厂由于厂方预发男工年终奖金不发女工奖金引起纠纷，社会局派员数度调解，31 日双方签订女工商借年终奖金协议结束。④ 7

---

① 《上海市社会局关于南洋兄弟烟草公司复工、工资等问题文件》，上海市档案馆藏上海市社会局档案，Q6 - 8 - 1197。

② 《英美烟公司在华企业资料汇编》，第 1091 页。

③ 同上书，第 1092 页。

④ 《华成烟厂因改善待遇、年奖、房屋征用事厂工会、行政、苏浙皖区产业处理局与上海市社会局来往文书》，上海市档案馆藏上海市社会局档案，Q6 - 8 - 71；《上海华成烟厂历史资料 1924—1957》，第 139 页。

月 16 日，南洋烟厂工人反对厂方将工资加以折扣发生罢工，在社会局调解下，31 日始达成五项和解办法。年底该厂女工又发生罢工，江宁路警局派员弹压。① 7 月底 8 月初，颐中公司浦东厂工人为争取礼拜日工资发动罢工，卷烟车间、第一车间、第三车间和铜匠间相继关车，二厂起来响应，罢工持续两三天胜利结束。② 10 月 23 日，中华烟厂发生劳资纠纷。该厂产业工会指出"值物价奔腾之秋，（工资）自应与本厂之生产发展程度比例量予调整，冀减少工人痛苦而提高生产情绪"，提出改善工资待遇要求办法两条，后经社会局两次调解，始得解决。③

　　1948 年以后，随着"八一九限价"和币制改革的失败，物价如奔腾江水，上海卷烟业工潮亦愈演愈烈。8 月，颐中工会向厂方提出预支工资倍数、增加米贴等要求。在车间里工人们挂起了纸条幅："饭也吃不饱，钱也拿不到，物价跳几跳！"他们敲机器、敲簸箕，并转向半息工状态。几经交涉，后请社会局调解并转劳工司长陆京士处理，最后以 7 斗米贴达成协议。④ 次年 2 月 3 日，杨浦厂烤烟、卷烟部工人全体息工，华盛路印刷厂工人罢工，生产停顿一天半；⑤ 4 月，由于发放周薪问题，通北路厂发生骚乱，卷烟部停工，首善印刷公司亦全部停顿。⑥ 1948 年 9 月 10 日，中华烟厂发生息工，工会向厂方提出三点要求："病假不扣工资及米贴，件工照给，细则另订；退职养老金、年老力弱工人退职者，给予退职金，如不愿取退职金者，可由本人直系子女接充；各工要求依照公司优待职员先例预支薪

　　① 《上海市社会局关于南洋兄弟烟草公司复工、工资等问题文件》，上海市档案馆藏上海市社会局档案，Q6 - 8 - 1197。

　　② 《1947 年 7 月浦厂工人争取礼拜日工资而斗争，并以此打击伪工会》，上海社会科学院经济研究所企业史资料室藏英美烟公司抄档［161］34J4—5 "抗战胜利后沪厂工人运动（二）"，第 91 页。

　　③ 《中华烟厂产业工会关于改善工资待遇请求书》，上海市档案馆藏中华烟草公司档案，Q451 - 1 - 37 - 55。

　　④ 《上海卷烟厂工人运动史》，第 181 页。

　　⑤ 《英美烟公司在华企业资料汇编》，第 1295 页。

　　⑥ 同上书，第 1100—1101 页。

水一月。"① 次年1月6日，该厂工人再提五项条件，要求厂方改善待遇。② 1948年9月，华成烟厂工会也要求资方改善待遇，并提出条件8项。次年1月13日，华成男女长工及女件工为要求借花红、发米贴罢工。③ 各厂产业工会在劳资交涉中扮演了重要角色，涉及行业工人整体利益时，则由职业工会上海卷烟工人福利委员会以集体的名义向政府吁请。如1948年全面限价取消后，物价飞腾，11月11日，该会主任委员周学湘致函上海市社会局长吴开先，请求恢复生活指数计薪并改善计算方法，呈文曰：

> 窃查政府自于本年八月十九日改革币制，发行金圆并冻结物价及生活指数后，起初一月间情形良好，凡我工人莫不额手称庆，以为物价稳定，当可重温战前生活水准。讵料好景不长，上月初涨风大起，虽物价冻结，但黑市猖獗，限价物品市场绝迹，举凡日用必需之品，莫不仰于黑市。我工人等以有限之收入，购一夕数涨之物品，已感难于应付，不料本月一日政府开放限价，致物价如脱羁野马，白米由限价二十元一石而至一千余元，其它油、煤、菜蔬等莫不扶摇直上，较诸八一九限价，涨起均在数十倍以上，而我工人工资迄目前仍照八一九冻结时之方法结算，故每月原可购米一石之工资，现仅可购米数合。目前赖以度日之西红柿菱角之类亦高涨达数元一斤，如折合工资，须数日工作始可换得一斤之数，冻馁之忧，已迫燃眉。近各厂虽有接薪救济办法，但杯水车薪已无济于事，故拟恳钧座迅饬恢复生活指数计薪办法，以解工人倒悬。惟过去生活指数计算方法尚有加以改进之处，爱敢缕陈尚祈俯赐采纳。④

---

① 《中华烟厂产业工会代表与厂方代表谈话纪录》，上海市档案馆藏中华烟草公司档案，Q451-1-1-59。

② 《中华烟厂产业工会为发还薪给报酬所得税事致中华烟草公司厂务处的呈文》，上海市档案馆藏中华烟草公司档案，Q451-1-37-2。

③ 《上海华成烟厂历史资料1924—1957》，第139页。

④ 《上海市卷烟工人福利委员会为请求恢复生活指数、补发脱期配售物品差金与社会局来往文书》，上海市档案馆藏上海市社会局档案，Q6-7-48-57。

除恢复和改善生活指数计薪外，福利会还要求将指数中所列物品如煤球、白米之类，遇脱期时由厂方补发差金以解工人倒悬，且若因其他原因不及配给时，请转饬各厂以市价由厂方补给差额。[①] 1948 年底，因加税后销路清淡，上海 80% 烟厂停工，各厂男长工仍照发工资，女件工则照习惯停工时不给工资，生活遭受严重威胁。1949 年 1 月 7 日，福利会与各厂女工代表赴社会局请愿，后经劳工处长沈鼎调解，拟定三项处理办法："已复工之工厂，停工时工资不再补给；尚未复工工厂，所有件工自一月三日起由厂方津贴每人每日工资五角为准。厂方如有困难，可协议酌减；停工期间双方有协议者仍从其协议。"[②]

第二节　"年赏"工潮中的政企应对

一　"年赏"的由来与 1946 年卷烟业内年赏工潮

上海人民历来视春节为过年，民间清还债务和工厂商号结算往来账目，大都以农历年关为界。债主一般赶在年关前催讨欠账。所以民谚以"过年卅夜"来形容经济拮据的窘状。上海的工厂企业，长期以来也形成一种惯例，资本家在发给职工的月工资中预扣一部分，留作春节时发年终奖金，称作"年赏"，亦称为"年奖""花红"。年赏作为资本家的赏赐，可多可少，弹性很大，一般依据年终时企业利润状况和职工对企业贡献大小而定。许多企业习惯上在年终发双薪，即加发一个月或一个月以上工资。上海的卷烟企业在战前即有发给职工年赏的惯例。1925 年出版的《英美烟公司有限公司在华事迹纪略》载："英美烟公司不独为工人预防不测而已，无论中外职员，每年皆有花红之发给，且各代理人等，亦得与分润之列。此种花红，于每年阴历年底分发，按公司营业之盈亏而定多寡，如公司无盈利，无花红分发。然自花红发给之例颁行后，该公司常有

<hr>

① 《上海市卷烟工人福利委员会为请求恢复生活指数、补发脱期配售物品差金与社会局来往文书》，上海市档案馆藏上海市社会局档案，Q6-7-48-57。

② 《多数烟厂停闭，女工不甘缄默，推代表向社局请愿，拟定三项处理办法》，《申报》1949 年 1 月 8 日，第 1 张第 4 版。

盈利，故各职员等，皆受其益。"① 1930 年底，花旗烟厂工人发动罢工，曾提出"年关发给赏工，工资加倍发给"的要求。② 一直到1941 年新年时为止，英美烟公司年奖以工资的 4% 来计算，约计相当于半个月的工资。③ 华成烟公司盈余时发给职员和长工花红，件工"旧历年每年发给压岁钱 2 元，中秋另分月饼钱"。④ 年终有"申工"（即不请假奖，等于月薪 2 个月）及储蓄（每月薪水之 10% 之额外工资）。⑤ 南洋烟厂工人奖励金每年 12 月发给，此项奖金，不论公司营业如何，一律按所得工资 4% 支给；件工遇例假（如新年时节放假）一律给予 0.35 元。⑥

　　上海企业的"年赏"究竟源于何时，又有何依据？时人众说纷纭。分析人士指出："远在汉代，就有先例，杨恽答孙会宗书所谓'回家作苦，岁时伏腊，烹羊宰羔'是也。最初是地主对于佃农或长工的年终犒赏，其次推广及于商店，名之曰花红，最后在工厂中也发生了这种乡土气息的年赏。"⑦ 也有人认为年赏是抗战时才有的，"查年赏起源，战前无此名义。在抗战中，抗战区之工厂，年有盈余，顾念工友，终年辛苦，生活之不足，无法补救，酌提盈余，聊赏工友，无以名之，即称年赏"。⑧ 还有人认为："年赏这种制度，在上海相沿下来，已达数十年之久，这种制度，全是厂方笼络工人一套巧妙的把戏。"⑨ 无论起于何时，年赏到抗战胜利后已成为一种"不成文法"；除了惯例，年赏尚有法律上的依据。《工厂法》是国家关于雇佣劳动的主要立法。1929 年 12 月 30 日，国民政府颁布的《工厂法》第七章第四十条规定："工厂每营业年度终结

---

① 《英美烟公司在华企业资料汇编》，第 1149 页。
② 《上海卷烟厂工人运动史》，第 294 页。
③ 《英美烟公司在华企业资料汇编》，第 1280 页。
④ 《上海华成烟厂历史资料 1924—1957》，第 25 页。
⑤ 华成烟厂 1937 年抗战爆发至 1938 年"申工"改为一个月，1939 年起至抗战胜利止，均恢复为发给年终申工两个月，储蓄自 1938 年起改为"年终双薪"发给。见《上海华成烟厂历史资料 1924—1957》，第 106 页。
⑥ 《南洋兄弟烟草公司史料》，第 305—306 页。
⑦ 沈讱：《三十六年度年赏问题》，《社会月刊》第 3 卷第 1 期，1948 年 1 月 5 日。
⑧ 乃浦：《从年赏说起》，《机联会刊》第 196 期，1947 年 2 月 16 日。
⑨ 孔冰：《上海的年赏纠纷》，《评论报》第 7 号，1946 年 12 月 21 日。

算如有盈余，除提股息公债金外，对于全年工作并无过失之工人，应给以奖金或分配盈余。"① 尽管有所提及，但并未有强制性的规定，更没有数量上的说明。一是企业的会计制度未臻完善，及时的结算未免困难；二是各个行业和企业情况各不相同，是否有"盈余"在当时难以断定。既然年赏没有强制性的规定，且可多可少，那么在战后日趋恶劣的经济形势下，年赏问题极易成为引发劳资纠纷的导火索。

1946 年初，日本投降后第一个春节来临之际，上海各业的年赏纠纷就已经凸显。公用业法商电车电灯自来水公司工人首先向资方提出增加年赏的要求，并开展"大请客"斗争。纺织业申新九厂及永安、新裕、中纺工人亦展开斗争。② 相对于其他行业，上海卷烟业 1946 年春节工人年赏较为丰厚。时人谓，"因营业极佳，年赏也最厚，中华烟厂年赏多到六个月的工资，由此可见一斑"。③ "中型烟厂的一笔花红，大有可观，据云：一位较高级之职员，可获得'大条子'三四根。"④ 故劳资纠纷相对缓和。1946 年上海的物价上涨尤为明显，以每石食米价格为例，12 月达到 6 万多元，比上年同期的 7000 元上涨了 8 倍多。⑤ 高昂的物价使广大工人生活水平大幅下降。1947 年的春节即将来临，过去一年物价越涨越高，年关如何过，年赏如何发？发多少？成为全市广大职工普遍关注的焦点。舆论指出："年赏为我国劳工界之旧习惯，已有长久历史，于此物价高涨，年关难度之秋，尤为劳工所迫切要求。"⑥ 卷烟行业年赏引发的劳资纠纷最为明显。

---

① 《工厂法》，《市政公报》第 355 号，1930 年 6 月 10 日。
② 上海市总工会编：《解放战争时期上海工人运动史》，上海远东出版社 1992 年版，第 25 页。
③ 孔冰：《上海的年赏纠纷》，《评论报》第 7 号，1946 年 12 月 21 日。
④ 余一：《街巷谈议》，《新上海》第 8 期，1946 年 2 月 10 日。
⑤ 中国科学院上海经济研究所，上海社会科学院经济研究所编：《上海解放前后物价资料汇编：1921 年—1957 年》，上海人民出版社 1958 年版，第 296—298 页。
⑥ 《全市工厂工人要求年赏》，《民国日报》1946 年 11 月 28 日，第 3 版。

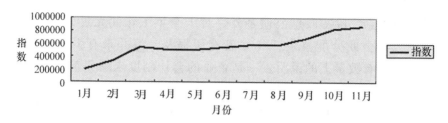

图 4 – 2　1946 年上海一般物价各月的指数

资料来源：《三十五年十一月份上海一般物价指数表》，《经济周报》第 3 卷第 25 期，1946 年 12 月 19 日，第 20 页；千家驹：《一年来中国经济的总结》，《经济周报》第 4 卷第 2 期，1947 年 1 月 9 日，第 24 页。

　　1946 年底上海卷烟业的年赏纠纷，最先见诸报端的是颐中烟厂。11 月 21 日《民国日报》载：20 日下午四时上海市社会局召集颐中烟草公司劳资双方调解纠纷，劳方代表提出三点要求："一、恢复百分之五储蓄金；二、年终奖金原为一个月，要求增加为二个月；三、要求调整小额底薪（按最低每日为八角）。"南洋烟厂劳方也向公司提出改善待遇要求十二条。① 中华烟厂工人提出年赏二百万元之要求，经资方拒绝后曾一度罢工。后社会局限工人于 24 小时内复工，然后再谈年赏之事。工人虽遵令复工，但工作情绪不佳。② 12 月 5 日，中华烟厂负责人向上海市社会局报告：

　　　　本公司所属产业工会工人于上月 29 日起开始怠工……嗣经贵局赵处长班斧召集工人代表训斥，30 日下午始行复工，但仍维持懈怠工作状态……迄今工人懈怠工作之态度依然，昨今两日产额仍未达平日水准之半数，而工厂一应开支浩大如故，损失较之完全怠工有过而无不及，循此以往，殊难维持。③

① 《涨风带来工潮，社局门庭若市》，《民国日报》1946 年 11 月 21 日，第 3 版。
② 《年关转眼到劳资纠纷多，工人要求年赏，争执正待解决，赵班斧表示于法无据》，《申报》1946 年 12 月 3 日，第 2 张第 5 版。
③ 《经济部接管中华烟草公司对工资年奖处理等》，上海市档案馆藏中华烟草公司档案，Q451 – 1 – 50。

12 月 4 日，乐华烟厂劳资双方为年赏事也对簿社会局，工人除发给年赏外另提六项要求，双方"争执甚烈"，调解人认为"此种要求甚少接受可能"。① 卷烟业及其他行业续起的年赏事件引起了当局的注意。12 月 8 日，社会部部长谷正纲表示："关于年终赏金问题，昔年虽有此例，但现时各厂商困难，亦属事实，本人曾与吴市长研究，由市府订一办法，分别决定。总之，必须要劳资双方互相谅解，互相体恤。"② 9 日，上海市政府举行重要会议，市长、社会局及警卫机关等代表出席，会中对劳工纪律问题，曾作详尽商讨，并决定该年工商业之年赏，以多发工资一个月为原则。③ 11 日，社会局长吴开先再次表示："年赏以加薪一月为限度，各家不必相同，全视盈亏情形而定。"④ 13 日，上海市社会局邀请市商会、总工会、中国工业协会等代表举行谈话会，就年赏问题交换意见，重新决定四原则："年赏"改名为"年终奖励金"；奖励金以工资一月为标准，但需有弹性；奖金一经决定，资方应迅速发放，以免币值跌落；件工及临时工之奖金，依各厂商去年之成例办理（临时工服务足三月者以长工论）；年终奖金如有争议，必须依法定程序办理，任何一方不得采取自由行动，否则严绳以法。⑤

年赏标准是一个月，但标准是有弹性的，各业盈亏的情形不同，一时也无从查账，同一行业中，高下也有悬殊。尽管当局频频发表谈话，卷烟业年赏问题引发的纠纷反而日渐增多。12 月 15 日，元华烟厂之工人要求年终奖金达十个月之多，与厂方相持不决，于 18 日下

① 《南洋烟草公司劳资纠纷解决，劳方能识大体资方接受要求》，《申报》1946 年 12 月 5 日，第 2 张第 5 版。

② 《扶植劳工组织，促进劳资协调，谷部长谈劳工政策》，《申报》1946 年 12 月 9 日，第 2 张第 5 版。

③ 《当局会商各业年赏，原则规定增给一月，市府召开会议讨论劳工纪律问题》，《申报》1946 年 12 月 10 日，第 2 张第 6 版。

④ 《吴局长谈年赏，各家不必相同，全视盈亏情形而定》，《申报》1946 年 12 月 11 日，第 2 张第 5 版。

⑤ 《吴局长召集各界商谈年终奖励金，重新决定四原则，规定一月为标准但保持有弹性，并望普遍成立工厂会议》，《申报》1946 年 12 月 14 日，第 2 张第 5 版。

午正式发生罢工。① 同日，华成烟厂一部分女工因要求年终奖金怠工。② 20 日，锦华烟厂全体工人因要求年终奖励金事即行懒工。福华烟厂包装部全体女工为年赏也于 23 日实行懒工，工作缓滞，几等罢工。③ 21 日，华成烟厂工人要求一个月年资，资方允发十元（依生活指数计算），工人不满，开始罢工。元华烟厂工人要求一个月年资，资方尚未答复。④ 至 25 日，两厂的年赏纠纷仍在社会局调解中。12月 24 日，南洋烟厂全部女工为年赏开始罢工，有要求发给三四个月者，有要求发给 30 万元者，产业工会加以劝导无效，社局闻讯后派员前往调解。⑤ 26 日，该厂工人为年赏事再次怠工。⑥ 28 日，瑞伦烟厂报告社会局："前日工人以钧局规定年奖数少，即行怠工，此情曾请公会转报钧局在案。至昨日上午，机车技师潘宰卿等五人自动宣告退职，经挽留无效，并随即鼓动全部女工宣告退职。"⑦ 至 29 日，上海卷烟业已形成全行业的年赏工潮，该日《民国日报》曾有报道：

> 民营卷烟业职工为要求年赏，未有协议。已有锦华、华明、华宜、大中华、元华、龙华、福华、协昌、汇众、鲁信、大新、大东、南洋、瑞伦、安迪、国华等烟厂入于懒工状态，昨日除有锦华、元华、汇众、大东、南洋等厂个别取得协定外，另有若干

---

① 《烟厂业关于年奖纠纷、卷烟业工会、公会就工资、年奖问题呈报上海市社会局及劳资合作促进委员会会议记录、调整工资津贴纠纷笔录等文件》，上海市档案馆藏上海市社会局档案，Q6 - 8 - 66。
② 《上海华成烟厂历史资料（1924—1957）》，第 139 页。
③ 《烟厂业关于年奖纠纷、卷烟业工会、公会就工资、年奖问题呈报上海市社会局及劳资合作促进委员会会议记录、调整工资津贴纠纷笔录等文件》，上海市档案馆藏上海市社会局档案，Q6 - 8 - 66。
④ 孔冰：《上海的年赏纠纷》，《评论报》第 7 号，1946 年 12 月 21 日。
⑤ 《年赏余波：南洋烟厂女工罢工，社局认年赏严重期已过》，《民国日报》1946 年12 月 25 日，第 3 版。
⑥ 《烟厂业关于年奖纠纷、卷烟业工会、公会就工资、年奖问题呈报上海市社会局及劳资合作促进委员会会议记录、调整工资津贴纠纷笔录等文件》，上海市档案馆藏上海市社会局档案，Q6 - 8 - 66。
⑦ 《瑞伦烟厂因复工、年奖、开除工人纠纷事资方、厂工会、四区工会与上海市社会局来往文书》，上海市档案馆藏上海市社会局档案，Q6 - 8 - 75。

厂家牵入，总数已达二三十家。①

二 卷烟工业同业公会的努力与社会局的处置

抗战胜利后，上海卷烟行业频发的工人怠工罢工使得工厂减产停工，生产销售大受影响。作为同业利益的代言人，上海卷烟工业同业公会除致力于解决同业税收和原料困难外，面对愈演愈烈的工潮，在团结资方力量共度危机方面亦不遗余力。1946 年 3 月，正在筹备中的上海市卷烟厂同业公会整理委员会致函上海社会局：

> 窃自数月以来，沪上各业工厂工潮迭起，虽经当局调解，仍不免此起彼伏，漫无止境，资方实有无力负担之虞。照此情形，将来所售物价均不足以偿工人之工资，工厂濒于绝境为时不远，殊非生产建国之途。属会烟厂最近已有七十余厂，男女工人不下六七万人，对于工资问题旬日一闹匝月一增，尚不能满足所欲。为筹划双方平衡安居乐业起见，爰经各厂当局连日漏夜商榷，凡卷烟工资拟定划一办法自动调整，以免时有争执及怠工罢工种种不幸事件之发生，遇生活指数变更时，依例升降，不偏不倚，实为寸衷所期，理合将拟定工资数目列表呈请鉴核。②

在同业公会的努力下，同时为避免卷烟业频繁的工资纠纷，市社会局于 5 月 18 日公布上海各烟厂工人工资底薪标准。随着通货膨胀的加剧，公会多次向当局反映工资成本问题，呼吁改善税收，解决原料危机。1946 年底，上海卷烟企业牵入年赏问题者越来越多，年赏工潮已经发展为行业整体性的事件，上海卷烟工业同业公会作为行业集体利益的代言人，对于年赏纠纷进行了一系列积极应对。11 月 20日，公会为办理当局调整税额事召集第一次临时会员大会，常务理事姚书绅报告探悉各烟厂工人有发动年终奖金之准备，决定推定华成、

---

① 《元旦迫近，年赏闹僵》，《民国日报》1946 年 12 月 29 日，第 3 版。
② 《烟厂业关于年奖纠纷、卷烟业工会、公会就工资、年奖问题呈报上海市社会局及劳资合作促进委员会会议记录、调整工资津贴纠纷笔录等文件》，上海市档案馆藏上海市社会局档案，Q6 - 8 - 66。

大东、福华等十七家会员烟厂代表为小组委员，专责负责商讨年奖事件之进行办法。公会致函华成等会员厂称：

> 本会为解决年奖事件，定于本月 22 日下午四时在本会召集奖金事件小组会议，研讨适当办法，届时希推派负责代表一人准时出席。年奖问题尚未决定办法之先，希望各厂勿单独行动，以免纠纷而利进行。①

11 月 22 日、25 日，小组委员会先后两次召集会议讨论，达成四条方案。26 日，第十五次理监事会议对小组会所提报告进行讨论，决定召集会员大会进一步讨论。29 日，公会举行第二次临时会员大会，商讨结果将前项办法有所修正，达成修正案四条。公会理事长戴耕莘呈报上海市社会局，呈文曰：

> 窃本会迭据所属会员来会报，称各厂工人有发动年终奖金之举，酝酿布置，已非朝夕，虽所报目标高低有差，而非法要求无理取闹则一，纷请本会核议办理，以免纠纷等情，当经先后提付理监事联席会议及临时会员大会慎密研讨，咸认工厂法中对于奖金事件之规定必须"如有盈余，除提股息公积金外，对于全年工作并无过失之工人应给以奖金或分配盈余"。法制已有明文规定，固非任何人所得而违反。今各厂工人不问皂白，不依法度酝酿布置，大有时机一到，轰然爆发之势，此种企图殊有未合。而工会方面似未能尽其联络之责，亦属缺陷。但本会领导所属会员无时不以劳资合作为提示，凡足以促进劳资双方之真诚合作者，无不悉力尽求，以利生产。对此年奖事件，在"法律不外乎人情"之原则下，全体理监事曾尽最大之努力寻取满意之方案，当于本月 29 日第二次临时会员大会达成假决议办法四项。以上决议办法，

---

① 《上海市卷烟工业同业公会个别会员户向本会联系有关年奖纠纷事件等一般性来往文书》，上海市档案馆藏上海卷烟工业同业公会档案，S68-2-95。

对于工人实属逾格外优遇耳，理合备文呈请钧长备查。①

　　同业公会呈报去后久无消息，而年关则日迫一日，各烟厂工人迫不及待，纷纷有所行动。公会负责人指出："工人方面又复挟其团体之结力发动所谓'年奖'运动，酝酿布置，匪伊朝夕，显有背景所在，无可避免。此举一经爆发，每一烟厂将增意外支出自千万乃至数万万元不等，烟厂业之危机无有胜于今日者。"②公会已经预测到了年赏工潮给同业会员带来的严重后果，为了应付这场"无有胜于今日者"之危机，进一步采取积极行动。19日，公会理事长戴耕莘再向社会局致函请求援助：

　　　　兹以各厂工人有因要求年终奖金而致引起罢工怠工者，已有多起。本月15日有元华烟厂之工人要求年终奖金竟达十个月之多，以相持不决，于18日下午正式发生罢工。该元华厂以年奖事件曾经大会决议应候政府批示统一办理，故未便单独解决，以致迄今犹在僵持之中。而其它各厂尚有类似事件将于最近时间先后爆发，若不预谋防止，前途殊难设想。为特呈请钧长迅赐查案，将本会前呈之四项办法予以核准批示祗遵，俾资依据藉免纠纷。③

　　12月20日以后，卷烟业年赏事件进入紧张之局势，公会理监事备文赴社会局向主管长官面陈。24日，公会召集第十六次理监事会议，对当局之指示予以讨论，经决定四条办法，除分函各会员遵照外同时呈报市社会局备案。25日，公会以事态日趋扩大，当局无积极

　　①《烟厂业关于年奖纠纷、卷烟业工会、公会就工资、年奖问题呈报上海市社会局及劳资合作促进委员会会议记录、调整工资津贴纠纷笔录等文件》，上海市档案馆藏上海市社会局档案，Q6-8-66。

　　②上海市卷烟厂工业同业公会秘书处：《上海市卷烟厂工业同业公会卅五年度工作总报告》，1947年1月。

　　③《烟厂业关于年奖纠纷、卷烟业工会、公会就工资、年奖问题呈报上海市社会局及劳资合作促进委员会会议记录、调整工资津贴纠纷笔录等文件》，上海市档案馆藏上海市社会局档案，Q6-8-66。

处置，由各负责代表赴社会局向局长请愿。26日，为吴局长指示，公会特召集第三次临时会员大会报告经过，呼吁各会员团结一致，作成五项办法，决定对破坏纪律单独行动私相解决者处以以下处分："立即停止签证纸圈准购单；立即停止配售钢精；依法开除会员资格。"① 事态至此，已进入最严重最紧张之境，各烟厂先后报告发生"怠工""懒工"者已达十余起，其中以锦华烟厂情形最为严重，公会理事长戴耕莘再函社会局：

> 窃属会所属会员锦华烟公司等十三单位工厂为工人年奖事件分别发生怠工罢工事件，情况严重，不特影响各该工厂正当营业，抑且有关社会治安，理合附具各该工厂名单一纸备文呈请钧长迅予召集各该工厂工人代表或有关产业工会负责人予以调处，俾获解决，以安生计而维治安，不胜公感之至。②

为加强处理力量，使年奖问题之解决更迅速而有利起见，28日下午三时公会召集第四次临时会员大会，设立"劳资纠纷处理组"，推定姚书绅、经叔平、张雨文等十一人为组员负责办理，公会秘书赵尔昌协办文书事宜。由于怠工事件频发，烟厂"每日生产量仅为平日十分之一左右"，③ 形势有愈演愈烈之势，会议完毕后全体会员赴社会局再次向吴局长请愿。经社会局协调，29日，公会代表与工人代表双方在社会局谈判竟日，未有结果。各厂怠工罢工继续发生，情形相当严重。公会指出，"如短期内不能圆满解决，有关各厂势必被迫出于停厂之一途，而事态有愈演愈烈之虞"。同时要求"各会员工厂务须随时将已发生或已解决之经过情形立即书面报告来会，以凭核办"。④ 30日上午，

---

① 上海市卷烟厂工业同业公会秘书处：《上海市卷烟厂工业同业公会卅五年度工作总报告》，1947年1月。

② 《烟厂业关于年奖纠纷、卷烟业工会、公会就工资、年奖问题呈报上海市社会局及劳资合作促进委员会会议记录、调整工资津贴纠纷笔录等文件》，上海市档案馆藏上海市社会局档案，Q6－8－66。

③ 《卷烟厂联合要求制止怠工》，《申报》1946年12月29日，第2张第5版。

④ 《上海市卷烟工业同业公会个别会员户向本会联系有关年奖纠纷事件等一般性来往文书》，上海市档案馆藏上海卷烟工业同业公会档案，S68－2－95。

劳资双方继续接受调解，社会局提出将各厂分甲乙丙丁四级分别解决方案。公会于下午三时又召集第五次临时紧急会员大会，将四级方案提出讨论。鉴于工潮已造成多数会员停厂，公会再次向社会局报告情况：

> 窃属会会员福华、华明、大新、瑞伦等烟厂自年奖事件分别发生怠工罢工以来，瞬经多日，工人方面迄无解决诚意，仍在坚持观望，长此以往，实属无法经营，后果不堪设想。迫不得已，惟有暂时宣告停厂而已。理合备文呈报，仰祈钧长鉴核备案，藉利进行，不胜公感之至。①

31 日下午，社会局局长吴开先再次邀集卷烟业劳资双方调解，终于在当晚七时宣告解决，达成裁定办法四项，上海卷烟业的年赏工潮终于告一段落。社会局拟具的签呈指出：

> 查全市卷烟业产业工会与市卷烟厂业同业公会各会员厂为三十五年度年终奖金纠纷，除颐中华成福新等厂自行解决外，案牍盈积，虽经数度召集调解，惟因各厂情形参差，而劳方所提要求亦不一致，双方相持，以致少数劳方情绪高涨，发生懒工行动，资方藉此申请停厂。查懒工较罢工损失更重，在此工业危机严重时间，卷烟业亦苍外强中干之境，双方理当了解，维护备至，不应为年奖而造成外商烟厂机会，两败俱伤。本案为迅谋解决起见，拟具四项办法，若可行，仰即批令同业公会及市总工会转饬各产业工会双方遵照履行，不得再有懒工与停厂举动，以维生产而保失业。②

---

① 《烟厂业关于年奖纠纷、卷烟业工会、公会就工资、年奖问题呈报上海市社会局及劳资合作促进委员会会议记录、调整工资津贴纠纷笔录等文件》，上海市档案馆藏上海市社会局档案，Q6-8-66。

② 同上。

表4-5　　　　　　上海卷烟工业同业公会与上海市社会局制定的
年赏工潮解决办法

同业公会议定之处理方案			社会局裁定之解决办法
1946.11.25	1946.11.29	1946.12.24	1946.12.31
1. 男工准发奖金一个月,其办法以根据十二月份之底薪及生活指数按照本年度服务月份之多寡照十二个月比例分发之。不满一月者,亦以一月计算,惟以十二月份在厂工作者为限。	1. 男工酌予发给奖金,最多不得超过一个月,其办法以根据十二月份之底薪及生活指数,按照本年度服务月份之多寡,照十二个月比例分发之。其服务不满一个月者,亦以一个月计算。	1. 男工服务满一年者,发给奖金一个月;不满一年者,以服务月份比例发给之。	1. 男女日给工及月给工一律按照三十天底薪给付,如特殊盈余者,另加十五天,概依服务月数按十二份比例分配,均乘去年十二月份之生活指数。
2. 女工准发给奖金,至多不得超过底数五元,其发付办法照男工同样方式办理之,惟厂方无力负担者,不在此例。	2. 件工酌予发给奖金,至多不得超过底数五元,其发付方法照男工同样方式办理之,以上两项办法,各厂如无力负担者,不在此例。	2. 临时工及件工奖金,依照本年度工资底薪总数按8%发给之。以上二项均系底数按照十二月份生活指数核实发付。	2. 女件工以全年所得底薪提给最多为9.5%、最少为5%,乘去年十二月份之生活指数。
3. 年终停工问题由各厂自行决定。	3. 各厂除酌予发给上项规定之奖金外,不得再有其他任何名目,如津贴双工等,一概不得发给。	3. 各厂如有特殊情形,得自行斟酌办理;劳资双方如不能协调,可迳向市社会局申请调解。	3. 过去有笔录签订者仍依笔录履行。
4. 此外任何名目如津贴双工等,一概不得发付。	4. 年终休息问题由各厂自行决行。	4. 前项奖金自废历年十二月十五日起开始发给之。	4. 上开应发奖金一律于一月十日以前发给。

　　资料来源:根据上海市卷烟厂工业同业公会秘书处:《上海市卷烟厂工业同业公会卅五年度工作总报告》,1947年1月相关材料整理。

　　卷烟工业同业公会在多次研究和讨论中形成的方案集合了各会员工厂的意见,其颁布的纪律有利于各厂统一行动。此外,同业公会还多次以集体名义向上海市社会局请愿,呼吁政府加快解决。不难看出,社会局最终解决办法基本是按照同业公会的方案作为蓝本的。这场全行业的年赏工潮最终以社会局的介入、劳资双方的调解暂告平息，而上海卷烟工业同业公会作为企业和政府的桥梁，在反映业内困难、团结资方力量共度危机方面作用不容忽视。公会议决的办法亦为少数烟厂工人所接受。如12月27日，汇众烟厂工人为年终奖金怠工事件，经该厂宣布公会25日所定办法后，已得工人同意，照常复工。① 在年赏纠纷解决中，社会局扮演了重要角色。对于年赏纠纷，社会局曾约集工商界负责人数度会谈商讨，12月15日公布办法六项："一、年赏改称为'年终奖励金'；二、奖励金以工资一个月为标准，应视各工商厂家本身营业之盈亏实情为伸缩；三、各职员服务时间不满一年者，依照其月数为比例核减之，但至少不得低于十二分之一；四、奖金一经决定，应早日发放，俾工人多得实惠；五、件工临时工之奖励金应否发放，可依照去年成例办理；六、发给奖金如有争议，必须依照规定手续请求公断，不得有越轨行动，违于惩处。"② 以公告的形式明确原则，使处理年赏纠纷，除了惯例以外，又有了法令依据。当工潮严重或者逐渐扩大时，厂方一般选择向社会局报告并寻求帮助，而烟厂年赏纠纷的解决，几乎每家烟厂都有社会局调解的记录。

在社会局裁定办法前，亦有自行解决者，中华与华成即为典型。中华烟厂的年赏工潮从11月底已开始酝酿，持续一个月，经上海市社会局数度调解，劳资双方于12月24日终于达成协议。办法为采用考勤制度，以十二月份薪津数额为标准发给一个月，如在一年以内未停工者，则加发二日，如一年以内停工十日者，扣发一日。照此原则决算，发款时期于12月30日，每人先借15万元，余款明年1月10日以前发清。③ 华成烟公司工潮开始于12月18日，劳资双方经数度晤谈讨论，复经社会局调解亦获解决。28日，该公司致函同业公会：

① 《上海市卷烟工业同业公会个别会员户向本会联系有关年奖纠纷事件等一般性来往文书》，上海市档案馆藏上海卷烟工业同业公会档案，S68-2-95。
② 《本市各厂商三十五年度发给年终奖励金办法》，《上海市政府公报》第5卷第26期，1946年12月18日。
③ 《中华烟厂年赏解决，南洋公司女工罢工》，《申报》1946年12月25日，第2张第5版。

"所有工人年奖业已解决，无论男女工均按照工资给发一个月作为年奖。"具体为"男工每人按照工资给发一个月，女工则每人给发国币念五万元，与全年工资比例平均在一个月之间"。① 也有根据社会局裁定办法变通解决者，如南洋烟厂年终奖励金问题，经劳资双方协议办法为"男女月日工照社会局规定，依服务月数分一个半月及一个月两种；女件工因不明了百分之九点五之计算方法，改依服务月数分二十万元及十五万元两种"。②

1947年1月4日，上海市社会局给卷烟工业同业公会发布训令，裁定年赏解决办法，公会随即召开会议通告会员烟厂遵行。15日，社会局调解科长顾若峰报告称："查该公会会议后大部分接受裁定办法，近日增加生产以应农历市销年货，尚有少数经济周转不灵厂商难免纠纷，职正尽力设法求解决途径，定能合理解决。"③ 各烟厂年赏纠纷基本告一段落，其他各业的年赏纠纷仍方兴未艾。酒店业职工"开门谢客"，法商电车工人继续"慢工"，各晚报劳资间因年赏问题不能解决导致停刊。永安公司劳方发起所谓"清洁运动"，国货公司实行所谓"大扫除"运动，均因年赏问题而起。④ 关于上海各业的年赏纠纷，1月15日的《申报》评论曰：

> 自胜利以来，尤其在上海，劳资纠纷此起彼伏，层出不穷，当时，劳方对抗资方的武器，不外乎"懒工"、"怠工"和"罢工"三种。但是，最近又因年赏问题而引起许多劳资纠纷，劳方对抗资方的新武器又增多二个，这二个的新名词就是"愁工"和"慢工"。"愁工"的创始者是南京路小吕宋百货商场，他们的职员在门口设一长方木牌，大书"愁工"二字，在商场内部四壁以

① 《上海市卷烟工业同业公会处理1946年度本业年奖工潮以及议定1947年度年奖给付办法的有关文书》，上海市档案馆藏上海卷烟工业同业公会档案，S68 - 1 - 52。
② 同上。
③ 《烟厂业关于年奖纠纷、卷烟业工会、公会就工资、年奖问题呈报上海市社会局及劳资合作促进委员会会议记录、调整工资津贴纠纷笔录等文件》，上海市档案馆藏上海市社会局档案，Q6 - 8 - 66。
④ 《年赏纠纷暗潮汹涌》，《申报》1947年1月17日，第2张第5版。

及玻璃柜上，遍贴标语，说明旧历年关将近，百物昂贵，日常生活所需，实非低微待遇可以负担，要求资方体念同人，发给双薪，提高待遇，及从速发给应得公记金等。劳方因不欲使资方蒙受损失，仍照常营业，意思说，"愁工"仅为精神上之表示，这是一个新花样，是消极的反抗表示。至于"慢工"的创始者是法商电车，他们亦是为了年赏问题，实行"慢工"来作为反抗。所谓"慢工"，就是将行车的速度减低，与步行无异，譬如由善钟路至外滩十六铺，竟需一小时又半，实在可以说已创车辆最慢速率之纪录，意思说，使资方减少收入，这亦是一个"新花样"。①

可以看出，阳历新年以后，年赏纠纷已经不只卷烟行业的问题，而成为上海工商业的普遍现象，工人斗争的手段和形式异彩纷呈，令劳方大跌眼镜。对于卷烟业来讲，经社会局最终裁定后，年赏事件仍有余波。1月18日，鲁信烟厂工人因厂方年赏至期未发，将办公室部分捣毁，社会局派员调解。② 3月10日，协昌烟厂仍向社会局呈诉，称厂方年赏未发，工资又不按期发给，请求调处。③ 直到6月5日，龙华烟厂致函同业公会称：

> 敝厂工友自去冬十二月份以来，为要求年赏事，曾数度懒工，嗣由社会局批示并贵会发布全市工业统一办法后，本厂即遵循社局命令及贵会原则，数次与本厂产业工会代表洽商。奈工方代表毫无诚意，不予接受，且继续以懒工怠工向厂方要挟，虽经数次劝告仍无要领，兹敝厂因生产停滞、开支浩大至资金恐难维持，迫不得已，拟自即日起停业。④

---

① 顽石：《安定第一：谈劳资纠纷新花样》，《申报》1947年1月15日，第3张第11版。

② 《烟厂延期发年赏，工人捣毁办公室》，《申报》1947年1月19日，第2张第6版。

③ 《维泰协昌两工厂劳资纠纷候调解》，《申报》1947年3月11日，第1张第4版。

④ 《上海市卷烟工业同业公会个别会员户向本会联系有关年奖纠纷事件等一般性来往文书》，上海市档案馆藏上海卷烟工业同业公会档案，S68-2-95。

　　烟厂盈亏参差不齐，大型卷烟企业盈利颇丰，年赏兑现问题不大。小型烟厂获利甚微，有的只能靠替别家代卷维持，资金周转困难，工人年终奖金屡次出现拖延，在怠工、罢工冲击下，不得已唯有走向停业一途。对于战后上海首屈一指的大型外资企业颐中烟草公司，其年赏纠纷又将如何呢？

三　颐中烟厂之"年赏"斗争

　　无论是从卷烟机的数量，还是职工人数来看，英美烟公司位于上海的工厂都可以被视为该企业在华生产系统的中心。作为上海乃至全国最大的卷烟工厂，加上其外商的性质，英美烟公司成为最容易发生罢工的卷烟企业。在华经营的半个世纪中，该公司不断面临着中国工人的集体抗争。1918 年到 1940 年，英美烟公司在上海的工厂共发生了 56 起罢工。[①] 抗战胜利后，上海卷烟业中外比例发生明显变化，华商企业整体占据主导，在企业数量、规模、总产量及销量上已经超过了外资企业，然颐中烟草公司仍是上海烟业界最大的企业。该公司的工会系统亦极具规模。1946 年 3 月 31 日，颐中公司召开厂工会成立大会，通北路厂、花旗厂、印刷厂三个单位组成"三位一体"工会，当场选出理监事 19 名，其中地下党员 10 人，占据优势，理事长由陈三连担任，工会的领导权由共产党掌握。[②] 工会成立后致力于职工福利，举办了工人子弟学校、工人家属诊疗所、托儿所、工人家属互助会等事业。经费解决多采取"先办起来取得成绩并获得群众的拥护后，再向资方争取津贴"的方式。[③] 此外，工会还根据职工对文化生活的需要组织了小型足球队、京剧组、歌咏组、举重组、象棋组、图书组等文娱体育团体。颐中烟草公司除通北路、花旗、印刷厂"三位一体"工会外，其浦东分部工会由上海总工会监察人、国民党党部区监察委员洪梅全担任理事长，属于国民党"黄色工会"系统。总体

　　① ［美］裴宜理：《上海罢工：中国工人政治研究》，刘平译，江苏人民出版社 2001 年版，第 162 页。

　　② 《上海卷烟厂工人运动史》，第 368 页。

　　③ 《上海工人运动历史资料·颐中烟草公司工人斗争资料》，上海工人运动史料委员会 1956 年编印，第 57 页。

而言，"在烟草行业，颐中烟厂单独成立厂工会，其它大小烟厂组成一个烟厂工会，都在地下党的影响下"。①

1946 年底上海卷烟业发生的全行业的年赏工潮，颐中公司工人发动最早。1946 年 10 月底，通北路、花旗、印刷厂"三位一体"工会代表工人提出发放两个月的年赏的要求，11 月 2 日，公司制造部给通北、花旗厂负责人的备忘录指出：

> 关于迄今为止年奖一直是加发一个月的说法是错误的……在 1946 年是根据一个月的工资和津贴来计算的。新年时支付的年奖关系到公司的至 1946 年 9 月 30 日为止的这个会计年度的财务决算。在这一年，公司并未能获得利润。假使根据这一事实来严格控制年奖发放的话，根本就没有年奖可发。公司考虑到目前发放年奖的根据还是公正的和适当的，因此，不能同意发给金额为两个月的工资和津贴的年奖。②

11 月 18 日，公司董事鲍尔明确了年赏的标准，即公司于 1 月 14 日或 15 日依照去年成例发给年终赏金一个月之工资，按 12 月份之生活指数计算，外加米贴。③ 但未获工人同意，劳资双方曾于 20 日下午对簿社会局。④ 浦东厂工人提出援例福新烟厂发放年赏时，厂方只答应发一个月且到阴历年底才发。工人开始罢工，浦东警察局曾派人来厂保护。后资方称这一年有七八个月停工，坚持只发一个月，但允诺从阴历年提前到阳历年发，这次罢工持续两天结束。⑤ 1946 年底颐中公司的年赏纠纷以发放一个月结束。1947 年，由于税收高涨、原料

---

① 上海市总工会编：《解放战争时期上海工人运动史》，上海远东出版社 1992 年版，第 60 页。

② 《英美烟公司在华企业资料汇编》，第 1280 页。

③ 《1946 年 11 月杨浦各厂工人提出储金年奖等三问题而给伪社会局的报告》，上海社会科学院经济研究所企业史资料室藏英美烟公司抄档［160］34J1—3 "抗战胜利后沪厂工人运动（一）"，第 73 页。

④ 《涨风带来工潮，社局门庭若市》，《民国日报》1946 年 11 月 21 日，第 3 版。

⑤ 《1946 年底浦厂工人要求发放年奖的斗争》，上海社会科学院经济研究所企业史资料室藏英美烟公司抄档［160］34J1—3 "抗战胜利后沪厂工人运动（一）"，第 86 页。

紧缺、工潮迭起，加上内战导致的市场缩小，上海卷烟业总体处于不景气状态。这一年国家经济形势恶化，通货膨胀日趋严重。到12月份，米价跳到100万元一石，一个月后猛涨到158万元一石；12月实际物价指数达到10万倍以上，超过官方公布的同月生活费指数6.8万倍的30%多。① 对于广大职工来说，物价持续上涨，生活更加艰难，年关到来，都希望多拿到一些年赏。1947年底前后，年赏又成为各业广大职工的关注焦点。

> 年关马上就到了，今年的年关可真不好过！一年来物价又涨了一二十倍，生活指数经一度冻结后，虽又解冻，然而似还跟不上真实的物价。现在严冬和年关一齐来到，他们有的要添制衣物，有的要还债，过关如闯关，今年这个关是否能闯得过去，他们不得不希望在"年赏"上面了，然而，也不无小补。年赏，一面是他们劳力的应得，同时，也是他们生活的必需。②

在物价飞涨、指数猛增的经济形势面前，一年一度的年终年赏对于广大工人的重要性可想而知。关于上海各业工人对于年赏的渴求，媒体曾有报道：

> 在这个都市里，不知道有好几个家庭，藉这份额外的金钱，我们姑混称之为"年费"吧，而获得了平常日子所不能获得的温暖，例如孩子们也许可以吃到一点平时想望但又难以轻易获得的糖果，妻子也许可以穿一件平时在橱窗里看到，但又买不起的衣服，而自己则也许可以放胆邀请几个平时投契的亲友到家中来吃一顿比平时略为丰盛的午餐……等等，假如没有了这一份年费，则诸如上述的温情即使要求如昙花之一现，也是难于达到的。③

---

① 上海市总工会编：《解放战争时期上海工人运动史》，上海远东出版社1992年版，第188页。
② 方行之：《如何解决年赏问题》，《工商天地》第2卷第5期，1947年12月15日。
③ 何苦：《授受》，《申报》1948年1月22日，第3张第9版。

　　1947年底，上海各业工人纷纷提出增发年赏的要求，一场激烈的年关工潮正在酝酿。上一年度的年赏工潮使当局有了前车之鉴，年关来临之前，主管部门开始积极应对。11月11日《申报》载：社会局鉴于去年底各工厂行号年赏纠纷众多，为谋未雨绸缪计，对本年年赏已着手准备处理。① 20日，社会局"除分别征询工业协会，市商会，总工会劳资双方意见外，并组织委员会研究实施办法"。② 经年终奖金研究委员会开会研究，社会局12月3日下午邀集工业协会、市商会及总工会代表举行座谈会征询意见，劳资双方为年赏问题激辩三小时，研究办法提供政府决策参考。③ 5日，社会局又举行小组会议，会中归纳各方意见，制定初步原则：今年度各业工人年赏仍以一个月为原则；件工工人除临时雇用工人另行商讨外，一律发给年赏，算法与去年相似，即比照各件工工人一年内平均工资发给。临时工人年赏问题暂不讨论；各厂如因现款不够，工人年赏可分期发清，以免"影响银根"。④ 12日，市政会议通过了"上海市各厂商三十六年度年终奖励金发给办法"，其条文如下：

　　　　一、卅六年度年终奖励金，以工资一个月为原则。各厂商如有营业不振无力负担者，得缩短之；其因营业亏蚀经查明属实，得予不发。前项奖励金，各厂商得依其营业状况与劳方协议之。
　　　　二、工厂论件计算之工人，除临时雇用者外，应依照前项规定办理。
　　　　三、临时工仍依去年成例办理。
　　　　四、公营公用事业之职工，仍依向例，由该管主管机关核办。
　　　　五、凡职工服务时期不满一年者，依照其服务月数、比例核减之，但至少不得低于十二分之一。

　　① 《交换意见，未雨绸缪》，《申报》1947年11月11日，第1张第4版。
　　② 《研究年赏问题特组委员会》，《申报》1947年11月20日，第1张第4版。
　　③ 《年赏问题激辩三小时，劳资代表各述苦况，研究委会将再研讨》，《申报》1947年12月4日，第1张第4版。
　　④ 方行之：《如何解决年赏问题》，《工商天地》第2卷第5期，1947年12月15日。

六、年终奖励金以发给时之当月份生活指数计算，但有习惯者，从其习惯。前项奖励金，各厂商如因经济周转关系，得分次发给之。

七、各厂商如因发给奖励金发生争议时，应申请社会局依法调处；如调解不成立，应迅即提请劳资评断委员会评断。经评断后，劳资双方不得异议。在调处或评断期间，双方不得有任何违法行为。①

与上年相比，1947 年年赏处理办法有了更为详细的规定。除颁布条文外，社会局还于 18 日成立了专门解决全市年赏问题的"上海市年终奖励金处理委员会"，以劳资评断委员会高等顾问、社会局劳工司长陆京士为主任委员，处长赵班斧为副主任委员，另有委员 9 人，18 人担任文书及调解工作。件工包括职业工人之件工及流动性之件工，关于件工年赏问题，劳资评断委员会亦研究出四项解决办法。② 由于当局未雨绸缪，1947 年底卷烟行业总体来看年赏纠纷不很突出，而颐中公司工人却非常活跃。与上海其他民族卷烟企业相较，1947 年颐中在产量及销量方面都占绝对优势。据伦敦消息，该公司 1947 年至 12 月 31 日止结账，计净盈 550 余万磅，较 1946 年多赚 60 余万磅，除了总准备金 50 万磅，优先股息 58 万余磅和定期股息 237 万余磅外，尚有 204 万余磅，则以为普通股上年发放股息每股计 2 先令，共计仍余 583000 余磅，滚入前年结余，共达 300 余万磅。③ 因此在 9 月底，离年关还有三个月的时候，鉴于当时物价疯狂上涨和工人生活日益困苦的情况，颐中工人的年赏斗争就开始酝酿了。1947 年底颐中年赏斗争的特点是发动时间早，持续时间长，且浦西三厂"三位一体"工会与浦东厂"黄色"工会联合起来。

1947 年 9 月底，颐中工人就开始向工会提出年奖三个月、阳历年

① 《年终奖金办法通过，以一个月为原则，照当月指数计算，争议调解不成立时由评断会评断》，《申报》1947 年 12 月 13 日，第 1 张第 4 版。

② 沈讱：《三十六年度年赏问题》，《社会月刊》第 3 卷第 1 期，1948 年 1 月 5 日。

③ 作民：《国内外卷烟业报导》，《中华烟草公司同仁业余联谊会会刊》，该会 1948 年 12 月 25 日编印。

前发放的要求。10月初，颐中系统四个厂（通北路厂、花旗厂、印刷厂、浦东厂）工会召开联席会议，浦西三厂（通北路厂、花旗厂、印刷厂）工会代表正式提出上述条件，获得通过，接着各厂工会把年奖要求分别向厂方提出。资方接到工会的提议后，于10月22日召开劳资会议，表示时间过早，待总公司考虑之后通知工会。之后资方一再拖延，一个多月仍无答复。11月27日，为统一工人步伐，经浦西三厂工会理事长陈三连提议召开四厂工会联席会议。陈在会上指出，年奖问题关系着颐中7000多工人的切身利益，现在资方玩弄拖延手段，四个厂必须统一步骤竭力争取。会议一致通过职工提出发放年奖3个月的要求，并限资方在10天内召开工厂会议解决。①

12月11日，工厂会议召开，会上资方态度恶劣，一味推诿说现在时间还早，年奖发与不发总公司尚未决定，待决定后再通知劳工。工人代表坚持要求发放年终奖金3个月，指出现在物价飞涨，工人无法维持生活才要求多发年奖，并要求在阳历年前发出。浦东厂工人代表的理由是公司本年生产超过往年；隔壁邻厂都是三个月的年赏。②资方称整个生产已远远不及战前，加上价格的上涨，成本的增加，维修费用的支出，工人费用的加倍，业务并不兴旺，劳方则要求把账目公开说明经济情况。浦西三厂工人代表表示："如果厂方不能如数发给，工人必然起而反抗，将来造成严重事态，厂方要负完全责任。"③

几天之后，公司宣布年终奖金以一个月工资为准，按1月份生活指数计算，在2月5日（阴历年底）发出。答复公布后，全体职工闻风大哗，认为厂方毫无诚意。浦西三厂工会于12月22日召开全体小组长、干事会议，工人群众列席，作出决议："坚持年赏三个月；应在国历年终前发出；呈请社会局调解。"工会将呈文递交社会局转由年奖处理委员会赵班斧直接处理，赵召集颐中公司主管人司德华及工会代表赴社会局谈判，提出折中办法："年奖数额依厂方决定之1个月为原则；公司结账不及，预支办法以11月份指数核结，在12月底

---

① 《上海卷烟厂工人运动史》，第177页。
② 《××烟厂斗争》，上海社会科学院历史研究所藏上海工人运动资料，第8页。
③ 《上海卷烟厂工人运动史》，第178页。

前发出，俟 1 月份指数公布时补发；以 12 月份指数在 1 月 5 日全数发清。"① 工会要求厂方在 24 日下午作出答复。浦东厂各车间工人代表和组长一百多人于 12 月 23 日一齐涌往大写字间直接找厂方谈判，后找工会理事长洪梅全交涉，表示 24 日上午如无圆满答复，下午将采取行动。12 月 24 日，公司回复各厂表示接受社会局提出预支办法，同意年赏早发，但具体办法须于 29 日公布。

12 月 29 日下午，公司向各厂宣布年奖发一个月，先照 36000 倍预支一部分，其余在阴历年底发清。② 通告发出后，工人纷纷表示不满，"像浦江怒潮一样翻腾了起来"。③《申报》载 29 日通北路厂发生工人罢工。④ 榆林路烟厂驻厂员也报告，该厂于 29 日下午一时因年赏问题罢工。⑤ 浦东厂工人"摔下了手里的工具，愤怒地议论不休"，也开始罢工。⑥ 四厂工人同时罢工，标志着颐中公司年赏工潮总爆发。各厂负责人纷纷向市政府告急，市长吴国桢命令社会局局长吴开先从速处理，严防风潮扩大，社会局立即召集颐中各厂工会代表谈判。浦西三厂由工会理事长陈三连带领工人代表赴局谈判，工人坚持没有结果不出厂门，榆林路警察局派警察包围了工厂。浦东厂由工会理事长洪梅全赴社会局谈判，"全厂工人斗志昂扬，不到一个小时，把厂里的前后门都关了起来，并且封锁了小火轮和大菜间，不让洋大班他们离厂，也不给他们做大菜。许多工人圈着大写字间，要洋大班答应条件"。叫来的军警也被工人阻挡在厂外。晚上八点多钟，大批军警包围了工厂。⑦ 由于警察局出面干预，社会局的谈判取得结果后，该日深夜各厂工人基本散去。可以看出，四厂工人联合罢工，年赏斗争声

① 《上海工人运动历史资料·颐中烟草公司工人斗争资料》，上海工人运动史料委员会 1956 年 9 月编印，第 63 页。
② 年奖计算方法和工资一样，系以底薪乘当月生活费指数。1947 年 12 月份的指数为 68000 倍，资方先发 36000 倍，等于先发半数。
③ 《上海卷烟厂工人运动史》，第 178 页。
④ 《颐中烟厂工人罢工》，《申报》1947 年 12 月 30 日，第 1 张第 4 版。
⑤ 《财政部上海货物税局关于颐中榆林路烟厂停工复工及核销照证等》，上海市档案馆藏财政部上海货物税局档案，Q434 - 1 - 474。
⑥ 中共上海卷烟一厂委员会宣传部编：《战斗的五十年：上海卷烟一厂工人斗争史话》，上海人民出版社 1960 年版，第 195 页。
⑦ 同上书，第 195—197 页。

势浩大，在市政府出面干预，警察局出面压制，社会局出面协调下方告解决。市长吴国桢亲自裁定，年赏仍为一个月，限厂方于 1 月 15 日之前发清。30 日，各厂工人"忍痛复工"。此后，经过各厂联合交涉，资方被迫在预支倍数方面又做了一些让步。[1]

劳资协议要在平等和互利的基础上才能达成，如果双方要求相去太远，要想达成协约就很困难。在同业公会与工会双方无法妥协的背景下，政府不得不实施强制仲裁，迫使双方"合作"。1947 年底颐中烟厂的年赏事件，成为在社会局干预之下、劳资双方协商解决的典型案例。由于经历了 1946 年的年赏工潮，当局对于年赏的处置已经有了一定的经验。事前当局采取了一系列措施，劳方也有了一定准备和依据，卷烟业并没有形成全行业的年赏工潮。颐中各厂工会联合起来争取年赏，工潮发生后，市政府出面干预，社会局及时调处，警察局派员保护厂方并监视工人，最后在劳资双方妥协下解决。资方只发一个月的年奖，对于工人一方，虽然没有达到年赏三个月的要求，但发放日期得以提前。此外，这次年赏斗争使工会进一步扩大了福利事业，根据烟厂女工群众的迫切需要，决定创办托儿所，订下了一幢房子，预备作所址。[2] 关于 1947 年底的年赏斗争，浦西三厂"群众自'六二三'运动后的低沉情绪为之一振，并逐步走向高涨。仅隔数日，颐中三厂在工会的领导下又爆发了一场经济斗争"。[3] 浦东厂"冲破了国民党的年关禁令，并且使黄色工会的丑恶面目完全暴露"。[4]

1947 年底颐中年赏纠纷在卷烟行业中是比较典型的，然而它只是上海众多年赏工潮之一幕。12 月 30 日为阳历年关最后一天，除颐中外，这一天上海各业呈请社会局年终奖金处理委员会调处之年赏纠纷之"盛况"，《申报》曾有专文报道：

---

[1]　中共上海卷烟一厂委员会宣传部编：《战斗的五十年：上海卷烟一厂工人斗争史话》，上海人民出版社 1960 年版，第 198 页。

[2]　《英美烟公司在华企业资料汇编》，第 1275 页。

[3]　《上海卷烟厂工人运动史》，第 180 页。

[4]　中共上海卷烟一厂委员会宣传部编：《战斗的五十年：上海卷烟一厂工人斗争史话》，上海人民出版社 1960 年版，第 198 页。

大中华荣昌火柴厂三百余工人昨日下午至社会局请愿，声称该厂已发给男工年终奖金一个月，其它三分之二女工作同样要求时，厂方表示女工皆为件工或临时工，允发给每人底薪一元二角，即多发一天工资，女工不予接受。社会局劝说工人返归，听候调解。又协成银箱厂工人要求发给年终奖金，资方表示营业清淡，无力负担。老怡和纱厂外班码头工人亦要求给年奖。搪瓷业资方表示本年甚难维持，劳方则要求发给一个月，医药业数厂职工亦要求发年奖。信馆药厂工人表示资方非但未发年奖，即工资尚拖欠一月。皮鞋业工人要求从优发给年终奖金，资方表示过去无此先例。印染业同业公会表示该业各店号不亏本者发给职工年奖一月，否则依市府公布之办法办理。另骆驼绒业工人亦要求发给年奖。①

如此之多的年赏纠纷，社会局工作人员忙得不亦乐乎，连局长吴开先都表示"因年来处理各项事务，颇感劳瘁，已面请吴市长准予过阴历年后辞职"。② 时隔十日，全市各业年赏纠纷依旧有增无减：

汇中饭店职工要求发给年终奖金，资方指系无理要求，经西菜咖啡业职工会数度调解无效，昨日呈请社会局年终奖金处理委员会调处。祥生汽车股份有限公司司机，五芳齐职工，国华切纸厂，唐寅记切纸厂，华昌厂，滋丰铁工厂等，亦为年终奖金，昨均呈文社会局请予调解。此外皮鞋业与卡车运输业职工，亦均要求发给年终奖金。③

尽管当局采取一系列防范和解决措施，然而1947年的年赏纠纷行业和数目都远远超过往年。战后的年赏纠纷，一年比一年严重，成为国民经济恶化、工商各业凋敝、人民生活痛苦的"怪胎"。专业人

① 《除夕纠纷多，工人要年奖》，《申报》1948年1月1日，第1张第4版。
② 同上。
③ 《各业年奖纠纷多，纷呈社局请调处》，《申报》1948年1月11日，第1张第4版。

士分析指出：

> 复员以来，处理年奖，一年难似一年。这显然可见中国工商
> 业的日趋危境，以至于有工厂法亦不得遵行。如再不能挽救工商
> 业的危机，使之复兴，则三十七年度的年终奖金问题将比之于三
> 十六年更为棘手，这是毫无疑义的。①

第三节　战后上海卷烟业工潮再审视

一　卷烟业工潮迭起原因透视

谈到上海卷烟行业的劳资纠纷，英美烟公司即是一个绕不开的话
题。作为上海最大的卷烟企业，该公司工潮较其他烟厂严重得多。公
司在经济上获得巨大成功的同时，也伴随着非同寻常的工人骚乱。
"在中国，没有哪家公司比英美烟公司更容易发生罢工了。在 1918—
1940 年的 22 年间，该公司在上海的工厂共发生 56 起罢工。"② 关于
英美烟公司频繁的工潮，中外学者对此作出不同的解释。革命史框架
下的上海工人运动史，突出中国共产党对工人运动的领导，认为帝国
主义的剥削激起了工人的爱国热情和激烈反抗，强调英美烟公司的外
资属性因素对工潮的影响；美国学者高家龙以民族经济主义来解释，
他认为："烟草工业工人信奉这种形式的经济民族主义，表现在他们
愿意更多地参加通常是反对英美烟公司而不是反对南洋的罢工，尽管
他们在西方公司的收入从未低于、相反有时还高于南洋工人的工
资。"③ 裴宜理则认为，高工资所反映的企业繁荣，而不是外资属性，
才是引发罢工斗争的导火线。④

---

① 沈讱：《三十六年度年赏问题》，《社会月刊》第 3 卷第 1 期，1948 年 1 月 5 日。

② ［美］裴宜理：《上海罢工：中国工人政治研究》，刘平译，江苏人民出版社 2001
年版，第 190 页。

③ ［美］高家龙：《中国的大企业：烟草工业中的中外竞争（1890—1930）》，樊书
华、程麟荪译，商务印书馆 2001 年版，第 328 页。

④ ［美］裴宜理：《上海罢工：中国工人政治研究》，刘平译，江苏人民出版社 2001
年版，第 195 页。

学者们对战后上海的卷烟业工潮分析和涉及较少。高家龙企业繁荣理论并不适用于战后。战后中国有着自身的特殊性和复杂性。经历了初期短暂的繁荣，1947 年下半年开始，上海的卷烟企业乃至整个工业界面临全面的危机，而这一时期上海的工运出现了新的高峰。根据台湾学者李恺光的研究，战后劳资争议比战前大幅增加。从 1945 年 8 月至 1948 年 7 月，共发生劳资纠纷 5521 件，涉及 73586 家厂商，总计 1480691 人，罢工停业案件 589 件，涉及 17719 家厂商，共计 658807 人；而在战前 1928—1932 年，仅有 1491 件劳资纠纷和 517 件罢工停业案件。劳资纠纷案件每月平均件数增长 5.7 倍，罢工停业案件每月平均件数也成 175%。① 频繁举行的怠工、罢工和请愿斗争的胜利，体现了战后劳资纠纷的主动权向工人转移。英美烟（颐中）公司作为上海卷烟业最大的企业，其在战后的发展也深受工潮的困扰。

表 4 - 6　　　　　　颐中烟草公司 1946 年劳资纠纷调解总报告

日期	事由	调解经过
3 月 9 日	本会成立日期无交涉事件	
3 月 11 日	医生间吴春荣午餐事	厂方承认每日供给
3 月 12 日	小火轮 4245 号工人要求复工事	交涉无结果
3 月 13 日	锡包部 3539 号女工要求复工事	厂方准予复工
3 月 14 日	引擎炉子部工资不符事	因上月份结算错误，本月份调整
3 月 15 日	4195 号工人未满假进厂复工事	厂方承认夜工工资照给一星期
	4198 号工人正月二日工资事	厂方承认照补
3 月 18 日	印刷部失业工人要求复工事	交涉无结果
3 月 19 日	炉子部工作钟点事	厂方承认准予改善
3 月 26 日	要求增加小工资底薪事	交涉无结果
3 月 29 日	要求补价九十六天储蓄金事	交涉无结果
	为写字间职员与部分职员同等待遇事	厂方接受照办

① 李恺光：《内战时期上海市社会局处理劳资争议的经过与成效》，《"国立"政治大学历史学报》2011 年第 36 期，第 131 页。

续表

日期	事由	调解经过
4月1日	小炉子部工人要求每星期工作六天事	待全体复工以后准予工作六天
4月2日	巡丁部廿五元底薪事	由三月份起照规定生活指数发给之
4月6日	铅匠部工人要求复工事	厂方接受考虑
4月8日	锡纸厂工人李其山要求复工事	无结果
4月10日	锡纸厂53号工人要求复工事	厂方准予复工
	要求厂方设置饮茶缸事	厂方接受照办
4月29日	锡纸厂工人周光甫要求复工事	准予复工
5月6日	要求开工及职员提早发薪事	开工不接受提早发薪事每月不过三十一日
6月13日	厂方实行减半工资事	经屡次交涉厂方延长半月实行
6月28日	机器部全体工人工作问题事	厂方接受调整
	印刷部工人工作日期事	全部复工厂方不接受
7月1日	机器部栈房部掉班米贴事	厂方照给
7月13日	减半工资后米贴事	厂方照常发给
7月15日	铜匠栈房印刷等部在掉班日期工资应照四分之三发给事	交涉无结果
7月22日	要求厂方助给球衣球鞋事	厂方接受助给
8月20日	锡纸厂148号工人要求复工事	又无结果
10月26日	挑茶水工人早工钟点事	厂方接受照三厂办理
	盒子部女工调往锡包部工作事	厂方声明如生产增加即行调回
	叶子部589号女工生育不能享受八星期给假事	因在复工之前，无结果
	叶子部500号、502号女头目要求增加价给烟事	无结果
10月28日	箱子部工人要求调整工作事	厂方允于三星期内予以调整
	印刷部大车间要求恢复早工事	无结果
	卷烟部挡车要求增加价给烟事	无结果
	印刷部工人要求每星期工作六天事	厂方接受照办
	壳子车件工要求改为日工事	无结果
10月31日	要求在厂内另辟球场事	厂方接受照办

续表

日期	事由	调解经过
	各部件工工人要求提早放工事	厂方接受女工准予提早
	钉箱子部 4004、4038 号年常加薪事	调为件工
	大叶间 4275、4243、4242、4245 四人要求九小时工作事	厂方以工作性质不同不接受
11 月 1 日	厂方调动印刷部工人十名赴浦西工作事	厂方改在四日调去米贴升工全部照给
	锡包部要求增加贴印花女工二名事	厂方接受增加
	铅匠间老工人要求尽先录用事	厂方接受,惟年龄体格须合标准
	要求将调往浦西厂工人调回事	厂方允于十一月十六日以前调回
11 月 2 日	壳子车工人要求改为工头生活每年加薪一次事	厂方接受照办
11 月 8 日	印刷部筒子间罗尔间及机器部等要求特别加薪事	交涉无结果
	机器部箱床间 62 号工友被记过事	厂方准予取消记过
	厂方消防演习须备雨具事	厂方允将救火皮具全部换新
11 月 11 日	锡纸厂工人要求每星期工作六天事	因无原料暂时不能照办
11 月 13 日	各部要求特别加薪事	又无结果
11 月 16 日	印刷部结账要求照卷烟部计算事	厂方允照三厂办法
11 月 18 日	锡包部、盒子部、叶子部女工工资结算事	须经过一个月之工作后再行考虑
11 月 20 日	盒子部一部分工人低薪仍照去年七月份结算,要求调整待遇事	厂方允自十一月份起普遍调整
11 月 21 日	锡包间、打包间女工要求调整底薪事	无结果
	切烟丝部 824、904 工人要求调整工作事	照做原有工作
11 月 23 日	机器部 114 号工人自动退职,不给储蓄金事	无结果
11 月 25 日	切烟丝部推烟丝工人要求装弹子盘事	原料缺乏,暂时保留
12 月 2 日	盒子部女工代表国阿林请调工头事	厂方接受照办
12 月 3 日	印刷部 241 号工人要求调整底薪事	无结果
12 月 14 日	盒子部已故头目畲福如要求遗女工牌事	因在七月份死亡,厂方不能接受
12 月 18 日	印刷部头目要求月薪事	厂方允许换掉铜牌子

续表

日期	事由	调解经过
12月19日	大菜间工人要求年终奖事	向由工头发给，厂方不理
12月27日	叶子部513号女工被记小过事	厂方允许取消
	驳船207号工人要求调整底薪事	厂方接受考虑

资料来源：《上海市浦东颐中烟厂产业工会工作总报告》，上海市档案馆藏上海市社会局档案，Q6-31-432。

可以看出，1946年颐中公司发生的多起劳资纠纷，基本由工资待遇解雇等问题引发，共产党宣传鼓动的政治因素很少，最后基本都在劳资调解框架内解决。可见工潮主要原因不在政治上的宣传和鼓动。事实上，抗战爆发后，共产党人逐渐放弃了20世纪30年代早期的工运理论。1940年5月，毛主席在《放手发动抗日力量，抵抗反共顽固派的进攻》一文中对白区工作提出"荫蔽精干，长期埋伏，积蓄力量，以待时机"的十六字方针。[1] 12月，他在《论政策》中再一次明确这一方针。[2] 抗日战争和解放战争时期，中共白区工作都坚持这一方针。战后共产党人采取了积极参与的策略，渗入到不同的工会基层组织、互助会和宗教团体等组织中，同时也把影响扩大到公共服务领域（如有轨电车、煤气、电力、邮局）和大商家的专业工人中，革命动员色彩淡化，成为合法的反对派。随着军事胜利的节节推进，1948年8月22日，针对前一阶段白区斗争的情况，中共中央作出关于《蒋管区斗争要有清醒头脑和灵活策略》的指示，其中指出："蒋及其死党仍有可能在其最后据守的城市，继续其疯狂的法西斯的最后挣扎。""因此，我党在国民党统治区的目前工作，必须有清醒的头脑和灵活的策略，必须依靠广大群众而不要犯冒险主义的错误。""在城市方面，应坚决实行疏散隐蔽、积蓄力量、以待时机的方针。"可见，当时中国共产党不主张单独进行工人的武装起义。[3]

国民党一向宣称其代表全体民众的利益，鼓吹劳资合作，反对阶

① 毛泽东：《毛泽东选集》第2卷，人民出版社1991年版，第756页。
② 同上书，第765页。
③ 周恩来：《周恩来选集》上卷，人民出版社1980年版，第310—311页。

级斗争。在取得执政地位以后，为稳定社会秩序，更是大张旗鼓地宣传劳资互助、合作共进。1931 年 6 月国民会议制定的《中华民国训政时期约法》第 4 章第 40 条即规定：劳资双方应本协调互利原则，发展生产事业。① 同年实业部长孔祥熙发表实业建设方针 33 条，其中第 7 条强调"期以劳资互助，求国民生产之增加"。② 1935 年国民党第四届中执会第六次全体会议通过了全面推进劳资合作的《努力生产建设以图自救案》，其中明确指出，劳资合作是政府"对于劳资两方之保护，无所偏倚。使资方对于劳方，予以适当之工资，并为相当之设备；劳方对于资方，亦应尽力工作，以求生产效率之增加。双方互相了解，互相协助，各尽其力，各得其所"。③ 除党政机关外，当时凡讨论劳动问题者，均以"劳资合作"为护符或臬圭，劳资合作的口号甚嚣尘上。国民政府陆续在各地成立劳资调节委员会、劳资仲裁委员会，并先后颁布了《劳资调节暂行条例》《劳资争议处理法》《工厂法》等，由政府和社会各界联合调节的机制取代了单一的社会调节机制。调节、仲裁机关一般由国民党地方党部、地方政府、当地工会和工商团体代表组成。上海市社会局④作为地方调节、仲裁主要机关，从 1927 年成立以来便一直负责调解劳资争议，抗战胜利后，为缓解频发的工潮，更采取了一系列积极措施。1945 年 10 月 12 日，该局向全市公告："本市工厂林立，近来多半陷于停顿状态，此于国家生产及工人生活影响滋钜"，要求"各工厂遵照即日设法复工，如有延迟复工情形，应即向本局陈述原因，以凭核办"。⑤ 11 月，又与淞沪警备总司令部会衔公告：

> 查劳资争议事件，原有法定程序处理，所有纠纷概应申请主

---

① 《中华民国训政时期约法》，《行政院公报》第 258 号，1931 年 6 月 3 日。

② 《实业行政宣言全文：孔祥熙发表之实业建设方针》，《大公报》1931 年 2 月 10 日，第 3 版。

③ 《努力生产建设以图自救案》，见荣孟源《中国国民党历次代表大会及中央全会资料》下册，光明日报出版社 1985 年版，第 266—267 页。

④ 社会局的前身为农工商局，国民政府于 1927 年 7 月 7 日成立于南京，随即指定上海为特别市，组织特别市政府，下设农工商局，1928 年 8 月 1 日农工商局改名为社会局。

⑤ 上海市通志馆编：《上海市重要政令汇刊初编》，中华书局 1946 年版，第 44 页。

管机关调解或更提请仲裁，以求解决。乃本市近来工潮迭起，大都未经法定程序迳行罢工怠工，既属违反法令，抑且影响治安，实非在此戒严期间所能容许。合行布告周知，嗣后如有未经调解或仲裁程序而擅自罢工怠工或其它非法暴行者，决予逮捕，严惩不稍宽贷，其各凛遵勿违，切切，此布。①

12 月 27 日，社会局再次公告："嗣后各工人等如有申请事项，务仰备具书面照章投递，以凭依法核办，其有当面陈述之必要时，应即公推代表来局，其人数不得过五人，自此布告之后，倘仍有藉名请愿，聚众滋扰情事，不问其理由如何，一概不予受理，以资整饬而维秩序。"② 作为管理劳工行政和处理劳资争议的主要机构，训令的频发表明工人失业及罢工请愿已经严重影响到社会安定，政府不得不加以重视。1946 年 1 月 18 日，市政会议通过了《上海市劳资争议暂行处理标准》，进一步规范了劳资争议的处理程序。为稳定社会秩序，3 月 29 日，市长钱大钧阐述了处理工潮四项原则："国营事业遵照中央规定，不得有怠工罢工行为；罢工怠工，如未经合法程序，应予取缔；要求条件，如非今日中国生产状况所能接受，应予拒绝；非法越轨行动，应予制裁。"③ 社会局根据这一原则，拟定了处理纠纷决议五项办法："一、底薪不得增加，但不足于最低工资者，得调整之；二、劳资争议，非经过法定程序，不得任意怠工或罢工，应饬各业工会遵守。至罢工后伤人毁物，资方应及时报请主管机关依法惩办；三、在调解劳资纠纷时，工人不得聚众包围，双方代表人数应力求减少，至多不得超出十人；四、各工厂应即订定厂规，呈请社会局核准公布，劳资双方共同遵守；五、厂方与劳方应举行工厂会议，消弭纠纷。"④

① 上海市通志馆编：《上海市重要政令汇刊初编》，中华书局 1946 年版，第 3 页。
② 同上书，第 50 页。
③ 《钱市长阐述处理工潮原则》，《上海市政府公报》第 2 卷第 29 期，1946 年 3 月 29 日。
④ 《上海市卷烟业劳资促进委员会全体委员会会议、公函、训令、办法规定》，上海市档案馆藏上海市总工会档案，Q7 - 1 - 153。

　　除颁行法令外，上海市社会局还组设工资评议委员会，并于1946年5月成立劳资评断委员会，作为最终的裁决机构。其主要功能在调整工人工资，包括上海市全职工人与计件工人的工资计算方式，另外也包括各种休假、解雇办法等工作条件的规定在内，以及调解劳资争议，包括牵涉到整个行业的重大案件。该局官员顾祖绳指出："评断委员会的设立，消极方面，是解除劳资间不合理的纠纷，但是积极的工作，却在防止劳资纠纷之计划与实施。后者是针对事实的需要，以及发掘蕴存在劳资关系上的纠纷症结，从社会的、政治的、经济的各种因素，透过理智与法律的手段，作有效的防止，使纠纷消弭于无形，从而促进劳资协调，生产增加。这是解决劳资

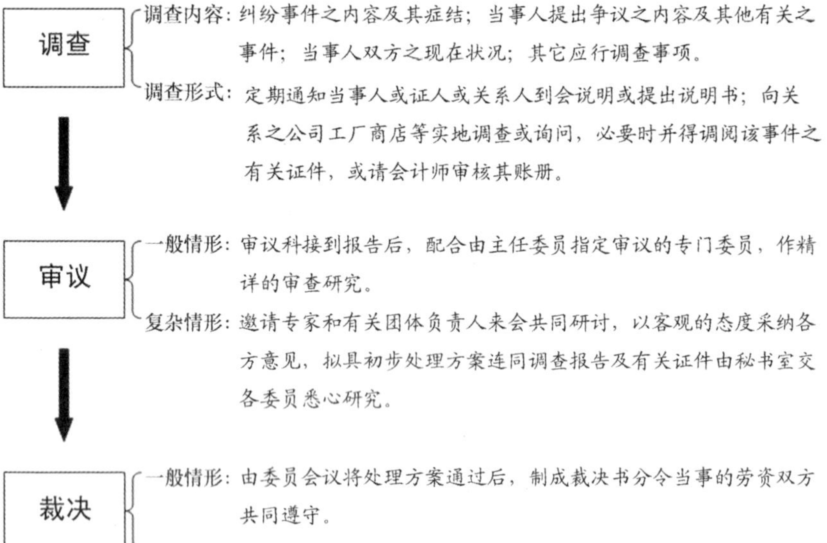

图 4-3　上海市劳资评断委员会劳资纠纷评断程序

　　资料来源：顾祖绳：《我们怎样处理本市的劳资纠纷》，《社会月刊》第1卷第3期，1946年9月5日。

争议的根本途径,也就是评断会的主要任务。"① 劳资评断分工明确,具体由调查科负责调查,审议科配合审议委员会审议,最后由委员会议裁决。

社会局处理工潮贯穿了"劳资合作"的精神。局长吴开先表示:"劳资协调与合作,是未来经济建设的基础,同时,也是双方利益的前提。在目前,资方当然要时时为工人的福利着想;工方也要时时顾到企业家的困难。如果双方都能互谅互助,则强大统一而民主的新中国实现以后,必然会替大众带来无涯的福祉。"② 该局官员张振远指出,处理工潮最重要的是奠定劳资真诚合作的基础:"第一,劳资双方必须了解劳资合作实在是保障共同利益的必要条件;第二,劳资双方必须一致体认劳资合作的真谛是什么?然后劳资合作,才能相得益彰,前程无量。"③

战后国民政府还通过加强劳动立法来缓和劳资矛盾,防范工潮扩大。1945 年 10 月,社会部公布了《收复地区调整工资办法》,其中第四条规定:"各地工资之调整,应参照当地生活费指数之增加之倍数,做合理之评定;上项指数之编订,应以民国二十六年六月为基期(底薪),因情形特殊不适宜采用上项基期之地区,得呈请变更之。"④《收复区失业工人临时救济办法纲要》规定了工厂停工期间失业工人申领救济金的具体办法。⑤ 随着通货膨胀加剧,政府定期颁布生活费指数作为自动调整工资的办法。为了避免卷烟业频繁的工资纠纷,1946 年 5 月 18 日,社会局还公布了上海各烟厂工人工资底薪标准。

---

① 顾祖绳:《两年来劳资争议评断概述》,《社会月刊》第 2 卷第 10 期,1947 年 10 月。

② 吴开先:《劳资合作与经济建设》,《社会月刊》第 1 卷第 6 期,1946 年 12 月。

③ 张振远:《处理工潮管见》,《社会月刊》第 1 卷第 1 期,1946 年 7 月。

④ 《收复区特种法令汇编》下编,昌明书屋 1946 年版,第 42 页。

⑤ 《社会部收复区失业工人临时救济办法纲要》,《银行周报》第 29 卷第 41—44 期合刊,1945 年 11 月 1 日。

表4-7 　　　　　上海市社会局公布各烟厂工人工资划一数目

工种	工资情况
件工	十支软包每箱底薪五元
	十支硬包小油封连大包（特殊工作酌量增加）每箱底薪六元八角
	二十支软包连大包每箱底薪五元
	二十支软包小油封连大包（特殊工作酌量增加）每箱底薪五元五角
	二十支硬包双包（特殊工作酌量增加）每箱底薪五元五角
	十支搭壳子每斤只五角五分
	二十支搭壳子每斤只五角五分
	扯烟筋每磅五分五厘—六分
日工	普通工人最低工资每日为八角五分，最高为一元四角
	技术工人最低工资每日为一元四角，最高为二元，如原有待遇超过上项规定者，保持原薪
	月给工人仍照各厂原有办法，工作时间仍照各厂原有习惯

资料来源：上海市卷烟厂工业同业公会秘书处：《上海市卷烟厂工业同业公会卅六年度工作总报告》，1948 年 1 月。

1947 年 2 月 16 日，国民政府公布"经济紧急措施方案"，冻结生活费指数 1 月的数字，重要民生用品由地方政府发给差额代金作为补贴。实施三个月后，因物价涨幅持续增加，被迫宣布恢复原有政策。上海市政府于 1947 年 5 月恢复按月发布生活费指数，并公布新的《上海市工资调整暂行办法》，其中规定：底薪在 30 元以下依照指数十足发给，底薪在 30 元以上至 100 元者，除 30 元照指数发给外，其余部分以 10 元为一级，逐级递减 10% 折扣。资方如不能负担时，由劳资双方协议减少，如协议不能成立时则由劳资评断委员会评断之。[1] 劳资评断委员会还制定了一些保护劳方权利的条款。如《工厂暂行停工期间发给维持费办法》中规定：工厂暂时停工，其责任在于资方者，停工 10 天以内，维持费照原有工资发给。[2]《工厂雇用临时

---

[1] 《上海市工资调整暂行办法》，《社会月刊》第 2 卷第 6 期，1947 年 6 月。
[2] 吴开先：《复员一年来上海社会行政概况》，《社会月刊》第 2 卷第 1 期，1947 年 1 月。

工限制办法》也规定工厂雇用临时工人不得超过 10%。临时工之工作并非临时性，而有继续可能或必须者，其工作满三个月后，应为正式工。① 此外还有《各厂工人及直系亲属婚丧给假暂行办法》《解雇定期契约劳工暂行办法》等。

工厂法是国家关于雇佣劳动的主要立法，它规定了工厂内部工人的劳动时间、劳动纪律、劳动保护、工资福利及企业主的责任等。战后的工厂法及其条文均作了大幅修改。首先是扩大适用范围。工厂法第一条修正为"凡用发动机器之工厂，平时雇用工人在三十人以上者，或未用发动机器而平时雇用工人在六十人以上者之工厂，亦可使用本法"。这就使未用发动机器工厂之工人，亦能同样获得法律保障。其次是确定主管官署。第二条原定"本法所称主管官署，除有特别规定者外，在市为市政府，在县为县政府"等语修正为"本法所称主管官署，在中央为社会部，在省市县为其主管行政官署"。再次是工资付给规定。第二十三条原规定："工资之付给，应有定期至少发给二次，论件计算工资者亦同。"修正后增列"前项工资给付之有定期者，遇休息日应提前行之，工人被解雇或死亡时，其工资应即发给"。最后列入工厂检查。工厂法原未列有工厂检查，特增列"本法实施以后之检查事项，另以法律定之"一条。② 社会局长吴开先还提倡各工厂实行工厂法中之工厂会议制度，"由劳资双方派代表组成，一切劳工福利加薪纠纷等事，皆可在此会议中解决，促成劳资合作"。③

国民党执政后，因工人主动要求增加工资、改良待遇而引起的纠纷日渐减少，而因资方停业、歇业、解雇而引起的纠纷日渐增多，这一时期劳资纠纷主动权出现由劳方向资方转移的趋势。1929 年 9 月，国民政府公布《工会法》，其中第一条规定："凡同一产业或同一职业的男女工人，以增进知识技能、维持改善劳动条件及生活为目的，集合 16 岁以上现在从事业务之产业工人，人数在 100 人以上或职业

① 《劳资评断委员会第十五次大会报导》，《新闻报》1947 年 12 月 18 日，第 4 版。
② 《社会部修正工厂法，扩大适用范围改善发薪办法》，《银行周报》第 31 卷第 38 期，1947 年 9 月 20 日。
③ 《市社会局长阐述工潮问题，市府新闻联络组招待记者》，《申报》1946 年 3 月 21 日，第 1 张第 3 版。

工人数在 500 人以上时，得适用本法组织工会。产业工会、职业工会的种类另以命令规定。"① 该法于 10 月 1 日施行，上海各业工会大多在社会局立案，具有法人资格，属于获得当局认可的合法组织。抗战胜利后，随着各业工会的复兴，工人重新聚集起来。无论停业、歇业、解雇还是增加工资、改良待遇引发的纠纷，都达到了高峰。工潮的酝酿、发生和解决，各业工会都扮演着重要的角色。战后上海工潮频发，主张劳资调和的国民党当局对工会寄予厚望，希望它在调节劳资矛盾中发挥重要作用。下图揭示了这种用意：

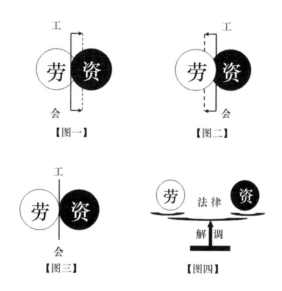

图 4 - 4 公会与劳资纠纷调解示意

图一 资方剥夺劳方权利，工会负责保障。

图二 劳方苛求资方负担，工会负责劝导。

图三 劳资各守范围，彼此谅解，互敬互爱真诚合作。

图四 调解机关处理劳资争议。

资料来源：袁召辛主编：《上海市第一二三区卷烟业工会改厂工会成立大会特刊》，上海市第一二三区卷烟业产业工会 1947 年 9 月编印。

---

① 《工会法及其评论》，《国闻周报》第 6 卷第 42 期，1929 年 10 月 27 日。

战后工人阶级自主性变得越来越强，越来越难以被人操纵。与战后公会组织作为资方的代言人不同，工会成为工人维护自身利益的集合体，一定程度上站到了资方的对立面。劳资协调一般既要考虑到资方利益，也要照顾到工人的要求，双方要在一定妥协条件下方能达成协议。政府试图掌握工会组织的控制权，但由于内部各派系之间的倾轧及帮会组织的分裂难以达到目的。工人"多半仅仅以积极性的争取为限，甚至工会组织者以及劳工群众自身常常表示不愿任何政治党派来干预工人运动"。① 中国共产党 20 世纪 40 年代改变了早期"左"的理论，在战争节节胜利的情况下，更主张"荫蔽精干"。1946 年底卷烟业全行业的年赏工潮中，未见中共赤色工会力量介入的痕迹，1947 年底颐中年赏工潮的政治化色彩亦不明显。对于上海的卷烟业，战后各厂工会都有团结工人向资方与政府争取利益的行动。工会组织在战后的复兴，使卷烟工人更加团结，影响更大。从工会在劳资纠纷中所扮演的角色来看，并不都是受共产党控制的"赤色工会"，也不能简单归属于过去中国共产党话语下国民党的"黄色工会"之列，大部分属于"赤色"和"黄色"两大系统之外的组织。

学者们认为，民族主义和企业繁荣都是卷烟工业工人运动的主要因素。民主主义主要在 20 世纪初，抵制美货运动、辛亥革命、"五四"运动、"五卅"运动、北伐战争阶段，都是卷烟工业高度"政治化"的罢工时期，民族主义在工人动员中发挥了主要作用。而从设厂数量、卷烟机数和工人数量来看，华商企业分别在 1905 年抵制美货运动、1911 年辛亥革命、1919 年"五四"运动、1925 年"五卅"运动以及 1927 年国民革命时期取得了较大进展。企业繁荣是 20 世纪二三十年代工人运动的主要推动力量，因为这时英美烟公司仍是中国资本最雄厚、利润率最高的卷烟企业，而同时期的民族资本卷烟企业有了很大的发展。但是工人运动的因素是非常复杂的，上述两种说法只为英美烟公司汹涌澎湃的工人运动提供了部分解释。战后中国政治、经济和社会状况更加复杂，不仅英美烟（颐中）公司，工潮频发成为这一时期贯穿上海卷烟业发展的重要线索。

---

① 倪惠元：《略论劳资争议》，《工商管理》第 1 期，1948 年 1 月 15 日。

　　毫无疑问，日趋严峻的经济形势，通货膨胀造成的贫困化，是工潮起伏、社会骚动的内在因素。在物价高压之下，国民购买力普遍的降低和消失，受薪阶级尤为痛苦，尤以工人为甚。当时有人认为物价上涨与工潮的发生如影随形，具有密切之因果关系。以 1946 年为例，"依上海一般物价指数所示，以一月至三月上涨最为激烈，一月份191428，二月份327669，三月份533921，故二、三月间上海工潮亦特多……下半年工潮虽不如上半年之盛，然工厂商号陆续倒闭，失业工人达七八万之多"。[1] 上海社会局局长吴开先认为工潮迭起的主要原因为"一、物价高涨，工人生活要求改善；二、劳工久受敌伪压迫，一旦解放，兴奋过度，不无嚣张之现象"。[2] 市长吴国桢也认为："考其原因，大都以物价暴涨，生活不能维持，要求调整底薪，甚至要求各项津贴，及减少工作时间。"[3] 由于工商业不景气，产销不平衡，厂方有时靠减工、停业、解雇来维持。分析人士指出，"市场购买力薄弱，产销萎缩，厂商纷作减轻成本之不遑，对于工资已感不胜重负，而工人面临高物之威胁，为求维持生存要求调整工资，改善价待遇，亦为情理之常，双方利害难趋一致，纠纷自所难免"。[4]

　　与上海其他轻工行业相较，卷烟业从业人数众多，工人较为集中，发生工潮可能性也较大。关于战后上海卷烟业的从业人数，1946 年 9 月同业公会称"雇用职工人数直接间接在十万人之间"[5]，1947 年 9 月《银行周报》载："据可靠之统计，目前从事于卷烟工业之数目，达八万人以上，仅次于纺织业与面粉业，居我国轻工业之第三位。"[6] 1948 年 12 月上海卷烟工人福利委员会函社局称："从业是项

　　[1]　狄超白主编：《1947 年中国经济年鉴》上篇，太平洋经济研究出版社 1947 年版，第 97 页。

　　[2]　《执行临时参议会决议案之报告之二：劳工行政》，《上海市第一届参议会第一次大会会刊》，该会秘书处 1946 年编印，第 42 页。

　　[3]　《上海市政府施政报告》，《上海市第一届参议会第一次大会会刊》，该会秘书处 1946 年编印，第 9 页。

　　[4]　《上海市五十一业工厂劳工统计》，上海市劳资评断委员会 1948 年 7 月编印，第 35 页。

　　[5]　上海市卷烟厂工业同业公会秘书处：《上海市卷烟厂工业同业公会卅五年度工作总报告》，1947 年 1 月。

　　[6]　《华商卷烟工业之危机》，《银行周报》第 31 卷 35 期，1947 年 9 月 1 日。

工业之工人，已达五万余人，几占全市工人总数十分之一弱。"① 无论何种说法，卷烟业都属于从业工人最密集的行业之一，因此不难解释劳资纠纷为何相对如此频繁。卷烟业工潮大部分属于经济性质的纠纷，它不是因某一厂内部特殊的劳资矛盾单独发起，而是多个工厂几乎以同样的社会经济原因爆发。劳资纠纷的核心问题还是经济问题。1947 年底，一位争取年赏的工人吐露了自己的心声：

> 虽然有些资本家没有什么盈余（有没有盈余只有资本家自己才知道，我们工人是不得而知的），但他们却与有盈余的厂商资本家同样乃至更贪婪的榨取了我们工人的血和肉。他们之所以没有盈余，是因为他们资本较脆弱，在美货的倾销下受不起打击和他们受了银行贷款太重的缘故。这事实不是很显然的吗？为什么人们硬将资本家自己的倒霉转嫁到我们工人身上呢？这不是太不合理太不公平了吗？②

通货膨胀严重，工资上涨赶不上物价，入不敷出，疲于生计，是工人最大的忧虑。虽然政府定期颁布生活费指数作为自动调整工资的办法，但工人收入越来越不足负担日常生活所需，越来越贫困。为生计所迫，不得不首先寻求合法手段或采取非常手段。对于企业来讲，本来税收严重，原料高昂，再加上工资逐步上涨，生产成本越来越高，有时无法正常运转，只得解雇停业或者压低工薪。劳资双方将责任与义务推向对方，政府充当双方对垒调停人的角色。无论政府如何强调劳资合作，劳资双方既为不同利益群体，冲突与矛盾在所难免。战后无论劳方或者资方都深受通货膨胀货币贬值之苦，不但劳方工作所得不足以维持正常生活，就连资方在借贷无门、工资调高中亦感经营困难，所以劳资纠纷增多，成为严重的社会问题。

---

① 《烟厂业关于年奖纠纷、卷烟业工会、公会就工资、年奖问题呈报上海市社会局及劳资合作促进委员会会议记录、调整工资津贴纠纷笔录等文件》，上海市档案馆藏上海市社会局档案，Q6 - 8 - 66。

② 林静毅：《争取合理的年赏》，《青年与妇女》第 10 号，1947 年 12 月。

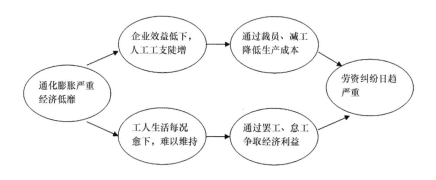

图 4 - 5　战后上海卷烟行业劳资纠纷频繁原因解析

二　卷烟业工潮之于战后政企关系

　　战后频繁的工潮给上海卷烟工业和企业发展带来了严重的破坏。前面我们分析，经历了战后初期短暂的繁荣，1947 年下半年以后，上海卷烟业由于税收高涨、原料紧缺、加上内战导致的市场缩小，已开始走下坡路。相当一部分企业，由于资金薄弱，产品销售不出，从而负债累累，只能歇业倒闭。政府规定工厂未经允许不得随意停工和关厂，不准随意遣散职工，而工人在工会组织下聚集起来，向资方施压，这样就使得企业陷入一种"囚徒困境"。在严重的资金、原料、市场危机下，企业不得不通过减少工时、裁汰人员的方式来降低生产成本，应对经营的危机，但同时也将危机转嫁给了工人，使得收入因为失业和工作时间减少而降低的工人面临生存的危机，又进一步加剧了工潮的发生。

　　年赏工潮给卷烟行业带来了严重的冲击，使得烟厂原本清淡的业务更受影响。工潮发生后，卷烟业同业公会称其为"无有胜于今日者"之危机，无奈之下发出紧要启示："近因会员各烟厂之工人多以年赏问题引起工潮，不无影响生产，对于远近客户以前定货诚恐不能如限畅交，殊为遗憾，除呈请社会局积极调处外，务希谅察，特此声明。"① 在战后经济低迷、工商业危殆的总体情况下，从资方角度来

---

　　① 《上海市卷烟工业同业公会处理 1946 年度本业年奖工潮以及议定 1947 年度年奖给付办法的有关文书》，上海市档案馆藏上海卷烟工业同业公会档案，S68 - 1 - 52。

说，年赏问题并非合理与否，而是工商业能否负担的问题。时人指出：

> 现在一般工商业所头痛的，显然是工人的年赏而非职员的年赏，在拥有多数工人，工资占成本重要部分的工业中，照生活指数计算工资，已是一个沉重的负担。我们只要看上海最近半年来每逢月底中厂商公司发工资的几天，市面银根现钞特别紧，以及若干工厂发放工资数额的巨大，就可知道工商业的工资负担是随着经济的萧条而愈来愈吃力了，有些工业平时发放工资已感不易，现在这一笔不能算入成本账内的年赏当然更觉头痛，即使在一般人心目中认为处境最优的纱厂也是如此。①

对于卷烟行业来说，厂有大小，资金亦有巨细，平时经营状况，大有进出。大企业资金充足，受高价税收原料威胁较小，年终结账盈余较为可观；中小烟厂营业状况不良，高利吃进，做做停停，在开支浩大，利息高贵声中，维持本身，常感不足，很难有多少盈余。这样的烟厂，受年赏工潮影响很大。在1946年底的年赏工潮中，鲁信烟厂就是典型的例子。由于规模小，资金短绌，只能以替别家代卷为生，工人年终奖金发放出现严重问题。1947年1月6日，鲁信烟厂致函同业公会：

> 窃查敝公司于去年8月间复业，9月间始代客制造，每箱收代制费四万余元，除一切开支外，尚须亏蚀；在11月份以后方始自行制造，一面仍代客卷烟，自制之烟因新出关系，售价低廉，原料昂贵，故亦不能获利，以上所陈均系事实，对于工人年赏一节，固不能毫无点缀。②

---

① 《年赏与工商业》，《经济周报》第5卷第25期，1947年12月18日。
② 《上海市卷烟工业同业公会个别会员户向本会联系有关年奖纠纷事件等一般性来往文书》，上海市档案馆藏上海卷烟工业同业公会档案，S68-2-95。

尽管同业公会公布社会局裁定年赏问题解决办法，但一个月年赏对于鲁信烟厂来说实难以负担，因此该厂负责人提出要求福华等五家曾代卷过的烟厂共同分担。同日该厂写信给社会局提出同样的要求，最后裁定延至 2 月 5 日前照发，先发给工人领款凭证。但因资金周转困难，年赏屡次拖延，为渡过难关，不得已采取解雇工人之策。2 月27 日，鲁信烟厂向社会局报告：

> 窃敝厂因营业不振，为紧缩开支起见，于去年农历年底裁汰工作不力、效能低劣者工人五名，查该五名工人均系敝厂到厂日期最短者，事出无奈，迫不得已，一俟敝厂营业恢复，当载优先录用。所陈困难情形理合检同裁汰工人名单一纸具文呈请鉴核，伏乞赐准以维营业而疏商困。①

劳方因年赏工潮影响而裁员，而解雇之举并不为工人所谅解。该厂产业分会常务干事称："厂方专横暴戾，压迫工人已成习性，动辄开除处罚，举凡工人应享之权利，无不遭其摧残剥夺。"② 业务清淡加上工人怠工，该厂始终处于"做做停停"的状态。像鲁信烟厂这样的中小烟厂还有很多，频繁的工潮使其原本困难的处境雪上加霜。华明烟厂经理经纶报告扯叶间发生慢工风潮后，该工厂工作正常时每工每时可扯烟叶 6.37 磅，而慢工后以同类之烟叶每工每时只扯出1.01 磅。③ 1947 年 9 月，瑞伦烟厂工人要求资方全部开工以接纳员工发生怠工，经理王维林致上海市社会局指出，如烟厂全部开工，则"太不经济"。"近以进口管制加严，原料来源不继，物价工资步涨未已，故对已开工之一部分正感无力支持，艰难万状，按照实际需要，

---

① 《鲁信烟厂要求改善待遇、年奖、开除、解雇纠纷事工人代表、厂方二区工会与上海市社会局来往文书及资方密告工人捣毁工厂文》，上海市档案馆藏上海市社会局档案，Q6－8－74。

② 同上。

③ 《上海市卷烟工业同业公会个别会员户关于工资纠纷事项向本会备案、询问以及一般性事务联系的文书》，上海市档案馆藏上海卷烟工业同业公会档案，S68－2－96。

绝对无力再将其余工人络续进用。"① 1948 年 5 月，汇众烟厂向社会局陈述困难，请求自 5 月份起工资按七折发给并将上半月工资依照上月指数计发。

> 窃商厂所产之卷烟均系次等货品，上海未能销售，故所有销路惟赖东北华北两地区，惟近来该两地区匪事猖獗，交通梗阻，销路既见呆滞，而劫掠损失更所时有，以致进退维谷，赔累不堪，迫不得已改向长江上游芜湖汉口等地推销，但以牌号初创信用未彰。试销以来，亏蚀尤甚，即以近两月计损失已达数百亿之巨，周转万分艰难，经济几陷绝境。若全厂四百余人之工资照生活指数全发，固无此力，而照本年三月上海市卷烟业劳资合作促进委员会调解协议打九折发给，亦属不胜负担。②

为获得工人谅解，厂方向工会"推诚商讨减轻本厂困难办法，并派负责代表亲趋接洽，乃竭尽心力"，然而 6 月 9 日该烟厂全体工人仍实行怠工，延至 10 日，经各方劝导，厂方只得暂照 4 月份工资办法暂按九折发付。小型烟厂受工潮困扰匪浅，大型企业也受严重冲击，战后首屈一指的国营企业中华烟草公司亦不例外。1946 年 8 月 31 日，公司总经理杨锡仁、副经理邝兆祁联名写信给市长吴国桢反映情况：

> 国桢学兄市长勋鉴：弟等于本年一月奉宋院长谕主持中华烟草公司，将接收之日资烟厂继续生产藉以维持失业工人，自开工以来，已历半载有余。近以工人要求普遍加薪，当以有违政府法令予以拒绝。嗣经社会局之调解，将同职低薪予以调整。不料调整办法发表后，工人即出以半怠工状态，工作效能只及平时百分之七十，不得已再请社会局派员前来调处，仍无效果。此种半怠

---

① 《瑞伦烟厂因复工、年奖、开除工人纠纷事资方、厂工会、四区工会与上海市社会局来往文书》，上海市档案馆藏上海市社会局档案，Q6-8-75。
② 《上海劳资评断委员会关于卷烟厂方缓期停工期及工资问题的文件》，上海市档案馆藏上海市劳资评断委员会档案，Q20-1-102。

工状态已延续至一星期以上，致使敝公司每日工资煤电及其它损失等约须五百万元（营业损失尚不包括在内）。因生产减少，每日国家税收亦损失千余万元。甚至最近市场波动，原拟大量抛售抑平市价，亦因生产停顿无法实施，且卷烟业近以原料昂腾，工资激涨，已潜伏绝大危机，如普遍予以加薪，将无法继续经营。敝公司以国营公司所受损失亦即国家之损失，苟其它烟厂工人相率效尤，后患诚不堪设想。素仰钧座洞察沪市生产情形，当能予以合理之处置。谨将工资纠纷备忘录一件检呈察阅，尚祈转饬主管机关迅予裁定，不胜感幸！①

南洋兄弟烟草公司因原料匮乏，鉴于原有包装办法秩序不佳，纸张损失，成本增加，于1947年4月21日另订定办法，令工人付给原料须缴付同数量之装成品，不得浪费。"不意实行时忽遭一部分女工反对，不但不允接受，甚且不愿试办，不遵从厂工会劝导，当即鼓动全体包装工人擅自罢工，迄22日下午始部分复工，但仍借故寻衅，不守秩序，毁坏公物，藏匿包装用品。"致使厂方损失匪浅，不得不向社会局求援。② 颐中烟草公司作为上海最大的卷烟企业，1935年10月至1941年10月平均产量为887148箱，在此期间每个职工的平均产量为54.35箱；而战后从1945年10月至1949年10月间的平均年产量为201236箱，每个职工的年平均产量为23.11箱。这一时期职工人数远远超过了实际生产的需要。③ 庞大的人工数量加剧了它的成本，该公司几乎在裁员压薪与工人斗争中度过。1945年11月5日，汉口颐中运销烟草公司盖禄达（F. S. Geldart）致上海颐中运销烟草公司董事田克恩信中称："我现在确信，我们不得不停工，我们没有选

---

① 《中华烟厂产业工会、中华烟草公司、地方法院与上海市社会局关于复工、工厂标售工资、年赏、解雇等纠纷及惩治煽动工潮分子之往来文书》，上海市档案馆藏上海市社会局档案，Q6 - 8 - 324。

② 《上海市社会局关于南洋兄弟烟草公司复工、工资等问题文件》，上海市档案馆藏上海市社会局档案，Q6 - 8 - 1197。

③ 《英美烟公司在华企业资料汇编》，第210页。

择余地。不论怎样，我们至少得解雇三分之二的工人。"[①] 1946 年 5月上海市生活费指数比 4 月增加了近 52%，大大增加了工资账，公司决定"减少给浦东那些不叫来上班的工人的救济金。另外，为不进一步减少指数上涨的影响，决定指数 100% 仅适用于基本工资不超过每月 50 元法币的人，而不是原来规定的每月 100 元法币"。[②] 为避免裁员引起的法律纠纷，[③] 公司采取的办法是：如果有 3 个月以上的工作量时，就把这项工作分成几个 3 个月期，在 3 个月的工作量完成后，解雇所有的工人，给他们 12 天的额外工资，然后另一个新工作期雇用新工人或者重新雇用老工人。[④] 到 1949 年新中国成立以前，颐中公司工潮频发，已处于不可收拾的地步，使公司生产难以为继，公司负责人报告上海社会局局长称：

> 杨树浦区敝公司各工场中有若干工人，近时发生怠缓工作情事，已有数次。其中一次竟致工作完全停顿，2 月 3 日烤烟机间工人全日怠缓工作，以致烤成之烟少于通常产量 24000 磅。此种少数工人之举动，自使该部分其它数百工人亦均受影响；同日卷烟间有一部分工人举止失常，彼等虽未将机器停开，但故意浪费卷纸及其它贵重材料。近数月来装箱间工人故意怠缓工作，已有数次，因之为维持所需产量起见，该部分有增加工作时间必要，而彼等遂获得额外工资。2 月 3 日上午华盛路印刷工场实行罢工，其中若干部分全日继续罢工，直至 2 月 4 日午后始止，结果因该批工人之行动遂使生产完全停顿者一日有半。[⑤]

劳资关系的尖锐紧张是战后中国经济走向衰颓、国民政府失败的

---

① 《英美烟公司在华企业资料汇编》，第 1082—1083 页。
② 同上书，第 1077 页。
③ 1947 年上海市劳资评断委员会《工厂雇用临时工限制办法》规定工厂雇用临时工人不得超过百分之十；临时工之工作并非临时性，而有继续可能或必须者，其工作满三个月后，应为正式工。见《劳资评断委员会第十五次大会报导》，《新闻报》1947 年 12 月 18日，第 4 版。
④ 《英美烟公司在华企业资料汇编》，第 1081 页。
⑤ 同上书，第 1295 页。

重要原因之一，但不能解释这一时期众多单个经济体及战后经济发展的总体趋势。战后上海的劳资纠纷达到历史的高峰，罢工和怠工成为常见的工人争取利益的手段，劳资纠纷主动者逐渐由劳方向资方转移。在战后恶劣的经济形势下，罢工怠工大多数情况下是工人为生活所迫一种无奈之举，工潮对劳资双方来讲，都是一种损失。对于工人来讲，罢工、怠工等只是要挟资方的一种手段，工厂长期停工只会导致其生计全无；对于资本家来说，无疑想能够以较小的代价解决劳资纠纷，避免冲突扩大而导致的停产和破坏。因此，在工潮发生后的大部分劳资调解中，资方均不同程度地接受了劳方的要求，使和解能够达成。上海卷烟业从业人数众多，烟厂停顿直接导致失业工人增加，影响社会稳定，政府亦一向提倡劳资共渡难关，积极引导劳资合作协商成为可能。

1946 年 8 月 9 日，鉴于外烟倾销下国产纸烟危机日迫，上海卷烟业资方 50 余家厂商代表 70 余人，劳方各厂区工会代表 300 余人举行联欢会，上海市市长、社会部组训司司长、市总工会理事长及各报记者 30 余人应邀列席，其主要目的在于"促进劳资合作，挽救卷烟业之危险，唤起卷烟业劳资双方对此一危机之警觉"。会议通过多起提案："电请减订税率以轻国产卷烟成本；电请令饬烟草产地提高质量改进生产；通电全国各省市提倡'国民应吸国货香烟'运动以杜漏卮；组织上海市卷烟业劳资合作促进委员会；电请提高卷烟制成品进口关税以维民族工业；拟在本市举办扩大国货卷烟宣传"。① 会后成立了卷烟业劳资合作组织上海市卷烟业劳资合作促进委员会，拟定资方中华等八家烟厂、劳方南洋工会等七个工会为委员。为协调卷烟业劳资纠纷，政府方面出力不少，而劳资合作组织应运而生，固然离不开政府的支持和协调。

1947 年 3 月 24 日，鉴于卷烟业危机日深，促进会召集卷烟业劳资双方共同商讨挽救办法。② 之后，为应对危机和解决具体问题，行

---

① 《洋烟大量倾销下国产卷烟图挣扎，劳资联欢会语语多沉痛，大家喊出努力合作提高质量改进生产》，《申报》1946 年 8 月 10 日，第 2 张第 6 版。

② 《卷烟业不景气，劳资集商抢救办法》，《申报》1947 年 3 月 24 日，第 2 张第 6 版。

业性劳资协商频繁。4 月，全国总工会常务理事、卷烟业工会负责人周学湘召请该业劳资双方代表详加研讨，得出危机原因："战乱范围扩大，交通阻滞，卷烟无法外运；国内烟叶产地大部为共军窃据，致原料来源匮乏；购买烟叶外汇分配不匀；国产卷烟品质低落；卷烟课税太重，人民购买力低落。"因此一致呼吁政府："协助各卷烟厂商，务使国产烟叶源源供应并设法恢复原有停顿中之各烤烟厂，以提高烟叶品质；对购买卷烟原料之外汇应置重点于国人所设厂商；停止按期增加税率之办法并调整成品出厂限价；开设大规模纸圈制造厂以解决目前纸圈恐慌；统筹卷烟原料分配各厂商应用，并由中央银行足量贷款已充实烟厂资金；绝对禁止外国卷烟制成品进口，以扶植国内卷烟业之生存。"① 会后还函请上海市社会局转呈市政府、输管会、财政部相关部门参考。6 月，鉴于各卷烟工厂原料来源困难，营业清淡，对工人工资已感无力负担，卷烟业劳资合作促进委员会开诚商讨核发工资问题，最后达成劳资双方都能接受的六条办法。②

战后严峻的经济形势下，面临共同的危机，劳资双方能够合作协商解决问题，有时也能够联合起来抗争政府的经济压力，这种情况在抵税运动中表现尤为典型。1948 年底，卷烟厂商受战局影响，营销清淡，政府宣布从 12 月 1 日起增加卷烟税 7 倍，各烟厂无法维持，发生"倒风"。在这次反对当局加税过程中，工人方面一度冲在前面。卷烟工人于 12 月 4 日推派代表在卷烟工人福利会商讨办法，一致通过推该会常务委员周学湘、程顺兴、陈三连等 11 人向直接税局及市政府社会局等机关请愿，要求从缓增税，以渡难关。③ 6 日，福利委员会代表分别向货物税局、市社会局请愿。7 日，该会全体常委 11 人分访货物税局局长，社会局局长及吴市长继续陈述困难。11 日，同业公会代表劳方向上海货物税局发出抗议。时隔半月，当局仍无答复，而工厂停工加剧，工人失业依旧，福利委员会代表于 17 日夜晋

---

① 《周学湘为卷烟业内发生危机解救建议与上海社会局的来往文书》，上海市档案馆藏上海市社会局档案，Q6－1－459。

② 《卷烟工资商定办法》，《申报》1947 年 6 月 7 日，第 1 张第 4 版。

③ 《市五万卷烟工人，请缓加税维持生活》，《申报》1948 年 12 月 5 日，第 1 张第 4 版。

京请愿。18 日，请愿代表由社会部、工商部、中央农工部部长及行政院副秘书长分别接见，工人代表陈述工人失业剧增、生活痛苦状况，提出请愿目标为："恢复烟税旧公式七五折课税标准，以利工厂生产，而使工人有工可做；华南烟税与上海应同价同额课征，俾利向外运销，而维持件工足额工资收入；请政府普放烟厂工贷，使烟厂能迅速恢复生产，工人及早复工。"请愿取得圆满结果，各部门"均荷同情关注沪市烟业危机及工人失业痛苦，允即切实查明补救。财部方面尤其鉴于半个月内烟税欲增反损之烟厂生产反常状态，决于三数日内将有明文批覆到沪"。① 24 日，财政部表示："已由部电饬上海货物税局于奉电之日起，重将 11 月 1 日至 15 日各牌卷烟平均价依照货物税条例之公式核算从价税额，即日公布实施。卷烟完税价格已与市场批价趋于平衡，较原核定税额实际业已减轻。"② 可见，战后频繁的工潮加剧了政府、企业主、工人关系的复杂性，成为影响上海卷烟业政企关系的"双刃剑"。

---

① 《卷烟业请愿获圆满结果：提出三项目标，财部允予考虑》，《申报》1948 年 12 月 21 日，第 1 张第 4 版。

② 《上海市卷烟工人福利会要求缓增税率并开放工贷的有关文件》，中国第二历史档案馆藏财政部国税署档案，155 – 385。

第五章 "国营""民营"之争

——中华烟草公司承购权纠纷案探研

第一节 中华烟草公司的成立与发展

一 战后接收与中华烟草公司的成立

卷烟业属于轻工业中利润较高之行业,战前上海卷烟产销以英美烟(颐中)公司最为强大,民族资本烟厂亦在市场竞争中发展。随着日本侵华一步步扩大,中外卷烟企业逐渐失去了正常的发展环境。日军占领上海后,对卷烟行业非常重视,通过军管、强购等暴力方式从民间接收大量企业。1939年12月,报载:"日方现图积极推广战区卷烟业,以便将原有营销江南一带之中外商出品各牌香烟之潜势力取而代之。据查虹口区域内,先后开出之日商烟厂共有五家,厂址均属战前华商所有。"① 在此基础上,日本企图垄断和控制沦陷区的卷烟产销。"日方对卷烟营业认为绝大利数,深憾沦陷区人民所吸大半为国货厂家之出品,决定集资创办所谓'中华烟公司'……将来制造出品系在上海,出货之后,则日方将利用其势力对沦陷区内行销之华厂卷烟一律予以禁绝,使日货卷烟独家出售。"② 为统制卷烟产销,日本积极谋划,到1940年底,在上海的日资卷烟企业已具相当规模,当时媒体曾有报道:

---

① 《日方积极获取卷烟营业,虹口设厂五处,牌名达十余种》,《申报》1939年12月2日,第3张第9版。

② 《沦陷区卷烟被统制:特设"中华烟公司",出货后将禁绝华烟》,《商业月报》第20卷第4号,1940年4月30日。

　　卷烟业为我国大工业之一，本轻利重，故日商亦起而竞争。据查日商卷烟，迄今计有三家共有八厂。关于东亚卷烟会社者，计有华丰第一、二厂，即是华东、华品之原址；属于东洋卷烟会社者，计有华生一、二烟厂，即是中原新华之原址；其第三工场，则是正大橡胶厂之原址，其机件有一部分由华成南洋两厂所搬用。此外尚有共盛第一二三厂，规模亦大。①

　　谈到日本侵华战争期间对中国的经济侵略，卷烟业中通过巧取豪夺建立的一个个"株式会社"便是明证。抗战期间，日本为谋统制中国卷烟事业，在东三省设有满洲烟草株式会社，在华北设有东亚烟草株式会社，在华中设有中华烟草株式会社及中支叶烟草株式会社，经营卷烟产制及烟叶产烤运销等业务，严厉实行统购配销的管制政策。这些大型烟业组织中，以中华烟草株式会社规模最大。其在上海的主要产业有唐山路 902 号第一厂、惠民路 591 号第二厂、唐山路 1039 号第三厂三个大厂和丹徒路 43 号第一仓库、辽阳路 6 号第二仓库两仓库以及榆林路、山阴路、昆明路、汇山路等宿舍多处，总公司办事处租用大北电报公司房屋。② 利用暴力方式屯购原料、垄断生产、统制销售，中华烟草株式会社发展成为战时国内规模最大的大型烟草托拉斯。

　　1945 年 8 月 15 日，战败的日本宣布无条件投降，国民政府经济部苏浙皖区特派员办公室设立烟草组，负责接收上海地区的敌伪烟业。10 月，烟草组接收了上海区中华烟草株式会社、中支叶烟草株式会社、东亚烟草株式会社及华中烟草配给组合四个单位的厂房、机器和原料，计有三个厂、三个仓库、60 余部卷烟机和 500 万磅烟叶。③ 卷烟行业是战后重建的重要一环，且关系到大批人员复业及社会稳定。作为政府接收之最大的烟业组织，原中华烟草株式会社工人众多，复工要求显得格外迫切。12 月 12 日，原中华烟草株式会社所属各厂工会代表 200 余人请愿，代表程顺兴等 6 人称"停工四月，遣

---

　　① 《战后工商各业之动态：卷烟工业》，《经济研究》第 2 卷第 4 期，1940 年 12 月 1 日。

　　② 《上海近代民族卷烟工业》，第 240—241 页。

　　③ 《上海卷烟工业概况》，国营中华烟草公司 1950 年编印，第 2 编第 1 页。

散费等早已用完，冬令既届，饥寒交迫，即发救济费，亦不能解决一家生计，困苦已极，务望能确示开工日期或准发救济费，以救眉急。"15日，经济部特派员张兹丰又报告部长翁文灏："中华烟厂又聚众百余，持游行旗至本处，要求复工，已允今日起先办登记后，再到厂工作。"① 接收已届，复工刻不容缓，政府不得不予以重视。11月底，行政院长宋子文特电召上海烟厂业领袖戴耕莘等人赴重庆商谈建立全国烟厂业整个计划及解决烟叶纸圈采购及运输问题。② 12月中旬，国民政府成立"接收上海日资卷烟厂复工指导委员会"，由经济部指派专门委员郭可诜为主任委员，将接收各单位分门别类集中管理，并对业经处理局审定发还之日伪强占厂产办理发还手续。对于可能复工各厂，以原中华烟草株式会社为核心积极进行复工，并处理所有厂房之修缮、机器之管理，原料之配置。③

1946年1月初，各项复工布置已有头绪，是月9日，行政院长宋子文手令"中华烟草公司"以经济部接管名义，利用原有包装材料，沿用日人原有商标，克日复工。并指派杨锡仁为总经理，负责指导进行方针。对接收时向颐中等厂调用的技术及业务经验人员，面谕该公司负责人仍由中华烟草公司继续留用，使分负复工之后制造及经营等职务。经济部烟草组所接管之各卷烟厂，除已标卖或发还者外，全部划归该公司经营。11日，"经济部接管"中华烟草公司正式开工，关于其成立之背景与规模，上海《申报》曾有专文报道：

经济部接管之敌资中华烟草公司，在接管之各烟厂中，规模最大。兹该公司于宋院长（宋子文）离沪前一日，业经指令克日复工，并由四联总处拨借巨款法币三万万元。总经理一职，业经指定杨锡仁氏担任。闻该公司于经济部接管期内，虽未正式开工，惟斩切烟丝之工作，未曾中断。兹工人亦经全部登记竣事，

① 《经济部关于中华烟草公司工人失业、公司业务报告等事项的文件》，中国第二历史档案馆藏经济部档案，4-36145。
② 《戴耕莘等飞渝，商烟厂复业》，《申报》1945年11月26日，第1张第3版。
③ 《经济部关于中华烟草公司工人失业、公司业务报告等事项的文件》，中国第二历史档案馆藏经济部档案，4-36145。

故一经正式开工，即可开始大量卷烟出货。①

中华烟草公司成立于战后接收基础之上，成为中国卷烟工业有史以来的第一个大型国营企业。从当时报道看，它的成立确实引起各方关注。抗战胜利后，由于大型卷烟厂远在后方，小型烟厂及手工烟厂尚未完全恢复，一时间内市场上卷烟供不应求。这种情况下，以接收敌资为基础建立起来的中华烟草公司原料充裕，资金充足，销路旺盛，可谓深孚众望。该公司下设总务、厂务、业务、财务4个处及总稽核室、会计室、秘书室、购料委员会，厂务处直接管理第一、二、三共3家烟厂及仓库课（下设3个仓库）。主要设备有切丝机48台、卷烟机65台、压梗机7台、蒸叶机4台及其附属设施，烟叶500余万磅，包装材料约4亿元（储备券），有职工2100余人，其中职员140余人。② 公司成立一个月后，媒体称"第一第二第三各厂开工，三

图 5 - 1　中华烟草公司规模最大之第一、二两厂外景

资料来源：《中华烟草公司同仁业余联谊会会刊》该会 1948 年 12 月 25 日发行。

---

① 《中华烟草公司即将开工》，《申报》1946 年 1 月 15 日，第 2 张第 5 版。

② 《上海烟草志》编纂委员会：《上海烟草志》，上海社会科学院出版社 1998 年版，第 58 页。

厂共有卷烟机六十五架，现大部业已开动，每月可出卷烟五千大箱"。①

　　抗战期间，外商英美烟（颐中）公司曾被日本"军管理"，民族企业中较有实力者华成、南洋等均受战争重创。中华烟草公司成立之时，这些烟厂均在整理修复当中，复工遥遥无期。经过日人的统制和经营，具有垄断性质的大型烟草株式会社发展迅速，极具规模。中华烟草公司为战后国民政府接收中华烟草株式会社等四个单位合并组成，因此自成立之日起，就具备了较为雄厚的实力和基础。拥有设备方面，至1946年底，共计工作机69部，约相当华商烟厂所有机器总数的17%。② 生产能力方面，以公司经常可开动24部卷烟机的第一厂为例，每日开工9小时，每部机器可产烟7箱（五万支装）。如以每月开工26天计，24部卷烟机的最高产量可达4368箱，这样的生产规模和生产效能在当时整个国家卷烟工业中都是不可多得的。③

　　此外，中华烟草公司还继承了日本在华烟业的无形资产——商标。公司成立系奉行政院院长宋子文"以经济部接管名义，利用原有包装材料，沿用日人原有商标，克日复工"之手令。④ 成立后公司出品着重于两种牌子，就是"全禄"和"双斧"。它们均为敌伪时期日人所创，经济部接管后，继续以这两种牌子来出品。全禄牌香烟是沦陷时的出品，壳子上一个大6字，下面五颗骰子都画着┇┇，不但是意取谐声，兼有提倡赌博的用心。抗战胜利以前，已有机关禁止这个图案，不久就恪遵功令把6也改为┇┇，是为"全禄（六）"，中烟公司卖出的"全禄"牌香烟贴一个红签，上面印着"经济部接管"字样，时人称为"香烟史上光荣的记录"。⑤ 双斧牌在抗战胜利之前已经销路很大，日本人请客时候是用这香烟敬客的，一般人都叫它东洋茄立克，日本人称它为马歇尔（英文名字是 Marshall），和美国马

---

　　① 《中华烟草公司三厂开工，月出卷烟五千大箱》，《申报》1946年2月21日，第1张第3版。

　　② 《卷烟与烟草业》，上海社会科学院经济研究所企业史资料室藏1930—1950年代初期经济类剪报资料04—055"1938—1950年的卷烟工业"，第76页。

　　③ 计惜英：《改造官僚企业的一个例子》，《烟草月刊》第2卷第9期，1950年1月。

　　④ 《经济部关于中华烟草公司工人失业、公司业务报告等事项的文件》，中国第二历史档案馆藏经济部档案，4-36145。

　　⑤ 烟客：《经济部接管全禄牌香烟》，《快活林》第8期，1946年3月23日。

歇尔将军的名字恰恰相同，因马有来华调停国共之说，被誉为"和平之神"，"双斧"牌在人们心目中有很深印象。① 中华烟草公司成立后成为经济部接管的唯一国营卷烟企业，更具国货品牌效应，其产品广告词颇微妙："本国技师监制，美国烟叶制造，经济部接管，中华……出品，始终满意，历久风行。"②

图 5－2　中华烟草公司全禄、双斧、指南牌商标图样

资料来源：陈哲夫主编：《中华烟草公司同仁业余联谊会会刊》，该会 1948 年 12 月 25 日发行。

二　中烟成立初期的发展

中华烟草公司建立在战后接收敌伪产业基础上，它的成立受到行政院及经济部等政府部门的相当重视，在同行业卷烟企业中率先复工，具备雄厚的生产能力和品牌效应，因此该公司在成立之初得以迅速发展。

成立之初的中华烟草公司在业务上突飞猛进，最明显表现为产品供不应求。中烟公司于 1946 年 1 月 9 日成立，11 日正式开工，22 日开始派货。首次派货就有烟兑业 734 家向该公司指定仓库出货。③ 由

---

① 《马歇尔将军来华做特使的预兆：双斧牌香烟应改为马歇尔牌》，《吉普》第 23 期，1946 年 4 月 22 日。
② 《广告杂钞》，《申报》1946 年 10 月 12 日，第 3 张第 12 版。
③ 《经济简报》，《申报》1946 年 1 月 23 日，第 2 张第 5 版。

于产品销路甚好，烟兑商家众多，产品不敷供应，公司当局只好视其
范围大小而区别甲乙丙三级发给登记卡。然卷烟业公会丙丁会员约有
4000 家，公司发卡不能普遍，经数度交涉，允增发丙丁会员卡 1000
张。① 仅仅一个月，公司即已派货三次，3 月 26 日起开始第四次派
货，规定："凡该公司之甲级同行，得派双斧二中箱、全禄四中箱；
乙级同行，双斧二中箱，全禄一中箱；丙级同行，双斧半中箱，全禄
一中箱。"② 4 月 16 日开始举办第五次派货，规定甲级烟行可得派全
禄牌香烟八中箱，双斧牌香烟二中箱；乙级全禄四中箱，双斧一中
箱；丙级全禄二中箱，双斧半中箱。③ 尽管如此，仍不能满足需求。
该月《新闻报》曾误刊中华烟草公司派烟消息一则，立即引得一般
未向该公司登记之小同行凭此消息援大同行登记者之例向公司要求派
货，引发派货纠纷。④ 由此可见成立初期中华烟草公司产销之旺盛。

建立在接收日资基础上，作为战后卷烟业首屈一指的大型企业，
中华烟草公司在占有机器设备、人员配备和管理上，均占有优势地
位。由于名义上"经济部接管"国营生产事业单位属性，中华烟草
公司亦获得代售敌伪烟草物资之权。1946 年 3 月，青岛区大批接收
之烟叶陆续运沪，成立之初的中烟公司即被主管部门苏浙皖区敌伪产
业处理局委以重任，负责此项烟叶之代理配售。在其位而谋其政，19
日，公司负责人致函全市最大的卷烟业组织上海卷烟厂业同业公会：

> 近有烟叶一批，由青岛陆续运到本埠，已由苏浙皖区敌伪产
> 业处理局委托本公司代为处理，兹为明了贵会所属各会员厂烟叶
> 存底、实际需要及愿购数量等情形起见，特检附调查表一种函达
> 查照，至希分发贵会各会员填妥，于三日内见掷，以利进行。按

---

① 《中华烟草公司决定普遍派货，指定大同行一百家，将办理小同行发卡》，《征信所
报》（晨刊）第 15 号，1946 年 3 月 21 日。

② 《中华烟草公司开始四次派货》，《征信所报》（晨刊）第 20 号，1946 年 3 月 27
日。

③ 《中华烟草公司第五次派货明日截止缴款提货，零售商派货下周开始》，《征信所
报》（晨刊）第 39 号，1946 年 4 月。

④ 《中华烟公司的派货纠纷：新闻报误刊消息》，《新声》第 2 期，1946 年 4 月 24 日。

处理局所有委托处理代售物资，概系现款出货，栈房交货，至看样日期及地点等，当于调查表格整理完竣之后另行分别通知。①

上海市卷烟厂工业同业公会于 1946 年 3 月 9 日成立，中华烟厂亦属其会员之一。公事公办，出于业务上需要，公会亦不得不于 25 日致函自己的会员咨询运沪烟叶之数量及定价问题。26 日，中华烟厂向同业公会透露内情：

贵会 25 日笺函略以请标明由青运沪之烟叶包数定价等，以便各会员申请购买等由，查该项烟叶数量在一万吨以上，是否悉数运沪，正在商议中，确数及等级须待全数到沪后方可列量。现因到沪烟叶已有数批，仓库方面亟待出清，以利周转，故决定先行调查各厂商需要数量，以便按照需要之比例及缓急分批分配，随到随售，俾免积压；至于定价一节，因拟参酌当时市价酌予减低，是以颇难预告；等级方面，亦因各批到货之不同而略有差异，原则上业已决定各种等级均匀搭配，准函前由，相应函复，仍请贵会员克期将表格填交，其已交者并希先行送下，以利进行。②

此时的中烟俨然扮演了政府部门的角色。此外，中华烟厂还要求公会将各会员烟厂预购情况限期正式函知，逾期不再予以变更。6 月 24 日，公会致函为昌兴烟厂与和兴烟厂增购青岛烟叶事，中烟即以"业已逾期，未能照办"驳回。③ 截至 8 月 4 日，中华烟厂"业已分售三次，共售出约一万桶，而陆续运沪者尚有一万余桶，现正继续积

① 《中华烟公司受苏浙皖区敌伪产业处理局委托代售卷烟机及烟叶等一般业务同上海市卷烟工业同业公会的来往文书》，上海市档案馆藏上海卷烟工业同业公会档案，S68-2-105。

② 同上。

③ 同上。

极办理中"。① 除青岛运沪烟叶，中华烟草公司还被政府委以代售卷烟纸、卷烟机及切烟丝机之权。1946 年 4 月 13 日，公司致函同业公会称有民丰纸厂 27×4000m 卷纸若干分售各烟厂；6 月 17 日，又有全新卷烟机及切烟丝机各若干部配售，并规定日期时间，逾期截止，概不通融。② 据统计，1946 年一年中华烟草公司计代青岛区代售运沪烟叶约 600 万公斤弱，价款计 110 亿强；代售上海区烟草材料及各项机器计分烟叶、卷纸、机件、敌伪牌号香烟四项，计售得价款 12 亿元弱，均经解交处理局转解国库。

表 5 - 1　　　　1946 全年中华烟草公司代售青岛区运沪烟叶概况

名称	桶数（桶）	重量（公斤）	总价数（元）
山东烟叶	10504	2706645	4347129525
许昌烟叶	8611	2046040	3386887900
其他	682	208535	389109800
日本及朝鲜烟叶	3996	977895	2878626540
合计	23793	5939115	311001753765

表 5 - 2　　　1946 年中华烟草公司代售上海区烟草材料及
各项机器概况

名称	批数	数量	总价款（元）	备注
烟叶	7	44697660 公斤	8504730675	
卷纸	2	19242 卷	350820000	
机件	3	22 部 22 箱	330656600	卷烟机 18 部 切烟丝机 4 部 零件 22 箱
香烟	1	47 中箱	4770000	

① 《青岛烟叶分批运沪，平均配售各卷烟厂家》，《申报》1946 年 8 月 4 日，第 2 张第 8 版。

② 《中华烟公司受苏浙皖区敌伪产业处理局委托代售卷烟机及烟叶等一般业务同上海市卷烟工业同业公会的来往文书》，上海市档案馆藏上海卷烟工业同业公会档案，S68 - 2 - 105。

续表

名称	批数	数量	总价款（元）	备注
		合计	1190977275	

资料来源：《经济部关于中华烟草公司工人失业、公司业务报告等事项的文件》，中国第二历史档案馆藏经济部档案，4-36145。

　　1947 年，接收敌伪物资已基本售罄，中华烟草公司又承担起代理配售易货纸圈之职。5 月底，中央信托局易货处对日易货输入卷烟用纸 700 箱抵沪，委托中烟公司代具保结并经理出售。① 9 月初，中信局对日贸易之卷烟纸到沪 85000 卷，其中 35000 卷已交中华烟草公司分配予各卷烟厂商。② 至 11 月底，已基本配竣。③ 由于国营单位的属性，1947 年 10 月 1 日全国国货展览会上，作为首届一指的国营企业，中烟产品代表国货卷烟业参加展览。④ 优先配售的便利，充足的原料供应以及无形品牌资产均是企业发展的有力保证。1946 年中华烟草公司产销量稳步发展，产品风行华北及西南各埠。是年 12 月 22日《申报》载："本市卷烟产量，据业中人估计，每月约在二万箱以上，其中经济部接管之中华烟草公司，每月出货在八千箱左右。"⑤ 1947 年 3 月 24 日报道，该公司每月最高之生产量可达 10000 箱，1946 年全年生产总额 55336 箱，销售总额 53534 箱，销区以上海占多数计 16440 箱半，其他各埠包括鄂、浙、京沪、沪杭线、湘、皖、豫、陕、甘、青岛、川、滇、黔 等亦占 37093 箱半，销售金额23748145000 元，该公司全部资产估值约值 380 亿元。⑥

　　到 1947 年初，中华烟草公司所属三个制造厂及三个仓库计值

① 《上海货物税局关于中华烟草公司申请经营卷烟纸事与税务署及该公司的往来文件》，上海市档案馆藏财政部上海货物税局档案，Q434-1-72-35。
② 《卷烟纸分配各厂》，《申报》1947 年 9 月 9 日，第 2 张第 7 版。
③ 《易货纸圈第二批中信局决统筹办理》，《申报》1947 年 11 月 20 日，第 2 张第 7版。
④ 《全国国货展览会今起举行两个月，农产大东瓜重达七二斤》，《申报》1947 年 10月 1 日，第 1 张第 2 版。
⑤ 《年关酬酢增多，香烟价格飞涨》，《申报》1946 年 12 月 22 日，第 2 张第 7 版。
⑥ 《中华烟草公司一年来概况》，《申报》1947 年 3 月 24 日，第 2 张第 6 版。

624.33 余亿元，其中第一、二两厂月产香烟 6000 大箱，1946 年盈余 42.5 亿元。[①] 据 1947 年 3 月国民政府中央信托局苏浙皖区产业清理局清点估价：公司固定资产总额 78.83 亿元（储备券），其中土地 4.49 亿元，房屋及建筑物 31.09 亿元，机器设备 36.79 亿元，运输设备 3.06 亿元，原辅材料 3.04 亿元。以上固定资产总额中，中华第一厂为 30.25 亿元，中华第二厂为 30.97 亿元，中华第三厂为 9.74 亿元，总公司及仓库、发行所合计为 7.87 亿元。[②] 开工仅仅一年，公司效益良好，各项业务渐上轨道。上海卷烟工业同业公会各会员厂 1946 年产量及纳税额统计显示，中华烟草公司全年生产量为 56775 箱，纳税额 8639956500 元，居全市第三位，仅次于洋商颐中及华商福新。[③] 在整个上海同行当中遥遥领先。1947 年上半年，该公司卷烟

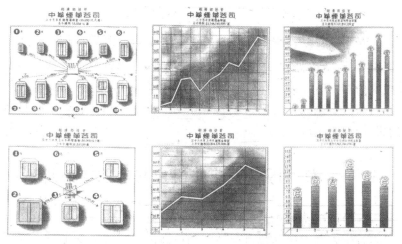

图 5-3 中华烟草公司 1947 年上半年销烟箱额、金额、完纳货物税额统计图

资料来源：陈哲夫主编：《中华烟草公司同仁业余联谊会会刊》，该会 1948 年 12 月 25 日发行。

---

① 《国营事业出售，中烟决定全部出卖，中纺估价积极进行，董显光昨招待记者报告》，《大公报》1947 年 7 月 10 日，第 1 张第 2 版。

② 《上海烟草志》编纂委员会：《上海烟草志》，上海社会科学院出版社 1998 年版，第 58 页。

③ 《上海市卷烟厂工业同业公会三十五年度工作总报告》，上海市卷烟厂工业同业公会秘书处，1947 年 1 月。

销量达到 31537.59 箱，完纳货物税额 6565349750 元。

　　成立于战后接收基础上，拥有雄厚的资源和实力，中华烟草公司产量销量稳步增长。从当时媒体报道来看，诞生一年多的中烟确实有了可喜的发展。1947 年，时人在参观中华烟草公司烟叶部、卷烟部和包装部厂房车间后，曾有这样的评论：

> 　　中华烟草公司，生长于敌伪时期，是日本人在华重要企业之一，抗战胜利后，由经济部接管，就原有设备，稍加部署，继续开工，一年有余，渐上轨道，自张伯伦氏莅任以还，更以大刀阔斧的手段，无论在人事方面，技术方面，管理方面，都作崭新的改进，业务蓬勃，一日千里，在今日民族卷烟工业中，负起了领导的任务，展望前途，实未可限量。①

　　从成立之日起，中华烟草公司在当时整个上海烟草行业中即占据了一席之地。经过一年多的发展，从公司拥有设备数量、规模、产销与发展环境来看，其"前途"确实应该"未可限量"。然而，中华烟草公司在日后国民政府出售国营事业的过程中，却被卷入了旷日持久的承购权纠纷之中。

第二节　国营事业的出售与承购权纠纷

一　战后国营事业民营化与中烟的出售

　　当日本在战争中败局已定时，国民政府已经开始考虑战后经济建设的原则和方针问题。当局有关部门制定的一系列重要文件中，都声称战后建设必须遵循孙中山先生的民生主义，提倡经济建设事业要从有计划的自由经济发展，逐渐达到建立三民主义经济制度。1944 年12 月，国民党国防最高委员会通过了《第一期经济建设原则》，其中明确规定建设事业要在不违背节制资本的原则下，尽量鼓励民营事

---

　　① 徐心涵：《参观中华烟草公司归来有感》，《中华烟草公司同仁业余联谊会会刊》，该会 1948 年 12 月 25 日编印。

业；关于经营方式，实业开发应分为民营企业和国营企业两个方向。应由政府独立经营的种类仅有邮政电讯、兵工厂、铸币厂、主要铁路、大规模动力厂等，政府认为民力所不能胜任或须特别重视的实业如大规模的石油矿、钢铁厂及航运事业仍得由政府单独经营或与民资外资合办，未经指定为政府独营的事业均可为民营。① 1945 年 10 月，国民政府主席蒋介石于国庆日广播战后"第一期经济建设方针"，其中第二项要纲内开：

> 第一期经济建设应使人民的经营自由与国家的经济计划融合为一体，而国营事业与民营事业尤应有明确的划分，国民政府对此所持的方针已经在第一期经济建设原则内明白宣布了。具体的说，凡有全国性的和独占性的以及人民力量不易举办的事业如全国铁路、如大规模水电事业等，应归国营，此外一切经济事业均可归之民营。其民营事业资力不足者，政府当予以补助或合资经营。我们国家的建设计划应以民生福利为目标，人民的经济自由应受国家整个计划的保育，这就是我国古训"藏富于民"的道理。②

国民政府当局在抗战胜利前后的一系列言论透露出了扶助民营事业之宗旨和取向。抗战胜利后，作为执政党的国民党从敌伪手中接收了不计其数的经济资源。以纺织业为代表，在日伪企业经营权归属的问题上，官方和民意相左，曾一度发生激烈争论。作为轻工业重要部门的卷烟工业，既不属于政府独营的事业范围，也不属于必须与政府合资经营的事业范围，而且直接关系到国民生活。况且战后政府烟类专卖制度已经取消，卷烟业理应归入私人资本经营的范围，并得到政府的鼓励。但它又是敌产中仅次于纺织业的最重要、最值钱又最容易出售之行业，战后经营卷烟业相当有利可图，有着巨大的市场，从生

---

① 《第一期经济建设原则》，《经济建设季刊》第 3 卷第 3—4 期，1945 年。
② 《中华民国史事纪要（初稿）——中华民国三十四年（1945 年）十至十二月份》，台北"国史馆"1990 年 6 月版，第 145 页。

产到销售周转快、赚钱多，政府和资本家都不愿放过这一重要产业。当时社会上的舆论基本倒向民营企业，当局决定先由经济部接管自营，必要时转为民营，中华烟草公司就是在这样的背景下成立的。

以战后接收为基础组建的大型国营企业，严重挤压着民营资本企业的生存空间。某些企业名义上为国营，实际上被拥有政治特权的豪门权贵所掌握，成为变相的"官僚资本"，引发社会有识之士的不满。1946年4月，经济学家马寅初直言不讳地指出："现在的问题，不是劳资问题，而是官僚资本和老百姓相对立的问题。中国的经济单靠几个官来办，是不行的。"① 1947年2月，学者傅斯年批评政府"所有收复区敌伪的工业，全部眼光看在变钱上，有利可图者收归国有，无利可图者拍卖"。② 在国民党内部，不同派别对行政院长宋子文主政一年来的事绩颇有不满，对官僚豪门控制国家资本怨声载道。在1946年3月召开的国民党六届二中全会上，一度引发对"官僚资本"的激烈抨击。③ 抗战期内，国民政府财政支出剧增。1937—1945年，政府总支出中的50.1%是由通货膨胀性的银行借款来应付，由税收支付的仅为支出总额的6%，到1945年，预算赤字已占支出总数的80%。④ 政府支出大量超过预算，而扩大收入的计划又无法在短时间内实现。战后，政府尝试用改善直接税制、间接税制以及处理敌产的办法来恢复收入。由于物价持续上涨，通货膨胀严重及国民经济很难立即摆脱战时状况，税收政策一时难以明显奏效，所以对于出售敌产寄予了很大的希望。政府幻想以此得到大笔收入，缓和收支不平衡。在这种情况下，出售国营生产事业从长远来讲可以增加政府威信，缓解执政危机；眼下则可以增加国库收入，缓解财政危机。随着

① 马寅初：《欲挽救经济危机，非打倒官僚资本不可》（1946年4月9日），周勇林、张廷钰编：《马寅初抨官僚资本》，重庆出版社1983年版，第158页。

② 傅孟真：《这个样子的宋子文非走开不可》，《世纪评论》第1卷第7期，1947年2月15日。

③ 关于国民党内对"官僚资本"的抨击，学者汪朝光曾有专文论述，详见汪著《1945—1949：国共政争与中国命运》（社会科学文献出版社2010年版）第四章"关于官僚资本的争论与国民党执政的危机"。

④ 张公权：《中国通货膨胀史（1937—1949年）》，杨志信译，文史资料出版社1986年版，第79、95—98页。

国营事业民营化的呼声甚嚣尘上，1947年2月17日，国民政府发布了以平衡预算为主导的《经济紧急措施方案》，其中规定：

> 凡国营生产事业，除属于重工业范围及确有显著特殊情形必须政府经营者外，应即分别缓急，以发行股票方式公开出卖或售与民营。[①]

此一方案公布，表明政府已经开始了国营事业民营化的步骤，出售国营企业立即成为社会各界关注的焦点。中央相关部门围绕出售的内容和办法展开具体讨论，民间对此寄予厚望。舆论指出："国营事业改为民营，固属一良好政策，惟国营事业资产总额极庞大，而目前之工商界则资力窘乏，恐有力不从心之感，政府对于让渡事宜，究竟如何处理，颇值得各方注视。"[②] 4月7日，依照经济紧急措施方案的原则，由蒋介石亲自审核批准的《国营事业配售民营办法》8条正式公布。其中第2条规定将经济部、资源委员会、农林部、中央信托局等部门所属的17个生产企业的全部或部分资产以标售或发行股票的方式向社会出让，经济部主管之中华烟草公司即在全部售予民营之列。根据规定，出售之前期工作包括：

> 应行售予民营之事业，应由主管机关于一个月内开具各事业之：一、资产要项及初估价值，固定资产及原料成品等项，应分别处理；二、生产能力及营业概况；三、转售民营之价格；四、拟定售卖民营之具体实行办法。呈候行政院核定施行。[③]

办法的出笼标志着出售国营事业工作正式提上日程。媒体评论："国营事业让渡民营，乃整个措施方案中，最得民间同情的一项，因实施办法久议未决，颇引起民间的疑窦，现在办法既公布，则国营事

---

① 中国第二历史档案馆编：《中华民国史档案资料汇编》第五辑第三编，财政经济（一），江苏古籍出版社2000年版，第46页。
② 《出售国营事业，今日集会讨论》，《申报》1947年2月22日，第2张第6版。
③ 《国营事业配售民营办法》，《申报》1947年4月8日，第1张第2版。

业让渡民营必于最近期内实现。此一经济界的大事，其发展，其结果，自为工业界暨社会人士所重视!"① 大部分列入出售的企业主要集中在轻工业方面，涵盖了纺织、烟草、造纸、蚕丝等行业。中华烟草公司作为国民政府经济部主管的国营生产事业单位，是战后接收敌产基础上建立的上海唯一一家国营企业，无论是拥有设备人员还是产量销路上均非一般民营企业所能比拟，它的标售，吸引了工商各界人士的关注。

经济紧急措施方案公布后，中华烟草公司的估价工作即已开始，国营事业配售民营办法公布，使中烟出售方式渐趋明朗，该公司之第一、二厂经中央信托局敌伪产业清理处审议核准优先承购。8 月 9 日，上海《申报》正式披露了中华烟草公司第一、二厂将由华东、华品烟公司负责人分别优先承购的消息。② 如果优先承购切实实行，成立仅仅一年多时间的中华烟草公司将发生质变，由原来的国营单位变为若干民营企业。

二 承购权纠纷之缘起

抗战胜利后，作为政府工商职能部门的经济部从敌伪手中接收了不少产业，其中规模最大的中国纺织建设公司和中华烟草公司即是在战后接收基础上成立的。政府国营事业民营化工作启动后，作为卷烟行业中唯一国营企业，中华烟草公司采取何种方式出售备受关注。该公司是在抗战胜利后以接收敌伪产业的基础上成立的，其中有些部分是战时日方通过强购等暴力方式从民间取得的。抗战胜利之初，国民政府曾颁布一系列处理敌产办法，规定某些企业可以由适当人员或原业主优先承购。如 1945 年 11 月苏浙皖区敌产处理局通过、后经行政院核准之《敌伪小工厂以公平价格标售办法》，其中规定敌伪工厂如属较具规模者，可选择适当人员经营，其选择标准包括在抗战期内对战时生产确有成绩贡献、经经济部或战时生产局证对属实或对本业经

---

① 《国营事业配售民营办法之检讨》，《申报》1947 年 4 月 9 日，第 1 张第 2 版。
② 《中华烟草公司第一二厂将由原主分别优先承购，第一仓库亦经审议发还》，《申报》1947 年 8 月 9 日，第 1 张第 4 版。

营向负经验及成绩者；规模甚小或不能继续单独经营之工厂，可采全部公告招标办法出售之。① 12 月 15 日行政院通过之补充规定指出：

> 凡在战争期间售于敌人之工厂，如所有人能提出确实证据证明售价在当时厂房机器市价百分之五十以下者，得认为被迫售卖之有力佐证。审议会或处理局于查明情节及该原主有无勾结敌伪情事后，得酌拟办法呈院核定其情节最轻者，并得请求依评定价格予原主以最优先之购买权。②

战后的敌产处理办法虽然不是特别具体，但在某种程度上为一些民营人士的优先承购提供了一定依据。战后百废待举，工商各业亟待复原，民间有志之士请求承购者络绎不绝。1945 年 12 月 21 日，曾游学日本之知识分子陈云汀致函经济部，请求接办敌伪卷烟纺织工厂。呈文曰：

> 窃云汀早岁游学日本，毕业早稻田大学商科。归国后，曾服务沪甬两地卷烟染织各厂，嗣蒙委座委任，在浙省各机关供职多年。抗战以还，息影家园，不问外事。际兹河山重光，建国伊始，百废待举，凡为国民，均应尽其天职。云汀以驽骀之才，颇思竭其绵力，供献国家。举办实业，为云汀之素志，愿纠合同志，致力于此。窃惟日军投降后，敌伪各工厂，相继停工，以致工人失业，生产降低，物价高涨。政府鉴于情形严重，亟有从速开工之议，云汀仰体政府意旨，窃愿在上海或苏州等地敌伪卷烟纺织各工厂中，择一指派接办，一俟令准接办，当于最短期内开工，以期早日生产，一切设施，自应恪遵政府法令办理。是否可行，理合备文呈请鉴核批示祗遵，谨呈经济部。③

---

① 《上海区敌伪产业审议委员会、上海区敌伪产业处理局章则汇编》，上海区敌伪产业处理局秘书处 1945 年 12 月编印，第 15 页。

② 同上书，第 16 页。

③ 《苏浙皖区标售承购案（四）标售承购案》，台北"中央研究院"近代史研究所档案馆藏经济部档案，馆藏号：18－36－04－010－02。

1946 年 1 月 23 日，"对于机器豆腐之化学工程稍具学识与经验"之民间技人戴行炜复呈经济部部长翁文灏，援引蒋主席国庆日广播经济建设方针及经济部部长"凡经钧部接管之日人企业，可供民营者，决尽量归民营为原则"之昭示，为"冀求发展上海民食有所供献"，请将经济部接收之上海虹口九龙路 317 号前日人所设之小烟商店（即浪花豆腐厂）厂房屋以及全部机器生财归其投资经营。① 中华烟草公司是战后接收敌产基础上建立的唯一一家国营卷烟企业，它的标售，吸引了工商各界人士关注，一时间请求承购者纷至沓来，其中以华品烟公司和华东烟公司负责人最为积极。

华品、华东烟公司均属 20 世纪 20 年代末创立的民族资本卷烟企业。华品烟公司经理夏巨川本是花旗、大美烟公司买办，曾开过万国烟叶公司，1923 年创设华商烟厂，后因经营不善闭歇。② 之后，夏于1929 年创立华品烟公司，创办时资本额为 30 万元，拥有卷烟机 12台，地址在培开尔路 91 号。华东烟公司创办于 1928 年，创始人为黎学东，成立时资本总额为 10 万元，拥有卷烟机 8 台，地址在塘山路38 号，两公司均为股份有限公司。③ 据 1932 年的调查，华品、华东公司资本总额尚无变化，但规模均有扩大，华品公司工人数达 824人，卷烟机数 15 台；华东公司工人数 260 人，卷烟机数达 18 台。④华品月产量达 9600 箱，在同时期华商各厂中居第四位。⑤ 1937 年 5月，华品男工 150 名，女工 750 名，拥有卷烟机 15 架；华东男工 130名，女工 800 名，卷烟机 12 架，⑥ 在当时上海市华商各卷烟厂中位居前列，规模仅次于南洋、华成及福新。中华烟草公司是在接收和继承

① 《苏浙皖区标售承购案（四）标售承购案》，台北"中央研究院"近代史研究所档案馆藏经济部档案，馆藏号：18 - 36 - 04 - 010 - 02。
② 《上海近代民族卷烟工业》，第 29 页。
③ 同上书，第 49—50 页。
④ 《上海华商卷烟工业之现状》，《工商半月刊》第 5 卷第 1 号，1933 年 1 月 1 日。
⑤ 《上海卷烟工业简史》，上海社会科学院经济所企业史资料室藏英美烟公司抄档 [02] 2A—1 "中国卷烟行业的一般发展情况 1885—1950 年"，第 40 页。
⑥ 《英美烟及民族资力机器、工人数的比较》，上海社会科学院经济所企业史资料室藏英美烟公司抄档，[96] 22A—K "英美烟与民族卷烟业的比较 1911—1953 年"，第 4 页。

中华烟草株式会社产权基础上成立的。公司的主体——原中华烟草株
式会社其第一厂之西部厂房,原为东亚烟草株式会社向华东烟公司购
买;第二厂绝大部分地产及地面一切建筑设施等原属华品烟公司,后
几经转卖给东亚烟草株式会社,东亚烟草株式会社后又并入中华烟草
株式会社。① 中华烟草公司成立后,华东、华品两公司均向政府提出
过发还财产的请求,其中华品最为积极。国民政府国营事业出售工作
启动后,各生产性事业单位出售范围、方式逐渐具体化。关于中华烟
草公司的出售方式,政府承认了"优先承购权"的存在,同意民营
华东、华品两卷烟厂以原业主的身份优先承购中华烟草公司一、二
两厂。

　　中华烟草公司出售方案公布后,华品烟公司为购回中华第二厂
积极行动,经理夏巨川8月11日即开始向苏浙皖区敌伪产业清理处
缴款,月底上缴已达全部价款之半数。如果承购顺利,中华烟草公
司将由国营事业变为民营企业,由政府主管变为私人经营。值得注
意的是,一、二两厂分别承购,意味着公司将从三厂一体的统一整
体,变为由不同业主分割经营个体。公司解体,势必会对企业的整
体经营造成影响;工厂易主,企业原有两千多名职工将面临被解雇
的可能,这些都使得中烟全体职工忧心忡忡。1947年7月14日,
得知政府将出售中华烟草公司的动议后,公司产业工会理事长程顺
兴就写信给苏浙皖区敌伪产业清理处,要求以全体工人生计为重,
改零星标售方法为统标统售。"伪产业或多以零购分批价卖,此例一
开,不免陷全厂机器于分崩瓦解之局,有使工人无工可做、生活无
依之虞,不免有抗不移交而致酿成纠纷",② 清理处并未正面答复。
8月9日,上海《申报》刊登了"中华烟草公司第一、二厂将由原
主分别优先承购"的新闻,企业出售即成事实。标售消息披露后,
该厂所属三厂全体工人两千余名,以生计所关,大起恐慌。10日,
中华烟厂产业工会对此发表声明,对该厂标售消息有所更正。声明

---

　　① 《上海近代民族卷烟工业》,第241页。
　　② 《中华烟厂产业工会关于要求采取统标统售方法办理标售事致苏浙皖区敌产清理处
的呈文》,上海市档案馆藏中华烟草公司档案,Q451-1-41-6。

指出，中华烟厂在抗战时期系由日本军部于 1942 年向日商东亚烟厂及日商华生烟厂征购而成，现今塘山路 902 号之中华第一厂、惠民路 591 号之中华第二厂均系日商东亚烟厂之产业，并非直接向华商华东厂及华品厂征购。工会代表复称：该厂全体工人工作于中华烟厂积有年数，多年来努力生产之结果，造成今日中华厂出品双斧、全禄、指南等香烟之成名畅销。故在此实施标售之前，坚决要求工人之工作应随厂权及商标出品而全部转移，以获保障。至于标售方法，希望敌伪产业清理处能采取过去拟议之招股集资方式，以使全体工人亦能参加投资，"俾优先标购组织合作工厂而保持工人生活，发达工厂生产"。①

除发表声明外，中华烟厂门口还打出了"政府救济失业工人，捐客制造工人失业！打到什么优先权标买的黄牛党！打到藉口优先标售的捐客！两千余工人的工作，万人以上的生活是何等严重的问题！"等标语。② 抗议的口号五花八门，集中反映了工人们反对由"原业主"华东、华品公司优先承购的诉求。11 日，中华烟厂产业工会全体理监事向总公司请愿，提出两项要求：工人工作应随商标全部转移，不容分裂；工人参加投资优先标购，以组织合作工厂，之后续至卷烟工人福利会请愿。③ 产业工会还于 14 日、15 日、16 日，分别致函上海市参议会、上海市政府、上海工商辅导处，正式向政府对优先承购事宜提出抗议。此外，工会还在《新闻报》《申报》《立报》等多家媒体发表紧要声明（启事）。

中华烟厂职工的诉求首先得到上海市总工会的同情，总工会理事长水祥云表示："今本会为保障全体二千余工人工作、一万人以上生活，对此标售自不能漠然。"④ 常务理事周学湘亲函经济部部长陈启

① 《中华烟厂产业工会对中华烟厂公布标售消息发表声明》，上海市档案馆藏中华烟草公司档案，Q451－1－41－1。
② 《经济部关于中华烟草公司工人失业、公司业务报告等事项的文件》，中国第二历史档案馆藏经济部档案，4－36145。
③ 《中华烟厂工人请愿》，《申报》1947 年 8 月 12 日，第 1 张第 4 版。
④ 《经济部关于中华烟草公司工人失业、公司业务报告等事项的文件》，中国第二历史档案馆藏经济部档案，4－36145。

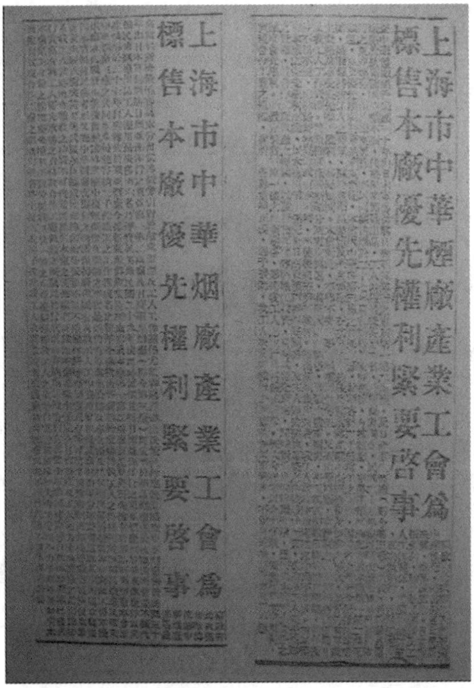

上海市中華烟廠產業工會為標售本廠優先權利緊要啓事

上海市中華烟廠產業工會為標售本廠優先權利緊要啓事

图 5－4 1947 年 8 月 16 日上海《新闻报》与《申报》刊登中华烟厂产业工会启事

资料来源：《中华烟草公司业务及烟厂工人请愿等事的剪报》，上海市档案馆藏中华烟草公司档案，Q451－1－83－1。

天，指出敌伪产业清理处处理中华烟厂标售案之不当之处，并主张“在发还民营前提下，对于工人要求采取三厂同标同售及发行股票容纳工人投资方法不无见地，故请部座俯念工人热烈情绪，主持办理”。[①] 18 日，烟厂全体工人推产业工会理事程顺兴、朱邦达、过福麟等，会同上海市总工会常务理事周学湘等赴南京向行政院、全国经济委员会、经济部等有关机关请愿。19 日，续向社会部、农工部请愿，要求：“一、取消华东、华品两厂之优先承购权，并停止标售，

① 《经济部关于中华烟草公司工人失业、公司业务报告等事项的文件》，中国第二历史档案馆藏经济部档案，4－36145。

而由经济部继续开工。二、倘必须标售，应将优先承购权异于工人，组织合作工厂，容纳工人投资。三、倘上二项均难做到，政府应将中华厂所属三厂，连同出品商标，统一标售，以保全工人工作机会。"①请愿行动声势浩大，各部门除表示同情外，纷纷转呈中央信托局苏浙皖区敌伪产业审议会要求重新审查核办，与主管部门经济部会同办理。面对社会舆论压力和各方问责，审议会发出通知，会见晋京请愿团的中华烟草公司代表。9月3日，中华烟厂产业工会代表团代表程顺兴在接受会见时再次提出三点要求，审议会答复在准予承购基础上与购厂人协调。②

国营企业出售是政府的既定政策，中烟之标售自属正常，而焦点聚集在华品、华东否具有"优先承购权"问题上。按照行政院的规定，只有华东、华品烟公司当时出售时属于"强迫售卖"，才具有优先承购资格。中华烟草公司产业工会理事长程顺兴在请愿呈文中指出：华品烟厂"系于抗战前因营业不振售予美商，二十九年（1940年）以时价售于日商东亚烟厂"，华东烟厂二十七年（1938年）"自动转售"东亚烟厂，都不属于强迫售卖。两烟厂在抗战时不但没有坚持生产，反而以时价蓄意出售东亚烟厂，已经丧失原业主资格，因此不具备优先承购权。③ 产业工会的指证，无疑是对华品、华东烟公司优先承购权当头一击，并且牵涉相关政府部门，承购权纠纷随着声势浩大的请愿活动迅速升级。请愿结束后，工会的活动并未停止。9月4日，工会借汇山大戏院召开全体会员大会，决议："要求政府撤销华品等厂优先标购本厂权利；要求政府发行股票，容纳各方投资，并拟定每一工人投资200万元，以实现合作工厂；要求政府对于本厂标售，务须以统标统售，全体工人随商标转移之基本原则，保障工人生

① 《沪中华烟厂工人派代表来京请愿，对标售事提出要求》，《中央日报》1947年8月19日，第4版。
② 《中央信托局苏浙皖区敌伪产业清理处就标售中华烟厂事与工会理事长程顺兴的询问笔录》，上海市档案馆藏中华烟草公司档案，Q451-1-25-5。
③ 《中华烟草公司标售、承购事项卷》，中国第二历史档案馆藏资源委员会档案，28-14690。

活。并将大会决议分呈有关部会及市政权关主持办理。"① 9 日，又分
呈上海市政府、社会局、参议会、总工会等，提出"工人不分、工厂
不分、商标不分"之"三不"口号。② 中华烟草公司承购权纠纷案在
该公司产业工会和工人的强烈反对声中走向前台。

三 承购权纠纷案之过程与结局

中华烟草公司承购权纠纷案的焦点集中在华品、华东公司是否有
"优先承购"的资格上。中华烟厂产业工会坚持认为该公司所属一、
二两厂是在抗战时期由日本军部于 1942 年向日商东亚烟厂征购而来，
而塘山路第一厂及惠民路第二厂均系日商东亚烟厂之产业，并非直接
向华商华东及华品厂征购。事实上，资格问题只是中烟承购权纠纷之
一个环节。随着事态发展，华品公司的分期付款是否合法？中华烟草
公司之估价是否合理？都成为争议的焦点。中华烟厂工会声势浩大的
请愿活动引起了政府相关部门对承购案件的重视，1947 年 8 月 22 日，
作为主管部门的国民政府经济部致函直接负责标售的中央信托局敌伪
产业清理处，对华品承购的合法性提出质疑：

> 查此项售价与原估价颇有距离，再与目前实际市价相较不免
> 过低，分期付款又与原规定不符。依照规定，该公司既未能一次
> 缴足价款，即应撤销其优先购置权。本部近奉院令，关于让售敌
> 伪产业，应由主管机关会同敌伪产业处理机关办理，而估价尚须
> 经过全国经济委员会之国营事业出售监理委员会审定手续。该中华
> 烟草公司之让售估价经过办法，显与规定有所出入，且事先亦未
> 征询本部意见，自难表示同意。除呈报行政院并分电中华烟草公
> 司外，拟请再予妥慎考虑，另商处理办法用止流言并希见复
> 为荷。③

---

① 《中华烟厂工人请组合作工厂》，《申报》1947 年 9 月 5 日，第 1 张第 4 版。
② 《中华烟厂工人三不口号》，《申报》1947 年 9 月 10 日，第 1 张第 4 版。
③ 《经济部关于中华烟草公司工人失业、公司业务报告等事项的文件》，中国第二历
史档案馆藏经济部档案，4-36145。

同日，经济部致函行政院陈述同样的看法，并且给中华烟草公司发出训令，要求暂停移交厂产：

> 关于中信局敌伪产业清理处予华品公司优先承购该公司第二厂一案，本部认为并未依照规定一次缴足价款，闻该处有准许其分期付款之议等语，处置欠妥，已电该处另商处理办法。在未决定前，凡任何方面有前往该公司接收者，非经本部令准，该公司不得擅自移交。①

华品烟公司的承购工作由于中华烟厂产业工会抗议和经济部异议而告停滞。墙倒众人推，作为当事人的中华烟草公司这时也开始"翻供"。9 月 17 日，公司负责人致函苏浙皖区敌伪产业处理局，要求"补具书面异议并提供证件，俾凭审议而便处理"。② 19 日，负责标售工作的苏浙皖区敌产清理处通知华品公司"本案现奉行政院令重新核复，所请移交厂产一节，应俟呈奉院令指复再行办理"。③ 之后，清理处采取"冷处理"，拒收华品公司第三、四期价款，对于第一、二期价款之 40 亿元暂时予以冻结，待标卖问题解决后再行决定发还和续收。华品经理夏巨川不服，于 9 月 30 日向行政院呈文，递交发还厂产经过节略，申诉承购厂产付款而不移交，请求迅饬即日交接。④ 中华烟草公司承购权纠纷一案走向前台。

优先承购权的判定，牵涉负责标售的中央信托局苏浙皖区敌伪产业审议会；中烟公司的产权，牵涉主管部门经济部。1947 年 9 月 13 日，行政院决定"交由苏浙皖区处理敌产审议委员会重新核议，并饬

---

① 《经济部关于中华烟草公司工人失业、公司业务报告等事项的文件》，中国第二历史档案馆藏经济部档案，4 - 36145。

② 同上。

③ 《中华烟草公司》，台北"中央研究院"近代史研究所档案馆藏经济部档案，馆藏号：18 - 27 - 02 - 013 - 03。

④ 《中华烟草公司标售、承购事项卷》，中国第二历史档案馆藏资源委员会档案，28 - 14690。

经济部派员与该会合作办理具报"。① 10 月，经济部派出了司长费明扬、科长杨蘅齐、上海工商辅导处处长欧阳仑及相关技术人员前往协助调查。经中华烟厂产业工会指证，经济部协同调查后提出了"估价问题""资格问题""分期付款问题"三点异议。其中"资格问题"直指华品烟公司，认为其出售发生在太平洋战争前，而且是足价让售，并没有强迫售卖；"估价问题"和"分期付款问题"则指向苏浙皖区敌伪产业审议会，认为清理处估价过低，且华品公司不符合分期付款的条件。针对经济部的质疑，审议会在致函行政院的呈文中进行了解释。关于"资格问题"，审议会认为华品被迫售卖是"沦陷时期一般工厂掩护产权之惯技，不足为奇"；在"估价问题"上，综合了多方面的调查意见，处分合理；至于"分期付款问题"，不乏先例可援，"一面顾及人民筹款之困难，一面不使国库吃亏"。② 双方相持不下，而行政院要求双方统筹办理，承购权纠纷案陷入僵局。

经济部的调查及给行政院和审议会的反馈意见无疑是承购工作的症结，解铃还须系铃人，向行政院求诉无果之后，华品公司经理夏巨川不得不转向经济部，通过间接途径积极转圜。1947 年 12 月，时任国大代表、从事律师事务工作的社会名流江一平致函经济部部长陈启天，要求"早日饬令烟草公司赶办移交，俾商人有限之经济力量不致因坐耗息金而濒于破产；至百数员工能否获有工作，尤属值得注意之社会问题"。③ 此外，国民党中央委员会秘书长吴铁城也以个人名义致函经济部部长陈启天，为华品烟公司说项，要求将厂产早日移交。④ 未获结果后，华品经理夏巨川于 1948 年 1 月 19 日直接呈文经济部部长陈启天，陈述向苏浙皖区敌伪产业清理处优先承购华品烟公司厂产经过，请求撤回异议，即速移交厂产。呈文指出：

① 《经济部关于中华烟草公司工人失业、公司业务报告等事项的文件》，中国第二历史档案馆藏经济部档案，4-36145。

② 《中华烟草公司标售、承购事项卷》，中国第二历史档案馆藏资源委员会档案，28-14690。

③ 同上。

④ 同上。

揆厥原由，行政院所以有重新复核之令者，当系钧部对于清理处核准商公司优先承购一案之异议所致。故无论商公司呈请优先承购既经有权处理官署核准，依法即应互受契约之拘束，万无可以使商公司迟延受亏之理，即有钧部对于该处理官署之异议而论，恐亦与法令事实不免有误会隔阂之处，商公司交款过半，历时五六月而迄未得产复业，损失实为不堪。方今宪政实施，民困待苏，为特沥陈下情，并检呈证件吁请钧部鉴核，准予撤回异议，令知中华烟公司迅即移交厂产，俾商公司得早日接收复业。①

对于华品的申诉，经济部答复："奉行政院饬由苏浙皖区敌伪产业审议委员会重新核议，所请应毋庸议。"②对移交厂产一事，不予考虑。1948年5月，经济部改组为工商部。华品公司于6月16日呈行政院请求查案并"迅饬移接，以维政府威信而保人民权益"，再次尝试通过其"顶头上司"向该部施压。行政院6月30日电令该工商部："查本案久悬未决，影响人民权益，仍仰查案，迅速提出解决办法，以结悬案。"③对此，经济部只是给自己的下属中华烟草公司发去训令，令其提供解决办法，此举无疑是拖延战术，对案件无济于事。

政府投诉无果后，华品烟公司转向通过舆论民意博得社会各界同情。1948年12月27日，《中央日报》刊登华品启事："因工商部未尊奉行政院核定，迟不归还厂产，据为己有，拖延年余，损失浩大，呼请中央各主管长官秉公处置，各界人士与舆论界主持公道。"④29日，华品烟公司被停职工人向市参议会请愿，请求参议会函该厂准予复职。⑤此举立即遭到中华烟厂产业工会的攻讦。1949年1月3日，中华烟厂产业工会致函上海市市长和市社会局，指出华品烟厂夏巨川

---

① 《中华烟草公司》，台北"中央研究院"近代史研究所档案馆藏经济部档案，馆藏号：18-27-02-013-03。

② 同上。

③ 《行政院及工商部关于中华烟草公司移交事项卷》，中国第二历史档案馆藏资源委员会档案，28-14693。

④ 《中华烟草公司产权纠纷事项卷》，中国第二历史档案馆藏资源委员会档案，28（2）-2326。

⑤ 《请愿三起》，《申报》1948年12月30日，第1张第4版。

歪曲事实、滥登广告并串冒工人代表请愿，希图非法标购国营中华烟厂，请求主持查办。呈文指出：

> 窃华品烟厂于二十九年价卖于日商，当时仅有工人六名，即以抗战前该厂尚生产时之全部工人现亦均在本厂蝉连工作，何来有中隔十年之失业华品厂工人以复厂复工为要求？故其纯系串伪假冒，幕后有人指使，不问可知其滥冒工人名义滥登广告歪曲宣传不顾我全体工人之生活，唯一以逞其廉购敌产转售牟利为目的。其手段毒辣，可谓其心可诛。本会痛心疾首之余，决与其周旋到底，诚恐混乱听闻，奸谋得逞，合特重陈本厂敌产渊源历史及揭破其阴谋，所陈呈请钧局鉴核，仰祈俯念全厂二千工人之工作重要，对于华品烟厂之非法企图主持严予查办。①

1月4日，工会代表程顺兴等为华品烟厂夏巨川串冒工人代表希图购买该厂事续向市参议会请愿，请参会查办。② 7日，工会理事长程顺兴发表谈话称："该厂现有工人2000余人，倘一旦为华品烟厂蒙准标购，则势必重蹈前华品厂命运，而陷工人于分批解雇失业之深渊，为求厂产完整，决维护厂权到底。"③ 华品公司与中华工会舆论媒体上"打起擂台"。1949年1月，上海烟业界舆论的喉舌《烟业日报》报道了华品烟公司"收回厂产事件"中的悲惨遭遇。关于承购权问题，华品公司强调："1. 有事实可查，未可妄事臆测。2. 非将产权售予美商，已有美国领事书面证明。3. 中信局出售敌产时分期付款者，不仅本公司一家；且延期付息，于国库收入毫无损失，更与产权事不相关联。"④ 中华烟厂产业工会针锋相对，通过媒体发表"维护厂产，贯彻护厂目的"之启事。

---

① 《中华烟厂产业工会呈为前华烟厂夏巨川歪曲事实并串冒工人代表非法标购国营中华烟厂事案》，上海市档案馆藏上海市社会局档案，Q6-6-156。

② 《请愿三起》，《申报》1949年1月5日，第1张第4版。

③ 《中华烟厂标购事工会理事长谈话》，《申报》1949年1月8日，第1张第4版。

④ 《剪报关于中华烟草公司及中华烟厂工人请愿》，上海市档案馆藏中华烟草公司档案，Q451-1-83。

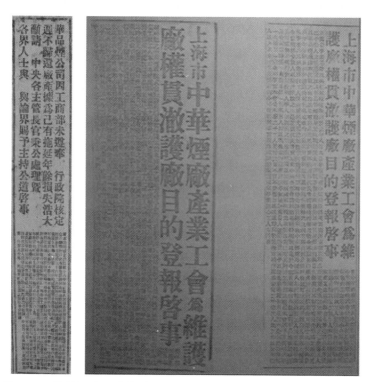

图 5 – 5　华品烟公司"发还厂产"与中华烟厂工会"维护厂产"启事

资料来源：《中央日报》1948 年 12 月 27 日，第 1 版；《中华烟草公司业务及烟厂工人请愿等事的剪报》，上海市档案馆藏中华烟草公司档案，Q451 – 1 – 83 – 1。

除通过媒体与华品针锋相对外，中华烟厂产业工会还两度晋京请愿，并于 1 月 8 日向工商部提交了为华品烟厂朦准标购该厂产权、影响工人工作权益之《国营中华烟厂敌产标售优先权问题表示异议节略书》，该文陈述华品厂与该厂敌产历史及中华工人护厂功绩与产权利害关系，驳斥华品烟厂之捏词陈饰及夤缘蒙准之优先权利，最后表述了工人要求撤销华品等烟厂之优先标购权、维持本厂之产权及组织合作工厂之愿望。对此，工商部的批示为："呈件均悉，查关于中华烟草公司产权纠纷一案，本部业经拟具处理意见，俟专案呈行政院核示后再行饬知。"① 主管中华出售的经济部、审议会等待行政院来裁决，而行政院则推给双方会同办理。到 1949 年 3 月 15 日，其批复仍为："三十八年一月呈为夏巨川蒙请赎回中华烟草厂产案……已饬工商部迅即会同中央信托局苏浙皖区敌伪产业清理处妥拟解决办法矣。"② 从 1947 年 8 月产权纠纷开始到 1949 年 5 月，过了一年半的时间，案件仍然是没有下文。

直到新中国成立前，中华烟草公司承购权纠纷案一直未能获得解决，华品烟公司优先承购中烟第二厂一事最终趋于"流产"。华东烟公司承购中烟第一厂，因无正式发还之具体办法表示，故价款一直未曾交付；华品烟公司承购第二厂在缴纳一、二两期价款后，清理处对第三期缴款不予兑收，移交厂产无从谈起。战后未能来得及复工的华品烟公司，缴款之后更无财力维继生产，为承购权纠纷案耗尽精力，到新中国成立前，一直都处于停工歇业状态。在纠纷案中保持沉默的华东烟公司一方，整个战后期间一直为粹华、新民等烟厂代卷惨淡经营。而深受承购权纠纷困扰的中华公司生产经营每况愈下。随着 1949 年 5 月 27 日上海解放，31 日市军事管制委员会的接管，中华烟草公司走向新中国"国营中华烟草公司"时代。

第三节　承购权纠纷案无果而终之透视

一　公司隶属及估价问题影响承购工作

中华烟草公司是国民政府经济部苏浙皖区特派员办公处在接收上海地区的日伪烟业基础上成立的。1945 年 11 月 26 日，国民政府设立最高经济委员会，行政院院长宋子文兼任该会委员长，他提出的战后经济政策纲领为：一、扶助民间事业，协调国营、民营关系，使它们的配置轻重合理；二、平衡政府收支，协助各部门利益；三、与友邦

---

① 《行政院及工商部关于上海中华烟草公司产权纠纷及中蚕公司无锡北仓门仓库产权等问题有关文件》，中国第二历史档案馆藏资源委员会档案，28 - 14700。
② 《中央宣传部、经济部、社会局、财政部有关标售批文》，上海市档案馆藏中华烟草公司档案，Q451 - 1 - 25。

进行经济合作，坦白互惠。① 宋子文的经济纲领再次确定了扶助民营
事业之宗旨。按照国民政府战后经济建设的原则和方针，卷烟工业既
不属于政府独营的事业范围，也不属于必须与政府合资经营的事业范
围，理应归入私人资本经营的范围，并得到政府的鼓励。中华烟草公
司之成立，即与宋的个人因素有密切关系。1946 年 1 月 9 日，行政院
院长宋子文手令中烟公司以经济部接管名义，利用原有包装材料，沿
用日人原有商标克日复工。在宋的指示下，名义上为经济部接管的中
华烟草公司于 11 日正式成立，杨锡仁指派为公司首任总经理，负责
指导进行方针。公司成立伊始，被行政院院长亲点的杨总经理即开始
按宋院长之意愿规划公司组织及经营规程。关于该公司的性质，2 月
21 日上海《申报》曾有披露：

> 该公司组织及经营章程，刻已起草完竣，正待关系当局审核
> 通过，性质大致与中国纺织建设公司及中国蚕丝公司等相类似。
> 该公司经营时期，定为二年，期限届满，发售公司股票俾便移交
> 民营。目前在董事会尚未产生前，总经理一职，暂由经济部指定
> 由杨锡仁充任。②

3 月 23 日，中华烟草公司暂行章程、组织规程、职员待遇规则草
拟完竣，总经理杨锡仁于 26 日将其呈经济部并请转呈行政院核准施
行。"章程"共 4 章 22 条，其中第 2 条开宗明义地指出："本公司成
立之目的在整理并经营经济部接收之敌资烟草事业，以期奠定异日民
营基础。"第 3 条规定："本公司资本总额除接收敌伪烟草事业资产由
经济部估定价格外，再加国币五亿元，由经济部一次拨足；在未拨到
前，得利用接收物资先行开工，以达到第二条各项之目的。"③ 按照

---

① 《宋院长讲经济原则：指导扶助人民能自力更生，调整各部门事业保持平衡，对友
邦以合作互惠为前提》，《大公报》（重庆）1945 年 11 月 27 日，第 3 版。

② 《中华烟草公司三厂开工，月出卷烟五千大箱》，《申报》1946 年 2 月 21 日，第 1
张第 3 版。

③ 《经济部关于中华烟草公司工人失业、公司业务报告等事项的文件》，中国第二历
史档案馆藏经济部档案，4－36145。

这一章程，公司最终导向是移交民营，但目前明显是要政府在接收基础上继续投资经营。经济部接到呈文后，于 5 月 28 日批复："呈件均悉，该公司章程等件，毋须转院备案，仰即依法申请登记可也。"①如此重大之事，为何经济部在犹豫了两个月之后却作出不向上峰报告之决定？经济部接到中烟公司杨锡仁的呈文后，认为该公司既属投资经营之事业，所呈公司章程之审核事宜均属该部企业司主管，因此移交企业司办理。4 月 20 日，直接经办此事的经济部企业司科长杨蘅齐在草拟的签呈中透露了内中隐情：

> 本案日据院秘书处派邬建章君来司接洽，据云院方鉴于中国纺织建设公司受社会之指责，故对该公司不再投资，章程等件毋须转呈。按该公司之成立，本部亦无案可稽，且此种轻工业更不宜国营，拟就此稿，并请核判。②

按照国父孙中山实业思想中从事企业经营活动绝不与民争利原则以及国民政府战后经济建设方针，纺织与卷烟都不属于国营的范围，接收之日资均应归属民营。当时社会的舆论基本上倒向民营企业。1945 年 12 月经济部接收基础上成立之中纺公司遭社会攻讦甚烈，为情况类似的卷烟业提供了前车之鉴，因此政府不得不予以注意。4 月23 日，经济部部长王云五同意按签呈办理，同时提出几点注意事项："1. 该公司系全由政府出资，其章程非可由该公司自拟，而本部亦不能拟订，应由行政院通过；2. 该公司之组织，在本部无案可稽；3. 日前国营公司之职员待遇，颇为社会所指责，此案附送职员待遇规则，似应予以严密注意。"③

在未获得经济部确定答复后，中烟总经理杨锡仁将公司暂行章程等径直递交行政院以求审核。6 月 11 日，行政院院长谕："交经济部

---

① 《经济部接管中华烟草公司（章册、成立经过、接收敌伪烟草公司成立、有关标卖意见）》，台北"中央研究院"近代史研究所档案馆藏经济部档案，馆藏号：18 - 23 - 00 -208。

② 同上。

③ 同上。

核议具复",又将球踢给了经济部,经济部不得不对此事作出回应。19 日,部长王云五致函行政院秘书处:

> 查此种轻工业似不宜国营,至该公司如何成立,并未报部,其原送章程第三条载:"本公司资本总额除接收敌伪烟草事业资产,由经济部估定价格外,再加国币五亿元,由经济部一次拨足"等语,亦无案可稽,究竟该公司成立经过情形如何,应请贵处查示,以便核议。①

王部长本人亦不主张卷烟工业国营,显然对杨锡仁草拟章程方案不以为然,他给行政院建议是该公司将原料作完后即行标卖。事实上,公司是奉行政院院长谕令指导成立,总经理也是行政院院长直接指派,中华烟草公司究竟是怎样成立的,连这个名义上负责接管的"上级部门"都没弄清楚。7 月 20 日,经济部企业司科长杨蘅齐看到有报纸广告栏内载"经济部接管中华烟草公司"字样"殊觉诧异",于是致函该部苏浙皖区特派员办公处负责人张兹丰咨询:

> 中华烟草公司前送该公司章程暨组织规程及职员待遇规则等请嘱部核议,经本部核复未准国营。兹阅 7 月 19 日上海新闻报广告栏内载"经济部接管中华烟草公司为苏浙皖区敌伪产业处理局委托标卖仓存敌伪物资公告"一则,所称本部接管,殊无根据,该公司究竟与本部之实际情形为何,请贵处详查见示为荷。②

7 月 25 日,张兹丰答复进行了解释:

> 查本处接收各敌伪工厂,于接收后一律于原名上冠以"经济部接管"字样,以示区别。中华烟草公司原系日营烟草事业,于

---

① 《经济部接管中华烟草公司(章册、成立经过、接收敌伪烟草公司成立、有关标卖意见)》,台北"中央研究院"近代史研究所档案馆藏经济部档案,馆藏号:18-23-00-208。
② 同上。

去年十月间经本处接收，故有本部接管字样。嗣于本年一月间奉宋院长令委派杨锡仁君为该公司总经理，所有该公司事宜即行移交杨君主持，大约因尚未经决定处理办法，故仍冠本部接管字样，承询敬此奉覆。①

可以看出，尽管成立一年多，规模宏大的中华烟草公司地位仍然比较尴尬，章程草案没有正式批准通过，连自己的隶属都成问题。对于王部长"不宜国营"之建议，行政院表示同意。"此种轻工业应如经济部所议，不宜国营，应将原料作完后，即行标卖，仍将资产负债对照表呈阅。"② 然而，作为公司总经理的杨锡仁却不这样认为，8月20日，杨致函经济部部长王云五，对标卖一事提出了自己的看法。呈文指出：

> 查本公司自本年一月初奉令先行复工经数月来之经营渐已纳入正轨，现有职工两千余人，若待原料用尽即行标卖，势必停工或将工人遣散，揆诸政府命令不得停工及上海市社会局不许遣散工人之规定（经纺织厂最近呈请遣散不准即其明例），匪特办理困难，抑且有负复工初意，且在原料已尽、工厂停工进行标售未有得主之时，势必至：（一）工人失业发生工潮，影响社会安宁秩序；（二）若乃照常维持职工生活，则在产销俱停之时负担过重，难以支持；（三）原料用尽再行招标，按照沪上今日标售工厂经验，其有工人而无原料或无利可图者颇难脱手；（四）在上述情形之下，标售恐亦难得善价或不幸而无人问津，则原料已尽、工厂已闭、进退维谷、自陷困境。③

除分析标卖产生一系列后果外，杨锡仁还汇报了该公司半年来的

---

① 《经济部接管中华烟草公司（章册、成立经过、接收敌伪烟草公司成立、有关标卖意见）》，台北"中央研究院"近代史研究所档案馆藏经济部档案，馆藏号：18－23－00－208。

② 同上。

③ 同上。

经营成果，指出："中烟已为华商在沪首屈一指之烟厂，且不失为抵塞漏卮之民族工业，若付标售，因资产较巨，难免遭受割裂，失去领袖地位，更难与外商抗衡。"在此基础上，杨总经理提出了自己的解决办法：既然轻工业不宜国营为国家既定政策，不如采取逐渐发行股票方式转入民营，因为公司与中纺相较规模较小，可作为试验。这样政府既可获收回出售代价，兼偿轻工业民营之政策，而在进行期间，工厂及业务可得照常进行，不致中断及发生各种困难。"至于发行股票办法，拟先行登报，公告限期，登记期满截止后，照比例分配出售股票。迨售出股票超过百分之五十以上时，由政府召集新股东开会，选举董监事，成立董监事会，派任管理人员实现民营。"①

中烟公司总经理杨锡仁的一番慷慨陈词使得经济部部长王云五的态度发生了转向。1947 年 1 月 16 日，王部长致函行政院，陈明已对杨锡仁所陈标卖困难情形及建议以拍卖股票方式逐渐转为民营之办法"详加审核"，认为原则上"颇可采行"，并在杨总经理呈文基础上进一步发挥，拟具更详细办法：

一、援中国德孚染织股份有限公司之例，组织该公司为股份有限公司，资本总额定为六十六亿元，以其百分之九十六发行无记名股票，交由苏浙皖区敌伪产业处理局（或其接替之机关）持有，余百分之四由本部及财政部、农林部、中央信托局各持有其一，藉符公司法须有五人以上发起之规定，而组成公司，发行股票。二、苏浙皖区敌伪产业处理局（或其接替之机关）名下持有百分之九十六无记名股票在市场拍卖（可即利用现已成立之上海证券交易所上市买卖）以其所得之款，作为政府处理敌产之收益。迨售出股票超过百分之五十以上时，由政府指派之董事依法召集股东会，改选董事监察人。若是，该公司百分之九十六股份既逐渐转入人民之手，该公司即可实现民营。②

---

① 《经济部接管中华烟草公司（章册、成立经过、接收敌伪烟草公司成立、有关标卖意见）》，台北"中央研究院"近代史研究所档案馆藏经济部档案，馆藏号：18-23-00-208。

② 同上。

由此可见,中烟经理杨锡仁对部长的说项显然已经奏效。王云五认为,政府仅保存4%股份为数甚微,目的在保存该公司为一完整之企业,使其继续生产,以免因停工及支解而发生其他弊害。因此建议由经济部会同各机关依法办理组设公司及登记等手续,俟登记手续完成即依法分别发行记名及无记名两种股票,盖印以无记名股票上市买卖,作为敌产收益,以裕库收。这样,该公司法人资格可以确定,亦可逐渐改为民营正常发展。这时的王部长已经改变"不宜国营""即行标卖"的论调了,建议在现有基础上先组织股份公司,再转入民营。此一建议,行政院未作正面回应,中烟公司之隶属仍成问题。2月12日,当公司向行政院善后救济总署上海分署提出所购原料油毛毡不敷应用拟请让购57卷时,该署即函称"中华烟草公司请配油毛毡一案,查政府接管之敌伪工厂,不在本署善救工作之内,歉难协助"。① 正是因为地位尴尬而受到冷遇。

2月17日,国民政府发布了以平衡预算为主导的《经济紧急措施方案》,国营企业出售政策日趋明朗。4月7日《国营事业配售民营办法》规定经济部主管的中华烟草公司在全部售予民营之列,中烟公司出售民营已具有法律效力。办法公布后,该公司评估资产价值、生产能力、营业概况及拟定售卖民营具体实行办法等工作即行展开。中华烟草公司属于接收敌伪产业之一部分,国营事业的出售工作由敌产处理机构负责。7月8日,负责中烟标售工作的苏浙皖区处理敌伪产业审议委员会致函行政院,要求将该公司隶属中央信托局苏浙皖区敌伪产业清理处,呈文指出:

> 查中华烟草株式会社前由经济部接管后改称为中华烟草公司,并奉宋院长谕派杨锡仁为该公司总经理,嗣经济部苏浙皖区特派员办公处撤销,对该公司之隶属问题,未曾明令规定。兹据杨总经理报告,略以最近各部长在京开会讨论有关让售国营事业

① 《善后救济总署关于中华烟草公司请拨建筑材料事项的文件》,中国第二历史档案馆藏行政院善后救济总署档案,21-25199。

事项，对本公司之隶属仍未明白规定，请确定隶属中央信托局苏浙皖区敌伪产业清理处，以免疑问，并请附呈钧院核备。①

可见，国营企业出售工作开始后，中华烟草公司之隶属问题又浮出水面。这时，原来主持中烟公司成立的行政院院长宋子文已经下台，张群于1947年4月走马上任。曾经建议中烟发行股票的经济部部长王云五也已经他调，经济部部长一职由青年党领袖李璜短暂过渡后，1947年5月19日起由该党陈启天继任。对于审议会之请，行政院院长张群认为该公司既由经济部特派员接收，则特派员办公处结束后，应由经济部直接主管，因此将此事交给经济部"查明议复"。陈启天执掌经济部与王云五时代大不相同，一改"不宜国营""即行标卖"及"交苏浙皖区敌伪产业处理局控股"之论调，而主张公司在出售之前，应由该部负责主管经营。8月12日，经济部致函行政院称：

> 查中华烟草公司之创设，系由本部前苏浙皖区特派员办公处接收之敌资烟厂中以"中华烟草株式会社"为核心筹组而成，为本部接管名义之公司，并由宋院长令派杨锡仁为该公司总经理负责经营，此项措施显为适应当时之环境需要及顾念各该厂原有工人生活，故其内部组成体制，仓促间未臻健全。本部鉴于中纺公司设立后，深遭社会物议，从而对于该公司业务上事项，尚乏考虑，致未能积极执行，应为过去以格于事实环境，过去积极加以管理督导。目前该公司虽被列入让售民营单位，但以种种手续，正式售出势须相当时日。依照"国营生产事业酌售民营办法"第七条规定，在未实行出卖移交经收购方面接收以前，由原主办机关及经办人员照常经营之原则，本部以主管立场，在此过渡时期，对于国营资产之中华烟草公司，函须及时切实整顿，加强

---

① 《经济部关于中华烟草公司工人失业、公司业务报告等事项的文件》，中国第二历史档案馆藏经济部档案，4－36145。

监督。①

经济部在呈文中还拟具"中华烟草公司临时监理规则草案"11条，其中规定："中华烟草公司在让售民营以前，经济部对其业务之监督考核；中华烟草公司在让售民营以前或股票发行未达法定数额期内，不设董事会，其总经理、副总经理之任免，由经济部以命令行之；经济部为执行监督考核，设置监理员一人，佐理员二人至四人，并就公司内各厂各置驻厂员一人，监理员、佐理员、驻厂员以部令派充。"② 监理草案的主旨清晰，显然是要将中华烟草公司变为真正意义上由经济部主管和控制的国营企业。16 日，陈启天再致函行政院秘书处：

> 查中华烟草公司原系以本部接管名义经营，钧院颁布之"国营生产事业酌售民营办法"亦将该公司列入本部范围，应由本部直接为该公司之主管机关，已无可置疑，自不发生隶属问题。原呈所称并未明确规定一节，显无根据，自应毋庸置议。再本部对于该公司过去业务上督导事项未能加强执行，今后须加切实整顿与监理必要。③

这一时期，正好是中华烟厂产业工会请愿上诉，反对华品、华东优先承购最为激烈之时，经济部加紧了其"监理"中华烟草公司的步伐。18 日，致函行政院，指出华品承购中烟第二厂查售价"不但与时值相差过大，即较原估计亦抑低不少，倘准其分期缴付价款，更与原规定不符"。且限期已满，依照规定华品烟公司未能一次缴足价款，主张撤销其优先承购权。④ 22 日，经济部又函中信局敌伪产业清

---

① 《经济部监理中华烟草公司暂行办法草案》，中国第二历史档案馆藏资源委员会档案，28－12854。

② 同上。

③ 《经济部关于中华烟草公司工人失业、公司业务报告等事项的文件》，中国第二历史档案馆藏经济部档案，4－36145。

④ 同上。

理处，除要求撤销华品承购权外，还对该处的处理办法合理性提出质疑：

> 本部近奉院令，关于让售敌伪产业，应由主管机关会同敌伪产业处理机关办理，而估价尚须经全国经济委员会之国营事业出售监理委员会审定手续。该中华烟草公司之让售估价经过办法，显与规定有所出入，且事先亦未征询本部意见，自难表示同意。除呈报行政院并分电中华烟草公司外，拟请再予妥慎考虑，另商处理办法用止流言，并希见复为荷。①

同日，经济部正式以主管部门的名义电令中华烟草公司，未经其同意不得擅自移交厂产。中华烟草公司承购权纠纷案发生后，在行政院的认可下，经济部成为中烟公司事实上之"主管部门"。到1948年初，经济部对中华烟草公司由"监理"变为"管理"，其拟定的"经济部管理中华烟草公司办法草案"明确规定："经济部管理中华烟草公司依本办法之规定；本办法为中华烟草公司让售民营以前之过渡办法；中华烟草公司在本办法有效期间直隶于经济部，受经济部之指挥监督。"② 5月4日，经济部令中华烟草公司："关于该公司1948年度之盈余收入，已列入国家总预算内本部主管国有企业盈余收入项目下。自1948年度起，该公司之盈余收入应即遵照迳解国库，并报部备查为要。"③ 这些都充分说明，经济部已基本完成对中华烟草公司之管理经营，中烟已正式隶属于经济部主管之下。

自复工以来，中华烟草公司的隶属问题由于种种原因一直悬而未决，直到国营事业出售工作开始，这一问题才引起重视，苏浙皖区敌伪产业清理处提出将该公司隶属其名下。经济部"监理"中华烟草

---

① 《经济部关于中华烟草公司工人失业、公司业务报告等事项的文件》，中国第二历史档案馆藏经济部档案，4-36145。

② 《中华烟草公司组织章程、营业计划、预算等》，中国第二历史档案馆藏经济部档案，4-34927。

③ 《中华烟草公司标售、承购事项卷》，中国第二历史档案馆藏资源委员会档案，28-14690。

公司由出售国营企业而起，并在承购权纠纷案过程中完成。政府管理与民间承购是两个相反的方向，中烟之隶属问题，无疑成为影响承购权纠纷案的重要因素。除中华烟草公司之隶属问题外，该公司的估价问题在承购权纠纷案中亦颇多周折，成为该案无果而终的一个重要原因。战后国民政府国营企业的出售，涵盖了由经济部、农林部、财政部、粮食部控制的中国纺织建设公司、中国水产公司、中国盐业公司、中国蚕丝公司、中国食油公司等各大单位。1948年底，"除中国食油公司已出售，其余均未能顺利进行"，其中估价困难是一个重要原因。① 中华烟草公司的出售亦不例外。

1947年2月17日经济紧急措施方案颁布后，21日大公报讯即报导中华烟草公司资产估计约100亿元。② 22日，相关部门集会讨论出售国营事业，中烟公司负责人指出，"前年接收之时，资产总额估计为80亿元，依目前情形计算，至少增加2倍，当在250亿元左右，唯将来发行股票，自不能以此数计算，或当另有折扣"。③ 1947年3月，公司总经理杨锡仁对外界谈："中烟共有三厂，估值约300亿。"④ 4月底，相关报导称公司"全部资产估值，约值380亿元"。⑤ 到7月初，国民政府新闻局局长则称："该公司所属三厂及三仓库本年3月底全部初估价值为6243300余万元。"⑥ 由于物价上涨甚烈，8月11日，经济部训令中华烟草公司："估值数字与迩来物价波动之实际情形已不符合，应即重新参酌最近市价（以本年6月底为标准）从

---

① 中国第二历史档案馆编：《中华民国史档案资料汇编》第五辑第三编，财政经济（五），江苏古籍出版社2000年版，第435页。

② 《中华烟草公司总值亦一百亿》，1947年2月21日，上海社会科学院经济研究所企业史资料室藏1930—1950年代初期经济类剪报资料01—039"抗战胜利后若干国营事业转让民营的事宜"，第14页。

③ 《出售国营事业，今日集会讨论》，《申报》1947年2月22日，第2张第6版。

④ 《中烟共有三厂，估值约三百亿》，1947年3月21日，上海社会科学院经济研究所企业史资料室藏1930—1950年代初期经济类剪报资料04—055"1938—1950年的卷烟工业"，第78页。

⑤ 《中华烟草公司一年来概况》，《商业月报》第23卷第4期，1947年4月30日。

⑥ 《国营事业出售，中烟决定全部出卖，中纺估价积极进行，董显光昨招待记者报告》，《大公报》1947年7月10日，第1张第2版。

速分将一二三各厂单位先行核估概数并报部以凭核办。"① 10 月，中华烟草公司估计总值，根据 1937 年折旧净值，合 120 万元左右。② 11 月 4 日《前线报》有"该公司所属三厂财产总值，约在 800 亿左右"之说。③ 12 月 4 日媒体又有"中华烟草公司全部资产，初步估计为 5062700 余万元"之报道。④ 短短几个月内估价多次发生变化，与战后的通货膨胀不无关系。相关人士指出："这次国营事业的出售，其估价问题之所以难决，最大的关键，是在于如何的升值。通货在不断的膨胀，估价又不是一椿简单的事，当着手估价之时，虽然订了一个标准，但到估价确定的阶段，原有的标准也许不尽适用，而等到全部出售以至全部售完时，估价标准更不免有巨大的出入。"⑤ 估价问题一直困扰着标售和承购工作的进行，直接影响了政府的决策。媒体评论曰：

> 经济紧急措施方案中把国营事业列为平衡财政收支的主要项目，可是现在钞票大批的发出来，国营事业呢？今天估价，明天开会，时间已耽搁了二个多月，还是一些眉目都没有，而物价却因为通货泛滥，一天天的高涨起来，如果政府一定要等正确的估价出来再告出售，恐怕是永远得不出正确的估价的。⑥

通货膨胀自然是困扰估价的重要原因，即使抛开估价问题，中烟公司的出售也不是一件简单的事情。估价工作启动伊始，1947 年 3

---

① 《经济部关于中华烟草公司工人失业、公司业务报告等事项的文件》，中国第二历史档案馆藏经济部档案，4 - 36145。

② 《中华烟草公司估价合战前净值 120 万》，1947 年 10 月 28 日，上海社会科学院经济研究所企业史资料室藏 1930—1950 年代初期经济类剪报资料 01—039 "抗战胜利后若干国营事业转让民营的事宜"，第 52 页。

③ 《中华烟草公司概况调查》，上海市档案馆藏上海联合征信所档案，Q78 - 2 - 14549。

④ 《出售国营事业，经部已有决定，中纺中蚕升值办法待议，中纺机器官股暂不出售》，1947 年 12 月 4 日，上海社会科学院经济研究所企业史资料室藏 1930—1950 年代初期经济类剪报资料 01—039 "抗战胜利后若干国营事业转让民营的事宜"，第 55 页。

⑤ 朱福奎：《国营事业估价问题的检讨》，《财政评论》第 17 卷第 1 期，1947 年 7 月。

⑥ 禾：《赶快出售国营事业》，《经济周报》第 4 卷第 18 期，1947 年 5 月 1 日。

月21日，当中华烟草公司负责人将第一、二两厂财产清册奉交中央信托局苏浙皖区敌伪产业清理处核估时，就考虑到工厂转移管辖手续之繁，提出三点请该处办理两厂优先承购时注意：

1. 工友问题。敝公司所属第一第二两厂现各有工友约1000名，所有厂内员工应由承购人负责承受。自移交之日起，敝公司对于员工方面即不负责任，如承购人不愿继续雇用时，所有应付解散费用，应由承购人负责，或由承购款额内扣付。

2. 商标问题。敝公司目前所用各牌商标，查系日人创始，并非沿用该两厂之原有商标，且敝公司尚须继续产销，自不在移转之列。

3. 厂存原料及半制品问题。查已复工工厂于让售后，办理移交手续之际，有不得停工之规定，而厂内原物料及半制品之结算，殊为困难，其结算方法究应如何？应请贵处与承购人事前规定，庶免纠纷。①

从后面的事实来看，公司负责人的这些担心均不幸言中，工人充当了引发纠纷案的先锋，商标及厂存原料成为承购权纠纷中争议的问题。

二 多方博弈致决策摇摆不定

战后初期，国民政府曾颁布一系列处理敌产办法，规定某些企业可以由适当人员或原业主优先承购。华品、华东烟公司都曾为发还厂产及优先承购积极活动，其中以华品最为活跃。华品烟公司获得中华烟草公司第二厂之优先承购权经历了将近两年的时间。抗战胜利后，华品烟公司经理夏巨川分别于1945年11月9日、1946年1月29日呈经济部战时生产局苏浙皖区特派员公署，1946年1月30日呈苏浙皖区敌伪产业处理局请求准予发还。1946年2月6日，处理局批示转

① 《中华烟草公司产权纠纷事项卷》，中国第二历史档案馆藏资源委员会档案，28（2）-2326。

函经济部特派员办公处核办，5 月 14 日，经济部特派员公署又批示
移转处理局核办。6 月 22 日华品又催呈发还，但始终未获处理局及
特派员署之肯定答复。两部门间互相推诿，直到 1947 年 2 月 7 日，
苏浙皖区敌伪产业审议会才批示"本案业经提请第 168 次审议会核议
议决准即估价优先承购记录在卷，除分函中华烟草公司外，仰候估价
后通知缴款承购可也"。① 一个月后，华品公司仍未接到通知，早有
怨言的夏总经理于 3 月 8 日径直呈文行政院院长蒋中正，将苏浙皖敌
伪产业处理局与中华烟草公司推上被告席。夏巨川沥陈自己请求发还
厂产经过，指出苏浙皖敌伪产业处理局通同经济部中华烟草公司继续
强占其厂产达一年有余，故意延宕，不顾人民利益，贪欲无厌，出卖
政府信誉，不仅要求迅赐查办勾结舞弊官吏，而且要求追偿因延误造
成的损失。呈文指出：

> 查处理局公文处理之统计，每人每日仅仅只有二件，而何以
> 函一年后（1947 年 2 月 6 日止）始批答准予优先承购？非勾结
> 舞弊而何？即以迟迟承购之大中华造纸厂而论，亦早已于 1946
> 年 9 月接收，是则处理局对于民厂不勾结不舞弊，早应于半年以
> 前发还。民厂仅依上海瑞伦烟厂租用之例，每月每六部制烟机，
> 需租金 90 两金子，而民厂实大于瑞伦三倍，应合每月租金 270
> 两金子。今中华烟草公司已强制 15 个月（截至发报告时止），则
> 租金应为 4050 两金子，纵使除去敌寇在 1940 年所给国币
> 1374000 元合当时金子 2350 两，亦尚应追偿金子 1700 两。而民
> 厂营业营利得获尚未计入在内，故特请求迅赐追偿民厂之损失。②

除陈述事实外，夏还列举了六点理由支撑自己的诉求，并称"钧
院如认为犹有可疑之处，谨请调阅处理局全部案卷，具呈人如有捏造
事实，愿受严厉之处分"。③ 3 月 25 日，华品烟公司经理夏巨川再次

---

① 《中华烟草公司》，台北"中央研究院"近代史研究所档案馆藏经济部档案，馆藏
号：18 - 27 - 02 - 013 - 03。
② 同上。
③ 同上。

向行政院检举中华烟草公司总经理渎职舞弊，虚报产量。"民厂为处理局通同经济部中华烟草公司强占 15 个月以上，不特民等尚未蒙钧院批准收回租金约值 1700 两金子及营业上之损失，抑中华烟公司自身亦少做香烟约值 2831 亿余元，是皆处理局不作为之渎职以致误国害民，恳请钧院迅赐派员彻查以维法纪而清吏治，实为德便。"① 夏的接连申诉引起了上级部门的重视。4 月 2 日，行政院令饬苏浙皖区敌伪产业审议委员会迅行估价，由该厂优先购回。② 23 日，行政院训令："据华品烟公司先后呈请查办苏浙皖区敌伪产业处理局及经济部中华烟草公司勾结舞弊官吏案等，谕交苏浙皖区处理敌伪产业审议委员会暨经济部彻查具复。"③ 此案经济部通知中华烟草公司后，总经理杨锡仁据力辩驳。一个月后，华品又函行政院，"请速赐派遣干员监督处理局及中华烟草公司发还本公司厂产并赔偿本公司所有损失，以免政府再失去人心"。④ 6 月 5 日，行政院院长再令苏浙皖区处理敌伪产业审议委员会暨经济部并案彻查具复。7 月 7 日，华品经理夏巨川的轮番申诉终于有了结果，当局同意由其优先承购中华烟草公司第一厂，中央信托局敌伪产业清理处通知称：

　　　　案查前据该公司申请发还被敌强迫收买厂产一案，业经本区处理敌伪产业审议委员会第 168 次会议议决，准即估价优先承购等语，并经审议会秘书处于本年 2 月 7 日批示仰候估价后通知缴款承购各在案。关于本案厂产，兹经本处会同中华烟草公司估价完竣，计值国币 8056694150 元，希即于文到一个月内如数来处清缴，以使办理移交手续，如逾期不缴，即予撤销优先承购，另

　　① 《经济部关于中华烟草公司工人失业、公司业务报告等事项的文件》，中国第二历史档案馆藏经济部档案，4 - 36145。

　　② 《苏浙皖区呈请发还案（一）上海、南京》，台北"中央研究院"近代史研究所档案馆藏经济部档案，馆藏号：18 - 36 - 04 - 005 - 01。

　　③ 《经济部关于中华烟草公司工人失业、公司业务报告等事项的文件》，中国第二历史档案馆藏经济部档案，4 - 36145。

　　④ 同上。

行公售标售，并希知照为要。①

接到通知后的华品公司经理夏巨川喜忧参半，喜的是自抗战胜利以来经过自己不懈努力终于达到目的，忧的是如此巨额之资金短时内又难以筹措。于是，华品公司于7月31日以估价过高、力有不胜为由，呈请清理处核减估价或予分期缴款，数日之后即获得清理处同意。8月7日，清理处通知华品公司：

> 准分四期付款，于通知到达三日内即付四分之一计2014173559元，8、9、10月底各付四分之一，计各2014173559元，再各加计延期付款利息，月息10%，并应一次缴付期票备具妥保；关于该厂产证，应俟10月底全部价款收到后再行移交；至所请核减一节，未便照准。②

得到清理处分期价款的允诺后，华品经理夏巨川加紧办理。除第一期应交之款依限缴清外，其余三期亦依限分立期票加息具保一一照办。至8月底，第二期预缴期票如期照数兑付，正值接洽接收厂产之际，承购权纠纷案发生。在承购权纠纷案中，同为优先承购之当事人，与华品相较，为何华东烟公司较为沉默呢？事实上，华东烟公司也是要求发还厂产的推动者，只不过是华品更为激进而已。

抗战胜利后，1945年12月27日，华东烟公司就曾在上海市敌伪被迫害厂商联合会上吁请发还被敌伪强占之产业。③1946年3月11日，华东烟公司呈文苏浙皖区敌伪产业清理处，指出厂产被敌强迫收买，再次吁请"依法迅赐发还复业"。④1947年2月7日与7月7日，华东与华品同样都收到苏浙皖区敌伪产业清理处之批示与通知。关于

---

① 《中华烟草公司》，台北"中央研究院"近代史研究所档案馆藏经济部档案，馆藏号：18-27-02-013-03。
② 同上。
③ 《被迫合作厂商，吁请发还产业》，《申报》1945年12月28日，第2张第5版。
④ 《中华烟草公司产权纠纷事项卷》，中国第二历史档案馆藏资源委员会档案，28（2）-2326。

华东承购中华烟草公司第一厂，7月7日通知内开：

> 经清理处会同中华烟草公司估价完竣，计值国币7001458600元，内有该厂厂存老式德卷烟机1部及土装祥生卷烟机2部，业由本处准原业主永利昌记烟厂优先承购，应予剔除估价外，实计价款6862858600元，希即于文到一个月内如数来处清缴，以便办理移接手续，如逾期不缴，即撤销优先承购权，另行公告标售。①

接获通知的华东烟公司与华品一样喜忧各半。华东经理黎润东也于7月31日致函清理处，指出如此巨额估价难以接受，请求重新估价并提出四点理由，呈文最后称：

> 以上所陈，均系实在情形，应请钧处准予重估或减低估价，以示公允。至敝厂被中华烟公司使用至今，已逾一年有半，损失不赀，而钧处所定优先承购价值数目庞大，值兹银根奇紧之秋，自非咄嗟所能筹集。更请钧处俯准一面保留具呈人之优先承购权，一面将缴款日期延长至一年之内分期缴付，以恤商艰。②

与华品相较，华东呈文的重点在要求重新估价，此请并未得到清理处之正面回应，华品则在接受原估价基础上获得分期缴款之许诺。华品缴款开始后，华东公司于9月5日和11日两次呈请清理处，要求援引华品烟公司之例分期付款。这时，随着中烟工人之申诉请愿，承购权纠纷案已经发生，9月20日，清理处通知华东烟公司：

> 案据该公司本年9月5日、11日两呈为奉准优先承购厂产，

---

① 《中华烟草公司产权纠纷事项卷》，中国第二历史档案馆藏资源委员会档案，28（2）-2326。
② 同上。

请援照华品先例分期付款并请速予批示缴款日期，以便遵缴各等情。查华品一案，已奉行政院代电，著另拟处理办法，重新核议具复等因，自应遵办。华品案既未确定，自无先例可言，当并案再提审议会复议核定，再行饬知办理，特先通知。①

对于华品公司分期付款当时各方已提出不同意见，甚至华品、华东业主身份都遭到质疑，华东公司的请求自然被"打入冷宫"。华东公司由于始终未曾缴款，在承购权纠纷发生后成了"沉默的小伙伴"。而华品公司已经缴款半数，势必骑虎难下，只得使出浑身解数，通过各种途径打开症结。其手段既有正式的申诉，又有私下的疏通，还有公开的启事。国营企业出售既为政府既定政策，华品在该案中并非孤立无援，为其说项者不乏社会名流及政界名人。1947年12月，时任国大代表、从事律师事务工作的社会名流江一平致函经济部部长陈启天，要求早日饬令烟草公司赶办移交。次年1月17日，国民党中央执行委员会秘书长吴铁城致函经济部部长陈启天，原文如下：

　　修平先生勋鉴：顷据汪英宝兄来函，谓与夏巨川君在沪合资经营华品烟公司。抗战期间，全部厂产为敌方强行收购，胜利后由经济部接收，去岁经夏君申请发还，由中信局敌伪产业清理处估价80亿准予购回，且已交付二分之一价款。嗣因经济部中途表示异议，转令中信局暂缓移交，致迄今未能接收，请转请维持原案，并附寄该公司请求发还厂产经过节略一份转送备查核办，仍希见复为荷，专此即颂勋祺。②

与华品烟公司直接对弈的是中华烟厂产业工会。中华烟厂工人代表是承购权纠纷案的直接推动者，并充当了维护厂产的主力。工人代表不断向当局申诉请愿，通过新闻媒体发表启事声明，将诉求

---

① 《中华烟草公司产权纠纷事项卷》，中国第二历史档案馆藏资源委员会档案，28（2）-2326。
② 《中华烟草公司标售、承购事项卷》，中国第二历史档案馆藏资源委员会档案，28-14690。

通过各种途径表达出来，以激起当局和社会舆论的深切同情和广泛关注，收到一定效果。1947年8月19日，上海《力报》曾有如下评论：

> 其实战事以来，受损最巨者莫若南洋与华成两厂，中华公司苟不发售民营则已，发售民营，言优先承购，非该二厂不可；至原有华东华品两厂，不但无权承购，方战乱之时，政府倡议焦土抗战，所有人力物力不得留作敌用，该两厂居然丧心病狂，以巨资售与日寇，尚有何颜求得优先权承购该厂？据云中华公司一部工人起而反对，惟一空言主张，至无裨益，须向主管方面声述，始有效用。①

作为全市最高民意机关的上海参议会，不仅帮助工会代为申诉，在工会与华品的博弈中也站到了工会一方。在承购权纠纷案中，前方对弈的是中华烟厂产业工会与华品烟公司负责人夏巨川。产业工会从全体工人的权益出发，要求停止出售，组织合作工厂容纳工人投资；华品烟公司则要求政府维护信誉，不要与民争利。中华烟厂产业工会与经济部出于不同的目的，在反对优先承购问题上达成了共识。经济部所提华品优先承购异议三点正是工会质疑夏巨川业主身份的进一步发挥，二者反对公司出售的理由也有相通之处。

可以看出，经济部给行政院的呈文中反对中华烟草公司出售的理由与中华烟厂产业工会理由基本相似，唯一不同的是产业工会要求组织合作工厂，经济部则不提此点，而是要实现该公司由其"暂时"管理经营。此外，两者均提出负责标售工作的苏浙皖区敌伪产业清理处的行政责任问题。1947年9月，中华烟厂产业工会理事长程顺兴指出："敌伪产业清理处既不顾本厂敌产渊源处分不当在前，竟复违反功令规定逾限分期收受华品标价在后，本会认为敌伪产业清理处处

---

① 《中华烟草公司业务及烟厂工人请愿等事的剪报》，上海市档案馆藏中华烟草公司档案，Q451-1-83-1。

表 5 - 3　　　　　中华烟厂产业工会与经济部反对标售理由之比较

产业工会反对优先承购之理由	经济部反对优先承购之理由
1. 本厂三厂一体之发达暨成名商标之畅销，仅以去年整理复业之未及一年期间，盈余已达 42 亿之巨，以去年生产量之比例折合现在之币值预测，本年度之盈余姑以五倍币值之递增超越 200 亿以上，而今本厂第一第二两厂之共同标售价值据闻分四期付款尚不足 150 亿，则本厂生产仅须一年之继续即可超越上述标价收入而有余，至工人遣散等费之巨额支出，工人失业之纷扰其间，尤难尽言。 2. 洋商颐中烟厂向为我国卷烟工业之劲敌，揆厥原因无非大量生产之结果，成本减低得遂其廉价倾销之目的，前日寇窃据本市之际，即以合并东亚华生共盛等日商烟厂为手段以实现中华烟厂之伟大规模而垄断我卷烟市场，故本厂三厂之共同生产关系必须维持，双斧全禄指南商标必须继续，俾同样以大量之生产与洋商颐中烟厂倾销政策相抗衡，计可挽回经济权利，复可提倡民族工业，至于因本厂之存在能加多政府烟税之收入以补助国库之不足，其间利害尤然可见。 3. 合作工厂之组织，在欧美各国倡行，具有成绩，以其劳资合作休戚相共之关系，其工作效能之更为促进生产量之大量提高，当然待卜箸，况我工人于胜利之初曾因维护厂而流血牺牲，故纳容工人投资发行股票以组织中华劳资合作烟厂似为情理所许。我国以三民主义为建国最高原则，而民生主义经济平等在当前尤占其重要，故中华烟厂合作之实现当可开我国经济改革之先河并树民生主义之规模。①	1. 财政方面：查出售国营事业与标售敌产根据经济紧急措施方案，其原旨似在着重平衡预算一点，按该公司本年截至 9 月底止已缴货物税约 158 亿余元，同期之盈余约在 300 亿元以上。今敌产处理机构估计该公司第一厂 68 亿元，第二厂 80 亿元，第三厂及仓库共 30 余亿元之价格分别拆散出售，总共所得尚不足该公司所缴 9 个月卷烟货物税之数，而盈余尚未计入。兹即以华品烟公司此次承购中华第二厂 80 亿元之价款为例，尚不能一次付清。据其所缴第一期价款 20 亿元案内陈明系"多方凑集而来""力有不胜"，将来又如何筹措所需约十倍八倍于购价之营运资金？有无能力经营已属显然。倘不幸有废置或停工之虞，国家一个月即损失数十亿元之税款（10 月份增税后每月缴税应在 100 亿至 130 亿之间，第二厂应摊税额约 65 亿至 70 亿之间）。如再转向国家请求救济或要求国家行局予以贷款，则政府复因此从而大量支出，其对财政目的之得失如何又极显然。再中华烟草公司出品系沿用接收敌人所使用已久而为卷烟消费者所习惯之商标，为国家接收之无形资产，最后处分照第一次大战前例，须待和会决定，自难任意随厂转移。则承购人购得各厂后，其出品自须另行创设新商标，有无前途姑不论及，然国家已因出售厂产而放弃所接收无形资产——商标之利用，此项损失似须详予考虑者一。 2. 经济方面：查中华烟草公司为现阶段我国烟草事业中之较具规模者，拥有技工 2000 余名，所有技师及业务人员在开办之初，均系分向各烟厂调用，颇为熟练。故其出品之销路，在长江流域已有广大市场，足与外人经营之颐中公司所出之中下级各牌卷烟相抗衡，对于杜塞一部分漏卮，确著成效。倘以财政目的而毁减具有意义之经济机构（恭照第一点所叙），似非得策。况该公司出售后，尚保留约 1400 余亿元之原料，势须另谋出路，承购之厂商势无余力再事承购大批原料，必致形成有厂无料、有料无厂之局面，对于经济利益、工人生计影响匪浅，似须详予考虑者二。②

---

　　① 《上海市参议会关于中华烟厂产业工会请将该厂发还民营容纳工人投资的文件》，上海市档案馆藏上海市参议会档案，Q109 - 1 - 316。

　　② 《中华烟草公司产权纠纷事项卷》，中国第二历史档案馆藏资源委员会档案，28（2） - 2326。

理本案不无违法徇情、忽视我工人工作权益之嫌。"① 11 月，在给行政院的呈文中，经济部指出清理处难辞行政上疏忽之责任，一是对于华品分期付款办理未尽妥善；二是应付华东步骤已趋紊乱，致使对方或于有被认为默认接受所请之可能。②

事实上，承购权案的背后亦夹杂了经济部与苏浙皖区敌伪产业审议会之间的较量。经济部作为主管国营事业单位的权力机关，在战后垄断了中国纺织建设公司、中国蚕丝公司、中华烟草公司等大型轻工企业的行政决策权。国营生产事业出售，意味着经济部要放弃自己控制的很大一部分权益。承购权纠纷案发生后，经济部提出议案对华品公司优先承购予以否定，并曾多次表示中华是国营事业单位，行政院已指令其为主管机关，应该由其主导措置。而负责企业出售的苏浙皖区敌伪产业审议会却不以为然。1947 年 8 月，担任敌产审议会委员会委员的胡筠秋致函苏浙皖区敌伪产业处理局负责人林兆棠，为华品公司经理夏巨川的优先承购提出担保；9 月，审议委员会秘书长吴任沧致函经济部，指出华品公司的承购与国家宗旨并无抵触，公开站在华品一方。上海市总工会、参议会等部门对产业工会抱同情态度，而诸多社会名流和党政要员却对华品公司持支持立场。作为该案当事人之一的中华烟草公司总经理，其立场与经济部是一致的。首任经理杨锡仁不赞成标售，而主张采取逐渐发行股票方式转入民营。继任者张伯伦亦表示中烟出售"尚非其时"，主要理由为："公司现每月缴付政府税款 200 亿元，在出售和接收期间，工作尚需有一个月之停顿，是则政府将未蒙其利，先受损失；烟草专卖为各国通行之政策，政府握有制烟企业，于烟价之控制，较易收敛。目前公司出品，则较市价为低；本公司现为美金库券之担保品，不宜转予出售。"③

<hr>

① 《中华烟厂产业工会、中华烟草公司、地方法院与上海市社会局关于复工、工厂标售、工资、年赏解雇等纠纷及惩治煽动工潮分子之往来文书》，上海市档案馆藏上海社会局档案，Q6 - 8 - 324。

② 《中华烟草公司产权纠纷事项卷》，中国第二历史档案馆藏资源委员会档案，28（2）- 2326。

③ 《中华烟草公司业务及烟厂工人请愿等事的剪报》，上海市档案馆藏中华烟草公司档案，Q451 - 1 - 83 - 1。

作为战后接收基础上成立的大型企业，中华烟草公司成立时就规定："本公司成立之目的，在整理并经营经济部接收之敌资烟草事业，以期奠定异日民营基础。"① 之后的公司章程草案也都表明公司最终的方向是要交归民营。然而作为首屈一指的大型国营企业，公司标售民营不可避免涉及大批职员及工人利益。1946 年 6 月，当时媒体就曾有评论：

> 日本人所出的全禄牌，倒给他牌子卖出，生意好得热昏，现在由经济部接管，改名中华烟草公司继续出货，则因外货倾销关系，略见逊色。不久之前，国人对于轻工业之国营，攻讦甚烈，宋子文氏乃密令主持者，命将该公司秘密进行标售，并附带条件，在标售期间不得停工。此项命令已下一月，该公司仍未有标售之讯，群情惶惑，知其内幕者，谓有职工问题也，必须承购人仍维原来人员职位，因而发生波折。确有待证，姑记之为上。②

各方围绕自身利益展开的博弈直接影响了当局的决策。国民政府颁布经济紧急措施方案，其首要目的即是平衡预算，出售国营企业是平衡预算的重要手段。③ 经济部制定 1947 年行政措施，系以"扶助民营事业，增进生产力量"为重点，"政府为表示扶植民营事业之决心，曾决定将现有国营事业选择若干单位，出售民营"。④ 中华烟草公司出售范围，政府决策曾一度摇摆。公司所属第一、二两厂等资产最初被全国经济委员会第十六次会议从出售范围中划出，但该会第十

① 《经济部关于中华烟草公司工人失业、公司业务报告等事项的文件》，中国第二历史档案馆藏经济部档案，4-36145。
② 大我：《中华烟草公司标售说》，《海星》第 18 期，1946 年 6 月 18 日。
③ 《国民政府经济紧急措施方案》（1947 年 2 月 17 日），中国第二历史档案馆编：《中华民国史档案资料汇编》第五辑第三编，财政经济（一），江苏古籍出版社 2000 年版，第 46 页。
④ 《经济部关于 1947 年度重要行政措施检讨报告》（1948 年 2 月），中国第二历史档案馆：《中华民国史档案资料汇编》第五辑第三编，财政经济（四），江苏古籍出版社 2000 年版，第 224 页、第 229 页。

七次会议又改变上述决议，重新列入出售计划。^① 出售方式上亦曾有过发行股票售卖之议，^② 后才决定招标出售。作为国营事业中较有规模者，政府能否兑现承诺将中烟发售民营呢？经济紧急措施方案公布后，时人即提出了自己的担忧：

> 按照方案而论，目前政府所能出售于民营的国营生产事业，当然是轻工业，而轻工业中，最主要的是中国纺织建设公司与中华烟草公司两单位。据比较正确的估计，中纺公司总值在 200 亿元以上，中烟公司的财产亦在 100 亿元以上，这个数字，并不为小，民间有志于上述两种事业的人士，自然很多，但是虽然有志，是否有能力完全收买中纺与中烟？这是问题之一；其次民间无力完全收买而须保留一部分为政府所有时，由于某种关系，人民必望而止步，到时候，政府将何以实现其初衷？这是问题之二。^③

吊诡的是，这位民间人士的忧虑一年之后都成为事实。中华烟草公司第一、二两厂交由原主优先承购的正式通知一度让华品公司欢欣鼓舞，好不容易获准分期付款的夏巨川于 1947 年 8 月 11 日即将第一期款 2014173539 元缴清，8 月底将第二期款连同利息 2148451773 元，全部上缴国库。^④ 不料经济部给中烟公司不准移交的训令打断了华品公司的"承购梦"。1948 年 9 月，媒体报道"工商部接管的中华烟草公司，当局已决定暂缓出售，原因不详"。^⑤ 产权纠纷案发生后，通货膨胀一天比一天严重，原有的估价已不能适用，如果退还缴款，

---

① 《各项应行出售之国营生产事业核办情形一览》，中国第二历史档案馆藏行政院全国经济委员会档案，44（2）-205。

② 《国营事业即将标售，中纺估价工作日内竣事，中烟股票周内在沪售卖》，1947 年 6 月 18 日，上海社会科学院经济研究所企业史资料室藏 1930—1950 年代初期经济类剪报资料 01-039"抗战胜利后若干国营事业转让民营的事宜"，第 44 页。

③ 《国营事业出售》，《东南评论》第 1 卷第 6 期，1947 年 3 月 16 日。

④ 《剪报关于中华烟草公司及中华烟厂工人请愿》，上海市档案馆藏中华烟草公司档案，Q451-1-83。

⑤ 《中华烟草公司当局决定暂缓出售》，《现代经济通讯》第 233 期，1948 年 9 月。

连同利息在内将是一笔不小的数目。因此，政府选择的是拖拉战术。主管中华出售的审议会、经济部等待行政院来裁决，而行政院则推给双方会同办理。1947年9月13日，行政院已决定"交由苏浙皖区处理敌产审议委员会重新核议，并饬经济部派员与该会合作办理具报"。[①] 到1949年3月15日，其批复仍为："三十八年一月呈为夏巨川蒙请赎回中华烟草厂产案……已饬工商部迅即会同中央信托局苏浙皖区敌伪产业清理处妥拟解决办法矣。"[②] 从1947年8月产权纠纷开始到1949年5月上海解放，过了一年半的时间，案件仍然还是没有下文。政府政策由左右摇摆，到后来的无所作为，导致承购权纠纷案无果而终。

三　中烟后期之发展状况

抗战胜利前后，市场上卷烟供不应求，加之政府税收较轻，原料相对充裕，民族资本烟厂如雨后春笋一般纷纷建立，上海的卷烟业出现了短暂的繁荣。从1947年4月开始，由于通货膨胀、苛捐重税、交通阻塞、工潮频繁以及购买力低落等原因，卷烟业陷入了不景气的状况之中。4月份上海开工的烟厂共有70家左右，5月份就减至55家，产量亦降到94000箱，6月份开工的厂家只剩下32家，其开工率只有50%。[③] 与其他卷烟企业一样，名义上虽为国营的中华烟草公司发展也受到市场、税负、原料、工潮的影响。1946年7月，成立半年多的中烟公司发展已现隐忧，媒体披露"以目前原料及人工计，尚不致亏蚀，惟已不能言利润"。[④] 是年美货倾销给公司生产带来很大影响，3月份产量为3060箱，4月份5100箱，5月份4677.5箱，6月份2739.5箱，若以3月份与6月份之产量相较，则

---

① 《经济部关于中华烟草公司工人失业、公司业务报告等事项的文件》，中国第二历史档案馆经济部档案，4-36145。

② 《中央宣传部、经济部、社会局、财政部有关标售批文》，上海市档案馆藏中华烟草公司档案，Q451-1-25。

③ 季崇威：《风雨飘摇中的卷烟工业》，《烟草月刊》第1卷第2—7期合刊，1947年9月，第48页。

④ 《中华烟草勉可维持，每月平均产量约五千箱，批价比年初涨起百分十》，《申报》1946年7月28日，第2张第7版。

减少达 320.5 箱。① 建立在战后接收的基础上，与其他企业相较，公司工人、职员人数众多，不仅人力成本增加，而且发生工潮频率增大。1946 年 12 月 22 日《申报》载，经济部经营之中华烟草公司每月出货在 8000 箱左右，但"工潮对于产量，有相当影响"。② 1946年底的卷烟行业年赏工潮中，公司较早卷入，11 月底就已经发生要求年赏的怠工事件。③ 承购权案发生，中烟公司的地位及最终去向均成问题，"国营"优势已经不再。1947 年 11 月 20 日，关于中信局对日易货之纸圈，媒体已有"第二批配给任务决改由全国纸烟业工业协会统筹办理并普遍配给全国各厂"之说。④ 第二批五万卷售罄后，中烟即不再承担为政府配售易货纸圈业务。在此情况下，原料紧张问题一天天凸显，公司负责人曾于 1947 年 12 月 2 日、1948 年1 月 8 日两次致函输管会要求增加原料配额，未获解决。2 月 6 日，公司再致函输管会：

> 查第三季外汇卷纸，敝公司缺 2784 卷（原缺 1734 卷，嗣因某进口商因英意汇兑受阻，无法办理押汇而废止已订合约，故共缺 2784 卷）无法购进，其尚有配额之一二家输入商又居奇不肯配售，但敝公司为维持生产起见，非有是项物料不可，兹拟向本埠其他该季配额已满之合格商行洽购。按敝公司为国营事业，务恳体念国库收入关系，赐予特准如何兼祈见复为荷。⑤

可以看出，"失势"的中烟公司已和其他公司一样面临原料紧缺的困难。当年向该业同业公会发号施令的威风已然不在，转而利用"国营企业"的名号求得相关部门的同情。对于中烟之请，输管会并

---

① 《沪市卷烟业概况（二）》，《征信所报》第 149 期，1946 年 9 月。

② 《年关酬酢增多，香烟价格飞涨》，《申报》1946 年 12 月 22 日，第 2 张第 7 版。

③ 《中华烟厂昨晨怠工》，《申报》1946 年 11 月 30 日，第 2 张第 6 版。

④ 《易货纸圈第二批中信局决统筹办理》，《申报》1947 年 11 月 20 日，第 2 张第 7版。

⑤ 《中华等烟草公司及各烟厂申请输入卷烟原料等事项卷》，中国第二历史档案馆藏行政院输出入管理委员会档案，447－1035（2）。

不买账，而是公事公办，第二天即答复"贵公司按应得配额照章办理申请手续并向任何一家卷纸合格进口商申请或送处副署核办；至所称废止已订合同一节，无法照办"。① 3 月 12 日，为解决烟叶问题，总经理张伯伦又打着国营企业的旗号向经济部部长陈启天求助，呈文如下：

> 查本公司接受前处理局之委托代理青岛运沪烟叶，在一年内配售 2.5 万余桶，不为不巨。本公司向有取得优先购办之便利，现所剩余者仅此 456 桶，为数不多，且该项徐州二三等烟叶存沪已有一年以上，由本公司代为保管，并为代垫仓租保险费等项，不无耗费拆息；至其品质，充制本公司卷烟亦为适合。本公司既为国营机构，近以烟叶来源不旺，实有优先承购之必要，拟循往常承购前例，照市估价，毋须招标，即由本公司购入。业经函请该处要求承购，但据该处负责人面称，谓系奉行政院令标卖，如改由本公司承购，仍须得院令核示。用特具呈，仰祈钧部鉴核并转呈行政院赐予核准令知该处迳归本公司照市价购入，俾能加增原料以利国营事业，无任待命之至。②

按照常理推论，对于"向有取得优先购办之便利"、曾一年内配售 2.5 万余桶的中华烟草公司来讲，承购区区 456 桶烟叶当属不在话下。然而，这时看似简单的请求也变得复杂起来。3 月 20 日，当经济部呈请行政院核准令知清理处将烟叶迳归该公司承购时，行政院批复："查本案存备作抵之许昌烟叶，已据德昌烟厂宋世浩提起诉愿，要求发还实物，正由本院核办中，中华烟草公司所请承购是项烟叶应暂从缓议。"无情拒绝了中烟之请。③
中华烟草公司"国营"享有的条件渐渐失去，而承担的义务却在

---

① 《中华等烟草公司及各烟厂申请输入卷烟原料等事项卷》，中国第二历史档案馆藏行政院输出入管理委员会档案，447 - 1035（2）。
② 《中华烟草公司》，台北"中央研究院"近代史研究所档案馆藏经济部档案，馆藏号：18 - 27 - 02 - 013 - 03。
③ 同上。

强化。1948 年 5 月，经济部训令中华烟草公司自 1948 年度起该公司之盈余收入应即遵照迳解国库并报部备查，当公司总经理张伯伦呈上年度盈余分配案时，该部会计处指出：

> 查中华烟草公司系国营事业，所有盈余分配事前既未编具预算，事后似仍照中央颁布之"营业基金预算科目"办理。该公司原送之盈余分配表，其表名及内容，均欠符合，兹谨分别陈明如左。结算后应行解库之所得税暨官息红利，能否即以现金缴解，系属事实问题，依法仍应悉数解库。①

5 月底，经济部改称工商部。6 月 12 日，该部通知中华烟草公司，亟待分配之盈余仍应在现金周转灵活时陆续解库。对于公司 6 月 26 日呈报的 1947 年度、1948 年度盈利事业所得税，上海直接税局认为核定及估缴之数字与实际所得不符，请重新派员查账，7 月 17 日财政部电饬上海直接税局查明办理。② 8 月，财政部又要中烟公司缴纳特种营业税，张伯伦只得以该公司属卷烟工业，卷烟出厂时已纳出厂税，依照特种营业税法第四条"已纳出厂或出产税之工厂或出产人免征营业税"来应付。③ 1949 年 3 月 11 日，行政院仍令工商部催督公司缴款，"1948 年上半年原决算内说明该公司因财政困难，上项应解库款 4800 余亿元除已缴 200 亿元外，其余 4600 余亿元均尚待解库，实与规定未合，应由贵部转饬该公司从速解库并编入二级决算"。④

从 1948 年以后中华烟草公司的营业计划可以看出，承购权纠纷案发生后，该公司的业务在不断下降。1948 年上半年度营业计划内

---

① 《中华烟草公司》，台北"中央研究院"近代史研究所档案馆藏经济部档案，馆藏号：18 - 27 - 02 - 013 - 03。

② 《中华烟草公司为 1947 至 1948 年度盈利事业所得税与上海直接税局核定数字不符请派员复查的有关函件》，中国第二历史档案馆藏经济部档案，4 - 27799。

③ 《中华烟草公司》，台北"中央研究院"近代史研究所档案馆藏经济部档案，馆藏号：18 - 27 - 02 - 013 - 03。

④ 《中华烟草公司 1948 年上半年度决算报告及 1949 年度营业概算》，中国第二历史档案馆藏经济部档案，4 - 31209。

开："目前时局不宁，交通运输时遭梗阻，关于主要原料尤其烟草一项，因去年许昌损失甚巨，加之烟草输入外汇分配额较前减少，故采购较去年为难"，因此该期产销原则为"拟暂不增产，仍维现状"。预销数量 3.2 万箱，比上年度全年 5.9 万余箱少了将近一半。① 1948 年下半年度公司营业计划中产销原则仍为"拟暂不增产，仍维现状"。② 1949 年度营业计划指出："目前在戡乱时期，交通运输时遭梗阻，关于主要原料，尤其烟叶一项，素以产量富饶著称之许昌及山东潍县自遭兵灾后，迄未恢复，而昆昌各地产量不丰。又，卷纸虽有华商民丰纸厂之配给，顾数量不多，加以上中烟需用美叶，亦因烟草输入外汇分配额较前核减，致采购为难"，产销原则还是"拟暂不增产，仍维现状"。③

承购权案发生后，中华烟草公司的业务走上下坡路，随着经济部对公司的"监理"，"国营"不利的一面显露出来。公司生产在下降，工人尤其职员数不减反增。公司成立复工时，三厂职工 2100 余人，其中职员 140 余人，月产最高达 8000—10000 箱，到 1948 年 8 月，该公司一厂仅日产全禄牌香烟约 50 箱，二厂则专出大双斧牌香烟日产不到 100 箱，且因霉季原因两厂已由平时月产 6000 余箱减改为 4000 余箱，每星期开工仅四五日。两厂加起来工人计 2000 余人，职员已增至 200 余人，其中有 120 余人是从经济部派来工作的。④ 作为经济部管理的企业，尽管营业不佳，在国家需要时，公司要带头"慷慨解囊"。1948 年 6 月政府劝募"救济特捐"，中烟公司认募 100 亿元，超过同行福新、南洋、大东南等厂。⑤ 是年 8 月，政府进行金圆券币制改革，在全面限价后的"抢购"风中，作为国营企业

---

① 《经济部接管中华烟草公司营业计划及资产评价单》，中国第二历史档案馆藏行政院档案，2 (1) -7517。

② 《中华烟草公司组织章程、营业计划、预算等》，中国第二历史档案馆藏经济部档案，4-34927。

③ 《中华烟草公司年度决算报告、会计报告及营业计划》，中国第二历史档案馆藏经济部档案，4-31210。

④ 吴茂林、徐善宏：《上海的卷烟业·中华烟草公司第二厂》，《时代经济》第 1 卷第 2 期，1948 年 8 月。

⑤ 《卷烟业继起响应，认募特捐二千亿》，《申报》1948 年 6 月 21 日，第 1 张第 4 版。

的中华烟草公司"带头"派货。9月18日，中华烟草公司通函各地经销商，嘱切实邀行当地限价，普遍出售派货。① 10月22日，在"本市卷烟恐慌日见严重，全市零售店俱感无货应市"局面下，中烟公司为充分普遍供应，除按期办理卷烟同行派货外，并定于26日起办理全市零售店派货，每家派大双斧20条，计价款40.8元，缴款项货手续仍照向例办理，凡属本市烟皂同业公会会员之零售店均得享受。② 11月13日，全国"慰劳戡乱将士总会"决定香烟为徐蚌会战劳军工作慰劳物品之一，工商部部长陈启天号召全国工商团体及该部附属生产机构切实捐献。中烟公司作为该部管理之企业，陈氏饬令公司先拨双斧牌香烟500大箱计2500万支，于14日派员赴沪提取赶运徐蚌前线。③ 大笔捐赠无疑使原本困难的中烟雪上加霜，公司1948年下半年度资产负债平衡表及损益计算表后说明："除捐助支出因慰劳前方将士等原因超过预算外，其他各项均在预算所列百分比以下。"④

在经济部的"管理"之下，中华烟草公司总经理及总稽核等均由该部直接派定，这一"肥差"成为政坛派系争权夺利的工具，公司一度四易总经理。青年党人陈启天执掌经济部后，公司总经理换上了该党党徒。1947年10月1日，曾任青年党主任秘书的张伯伦接替杨锡仁上任，媒体称"此为该党党员负责国营事业之第一声"。⑤ 1948年12月，新任工商部部长刘维炽到部视事，陈启天移交。工商部易长后，张伯伦随之下台，管制司长费明扬调任中华烟草公司总经理。⑥ 费短暂过渡后，曾启辉于1949年1月24日接任。新中国成立后有关中烟公司资料中提到了四任经理的"贪污成绩"：

① 《本市简讯》，《申报》1948年9月18日，第1张第4版。

② 《中华烟草公司继续办理派货》，《申报》1948年10月22日，第1张第4版。

③ 《全国慰劳总会商获决定慰劳徐蚌前线战士，陈启天饬拨香烟五百箱》，《申报》1948年11月14日，第1张第2版。

④ 《中华烟草公司组织章程、营业计划、预算等》，中国第二历史档案馆藏经济部档案，4-34927。

⑤ 《青年党党员主国营事业，张伯伦任烟公司经理》，《申报》1947年10月4日，第1张第4版。

⑥ 《刘维炽抵沪，工商部人事有调动》，《申报》1948年12月25日，第1张第1版。

第一任杨锡仁、邝兆祁：杨锡仁纯粹是商人本色，全副精力放置于其私人企业——中国物产公司，在中烟公司图挂虚名，当时工作委诸总稽核余湘林负责，而余亦供职中国物产公司，因此实际上亦不能运全力于中烟；副总经理亦兼职南洋烟草公司，在中烟亦是居票友身份，至于利用中烟壮大南洋，亦系当时事实。由于他们任内不负责任，搜括贪污中饱，遂造成工作无方针无计划，人事凌乱各自为政等腐败现象。

第二任张伯伦：当青年党陈启天执掌经济部时，即多方安插其党徒，中烟当时亦被视为肥缺。因此，张伯伦遂得混入中烟，而张至中烟时，所有科处长以上职位，均由青年党徒占有，结党营私，为所欲为。因之，中烟元气，一损再损，日临贫困。

第三任费明扬：费任仅 48 天，寿命极短，费亦系青年党徒，因赋性刚愎，且有勇无谋，因此一筹莫展，坐吃山空。

第四任曾启辉、陈亦康：曾启辉系战犯孙科内亲，当孙科上台，一脚将青年党踢出经济部时，即将曾某塞入中烟。曾到任次日，因急于安插亲信，遂裁减非嫡系职员三十余人以遂其大量搜括之愿。至于在购料中高价买劣货，拿回佣，在售货时巧立户头，中饱私囊，以及搁置资金窃取暗息等贪污行径，更属公行不讳，其大胆与无耻，实非以前数任经理所能比拟，而中烟至此，已至山穷水尽之时。①

经济部"管理"下的中华烟草公司人员庞杂，企业的管理机构变成一个冗员充塞而无效率的官僚机构。公司在总经理、副总经理、襄理之下，还分设四处、三室和一个购料委员会，这些所谓顾问、专员等大部分只领高薪而不做实际工作。

---

① 《上海卷烟工业概况》，国营中华烟草公司 1950 年 2 月编印，第 2 编第 1—2 页。

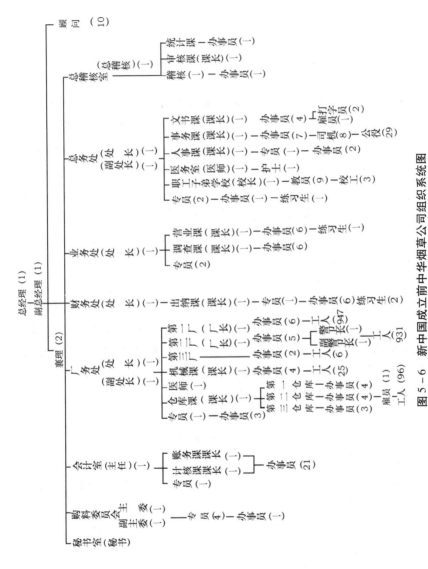

图 5-6 新中国成立前中华烟草公司组织系统图

资料来源:《上海卷烟工业概况》,国营中华烟草公司1950年2月编印,第2编第2页。

可以看出，新中国成立前，由经济部控制下的中烟公司已是冗员充斥。关于这些官员的劣迹，新中国成立后曾在该厂工作过的人员这样回忆：

> 这些人在中华烟草公司的目的只是发财，所以收购原料、推销成品、处理废物，都是他们营私舞弊、贪污中饱的好机会。例如推销成品，中华烟草公司向来采取配售办法，承销客户又分本埠同行和外埠同行两种，但其中外埠同行，多半系上海商人虚设字号。他们用贿赂办法通过公司中的这批营私舞弊的人员取得配货，抛售上海市场，转手之间获取巨利。这样，便形成上海市场卷烟充斥，使公司本身受到莫大的损失。至于购料委员会，则更为腐败。他们在采购烟叶、纸圈、木箱和印刷装品方面，使延迟付款、虚报价格、收取回扣、验收劣等烟叶等种种方法，贪污自肥，大发洋财。①

总经理每次交接时，各人都带来一批裙带亲信。1949 年 1 月曾启辉接任后，为安插其亲信大肆裁革职员，致引起严重纠纷。2 月 3 日，某报刊登“中华烟草公司被裁人员为曾启辉违法渎职滥施职权上李代总统电”。② 裁员风潮平息后，曾启辉于 3 月 15 日致函工商部部长刘维炽，以血压激增为由恳请辞职：

> 职奉命承乏中华烟草公司总经理职，接事月余，在钧座指导下，积极整顿，以期无负重托之殷望，无如本公司情况特殊，业务繁剧，益感心力交瘁，以致触发血压旧疾，昨受医师检查，发觉日见增高，若不加以静养，恐成不治。为此迫不得已，据实呈请察核，俯赐准予辞去总经理，职俾得易地疗养，实为公德两便。③

---

① 计惜英：《改造官僚企业的一个例子》，《烟草月刊》第 2 卷第 9 期，1950 年 1 月。
② 《中华烟草公司概况调查》，上海市档案馆藏上海联合征信所档案，Q78 - 2 - 14549。
③ 《工商部关于中华烟草公司经理及总稽核任免的文件》，中国第二历史档案馆藏经济部档案，4 - 33519。

未获答复后，曾还于 3 月 28 日再度请辞。3 月 15 日当天，副总经理陈亦康也写信给刘部长请求辞职：

> 窃职猥以菲材，谬承委以中华烟草公司副总经理重任，正在竭尽驽骀作业务之发展，以报知遇之恩，今忽接家报，以家母年近九旬，风烛余年，体弱多病，乏人侍奉，电嘱返家省视，理合呈请辞去副总经理职务，俾尽孝思，伏察核示遵。[①]

事实上，就在一个月前，公司总稽核邵培之刚刚以"身体衰弱，更有不胜繁剧之感，拟恳准予辞职，俾资休养"向工商部部长递上辞呈。为何短时间内三人就都发病或有事了呢？我们可以从公司自身的经营状况找出答案。

进入 1947 年，与同行业其他烟厂产量增长相较，中华烟草公司生产能力逐渐走向衰退。据上海卷烟工业同业公会统计，该公司 1946 年度全年生产量 56775 箱，居全市第三位；1947 年度全年生产量 62160 箱，已降至第五位；1948 年度全年生产量 46963 箱，更降至第七位。[②] 1947 年以后中华烟草公司第三厂基本处于停顿，一、二两厂产量锐减。1946 年 10 月最高月产量达 8000 箱，至 1949 年 2 月降为 3150 箱，下降幅度为 61.19%。[③] 承购权纠纷很大程度影响了公司业务的发展，1947 年 4 月中华烟草公司被列入政府出售名单，之后出售计划一变再变，公司原订的扩张计划均陷于停顿。公司前途未卜，工人们不安心工作，存观望之心。1949 年以后，公司因资金耗尽、原料不继无法维持生产，已处于山穷水尽的境地。公司已经"揭

---

① 《工商部关于中华烟草公司经理及总稽核任免的文件》，中国第二历史档案馆藏经济部档案，4-33519。

② 上海市卷烟厂工业同业公会秘书处：《上海市卷烟厂工业同业公会卅五年度工作总报告》，1947 年 1 月；上海市卷烟厂工业同业公会秘书处：《上海市卷烟厂工业同业公会卅六年度工作总报告》，1948 年 1 月；上海市卷烟工业同业公会秘书处：《上海市卷烟工业同业公会卅七年度工作总报告》，1949 年 1 月。

③ 《上海近代民族卷烟工业》，第 270 页。

不开锅",但工人需要维持生存。1 月 6 日,中华烟厂产业工会理事长程顺兴向总经理费明扬呈文,要求改善待遇。随着经济形势一天天恶化,工人生活困难,公司压力倍增。4 月 12 日,该厂产业工会理事长致函总经理曾启辉:

> 近来本市物价涨风甚烈,又加现钞奇缺,影响工人殊巨。关于本厂每期发薪多以本票发给,但该本票并不畅通使用,有时折扣,有时拒收,而我工人受此无形损失不堪胜计,本会为谋会员生活安定起见,爰特函陈贵公司鉴准嗣后发薪一律现钞或袁头银元不致有损而利生计,毋任感企之至。①

除工会要求加薪外,政府加紧征缴税款。针对 5 月 20 日中华烟厂驻厂员报告该厂擅将存厂未税双斧牌卷烟 48 大箱强行出运一事,上海货物税局局长寿彰给所属第二稽征所发出训令:"前项未税烟件,姑准限于文到三日内将应纳税额按纳税时税额补缴完案,逾期即予移送法院追缴。"② 面对这一难以收拾的破烂摊子,总经理及负责人自然失去兴趣,躲避责任逃之夭夭成为常态。到最后,公司"库存卷烟仅 2000 余箱,且销路呆滞,靠零星出售,收入根本无法支付税款和职工薪金。原辅材料也近耗尽,仅余土叶 5.5 余万磅、美叶(包括烟梗)27.57 余万磅及少量包装材料"。③ 随着 1949 年 5 月 31 日上海市军事管制委员会正式接管,中华烟草公司开始在新的体制和环境下获得新生。

---

① 《中华烟厂产业工会关于工资奖金福利问题》,上海市档案馆藏中华烟草公司档案,Q451 - 1 - 37。
② 《上海货物税局就追缴中华烟厂税款一事给第二稽征所的训令》,上海市档案馆藏财政部上海货物税局档案,Q434 - 1 - 469 - 1。
③ 《上海烟草志》编纂委员会:《上海烟草志》,上海社会科学院出版社 1998 年版,第 59 页。

结　　语

第一节　战后上海卷烟业政企关系重新建构

抗战胜利后，上海卷烟业的发展有过短暂的繁荣。烟厂的数量、设备、产值都比战前有了大幅度的增长。战后初期，市场上卷烟供不应求，加之政府税收较轻，原料供应充足，民族资本烟厂如雨后春笋一般纷纷建立，数量多达 87 家，占新中国成立初上海烟厂总数的 80%。[①] 1945 年上海卷烟业卷烟机尚不足 500 部，到 1949 年上半年激增到 900 多部；在抗战时上海烟厂只有 29 家，抗战结束时增至 65 家，战后短短数年时间就平涨到 100 多家。[②] 新中国成立前，上海市共有烟厂 112 家，其中无机器设备的烟厂有华东等 15 家，属于外商资本英美烟公司的有颐中、花旗 2 家，国营中华 1 家（共有三厂），私营共 93 家。[③]

表 1　　　　　1947 年上海卷烟工业产值与抗战前的比较估计

（单位：法币万元）

1933 年		1936 年		1947 年		1947 年比 1936 年 ± %
产值	%	产值	%	产值	%	
11994.3	11.41	10525.9	8.90	18900.8	16.41	+79.56

资料来源：《上海近代工业史》，第 296 页。

---

① 《上海卷烟工业概况》，第 1 编第 1 页，国营中华烟草公司 1950 年 2 月编印。

② 《卷烟业的现况与努力的方向》，1949 年 4 月 19 日，上海社会科学院经济研究所企业史资料室藏 1930—1950 年代初期经济类剪报资料 04—055 "1938—1950 年的卷烟工业"，第 115 页。

③ 《上海卷烟工业概况》，第 1 编第 1 页，国营中华烟草公司 1950 年 2 月编印。

　　战后上海的卷烟企业主要有外资、国营、民营三种类型。中华烟草公司是战后在接收基础上建立起来的唯一一家国营企业，虽然拥有物力、人力和品牌优势，然而成立一年多即陷入旷日持久的承购权纠纷中，加上冗员充塞、营私舞弊、贪污中饱，公司发展难有活力。这一时期英美烟（颐中）公司采取企业紧缩和资金外移的政策，1945年10月至1949年9月的平均年产量为20万箱，仅及最高峰时的17%；1946—1949年，该公司在华机构向英、美共汇款459万英镑和1212万美元。①这为一直苦于外资挤压的华资企业腾出了一定发展空间。与国营和外资企业相较，民族资本企业发展蔚为大观，这也成为战后上海卷烟业产值全面超过战前的重要原因之一。这一时期上海卷烟业的发展还表现为卷烟业所创税收大幅增长。与战前之关、盐、统的重要性排序不同，战后的货物（统）税已经超过关税和盐税而居国民政府租税收入之第一位，而卷烟税又成为货物税的重中之重。作为全国机制卷烟企业的中心，战后上海的卷烟业在国民经济中举足轻重的地位更加彰显。

　　战后上海卷烟业的繁荣，主要出现在抗战胜利到1947年初大约一年半的时间。随着内战爆发和通货膨胀加剧，国民政府对卷烟税收预算不断增加，提高税率同时缩短核税时间，沉重的税负成为上海卷烟企业发展的致命伤。战后大批烟厂复工和新设，所需原料日益增多，在国产原料不敷运用情况下，进口需求增加。随着国民政府外汇政策的变化，限额分配政策的实施，烟叶、纸圈、钢精纸等必需原料日趋紧缺，成为战后困扰上海卷烟企业发展的主要瓶颈。加上工潮频发、市场缩小的打击，上海卷烟企业纷纷走向减产停工，实力雄厚的英美烟（颐中）公司也难于幸免。卷烟机利用率是企业生产效率的重要指标，1945—1949年该公司用于生产的机器数量普遍偏低，利用率最高的时段为1947—1948年，但这一时期机器使用量也不足拥有数量的50%。

---

① 张仲礼：《旧中国外资企业发展的特点——关于英美烟公司资本的积累和超额利润》，《社会科学》1980年第6期，第53页。

表2　　　　　1945—1949年英美烟公司上海各厂卷烟机装置和
实际使用台数　　　　　　　　　（单位：台）

各厂概况 年月	浦东厂		通北路厂		榆林路厂	
	拥有装置	实际使用	拥有装置	实际使用	拥有装置	实际使用
1945.10—1946.9	74	—	80	29.68	21	7.5
1946.10—1947.9	74	56.02	80	54.25	21	11.28
1947.10—1948.9	74	63.68	80	52.45	21	12.04
1948.10—1949.9	74	50.46	80	42.67	21	10.08

资料来源：《英美烟公司在华企业资料汇编》，第211页。

　　战后国民政府对卷烟并未实行专卖，而是征收货物税，整个卷烟市场运转依然遵循市场经济的供需原则。在供应方面，国民政府加征重税的"杀鸡取蛋"政策压榨和限制了上海卷烟业的发展，加上原料高涨，许多卷烟企业不堪重负，走向衰落。另外，由于市场需求的存在，仍有一定数量的卷烟企业在重重困境中挣扎，在曲折中有所发展。在需求方面，经济危机虽然降低了消费者的购买力，但战后卷烟在中国更为普遍，大量烟民在经济压力和困惑下依然将卷烟作为生活必需品，他们根据自身的经济能力对卷烟消费的档次做了相应的调整，中国的卷烟市场在危机的局面下依然得以继续发展，成为推动上海卷烟工业发展的主要因素。处于恢复与发展中的卷烟业先是受到政府开放市场政策的强烈冲击，随着内战范围扩大，国内市场再度被分割，原料供应与产品销售不畅，再加上恶性通货膨胀，企业发展大受影响。战后上海卷烟企业发展受到税收、原料、工潮、市场等一系列因素制约，表现为一种困境下的"畸形"发展。

　　总体而言，上海卷烟工业及企业发展受制于战后这个大的社会背景，这一时期，中国刚刚经历了战争破坏，制度不健全，经济欠发达，更为严重的是，内战贯穿始终，这种背景促成了上海卷烟业政企关系的重新建构。上海的卷烟工业诞生于清末民初，20世纪二三十年代在政府统税政策下，无论是英美烟公司，还是南洋、华成等卷烟企业均获得了初步发展，政企关系以缓和为主；抗战期间，国民政府实行烟类专卖政策，一定程度上扼杀了卷烟企业的积极性，上海的卷烟企业则陷入日本统制和垄断下的畸形发展；抗战胜利后，按照国民政府经济复原和建设规划，本应该为工商业发展创造有利条件，尤其轻工业重要部门卷烟行业，不仅支撑大宗货物税收，而且维系大批工人就业。但由于内战再起，国民政府军费剧增，能够用于经济恢复与建设的力量大打折扣，为解决财政亏空，当局将目光转向货物税，向卷烟业征收重税，增加税率的同时不断缩短核税时间，导致企业成本陡增，发展遭遇瓶颈，政企关系呈现紧张态势。另外，政府不断提高进口卷烟税率，对卷烟生产材料监管打击私烟，政企合作亦并行不悖。外汇限额分配政策造成原料紧缺，严重制约了卷烟企业发展，但在原料供应尤其烟叶方面，国民政府做出一定努力；经济形势恶化造成工人生活困难，导致劳资纠纷频发，给企业发展带来巨大冲击，但在调解劳资矛盾方面政府也发挥了一定作用。国民政府的国营事业民营化政策以及旷日持久的承购权纠纷，严重摧残国营卷烟企业的发展。

第二节　上海卷烟业的行业自卫与诸方博弈

对于上海卷烟业来讲，战前行业发展的特点是以市场竞争为主，外商企业一强独大，华商企业一致对外，在竞争中发展。抗战胜利后，随着环境变化，无论华商还是外商企业发展均面临共同的难题，在博弈中求生存成为行业发展的主线。这一时期，华商烟厂在整个上海卷烟业中的产值大幅提高，随着外商企业颐中、花旗的加入，卷烟业重要的民间团体卷烟工业同业公会规模壮大，职能扩展，它已不仅是华商烟厂联合针对外商企业的组织，而是囊括民企、国企、外企的卷烟企业集体利益代言人。战前上海卷烟业公会主要在加强同业团结共同对外，解决同行之间争议及维系同业间公共福利方面发挥作用，战后的同业公会在呼吁政府改善税收，争取必需原料外汇，调解业内工潮方面扮演了重要角色。同业公会角色的变迁反映出战后政府、企业、社会之间复杂的利益关系与博弈关系。战后上海卷烟企业发展面临最主要的问题是税负严重、原料紧缺和工潮频繁，围绕卷烟业的博弈集中表现为由税收引发的政企博弈、由原料引发的行业博弈和由年赏引发的劳资博弈。

战前英美烟公司凭借雄厚的实力和不平等的特权一强独大，少数较有实力的民族企业如南洋、华成等牵头呼吁政府挽回利权，围绕市场展开的"商标战""价格战"等屡见不鲜。战后随着同业公会规模和职能的变化，由企业与政府的交涉、企业与企业之间的较量为主逐渐转化为公会与政府之间、公会与公会之间的团体博弈为主。工人以工会为中心团结起来，由局部纠纷发展为全行业的工潮，一定程度上可以影响和左右政府的决策。上海卷烟业劳资纠纷频发，作为资方利益代言人的公会与劳方团体工会之间展开博弈，1946 年底全行业的年赏纠纷就是很好的例证。战后上海民众争取年赏达到了一个相当高的水准，劳资博弈从单个企业到全行业，甚至整个工商界，工人斗争的手段和花样实属空前，各行业相互呼应，呈蓬勃发展之势。总体来讲，战后围绕卷烟业的博弈体现出在和平和合法框架内从个体到群体的趋势，是一种集体行动，也是一种理性行为。政企之间的博弈由大企业带头、小企业呼应转变为同业公会作为代言人集体交涉；劳资之间的博弈由工头带头、工人跟进，转变为利用工会力量先造成氛围，再扩大影响，这在"年赏"工潮中表现最为明显。

围绕上海卷烟业的政企博弈和劳资博弈，是战后民间力量话语权扩大的重要体现。在动荡时局下，民间团体无论在经济、政治还是社会领域都表现得异乎寻常的活跃。公会是由资方组成的团体，可分为工业同业公会与商业同业公会，前者由生产或制造商组成，后者由批发零售商组成。上海的工商同业公会团体在战前已普遍成立，抗战胜利后更蓬勃发展。截至 1947 年 5 月，全市共有工业同业公会 47 家，商业同业公会 221 家，输出业同业公会 1 家。[1] 与战前相比，卷烟业重要的民间团体卷烟工业同业公会性质和职能发生变化，面对国家政策的变化，公会的领导作用及其作为政府与企业之间的纽带角色得到了加强。首先，通过力争改善税收、原料进口及解决工潮等活动，不仅将全市卷烟企业，而且将全国各地卷烟业同行广泛地凝聚起来，相

---

[1]　王涤初等：《工商业团体手册》，工商出版社 1947 年版，第 145—159 页。

互团结，并推动成立了全国性的卷烟工业同业组织——中国卷烟工业协会，这是近代以来的首次。该会继而又成为沟通各地烟情、捍卫卷烟业利益的重要力量。其次，百折不挠地奔走请愿，运用舆论媒体宣示自己的主张，通过各种途径向政府传递信息，利用一切可利用的政治和社会资源扩大声势，卷烟业致力于在和平、合法的轨道内实现改善税制的目标。与战前华商烟厂组织相较，这些都反映出上海卷烟工业同业公会成熟的组织活动能力和对国家权威挑战具有相当的策略和技巧。

战后上海工潮频发的主要原因是通货膨胀严重，物价持续上涨，工人生存环境急剧恶化。统计资料显示，1945 年 9 月至 1948 年 7 月，上海工人的生活费指数上涨了 6000 倍。[①] 在严峻形势下，工人不满情绪自然日益增长，发生劳资纠纷乃至大规模工潮也就不足为奇了。抗战胜利后公会组织活跃的同时，各业工会也获得了新生，工人致力于捍卫自身的利益和实行内部民主化管理。工会是由劳方所组织，分为产业工会与职业工会，产业工会为同一企业内不同部门工人所组织，职业工会由同一职业之工人所组织。如公会组织一样，工会也是劳资分立的产物，二者在组建之后均加强了各自阶级的组织整合，也使劳资博弈更具群体性特征。战后卷烟业工会呈现多元体制，从工会在劳资纠纷中所扮演的角色来看，以争取改善待遇为主，大部分属于"赤色"和"黄色"两大系统之外的"中间"团体。工会组织在战后异常活跃，除了与资方交涉，要求提高待遇和改善条件外，还可能利用整体力量对国家政策发生影响。中华烟草公司承购权纠纷案是国民政府国营事业民营化过程中重要的一幕，中华烟厂产业工会一度充当了该案的推手。得知公司一、二两厂即将标售，先是工人贴标语、呼口号反对由原业主优先承购，然后迅速在产业工会的组织下团结起来，利用集体的力量提出自己的诉求，得到上海市总工会、参议会、社会局等部门的同情。在上海市总工会的支持下，中华烟厂产业工会曾经两度进京请愿，致当局重新审议，标售最终"流产"。

---

① 上海市社会局统计室编印：《近三年来上海市之劳资争议》，上海市档案馆藏上海市社会局档案，Q6－12－191。

由卷烟原料问题引发的行业博弈，一定程度上反映出战后抵货运动的困境。抗战胜利后，随着环境的变化，国民政府的经济政策发生了一系列的变化，贸易领域的外汇限额便是重要一例。在外汇管制政策下，围绕卷烟业原料供应问题，上海卷烟业公会与烟叶业公会、造纸业公会与锡纸业公会矛盾重重。卷烟业摆脱困境的努力与上海商会为代表的"国货派"发生冲突。平心而论，上海商会的方案主要是考虑到国货的垄断利益，从行业发展的角度讲，卷烟业公会的主张更具合理性。首先是烟叶进口问题。对于面向市场经营的上海卷烟企业来讲，为了赢得更多的利润，自然偏向于使用物美价廉的美烟。卷烟纸与钢精纸供应问题类似。卷烟工业同业公会多次呼吁政府放宽卷纸输入限额。民丰纸厂享有制造卷纸的专利权，以民丰为首的造纸业公会多次向政府反映其有足够的生产能力，主张严格限制甚至禁止外国纸圈进口。锡纸业公会多次呼吁政府部门向卷烟业施压要求采用国产锡纸，并限制外商华铝钢精厂的产量。从道义角度出发，造纸工业和锡纸工业维护自身生存的诉求无可厚非；但从行业角度考虑，用国货还是外货哪个更划算，最有发言权的自然不是作为生产者的民丰厂和锡纸厂，而是作为消费者的卷烟企业。事实上，战后的中国铝锭无法大量生产，上海年年发生"纸荒"。可见，经济欠发达已是事实，这种背景下的"抵货"难免会影响和束缚行业发展。科学合理地利用好外来资金和技术，才能为民族企业发展注入新的活力。

作为战后国营企业出售之一例，中华烟草公司承购权纠纷案成为特殊环境下各种政治与社会力量间复杂博弈的一种体现。战后中国局势波云诡谲，以接收为契机，各种政治、经济、社会力量进行了重组，权力结构发生了变化。国营事业的出售过程中，政府与民间的博弈在所难免，优先承购的出台是抗战以来民间力量话语权逐渐壮大的体现，从某种程度上讲是政府对民族资本表现出的一种妥协姿态。另外，战后经济凋敝，工潮频发，工会壮大，工人有了更多发言权，可以更大程度运用合法手段对政府决策施加影响，工会作为"先锋"介入旷日持久的承购权纠纷即是明证。抛开案件当事人华品公司和中华产业工会，"国营"与"民营"的背后更牵涉敌产审议会、经济部、行政院等政府部门的利益纠葛。该案的结果是公司继续由政府管理，无论私人的优先承购还是工人请组合作工厂均难以实现，这也说明战后"宪政"框架内政府既想还政于民，但很难突破路径依赖。战后围绕上海卷烟业的多重博弈也告诉我们，一个行业和企业要获得健康、稳定的发展，就必须建立良好的政企关系、行业关系和劳资关系，为企业发展营造和谐的环境和氛围。

第三节　特殊背景下卷烟业政企关系之审视

　　政府对卷烟税收的控制是对经济活动干预的显著体现。国民政府在推行卷烟税收的过程中长期以来一直阻力重重、路途坎坷。除了商人阶层基于经济利益本能抵拒外，国家主权的不完整、中央和地方财税权限迭次变更以及持久战乱的严重破坏等，都使政府的征税难以完全实现，威信大受打击。随着抗战的胜利和关税自主的实现，政府的威信得到空前的提高。同时，政府也面临战后重建、经济复员的任务。然而短暂的和平之后是大规模内战，庞大的军费支出，加上严重的通货膨胀，国民政府财政压力空前严重。这种情况下，政府将货物税征收作为解决财政赤字的重要手段，上海卷烟业首当其冲。战后当局对卷烟业实行重税政策，提高税率的同时频繁缩短核税时间，以此增加税收。卷烟企业不堪重税负担，在困境面前，以公会为中心团结起来，致力于通过各种途径与政府抗争。

　　除向卷烟业征收重税外，政府还运用税收手段采取一系列有利于上海卷烟业正常发展的措施。为维护国产卷烟，当局不断提高进口卷烟税率，甚至将其列为禁止输入品；税务部门致力于对卷烟生产材料进行监管，从源头上打击私制卷烟，同时还重视卷烟商标牌号的登记与管理，为卷烟生产流通营造良好的市场环境。为解烟叶困难，国民政府农林部成立烟产改进处，致力于国产烟叶改良与复兴事宜，与中中交农银行商定烟叶生产贷款，分向各省贷放。为解决纸圈与钢精纸短缺，除向日本易货换取部分外，政府一度允许企业自备外汇到埠获得原料。政府的多重行为说明卷烟业在战后经济部门中的重要性，然这些行为无法从根本上解决战后上海卷烟企业发展的难题。

　　对面临财政紧张、外汇枯竭的国民政府来讲，实行管制政策实属不得已之举，然外汇限额分配极大地扼杀了上海卷烟企业发展的生机。卷烟工业主要原料烟叶、卷纸和钢精纸进口受到限制，国货供应不济，原料价格飞涨。围绕着卷烟业原料供应问题，上海卷烟工业同业公会与上海商会、烟叶商业公会、造纸工业公会、锡纸业公会展开一系列博弈。他们或写信或发电或登报或请愿，游说于政府部门之间，并通过舆论媒体寻求支持。在卷烟业与"国货派"的较量中，当局一面要发展卷烟工业维护这一大宗税源，一面又要维护国内其他脆弱工业防止漏卮，应对较为被动。

为应付日趋严重的财政、经济危机，国民政府被迫实行币制改革，政策的朝令夕改引发抢购风潮，一度造成上海卷烟市场的混乱，后期加税政策给卷烟业带来致命性的打击，全市大小企业出现"倒风"，一直到上海解放，再也没能恢复元气。国营事业民营化是战后国民政府在执政危机之下作出的重要经济决策。抗战胜利后，政府有意无意试图通过逐渐扩大对经济资源的控制解决财政问题，进而支撑其庞大的军政官僚体系，维护一党专政。但是，现实情况却让其大失所望。日益增长的军政开支及不断扩大的内战战火，使其面对规模庞大的国营企业，既感力不从心，更感无利可图，而且遭到舆论界的一致攻击，从而背上了沉重的政治、经济包袱。在此背景下出台的民营化方案虽然象征着当局经济政策的一个重大转折，但显然是不得已之举。国民政府尝试以国营事业民营化来解决其日趋严重的财政经济危机，却使国营卷烟企业陷入了旷日持久的承购权纠纷当中，严重制约了企业的发展。

从战后的国民政府应对危机的主动与被动措施来看，很难说它是"好政府"还是"坏政府"，也无所谓"先进"与"落后"之别。笔者认为，从上海卷烟业发展折射出的政府行为可以看出，战后的政府是一个"弱政府"。这里所说的"弱"，并非谈它的法定属性，并不是指军事实力弱，集权能力差，而是领导、支配经济的能力弱，管理、控制社会的能力弱。卷烟业发展的困境背后的深层次因素是国家工业经济不发达、行业严重发展依赖外力，说明政府的经济基础是薄弱的。围绕卷烟业的博弈折射出政府政策制定和执行并非完全独裁。作为上海卷烟企业集体利益的代言人，卷烟工业同业公会变迁一方面

是民间力量话语权扩大的体现，另一方面也影响了与政府博弈。战后
当局有意壮大和健全同业公会组织，使其在社会经济生活中发挥重要
功能。1946 年 9 月，上海市社会局的资深工作人员谈道：

> 同业公会为国家经济建设之基层组织，如乡镇保甲之于政治
> 组织，师团管区之于军事组织，同为国家社会政策之重要设施。
> 务使商必归会，犹如民之归户，兵之归队，无论国家社会上一切
> 经济活动，必须纳之于公会。运用公会义务与权利均等，互相策
> 应，协调步骤，然后同业公会之组织，始有其意义，始能发挥期
> 效力，是故健全同业组织，实为要图。①

抗战胜利后，在当局的引导下，经过改组与整顿的上海各业同业
公会合法性得以延续，在规模和职能上都有了新的扩展，一定程度上
承担了某些政府部门的职能。战后出任上海市市长的吴国桢曾言：
"我完全是通过他们（同业公会）的帮助才坚持下来的，我没有建立
过任何独立的局，只是与各个公会就不同商品的供应进行协商。"②
上海卷烟工业同业公会虽然不是政府部门，但它在战后国家的烟业管
理方面扮演了重要角色，成为体制外一支不可忽视的力量。上海货物
税局制定税收政策时要参考同业公会的意见，实施税收征收也要同业
公会提供参考和协助配合。这也使同业公会能够利用这种渠道和组织
力量主动与政府部门交涉，为行业发展争取良好环境，成为国家政策
执行与行业利益诉求的双重载体。

在战后世界民主潮流的大趋势下，国民政府加强了劳动立法，在
保障劳工权益方面积极努力。为应付严重的工潮，当局一面强化工会
的作用，希望其在解决劳资纠纷中发挥重要作用；一面加强劳资协调
的调控力度，设立劳资评断委员会，还成立专门的年奖委员会，严防
工潮扩大，维护社会安定。战后上海卷烟业的劳资纠纷多数因经济利

---

① 吴曙曦、陈肃：《本市同业公会组织之检讨》，《社会月刊》第 1 卷第 3 期，1946 年
9 月 5 日。
② 吴国桢口述，[美] 裴斐整理：《从上海市长到"台湾省主席"：吴国桢口述回
忆》，上海人民出版社 1999 年版，第 76 页。

益引发，以工人争取提高待遇和改善条件为主，工人以工会为阵地团结起来，利用团体力量与资方交涉。在 1946 年底与 1947 年底的年赏工潮中，无论是"中间"工会、"赤色"工会还是"黄色"工会，在团结工人制造氛围、怠工罢工争取和改善待遇方面均发挥了核心作用。公会与工会两大民间团体也走向团结。尤其 1948 年底上海卷烟企业面临生存危机时，在"抵税"问题上，该业劳资双方能够达成一致，通过合法途径共同向政府施压。战后上海各业工会频繁参与政治、经济活动，一定程度上反映了政府权威的丧失与民间主动性参与的回潮。战后国营事业的出售，曾一度被当局寄予厚望。然出售工作历时两年多，困难重重趋于"流产"，总体上讲成为战后国民党经济政策当中失败的一笔。承购权纠纷案久拖不决、无果而终，正是政府行政效率低下的一种体现。

从政府和企业双方的诸多行为和扮演角色可以看出，战后上海卷烟业政企关系是一种既有斗争又有合作的关系，在斗争中求生存，在合作中谋发展，构成了这一时期上海烟业界的主旋律。政府的政策不断变化，政企关系的旋律也在波动。抗战胜利后，国民政府的威望空前提高，面临发展际遇同时也面临严峻挑战，经济发展出现了前所未有的困难与危机。工商恢复迟缓，生产水平下降，财政出现赤字，通货膨胀威胁到绝大多数人的日常生活。以接收为契机，国家资本有了很大的发展，民营资本运营困难，外国在华投资也在萎缩之中。然而当局为更紧迫的政治与军事问题所牵制，无暇顾及经济，既缺乏切实可行的经济政策，也提不出改善经济状况的良方，其战争政策更拖累经济的不断下滑，以至通货膨胀难以遏制，不断恶化的经济状况导致其统治的全面危机，这种危机直接影响了其管理经济和掌控社会团体的能力，围绕卷烟业的政府、社团、工人间多重博弈正是在这种背景下发生。在战后特殊环境下，在复杂的博弈面前，政府职能发生"异化"，行为进退失据，制约了卷烟工业和企业的发展。这也说明，没有一个和平稳定的环境和一套保护促进民族工商业发展的有效措施，要振兴民族工业是不可能的。

参考文献

一 档案类

（一）中国第二历史档案馆藏档案（烟草部分）

行政院档案，全宗号：2（1）

经济部档案，全宗号：4

行政院善后救济总署档案，全宗号：21

资源委员会档案，全宗号：28（2）

行政院全国经济委员会档案，全宗号：44（2）

财政部国税署档案，全宗号：155

中央信托局档案，全宗号：318

财政部直接税署档案，全宗号：337（2）

税务署档案，全宗号：340（20）

中国农民银行档案，全宗号：399（5）

行政院输出输入管理委员会档案，全宗号：447

经济部苏浙皖区特派员办公处档案，全宗号：553

经济部冀热察绥区特派员办公处档案，全宗号：536

中中交农四行联合办事处档案，全宗号：585

海关总署档案，全宗号：679（6）

（二）上海档案馆藏档案（1945—1949年）

上海市卷烟工业同业公会档案，全宗号：S68

上海市政府档案，全宗号：Q1

上海市社会局档案，全宗号：Q6

上海市总工会档案，全宗号：Q7

上海市工人福利会档案，全宗号：Q24
上海市参议会档案，全宗号：Q109
上海商会档案，全宗号：Q201
上海市工业会档案，全宗号：Q202
永泰和烟草公司档案，全宗号：Q234
财政部上海货物税局档案，全宗号：Q434
中华烟草公司档案，全宗号：Q451

（三）上海社会科学院经济研究所企业史中心所藏史料
英美烟公司抄档：
［02］2A—1《中国卷烟行业的一般发展情况 1885—1950 年》
［02］2A—4《英美烟公司在华垄断概况 1895—1949》
［12］12A—B《英美烟产量统计 1910—1951 年》
［72］14A1《中国烟叶输入的历史情况 1868—1948 年》
［96］22A—K《英美烟与民族卷烟业的比较 1911—1953 年》
［160］34J1—3《抗战胜利后沪厂工人运动（一）》
［161］34J4—5《抗战胜利后沪厂工人运动（二）》
1930—1950 年代初期经济类剪报资料：
04—055《1938—1950 年的卷烟工业》
08—020《抗战胜利后的税收政策（二）》
01—039《抗战胜利后若干国营事业转让民营的事宜》
企业史、行业史资料：
01《上海华成烟厂历史资料 1924—1957》

（四）台北"中央研究院"近代史研究所档案馆藏档案
实业部，南洋兄弟烟草公司，馆藏号：17－23－01－42－06－002、
　17－23－01－02－06－003
实业部，中国华成烟草公司，馆藏号：17－23－01－74－06－001、
　17－23－01－72－06－044
实业部，上海各烟草公司，馆藏号：17－23－01－72－06－064
农林部，对于华品烟公司承购中华烟草公司第二厂请重新审议，馆藏

号：20 - 11 - 075 - 11

经济部，中华烟草公司，馆藏号：18 - 27 - 02 - 013 - 03

经济部，颐中公司、南洋烟草公司、华东漂染公司财物发还，馆藏
号：18 - 36 - 05 - 010 - 02

经济部，经济部接管中华烟草公司（章册、成立经过、接收敌伪烟草
公司成立、有关标卖意见），馆藏号：18 - 23 - 00 - 208

苏浙皖区呈请发还案（一）上海、南京，台北"中央研究院"近代
史研究所档案馆藏经济部档案，馆藏号：18 - 36 - 04 - 005 - 01

苏浙皖区标售承购案（四）标售承购案，台北"中央研究院"近代
史研究所档案馆藏经济部档案，馆藏号：18 - 36 - 04 - 010 - 02

二 史料汇编类

严中平等编：《中国近代经济史统计资料选辑》，科学出版社 1955
年版。

陈真等编：《中国近代工业史资料》（1—4），生活·读书·新知三联
书店 1957—1961 年版。

孙毓棠编：《中国近代工业史资料》第二辑（下），科学出版社 1957
年版。

中国科学院上海经济研究所，上海社会科学院经济研究所编：《南洋
兄弟烟草公司史料》，上海人民出版社 1958 年版。

中国科学院上海经济研究所，上海社会科学院经济研究所编：《上海
解放前后物价资料汇编：1921—1957 年》，上海人民出版社 1958
年版。

吴冈编：《旧中国通货膨胀史料》，上海人民出版社 1958 年版。

彭泽益编：《中国近代手工业史资料：1840—1949》（1—4），中华书
局 1962 年版。

姚贤镐编：《中国近代对外贸易史资料：1840—1895》，中华书局
1962 年版。

杨大金主编：《近代中国实业志·制造业》，学生书局 1976 年影
印本。

秦孝仪主编：《中华民国重要史料初编：对日抗战时期》第 7 编，中

国国民党中央委员会党史委员会1981年版。

上海社会科学院经济研究所编：《英美烟公司在华企业资料汇编》，中华书局1983年版。

上海市文史馆、上海市人民政府参事室文史资料工作委员会编：《上海地方史资料》（三），上海社会科学院出版社1984年版。

上海市档案馆编：《上海解放》，档案出版社1989年版。

彭明主编：《中国现代史资料选辑》（六），中国人民大学出版社1989年版。

"国史馆"编：《中华民国史事纪要（1945—1947年）》，"国史馆"1988—1996年版。

中共上海市委组织部、中共上海市委党史资料征集委员会、中共上海市委党史研究室、上海市档案馆编：《中国共产党上海市组织史资料（1920.8—1987.10）》，上海人民出版社1991年版。

何思眯：《中华民国财政史料·抗战时期专卖史料》，"国史馆"1992年版。

《中国烟草大辞典》编委会：《中国烟草大辞典》，中国经济出版社1992年版。

万仁元、方庆秋主编：《中华民国史史料长编》（69）、（70），南京大学出版社1993年版。

金鑫等主编：《中华民国工商税收大事记》，中国财政经济出版社1994年版。

中国第二历史档案馆编：《中华民国史档案资料汇编》第五辑第一编，财政经济，江苏古籍出版社1994年版。

中国第二历史档案馆编：《国民党政府政治制度档案史料选编》，安徽教育出版社1994年版。

上海市档案馆编：《上海解放》（续编），上海三联书店1999年版。

上海市档案馆编：《旧中国的股份制（1868—1949）》，中国档案出版社1996年版。

江苏省中华民国工商税收史编写组，中国第二历史档案馆编：《中华民国工商税收史料选编》（第三辑·货物税），南京大学出版社1996年版。

《上海烟草志》编纂委员会：《上海烟草志》，上海社会科学院出版社
　　1998 年版。

国家税务总局主编：《中华民国工商税收史·税务管理卷》，中国财
　　政经济出版社 1998 年版。

国家烟草专卖局编著：《中国烟草发展报告：1949—1999》，工商出
　　版社 1999 年版。

中国第二历史档案馆编：《中华民国史档案资料汇编》第五辑第三
　　编，财政经济，江苏古籍出版社 2000 年版。

国家税务总局主编：《中华民国工商税收史·货物税卷》，中国财政
　　经济出版社 2001 年版。

上海市政协文史资料委员会编：《上海文史资料存稿汇编》，上海古
　　籍出版社 2001 年版。

中国人民政治协商会议全国委员会文史资料委员会编：《文史资料存
　　稿选编》（经济卷）下，中国文史出版社 2002 年版。

杨国安编著：《中国烟业史汇典》，光明日报出版社 2002 年版。

《中国烟草通志》编纂委员会：《中国烟草通志》，中华书局 2006
　　年版。

上海市档案馆编：《上海档案史料研究》第 7 辑，上海三联书店 2009
　　年版。

上海市档案馆编：《上海档案史料研究》第 8 辑，上海三联书店 2010
　　年版。

《上海烟草志》编纂委员会：《上海烟草志 1993—2003》，上海社会科
　　学院出版 2010 年版。

三　著作类

（一）民国著作

《关系中国主权纸烟捐税之问题》，上海总商会，出版年月不详。

潘忠甲编：《上海市场》，财政部驻沪调查货价处，1925 年。

吴承洛编：《今世中国实业通志》，商务印书馆 1929 年 2 月。

《烟酒税史》上册，财政部烟酒税处，1929 年 11 月。

《卷烟统税史》，财政部卷烟统税处，1929 年 12 月。

上海特别市社会局编：《上海之工业》，上海中华书局1930年版。

武堉干：《中国国际贸易概论》，商务印书馆1930年版。

何行：《上海之小工业》，中华国货指导所，1932年。

余启中：《广东烟酒税沿革》，国立中山大学1933年10月版。

《烟与烟业》，上海商业储蓄银行调查部，1934年1月。

《华商卷烟业请求改税之方案》，出版者不详，1934年4月。

《黄岗县烟叶贸易调查记》，鄂豫皖赣四省农民银行委托金陵大学农学院农业经济系调查及编印，1934年6月。

任曙：《中国的工业》，生活书店1934年版。

上海市政府社会局编：《近五年来上海之劳资纠纷》，中华书局1934年版。

财政部财政年鉴编纂处编：《财政年鉴》，商务印书馆1935年版。

实业部国际贸易总局编：《烟叶》，商务印书馆1935年版。

《上海市烟兑业》，上海市烟兑业同业公会，1935年9月。

《上海工人运动史》，中国国民党中央民众运动指导委员会，1935年11月。

刘大钧：《中国工业调查报告》，经济统计研究所，1937年2月。

《济南市烟草制造业调查统计报告》，济南市政府秘书处，1937年2月。

杨大金：《现代中国实业志》，商务印书馆1938年版。

叶笑山、董文中：《中国战时经济特辑》，上海中外书店1939年版。

朱邦兴等：《上海产业与上海职工》，上海远东出版社1939年版。

刘大钧：《上海工业化研究》，上海商务印书馆1940年版。

许晚成：《战后上海暨全国各大工厂调查录》，龙文书局1940年版。

王季深编辑：《战时上海经济》（第一辑），上海经济研究所1945年版。

《财政年鉴》续编，财政部财政年鉴编纂处1945年编印。

《上海区处理敌伪产业审议委员会、上海区敌伪产业处理局章则汇编》，上海区敌伪产业处理局秘书处，1945年12月。

上海市通志馆年鉴委员会：《民国三十五年上海市年鉴》，上海中华书局1946年版。

杨培新：《中国经济动向》，上海耕耘出版社1946年版。

上海市通志馆编：《上海市重要政令汇刊初编》，中华书局1946年版。

《收复区特种法令汇编》，昌明书屋1946年编印。

《上海市临时参议会第一次大会会刊》，该会秘书处1946年编印。

《上海市第一届参议会第一次大会会刊》，该会秘书处1946年编印。

《货物税法规汇编》（第一、二辑合订本），财政部税务署1947年5月编印。

《上海市卷烟厂工业同业公会卅五年度工作总报告》，上海市卷烟厂工业同业公会秘书处，1947年1月。

周钰宏：《上海年鉴》，华东通讯社1947年版。

蒋乃镛主编：《上海工业概览》，上海学者书店1947年版。

王涤初、蒋庆庄：《工商业团体手册》，上海工商出版社1947年版。

张绍言：《烟草经营论》，正中书局1947年版。

姜书阁：《两年来之货物税》，财政部税务署1947年版。

袁召辛主编：《上海市第一二三区卷烟业工会改厂工会成立大会特刊》，上海市第一二三区卷烟业产业工会1947年9月编印。

许涤新：《官僚资本论》，南洋书店1947年版。

狄超白主编：《1947年中国经济年鉴》，太平洋经济研究出版社1947年4月版。

《上海市卷烟厂工业同业公会卅六年度工作总报告》，上海市卷烟厂工业同业公会秘书处，1948年1月。

《上海市五十一业工厂劳工统计》，上海市劳资评断委员会1948年7月编印。

《造纸工业》，工商部上海工商辅导处调查资料编辑委员会1948年8月编印。

谭熙鸿、吴宗汾主编：《全国主要都市工业调查初步报告提要》，经济部全国经济调查委员会1948年印。

谭熙鸿主编：《十年来之中国经济》，中华书局1948年版。

《1948年中国贸易年鉴》，中国贸易年鉴社1948年印行。

狄超白主编：《1948年中国经济年鉴》，太平洋经济研究出版社1948

年 5 月版。

《卷烟税稽征规则》，财政部国税署，1948 年 10 月。

张一凡主编：《烟叶及卷烟业须知》，中华书局 1948 年版。

《烟草产销》，行政院新闻局，1948 年 9 月。

朱斯煌主编：《民国经济史》，银行学会 1948 年版。

《财政年鉴》三编，财政部财政年鉴编纂处 1948 年编印。

邵心石主编：《上海市劳工年鉴》，大公通讯社 1948 年版。

陈哲夫主编：《中华烟草公司同仁业余联谊会会刊》，该会 1948 年 12
    月 25 日发行。

《上海市卷烟工业同业公会卅七年度工作总报告》，上海市卷烟工业
    同业公会秘书处，1949 年 1 月。

许涤新：《工商业家的出路》，新民主出版社 1949 年版。

《上海概况》，上海书报简讯社，1949 年 4 月。

（二）当代论著

《上海卷烟工业概况》，国营中华烟草公司 1950 年 2 月编印。

上海总工会文教部：《三十年来的上海工运》，劳动出版社 1951
    年版。

《上海工人的生活费指数斗争》（初稿），上海工人运动史料委员会
    1954 年 11 月编印。

丁瑞康、王承翰：《卷烟工艺学》，食品工业出版社 1956 年版。

[美] 雷麦：《外人在华投资》，蒋学楷等译，商务印书馆 1959 年版。

中共上海卷烟一厂委员会宣传部编：《战斗的五十年：上海卷烟一厂
    工人斗争史话》，上海人民出版社 1960 年版。

杨培新：《旧中国的通货膨胀》，生活·读书·新知三联书店 1963
    年版。

上海卷烟厂编：《卷烟生产基本知识》，轻工业出版社 1977 年版。

邹依仁：《旧上海人口变迁的研究》，上海人民出版社 1980 年版。

[美] 杨格：《1927—1937 年中国财政经济情况》，陈泽宪等译，中国
    社会科学出版社 1981 年版。

周勇林、张廷钰编：《马寅初抨官僚资本》，重庆出版社 1983 年版。

陈翰笙：《帝国主义工业资本与中国农民》，陈绛译，复旦大学出版
　　社 1984 年版。

郑友揆：《中国的对外贸易和工业发展：1840—1948》，程麟荪译，
　　上海社会科学院出版社 1984 年版。

吴承明：《帝国主义在旧中国的投资》，中国社会科学出版社 1985
　　年版。

杨荫溥：《民国财政史》，中国财政经济出版社 1985 年版。

张公权：《中国通货膨胀史（1937—1949 年）》，杨志信译，文史资料
　　出版社 1986 年版。

［美］墨菲，上海社会科学院历史研究所编译：《上海——现代中国
　　的钥匙》，上海人民出版社 1986 年版。

［美］小艾尔弗雷德·D. 钱德勒：《看得见的手：美国企业的管理革
　　命》，重武译，商务印书馆 1987 年版。

资中筠：《美国对华政策的缘起和发展（1945—1950）》，重庆出版社
　　1987 年版。

刘惠吾：《上海近代史》（下），华东师范大学出版社 1987 年版。

［美］小科布尔：《上海资本家与国民政府：1927—1937》，杨希孟等
　　译，中国社会科学出版社 1988 年版。

陈松峰、陈文峰：《烟史闻见录》，中国商业出版社 1989 年版。

方宪堂主编：《上海近代民族卷烟工业》，上海社会科学院出版社
　　1989 年版。

唐振常：《上海史》，上海人民出版社 1989 年版。

史全生主编：《中华民国经济史》，江苏人民出版社 1989 年版。

杨国安：《中国烟草文化集林》，西北大学出版社 1990 年版。

黄逸峰等：《旧中国民族资产阶级》，江苏古籍出版社 1990 年版。

张仲礼主编：《近代上海城市研究》，上海人民出版社 1990 年版。

杜恂诚：《民族资产阶级与旧中国政府（1840—1937）》，上海社会科
　　学院出版社 1991 年版。

程传策主编：《烟草商品学》，中国财政经济出版社 1991 年版。

《上海卷烟厂工人运动史》编写组：《上海卷烟厂工人运动史》，中共
　　党史出版社 1991 年版。

沈以行等主编：《上海工人运动史》，辽宁人民出版社1991年版。

张祺：《上海工运纪事》，中国大百科全书出版社上海分社1991
　　年版。

陆仰渊、方庆秋主编：《民国社会经济史》，中国经济出版社1991
　　年版。

郑天一等：《烟文化》，中国社会科学出版社1992年版。

上海市总工会编：《解放战争时期上海工人运动史》，上海远东出版
　　社1992年版。

施惠群：《中国学生运动史（1945—1949）》，上海人民出版社1992
　　年版。

《中国烟草工作》编辑部编著：《中国烟草史话》，中国轻工业出版社
　　1993年版。

谭文熙：《中国物价史》，湖北人民出版社1994年版。

廖风德：《学潮与战后中国政治（1945—1949）》，东大图书股份有限
　　公司1994年版。

［法］白吉尔：《中国资产阶级的黄金时代：1911—1937年》，张富强
　　等译，上海人民出版社1994年版。

徐鼎新：《中国近代企业的科技力量和科技效应》，上海社会科学院
　　出版社1995年版。

［美］胡素珊：《中国的内战：1945—1949年的政治斗争》，王海良
　　译，中国青年出版社1997年版。

［美］邹谠：《美国在中国的失败（1941—1950）》，王宁等译，上海
　　人民出版社1997年版。

丁日初主编：《上海近代经济史·第二卷：1895—1927》，上海人民
　　出版社1997年版。

何思瞇：《抗战时期的专卖事业（1941—1945）》，"国史馆"1997
　　年版。

《上海工运志》编纂委员会编：《上海工运志》，上海社会科学院出版
　　社1997年版。

丁亚平：《影像中国1945—1949年》，文化艺术出版社1998年版。

［美］王国斌：《转变的中国——历史变迁与欧洲经验的局限》，李伯

重等译，江苏人民出版社 1998 年版。

［美］唐·帕尔伯格：《通货膨胀的历史与分析》，孙忠译，中国发展出版社 1998 年版。

徐新吾、黄汉民主编：《上海近代工业史》，上海社会科学院出版社 1998 年版。

张仲礼主编：《中国近代城市企业·社会·空间》，上海社会科学院出版社 1998 年版。

虞宝棠：《国民政府与民国经济》，华东师范大学出版社 1998 年版。

熊月之主编：《上海通史·第 8 卷》（民国经济），上海人民出版社 1999 年版。

沈祖炜主编：《近代中国企业：制度和发展》，上海社会科学院出版社 1999 年版。

吴国桢口述，［美］裴斐整理：《从上海市长到"台湾省主席"：吴国桢口述回忆》，上海人民出版社 1999 年版。

马俊亚：《规模经济与区域发展：近代江南地区企业经营现代化研究》，南京大学出版社 2000 年版。

汪银生：《中国烟草的历史现状与未来》，安徽大学出版社 2000 年版。

汪朝光：《中华民国史》（第三编·第五卷），中华书局 2000 年版。

黄汉民、陆兴龙：《近代上海工业企业发展史论》，上海财经大学出版社 2000 年版。

严国海：《中国近代国货名牌的创立》，立信会计出版社 2000 年版。

张生：《南京国民政府的税收：1927—1937》，南京出版社 2001 年版。

张忠民：《艰难的变迁：中国近代公司制度研究》，上海社会科学院出版社 2002 年版。

［美］理查德·克鲁格：《烟草的命运：美国烟草业百年争斗史》，徐再荣等译，海南出版社 2000 年版。

［美］高家龙：《中国的大企业：烟草工业中的中外竞争（1890—1930）》，樊书华、程麟苏译，商务印书馆 2001 年版。

［美］裴宜理：《上海罢工：中国工人政治研究》，刘平译，江苏人民

出版社 2001 年版。

［美］高家龙：《大公司与关系网：中国境内的西方、日本和华商大企业（1880—1937）》，程麟荪译，上海社会科学院出版社 2002 年版。

樊卫国：《激活与生长：上海现代经济兴起之若干分析（1870—1941）》，上海人民出版社 2002 年版。

李伯重：《理论、方法、发展趋势——中国经济史研究新探》，清华大学出版社 2002 年版。

［日］小浜正子：《近代上海的公共性与国家》，葛涛译，上海古籍出版社 2003 年版。

林桶法：《战后中国的变局：以国民党为中心的探讨》，商务印书馆 2003 年版。

张忠民、陆兴龙主编：《企业发展中的制度变迁》，上海社会科学院出版社 2003 年版。

彭南生：《行会制度的近代命运》，人民出版社 2003 年版。

［以］谢艾伦：《被监押的帝国主义：英法在华企业的命运》，张平等译，中国社会科学出版社 2004 年版。

［法］安克强：《1927—1937 年的上海——市政权、地方性、现代化》，张培德等译，上海古籍出版社 2004 年版。

朱英主编：《中国近代同业公会与当代行业协会》，中国人民大学出版社 2004 年版。

王菊：《近代上海棉纺业的最后辉煌：1945—1949》，上海社会科学院出版社 2004 年版。

王德春：《联合国善后救济总署与中国：1945—1947》，人民出版社 2004 年版。

赵兴胜：《传统经验与现代理想：南京国民政府时期的国营工业研究》，齐鲁书社 2004 年版。

［法］白吉尔：《上海史：走向现代之路》，王菊等译，上海社会科学院出版社 2005 年版。

陶明：《专卖体制下的中国烟草业：理论、问题与制度变革》，学林出版社 2005 年版。

朱光华：《政府与企业：中国转型期政企关系格局演化》，中国财政经济出版社 2005 年版。

马军：《1948 年上海舞潮案：对一起民国女性集体暴力抗议事件的研究》，上海古籍出版社 2005 年版。

马军：《国民党政权在沪粮政的演变及后果：1945 年 8 月至 1949 年 5 月》，上海古籍出版社 2006 年版。

刘统：《中国的 1948 年：两种命运的决战》，生活·读书·新知三联书店 2006 年版。

［韩］金志焕：《中国纺织建设公司研究：1945—1950》，复旦大学出版社 2006 年版。

汪敬虞：《中国资本主义的发展和不发展：中国近代经济史中心线索问题研究》，经济管理出版社 2007 年版。

许涤新、吴承明主编：《中国资本主义发展史》（第三卷），社会科学文献出版社 2007 年版。

李玉：《北洋政府时期企业制度结构史论》，社会科学文献出版社 2007 年版。

魏文享：《中间组织：近代工商同业公会研究》，华中师范大学出版社 2007 年版。

袁庭栋：《中国吸烟史话》，济南：山东画报出版社 2007 年版。

［美］葛凯：《制造中国：消费文化与民族国家的创建》，黄振萍译，北京大学出版社 2007 年版。

［英］桑德尔·吉尔曼：《吸烟史：对吸烟的文化解读》，汪方挺等译，九州出版社 2008 年版。

朱荫贵：《中国近代股份制企业研究》，上海财经大学出版社 2008 年版。

张忠民：《近代中国社会环境与企业发展》，上海社会科学院出版社 2008 年版。

［美］托马斯·罗斯基：《战前中国经济的增长》，唐巧天等译，浙江大学出版社 2009 年版。

白华山：《上海政商互动研究（1927—1937）》，上海辞书出版社 2009 年版。

金冲及：《转折年代：中国的 1947 年》，生活·读书·新知三联书店
　2009 年版。

陆和健：《上海资本家的最后十年》，甘肃人民出版社 2009 年版。

魏淑君：《近代中国公司法史论》，上海社会科学院出版社 2009
　年版。

［美］易劳逸：《毁灭的种子：战争与革命中的国民党中国》，王建朗
　等译，江苏人民出版社 2010 年版。

汪朝光：《1945—1949：国共政争与中国命运》，社会科学文献出版
　社 2010 年版。

万斌：《新中国烟草专卖制度成本收益研究》，江西人民出版社 2010
　年版。

徐根兴：《民营企业政企关系研究》，上海人民出版社 2012 年版。

陈文烈：《我国西部民族地区政企关系研究》，经济管理出版社 2013
　年版。

刘文楠：《近代中国的不吸纸烟运动研究》，社会科学文献出版社
　2015 年版。

皇甫秋实：《危机中的选择：战前十年的中国卷烟市场》，东方出版
　中心 2016 年版。

四　民国报刊类：

《申报》上海

《大公报》天津

《民国日报》上海

《中央日报》南京

《商业月报》上海

《经济周报》上海

《烟业日报》上海

《烟草月刊》武汉

《英美烟公司月报》上海

《财政评论》上海

《金融周报》上海

《银行周报》上海

《钱业月报》上海

《经建季刊》南昌

《建设月报》广州

《物调旬刊》沈阳

《公益工商通讯》上海

《兴业邮乘》上海

《现代邮政》南京

《时与文》上海

《商学研究》上海

《世纪评论》南京

《社会月刊》上海

《中华国货产销协会每周汇报》上海

《进出口贸易月刊》上海

《工商半月刊》上海

《工商天地》上海

《农业推广通讯》南京

《中农月刊》南京

《青年与妇女》上海

《国际劳工通讯》上海

《生活知识》上海

《妇女界》上海

《新妇女月刊》上海

五 论文类

（一）期刊论文

程仁杰：《英美烟公司买办郑伯昭》，载《文史资料选辑》第 1 辑，
　　上海人民出版社 1978 年版，第 130—154 页。

王达：《我国烟草的引进、传播和发展》，载《农史研究》第 4 辑，
　　农业出版社 1984 年版，第 40—48 页。

苗利华：《邬挺生与英美烟公司》，载《旧上海的外商与买办》，《上

海文史资料选辑》第 56 辑，上海人民出版社 1987 年版，第 145—155 页。

何思睦：《近代中国卷烟工业之发展（1912—1937）》，载《国史馆馆刊》复刊第 20 期，台北"国史馆"1996 年版，第 95—114 页。

朱家鑫：《中国的烤烟生产》，《地理知识》1957 年第 2 期。

唐垂裕：《从烟业看帝国主义对华的经济侵略》，《历史教学》1957 年第 12 期。

黄澄静：《从南洋兄弟烟草公司来看民族资产阶级的性格》，《学术月刊》1958 年第 10 期。

汪熙：《从英美烟公司看帝国主义的经济侵略》，《历史研究》1976 年第 4 期。

康兴卫、魏治中：《我国烟草史的回顾与展望》，《中国烟草科学》1979 年第 1 期。

张仲礼：《旧中国外资企业发展的特点——关于英美烟公司资本的积累和超额利润》，《社会科学》1980 年第 6 期。

陈曾年：《英美烟公司在中国的销售网》，《学术月刊》1981 年第 1 期。

尹承国：《我国民族资本主义工业企业经营管理经验初探》，《当代财经》1981 年第 3 期。

汪熙：《一个国际托拉斯在中国的历史纪录——英美烟公司在华垄断活动剖析》，《复旦大学学报》（社科版）1983 年第 5 期。

林金枝：《近代华侨在上海企业投资历史的若干问题》，《厦门大学学报》（哲学社会科学版）1984 年第 1 期。

蒋晔、叶春风：《抗战前的河南烟草业》，《河南经济》1985 年第 4 期。

方宪堂：《试论南洋兄弟烟草公司的经营特色》，《上海经济研究》1988 年第 1 期。

方宪堂：《试论上海近代民族卷烟工业》，《上海经济研究》1989 年第 6 期。

中国第一历史档案馆：《创办北洋烟草公司史料》，《历史档案》1989 年第 2 期。

黄汉民：《上海近代工业大型企业发展的特点及其规模效益》，《社会科学》1990 年第 2 期。

徐思彦：《20 世纪二十年代的劳资纠纷问题初探》，《历史研究》1992 年第 5 期。

陈子谦，平襟亚：《英美烟公司盛衰上海滩》，《纵横》1994 年第 5 期。

黄汉民：《抗战时期跨国合资经营的南洋企业公司》，《上海党史与党建》1995 年第 S1 期。

王安珠：《简氏兄弟实业救国——记南洋兄弟烟草公司与英美烟公司的斗争》，《民国春秋》1995 年第 3 期。

周哲民：《南洋兄弟与英美烟草的香烟大战》，《商业文化》1996 年第 1 期。

茂清：《"南洋"兄弟大战"英美"洋商》，《文史精华》1996 年第 11 期。

郭锋：《近代中国烟业经济发展特点及其与近代财政的关系》，《改革与战略》1997 年第 1 期。

孙涛：《旧中国卷烟业中外企业的不公平竞争》，《江苏广播电视大学学报》1997 年第 1 期。

黄汉民：《近代上海企业的会议制度与管理模式》，《上海经济研究》1997 年第 8 期。

沈祖炜：《近代上海企业发展的特点》，《上海经济研究》1998 年第 1 期。

马俊亚：《中国近代企业集团形成的经济因素》，《福建论坛》（文史哲版）1998 年第 2 期。

史全生：《英美烟公司与南洋兄弟烟草公司之争》，《南京大学学报》（哲学人文社会科学版）1998 年第 3 期。

陶卫宁：《论烟草传入我国的时间及其路线》，《中国历史地理论丛》1998 年第 3 期。

樊卫国：《近代上海的市场竞争与工业企业的生存发展》，《档案与史学》1998 年第 3 期。

贺水金：《略论近代上海外资企业的特点》，《上海经济研究》1998 年第 4 期。

经盛鸿:《民国年间香烟市场的广告战》,《民国春秋》1998 年第 5 期。

李会龙:《南洋兄弟烟草公司产品销售略论》,《天中学刊》1998 年增刊。

贺水金:《在鏖战中发展——近代上海中外企业间的市场竞争》,《上海经济》1999 年第 2 期。

李玉、熊秋良:《论民国初年公司法规对公司经济发展的影响——以荣氏企业和南洋兄弟烟草公司为例》,《社会科学辑刊》1999 年第 6 期。

冯雁:《近代爱国实业家们的市场经营意识》,《北方论丛》1999 年第 6 期。

韩焕章:《从南洋兄弟烟草公司到武汉卷烟厂》,《武汉文史资料》1999 年第 10 期。

贺水金:《论近代中外资企业间的竞争类型与方式》,《史林》2000 年第 2 期。

周秀鸾:《近代中国轻工业产品与洋货的斗争》,《中南财经政法大学学报》2000 年第 2 期。

张小莉:《英美烟公司在华促销策略初探》,《北京师范大学学报》(人文社会科学版)2001 年第 2 期。

王奇生:《工人、资本家与国民党——20 世纪 30 年代一例劳资纠纷的个案分析》,《历史研究》2001 年第 5 期。

张洁:《市场内部化的历史启示——从英美公司在近代中国的经销方式看现代企业制度》,《南开经济研究》2001 年第 5 期。

李惠芬:《英美烟公司对南洋兄弟烟草公司的商标侵权》,《中华商标》2001 年第 10 期。

严国海:《艰难崛起的国货品牌》,《质量天地》2001 年第 10 期。

马军:《1948 年上海舞潮案中的舞业同业公会》,《近代史研究》2002 年第 2 期。

赵兴胜:《战后国民政府国营事业民营化问题研究》,《江海学刊》2002 年第 3 期。

张仲礼:《略论旧中国外资企业研究中的几个问题》,《上海社会科学院学术季刊》2002 年第 4 期。

崔海霞：《近代外资在华企业经营策略初探》，《新疆社科论坛》2002
　　年第 5 期。

汪鹤鸣：《烟草工业在上海》，《上海工业》2002 年第 5、6 期。

王海虹：《中国近代外商广告营销手段及特色——以英美烟公司为
　　例》，《皖西学院学报》2003 年第 1 期。

赵兴胜：《1947—1949 年间国民党政府国营生产事业的民营化》，《山
　　东大学学报》（哲学社会科学版）2003 年第 3 期。

崔海霞：《英美烟公司在近代中国的广告营销》，《安庆师范学院学
　　报》（社会科学版）2003 年第 6 期。

李惠芬：《20 世纪 20 年代中后期英美烟反抵制销售策略研究》，《商
　　丘师范学院学报》2003 年第 6 期。

赵娟霞：《从英美烟公司对民族烟厂的侵权案件看近代中国知识产权
　　制度的失效》，《江西财经大学学报》2004 年第 1 期。

王海虹：《近代中外卷烟业商家广告竞争述论》，《株洲师范高等专科
　　学校学报》2004 年第 1 期。

邹进文：《论中国近代民营股份企业的家族特色》，《中国经济史研
　　究》2004 年第 1 期。

李国俊：《中国民族卷烟工业的生存与发展——以抗战前的上海卷烟
　　市场为中心》，《皖西学院学报》2004 年第 3 期。

朱尊权：《从卷烟发展史看"中式卷烟"》，《烟草科技》2004 年第
　　4 期。

余静：《浅析公共关系在中国近代企业中的运用——以南洋兄弟烟草
　　公司为例》，《学海》2004 年第 4 期。

秦其文：《近代中国民族资本企业集团的比较市场优势》，《探索与争
　　鸣》2005 年第 1 期。

严亚明：《浅谈清末股份制企业政企关系的走向》，《绥化学院学报》
　　2005 年第 1 期。

曲振明：《我国试办烟草托拉斯的历史回顾》，《中国烟草学报》2005
　　年第 2 期。

张国超：《南洋兄弟烟草公司家族特色透析》，《华中师范大学研究生

学报》2005 年第 2 期。

秦其文：《近代中外卷烟企业间的广告竞争——以英美烟公司和南洋
　　兄弟烟草公司为例》，《怀化学院学报》2006 年第 1 期。

蒋慕东、王思明：《烟草在中国的传播及其影响》，《中国农史》2006
　　年第 2 期。

白淑敏：《论南洋兄弟烟草公司的品牌策略》，《五邑大学学报》2006
　　年第 2 期。

王志军：《论英美烟公司与旧中国的"协定烟税"》，《许昌学院学报》
　　2006 年第 3 期。

曲振明：《烟草在中国的传入与传播》，《湖南烟草》2006 年第 4 期。

孙会：《近代英美烟草公司在华广告本土化战略初探》，《河北建筑科
　　技学院学报》（社会科学版）2006 年第 4 期。

谢晓鹏、宋威：《试论"英美烟"与"南洋"的不公平竞争》，《五
　　邑大学学报》（社会科学版）2006 年第 4 期。

王磊：《试论近代中国的英美烟公司销售组织与销售制度》，《焦作大
　　学学报》2006 年第 4 期。

丁毅、李道永：《南洋兄弟烟草公司促销策略初探》，《洛阳师范学院
　　学报》2006 年第 6 期。

王丽萍：《中国近代广告之特色——以香烟为例》，《时代经贸》2006
　　年第 11 期。

陈艳球：《近代上海外资企业的广告经营策略——以英美烟公司为
　　例》，《装饰》2006 年第 11 期。

吴明菊：《烟税特权与英美烟公司在华优势地位的形成》，《成都教育
　　学院学报》2006 年第 12 期。

曲振明：《卷烟工业的形成与发展》，《湖南烟草》2007 年第 1 期。

李道永、丁毅：《英美烟公司在华企业公共关系探析》，《文教资料》
　　2007 年第 1 期。

吴明菊：《论英美烟公司在华销售制度的建立和发展》，《黄山学院学
　　报》2007 年第 1 期。

曲振明：《烟草税收制度的形成》，《湖南烟草》2007 年第 2 期。

曲振明：《20 世纪 30 年代前后的中国烟草业》，《湖南烟草》2007 年

第 3 期。

曲振明:《1949—1981 年烟草行业发展概况》,《湖南烟草》2007 年
　　第 3 期。

陆茂清:《南洋烟草公司真假国货案》,《档案春秋》2007 年第 3 期。

王强:《从英美烟公司广告看近代外国企业的本土化意识》,《史学月
　　刊》2007 年第 5 期。

马军:《1945 至 1949 年上海米商研究》,《史林》2007 年第 6 期。

仝群旺:《近代外国在华企业促销本土化分析——以英美烟公司为
　　例》,《历史教学》2007 年第 11 期。

周德钧:《百年"南洋"》,《武汉文史资料》2007 年第 12 期。

曲振明:《卷烟销售史话》,《湖南烟草》2008 年第 1 期。

陈艳球:《论近代上海民族工商企业的广告运作》,《湖南工业大学学
　　报》(社会科学版)2008 年第 1 期。

汪朝光:《关于"官僚资本"的争论与国民党执政的危机——中国国
　　民党六届二中全会再研究之三》,《民国档案》2008 年第 2 期。

颜英利:《"公司+基地+农户"生产模式的历史思考——以英美烟
　　公司在华建立的原料基地为例》,《江苏工业学院学报》2008 年第
　　2 期。

马爱东:《英美烟公司与山东烤烟产销体系的形成——以 20 世纪 20—
　　30 年代为中心》,《中国海洋大学学报》(社会科学版)2008 年第
　　2 期。

赵兴胜:《战后经济转型中的价值分歧与利益之争——以国民政府
　　〈国营事业管理法〉的制订为例》,《安徽史学》2008 年第 2 期。

高朋涛:《中国英美烟公司未能占据西北市场的原因》,《宁波工程学
　　院学报》2008 年第 4 期。

吴锐:《近代英美烟公司在华形象策略分析》,《河西学院学报》2008
　　年第 6 期。

曲振明:《中国卷烟纸的生产、经营与专卖》,《湖南烟草》2008 年第
　　6 期。

仝群旺:《近代外国在华企业销售人才本土化分析——以英美烟公司
　　为例》,《历史教学》2008 年第 22 期。

尹宝柱、陈九如：《南洋兄弟烟草公司经营中的文化思想》，《遵义师范学院学报》2009 年第 3 期。

靳海彬：《中国近代民族资本主义企业发展个案研究——以英美烟公司与南洋兄弟烟草公司的吞并和反吞并为例》，《世界华商经济年鉴·高校教育研究》2009 年第 3 期。

田彤：《目的与结果两歧：从劳资合作到阶级斗争（1927—1937）》，《学术月刊》2009 年第 9 期。

江满情：《论近代民族企业对外资企业的抗争》，《湖北社会科学》2009 年第 11 期。

邓东林：《英美烟公司卷烟销售网络的支柱》，《湖南烟草》2010 年第 4 期。

傅国涌：《南洋兄弟烟草公司：国货的复兴》，《21 世纪商业评论》2010 年第 5 期。

皇甫秋实：《新生活运动的"变奏"：浙江省禁吸卷烟运动研究（1934—1935）》，《近代史研究》2010 年第 6 期。

王芮思：《20 世纪初英美烟公司在华销售优势的形成原因》，《重庆科技学院学报》（社会科学版）2010 年第 13 期。

田彤：《民国时期劳资关系史研究的回顾与思考》，《历史研究》2011 年第 1 期。

李恺光：《内战时期上海市社会局处理劳资争议的经过与成效》，《国立政治大学历史学报》2011 年第 36 期。

陈洪友：《民众生存、政府监管与利益博弈——以 20 世纪 30 年代河南手工卷烟业为中心的考察》，《中国经济史研究》2013 年第 2 期。

左世元：《从汉冶萍公司的发展历程看近代中国的政企关系》，《湖北理工学院学报》（人文社会科学版）2013 年第 6 期。

左世元、方魏巍：《抗战后"接收"过程中汉冶萍公司与国民政府之关系》，《湖北理工学院学报》（人文社会科学版）2014 年第 4 期。

（二）学位论文

硕士论文：

陈佳文：《我国烟酒专卖政策及专卖制度之研究》，硕士学位论文，台湾政治大学财政研究所，1986 年。

吴玉英：《南洋兄弟烟草公司之史的研究》，硕士学位论文，香港新
　　亚研究所，1987 年。

张小莉：《英美烟公司在华营销策略研究（1902—1937 年）》，硕士学
　　位论文，河北师范大学，2000 年。

李惠芬：《二十世纪上半叶英美烟公司与南洋兄弟烟草公司营销策略
　　比较研究》，硕士学位论文，南京师范大学，2002 年。

金源云：《南京国民政府卷烟统税研究——1927—1937 年》，硕士学
　　位论文，河北师范大学，2003 年。

崔海霞：《英美烟公司在近代中国的市场开拓——原料、销售市场的
　　具体分析》，硕士学位论文，南京大学，2004 年。

李晓方：《清代赣南烟草生产略论》，硕士学位论文，江西师范大学，
　　2004 年。

朱兰兰：《20 世纪初至 30 年代英美烟公司与河南烟草业》，硕士学位
　　论文，郑州大学，2004 年。

张国超：《南洋简氏兄弟企业家精神研究》，硕士学位论文，华中师
　　范大学，2006 年。

刘野：《20 世纪初南洋兄弟烟草公司与英美烟公司的广告竞争》，硕
　　士学位论文，东北师范大学，2006 年。

闫新力：《市场化的困境——英美烟公司在许昌（1927—1937）》，硕
　　士学位论文，南京大学，2006 年。

刘巧利：《南洋兄弟烟草公司烟叶基地建设（1905—1949）》，硕士学
　　位论文，华中师范大学，2006 年。

冯华：《中国卷烟工业市场结构优化研究》，硕士学位论文，山东大
　　学，2006 年。

张红峰：《1912—1937 年的河南烟草业》，硕士学位论文，河南大学，
　　2007 年。

杨玉洁：《近代中外企业竞争对中国民族企业的促进——以英美烟公
　　司与南洋兄弟烟草公司竞争为例》，硕士学位论文，四川师范大学，
　　2007 年。

李冠杰：《英美烟公司在华后期经营状况之考察（1937—1949 年）》，

硕士学位论文，东华大学，2007 年。

吴明菊：《英美烟公司在华的销售制度》，硕士学位论文，安徽师范大学，2007 年。

马爱东：《英美烟公司的经营活动及其对山东的影响》，硕士学位论文，中国海洋大学，2008 年。

陈豪：《英美烟公司在旧中国的市场营销活动》，硕士学位论文，山东大学，2008 年。

刘冬青：《民国时期四川烟草业发展研究》，硕士学位论文，南京农业大学，2009 年。

刘凯华：《〈观察〉与战后中国政治》，硕士学位论文，赣南师范学院，2009 年。

牛楠：《战后上海"社会秩序"的重建及其失败——上海警察研究》，硕士学位论文，东华大学，2009 年。

周曦：《民国时期重庆地区烟草税收制度研究》，硕士学位论文，西南政法大学，2009 年。

任晓飞：《近代香烟广告的文化解读——以 1910—1940 年代报刊香烟广告为主体的研究》，硕士学位论文，华中师范大学，2009 年。

任光辉：《民国后期陕西卷烟业研究》，硕士学位论文，西北大学，2009 年。

胡力人：《日治时期台湾烟草专卖制度下叶烟草产业设施发展历程之研究》，硕士学位论文，台湾中原大学，2009 年。

董长胜：《驻华英美烟公司工人状况研究》，硕士学位论文，河北大学，2010 年。

陈曦：《烟草种植与许昌地区的社会经济变迁（1915—1936）》，硕士学位论文，河南大学，2012 年。

杨永芳：《清末民初黑龙江烟草业发展探析》，硕士学位论文，哈尔滨师范大学，2013 年。

王海梅：《近代山东烟草业研究》，硕士学位论文，安徽大学，2014 年。

贾广宁：《政企关系与企业发展——以永利化学工业公司为中心的考察（1917—1945）》，硕士学位论文，厦门大学，2014 年。

唐利平：《国民政府战时烟类专卖制度研究（1942—1945）》，硕士学位论文，郑州大学，2014年。

韩鑫圆：《抗战时期国民政府烟类专卖事业研究》，硕士学位论文，西南大学，2015年。

曾冰如：《民国时期（1912—1937）烟草专卖法制初探》，硕士学位论文，西南政法大学，2015年。

杨新刚：《清代民国时期四川烟草产业地理研究》，硕士学位论文，西南大学，2016年。

（三）博士论文

杨学元：《中国烟业史研究（1573—1937）》，博士学位论文，香港新亚研究所，1996年。

王文裕：《明清的烟草论》，博士学位论文，台湾师范大学，2001年。

金志焕：《中国纺织建设公司研究》，博士学位论文，复旦大学，2003年。

郑伟：《中国卷烟工业组织结构调整研究》，博士学位论文，华中科技大学，2003年。

魏文享：《民国时期的工商同业公会研究（1918—1949）》，博士学位论文，华中师范大学，2004年。

陈光：《冲突到稳定——上海劳资关系研究》，博士学位论文，华东师范大学，2007年。

李勇军：《南京国民政府后期上海市商会研究（1945—1949）》，博士学位论文，华中师范大学，2007年。

钟毅峰：《烟草的流动——永定烟草历史及其文化》，博士学位论文，厦门大学，2008年。

王强：《近代外国在华企业本土化研究——以英美烟公司为中心的考察》，博士学位论文，复旦大学，2008年。

周卫平：《南京国民政府时期劳资争议处理制度研究——以上海为主要视角》，博士学位论文，华东政法大学，2008年。

汪朝光：《战后国民党东北决策研究》，博士学位论文，复旦大学，2009年。

李恺光：《内战下的上海市社会局研究 1945—1949》，博士学位论文，台湾政治大学，2009 年。

皇甫秋实：《中国近代卷烟市场研究（1927—1937）：以企业发展、消费文化、经济危机为中心》，博士学位论文，复旦大学，2012 年。

陈洪友：《民国时期河南手工卷烟研究（1912—1949）》，博士学位论文，南京大学，2012 年。

六 网站类

http：//www. tobaccochina. com/. 烟草在线

http：//xh. sh-tobacco. com. cn/. 上海市烟草学会

http：//bat. library. ucsf. edu/. 英美烟公司网络档案

http：//www. library. ucsf. edu/tobacco/batco/. 烟草档案数字图书馆